“十二五”普通高等教育本科国家级规划教材

普通高等教育农业农村部“十三五”规划教材

北京高等教育精品教材
BEIJING GAODENG JIAOYU JINGPIN JIAOCAI

面向21世纪课程教材
Textbook Series for 21st Century

“大国三农”系列规划教材

农业经济学

第4版

Nongye Jingjixue

李秉龙　薛兴利◎主编

中国农业大学出版社
China Agricultural University Press

内 容 简 介

本书除导论以外，共分四篇十七章。第一篇　农产品市场，包括农产品供给与需求、农产品现货市场、农产品期货市场和农产品国际贸易。第二篇　农业生产要素，包括土地与水资源、农业劳动力、农业技术进步、农业资金和农业信息。第三篇　农业微观经济组织，包括农业家庭经营、农业合作社和农业产业化经营。第四篇　农业保护与农业发展，包括农业保护政策、食品质量安全、农业产业结构、农业现代化与农业可持续发展。

本教材不但有基本的理论分析，而且有丰富的引申阅读材料，既可以作为农林经济管理专业本科生必修课教学使用，也可以作为农业经济管理领域研究生参考书使用，同时适合经济管理类专业领域人员拓展农业经济相关知识阅读。

图书在版编目(CIP)数据

农业经济学/李秉龙，薛兴利主编. —4 版. —北京：中国农业大学出版社，2021. 4(2024. 5 重印)

ISBN 978-7-5655-2544-5

Ⅰ. ①农…　Ⅱ. ①李…②薛…　Ⅲ. ①农业经济学-高等学校-教材　Ⅳ. ①F30

中国版本图书馆 CIP 数据核字(2021)第 060989 号

书　　名　农业经济学　第 4 版
作　　者　李秉龙　薛兴利　主编

策划编辑　张秀环　　　**责任编辑**　张秀环
封面设计　郑　川
出版发行　中国农业大学出版社
社　　址　北京市海淀区圆明园西路 2 号　　　**邮政编码**　100193
电　　话　发行部 010-62733489，1190　　　读者服务部 010-62732336
　　　　　编辑部 010-62732617，2618　　　出　版　部 010-62733440
网　　址　http://www.caupress.cn　　　**E-mail**　cbsszs@cau.edu.cn
经　　销　新华书店
印　　刷　涿州市星河印刷有限公司
版　　次　2021 年 6 月第 4 版　　2024 年 5 月第 6 次印刷
规　　格　787×1 092　　16 开本　　20.5 印张　　509 千字
定　　价　68.00 元

第4版编委会

主　编　李秉龙　薛兴利

副主编　马　骥　张立中

编　者　（按姓氏拼音排序）

曹　暕（北京农学院）
陈　娆（北京农学院）
李秉龙（中国农业大学）
马　骥（中国农业大学）
牟少岩（青岛农业大学）
乔　娟（中国农业大学）
薛兴利（山东农业大学）
颜　华（东北农业大学）
杨肖丽（沈阳农业大学）
张立中（北京林业大学）

第4版前言

由中国农业大学出版社出版的《农业经济学》第1版、第2版和第3版已经发行10万余册，是到目前为止国内最畅销的农业经济学教科书。《农业经济学》第1版被评为面向21世纪课程教材，第2版在2011年被评为北京高等教育精品教材，2012年被教育部首批评为“十二五”普通高等教育本科国家级规划教材，第3版在2019年被农业农村部评为普通高等教育农业农村部“十三五”规划教材。以本教材为支撑，由李秉龙教授主讲的农业经济学课程，2008年被评为北京市高等学校精品课，2010年被评为国家精品课，2012年入选国家精品资源共享课。本书虽然获得了诸多荣誉，但在多年的教学实践中，我们深感有再次修订的必要。

本书于2003年2月由中国农业大学出版社第1次出版，由中国农业大学李秉龙教授、山东农业大学薛兴利教授任主编，最后由李秉龙教授统稿。按照本书各章的顺序，各位作者负责如下各章的编写：1绪论，李秉龙；2农产品供给与需求，江占民；3农产品市场体系，陈娆、江占民；4农产品国际贸易，陈娆；5土地与水资源，薛兴利；6农业劳动力，薛兴利；7农业技术进步，薛兴利；8农业资金，周小斌；9农业家庭经营，李秉龙；10农业合作经济组织，李秉龙；11农业产业化经营，李秉龙；12政府对农业的宏观调控，李秉龙、翟印礼；13农业产业结构，车明诚；14传统农业的改造与农业现代化，翟印礼、李秉龙；15农业可持续发展，李秉龙、翟印礼。

本书于2009年1月由中国农业大学出版社第2次出版，中国农业大学李秉龙教授、山东农业大学薛兴利教授任主编，最后由李秉龙教授统稿。按照本书各章的顺序，各位作者负责如下各章的编写：第一章 导论，李秉龙；第二章 农产品供给与需求，马骥；第三章 农产品现货市场与流通，安玉发；第四章 农产品期货市场，乔娟；第五章 农产品国际贸易，马骥；第六章 土地与水资源，薛兴利；第七章 农业劳动力，薛兴利；第八章 农业技术进步，薛兴利；第九章 农业资金，李秉龙；第十章 农业信息与农业信息化，李秉龙；第十一章 农业家庭经营，李秉龙；第十二章 农业合作社，李秉龙；第十三章 农业产业化经营，李秉龙；第十四章 农业保护政策，李秉龙；第十五章 食品质量安全管理，李秉龙；第十六章 农业产业结构，车明诚；第十七章 传统农业的改造与农业现代化，翟印礼、李秉龙；第十八章 农业可持续发展，李秉龙、翟印礼。

本书第3版由中国农业大学李秉龙教授、山东农业大学薛兴利教授任主编，最后由李秉龙教授统稿。按照本书各章的顺序，各位作者负责如下各章的编写：导论，李秉龙；第一章 农产品供给与需求，马骥；第二章 农产品现货市场，安玉发；第三章 农产品期货市场，乔娟；第四章 农产品国际贸易，马骥；第五章 土地与水资源，薛兴利；第六章 农业劳动力，薛兴利；第七章 农业技术进步，薛兴利；第八章 农业资金，李秉龙；第九章 农业信息，李秉龙；第十章 农业家庭经营，李秉龙；第十一章 农业合作社，李秉龙、牟少岩；第十二章 农业产业化经营，李秉龙；第十三章 农业保护政策，李秉龙；第十四章 食品质量安全，李秉龙；第十五章 农业产业结构，颜华；第十六章 传统农业改造与农业现代化，翟印礼、李秉龙；第十七章 农业可持续发展，李秉龙、翟印礼。

本书第 4 版由李秉龙教授、薛兴利教授任主编，马骥教授和张立中教授任副主编，最后由李秉龙教授统稿。按照本书各章的顺序，各位作者负责如下各章的编写：导论，李秉龙；第一章 农产品供给与需求，马骥；第二章 农产品现货市场，陈娆；第三章 农产品期货市场，乔娟；第四章 农产品国际贸易，马骥；第五章 土地与水资源，薛兴利；第六章 农业劳动力，杨肖丽；第七章 农业技术进步，曹暕；第八章 农业资金，张立中；第九章 农业信息，李秉龙；第十章 农业家庭经营，李秉龙；第十一章 农业合作社，李秉龙、牟少岩；第十二章 农业产业化经营，李秉龙；第十三章 农业保护政策，李秉龙；第十四章 食品质量安全，李秉龙；第十五章 农业产业结构，颜华；第十六章 农业现代化，薛兴利；第十七章 农业可持续发展，李秉龙。

本书在保持原有理论与实际相结合、历史与现实相结合、国内与国外相结合、农业经济理论与农业政策相结合的基础上，在第 4 版当中做了如下两点重大改变：第一，以新形态教材的面貌出现，借助于互联网平台，通过数字资源，拓展和加深了农业经济学的相关理论、法律、政策和研究方法。在不扩大版面的情况下，增加了农业经济学的容量，但这些内容不必作为教学的硬性要求，目的是为学生提供学习捷径，激发学生的学习兴趣和研究欲望。第二，进一步提高某些章节的理论水平，努力延长教材的生命力。

为了落实中国共产党第二十次全国代表大会的精神，我们在第 4 次印刷中添加了中国式农业现代化的基本特征、农业强国战略和积极稳妥推进农业碳达峰和碳中和的内容。

《农业经济学》(第 4 版)编委会
2023 年 7 月 20 日

目录

导　论

本章学习要点

- 农业的概念、特性、地位与作用
- 农业经济学的研究对象与内容

第一节　农业的概念、特性、地位与作用

一、农业的含义与特性

(一)农业的含义及延伸

农业是人们利用太阳能,依靠生物的生长发育来获取产品的社会物质生产部门。农业生产的对象是生物体,获取的是动植物产品。农业一般指植物栽培业和动物饲养业。植物栽培是指人们通过绿色植物利用太阳的光、热和自然界的水、气以及土壤中的各种矿物质养分,加工合成为植物产品;动物饲养是指人们通过以植物产品为基本饲料,利用动物的消化合成功能,转化成动物性产品。因此,农业的本质是人类利用生物机体的生命力,把外界环境中的物质和能量转化为生物产品,以满足社会需要的一种生产经济活动。

农业是国民经济中一个重要产业部门,是以土地资源为生产对象的部门,它是通过培育动植物产品从而生产食品及工业原料的产业。农业属于第一产业。利用土地资源进行种植生产的部门是种植业;利用土地资源培育、采伐林木和采摘其产品的部门是林业;利用土地资源培育或者直接利用草地发展畜牧的是畜牧业;利用土地上水域空间进行水产养殖的是水产业,又叫渔业。广义农业是指包括种植业、林业、畜牧业、渔业四种产业形式;狭义农业是指种植业,包括生产粮食作物、经济作物、饲料作物和绿肥等农作物的生产活动。对农业、农村景观和农村文化或者所在地域资源进行开发并展示的是观光农业,又称休闲农业,这是新时期随着乡村旅游而产生的新型农业形式。农产品和农业生产资料的加工和流通也可以看作农业生产的前向和后向延伸或者农业产业链的延长,形成所谓农业关联产业或涉农企业。

现代农业的发展,以投入大量物质和能量为标志,促进了生产力的大幅度提高,但也带来了能源枯竭、环境污染和生态失调等严重的社会问题。在当今出现的新科学技术革命中,产生了一批新的技术群,如生物工程技术、新能源技术、微电子技术、原子能技术、空间技术和海洋

技术等。这些科学技术成果正不同程度地在农业中得到应用，为解决现代农业带来的生态环境、资源利用和能源等问题，呈现了光明的前景。

20 世纪 60 年代起，在发展中国家兴起的以改良种子为中心的大幅度提高土地生产率的农业技术进步活动，称为绿色革命。绿色革命主要从技术手段上培育对肥水敏感、适于密植，因而需要农药保护的高产农作物品种。虽然这种农业生产技术在一定程度上取得了成功，但其本质是以作物品种为主体，通过大量施用农药、化肥和灌水来改造作物的生长环境，来获得高产的农产品。绿色革命取得的成果很大程度上依赖于向农业生态系统引入大量的外源性化学物质和能源，它虽然缓解了粮食短缺，但却带来了越来越严重的生态环境问题。而新绿色革命既要提高动植物的生产力，又要提高农产品品质，同时又要减少化肥、农药、水的无效投入，要求农业可持续发展。

未来的农业将是智慧农业。所谓智慧农业就是将物联网技术运用到传统农业中去，运用传感器和软件，通过移动平台或者电脑平台对农业生产进行控制，使传统农业更具有“智慧”。除了精准感知、控制与决策管理外，从广泛意义上讲，智慧农业还包括农产品电子商务、食品溯源防伪、农业休闲旅游、农业信息服务等方面的内容。智慧农业是农业生产的高级阶段，是集新兴的互联网、移动互联网、云计算和物联网技术为一体，依托部署在农业生产现场的各种传感节点（环境温湿度、土壤水分、二氧化碳、图像等）和无线通信网络实现农业生产环境的智能感知、智能预警、智能决策、智能分析、专家在线指导，为农业生产提供精准化种植养殖、可视化管理、智能化决策。

（二）农业的特性

农业是人类利用生物有机体的生命活动，将外界环境中的物质和能量转化为各种动植物产品的生产活动。因此，农业的特性表现为：

1. 农业生产是一种自然再生产过程。农业是利用生物有机体生长发育过程进行的生产，是生命物质的再生产，因而也是有机体的自然再生产过程。例如，种植业和林业的生产过程同时也是绿色植物的生长、繁殖过程。在这一过程中，绿色植物从环境中获得二氧化碳、水和矿物质，通过光合作用将它们转化为有机物质供自身生长、繁殖；畜牧业和渔业的生产过程同时也是家畜和鱼类的生长、繁殖过程。在这一过程中，家畜和鱼类以植物或动物产品为食物，通过消化合成作用（新陈代谢）转化为自身所需的物质以维持自身的生长、繁殖，将植物性产品转化成动物性产品。动植物的残体和排泄物进入土壤和水体后，经过微生物还原，再次成为植物生长发育的养料来源，重新进入生物再生产的循环过程。显然，生物的自然再生产过程有自身的客观规律，它的发展严格遵循自然界生命运动规律。农业生产的对象是动植物和微生物，它们都是有生命的有机体，其生长、繁殖都依赖一定的环境条件并遵循一定的客观规律。人类通过劳动可以改变这些有机体生长、繁殖的环境条件，或者直接干预其生长和繁殖的过程，从而获得自己生活、生产和发展所需要的食物和其他物质资料。随着科学技术的发展，人类对动植物生长发育规律的认识日益深入，改变动植物生长发育过程及其环境条件的手段日益加强，农业生产提供的动植物产品也日益丰富。

2. 农业生产也是一种经济再生产。农业生产者在特定的社会中结成一定的生产关系，借助一定的生产工具对劳动对象进行具体的生产活动，以获得所需要的农产品。这些农产品可以供生产者自己消费，也可以作为生产资料进入下一个农业生产过程，还可以通过交换换取生产者所需要的其他消费和生产资料。经过交换的农产品可能有一部分进入消费过程，另一部分则进入下一个生产过程，或进入其他生产领域。农业生产者利用自己生产的农产品以及通过交换获得的其他生活和生产资料，不仅可以满足自身的生存需要，还可以不断进入下一个生产过程，保持农业生产周而复始地进行下去。

3.农业是自然再生产与经济再生产相交织的过程。综上所述，农业生产最根本的特征就是自然再生产过程与经济再生产过程的有机交织。单纯的自然再生产过程是生物有机体与自然环境之间的物质、能量交换过程，如果没有人类的劳动与之结合，它就是自然界自身的生态循环过程而不是农业生产。作为经济再生产过程，农业生产是人类有意识地干预自然再生产过程，通过劳动改变动植物生长发育的过程和条件，借以获得自己所需要的动植物产品的生产过程。因此，这种对自然再生产过程的干预必须符合生物生长发育的自然规律，同时也要符合社会经济再生产的客观规律。

4.农产食品的特殊性。

(1)农产食品的生物特性。表现在农产食品的生产要受自然规律的支配，生产周期长，不能随意缩短；农产食品具有鲜活性或易腐性，对储藏、加工和营销提出了更加严格的条件和时间限制；农产食品产量和质量都不能实现精准的控制，难以实现像工业产品那样的标准化生产。

(2)农产食品生产和消费的分散性。许多农产品的生产分散在世界各地，并且远离消费区，这意味着需要有广泛的运输服务将这些农产品运到消费者所在地。但农产食品的加工和运销等却出现了集中化的趋势，整个市场好像是一个横放的沙漏，沙漏的最左端代表着数以百万计的农产食品生产者，沙漏的最右端代表着数亿计的农产食品消费者，而沙漏的中间象征着少数具有地区甚至世界垄断地位的农产食品生产和经销的大公司，这使得产业链的构建更为复杂，利益分配更加不均衡。如果没有对农民更加有利的产业运行机制构建，农民将缺乏价格的话语权，他们将处在不利的市场竞争地位。

(3)农产食品体积大、单位价值低。绝大多数农产食品具有较为庞大的体积和较小的单位价值，经过加工转换，某些农产食品的体积可以减轻或者容量得到浓缩，易腐性得到减弱，耐储性得到提升。但实力很小的农民难以完成这些生产活动，必须由资本实力、技术实力和经营管理实力强大的企业来承担。

(4)农产食品的同质性强。相对于工业产品来说，农产食品的同质性特征十分明显。例如，河北与河南的小麦几乎一样，而黑龙江与吉林的玉米也没什么差别。农产食品的生产者更多的是靠成本和价格竞争，而要提高农产食品的市场竞争力，除了成本和价格以外，更多的是要靠提高质量，特别是靠经过加工提升产品的价值和功能，即形成差异化产品，而这需要农业产业链的延伸和产业利益主体的构建。

5.农业生产者的特殊性。

(1)农业生产者常常表现为生产者和消费者的双重身份。农业生产者常常既为市场生产又为自己生产(包括生活消费和生产消费)，在自给性生产和商品性生产共存的条件下，农户的决策必然不同于单纯为市场而生产所做出的决策，他们做出农业生产决策必然会同时考虑市场需求和自身生活与生产需求，而在做出消费决策时也必然会考虑市场供应和自身生产。为市场生产和为自己生产所依据的标准一般会有所差异。

(2)绝大多数的农业生产者是自我雇佣。非农产业的劳动力者绝大多数是受雇于人，而农业生产者由于受农业的产业特点所决定，绝大多数是为自己工作。由于自我雇佣的农业劳动者平时的劳动与最终的劳动成果挂钩，因而劳动积极性高涨，劳动激励多样，劳动不需要监督。

(3)农户或家庭农场是最主要的生产经营单位。与非农产业走向现代企业制度不同，农业生产经营单位主要是农户或家庭农场，具有生产单位和消费单位为一体的特点，即使农业合作社的建立和发展也是建立在家庭经营的基础上。当然，当代的农业家庭经营也走向了专业化、社会化、商品化和组织化。

二、农业的地位与作用

(一)农业的地位

1.农业在国民经济中的一般地位。农业是国民经济的基础，在国民经济中占有重要的地位。农业的重要性主要从以下两个方面表现出来：首先，农业是提供人类生存必需品的生产部门。迄今为止，人类所需要的最基本的生活资料及其原料，只能由或者主要由动植物(准确地说，还包括微生物)产品来提供。用工业方法合成食物(首块人造肉饼并不意味着大规模生产人造肉条件的成熟，因为首块人造肉饼的造价高达34.5万美元)的前景还相当遥远，也许根本不会成为提供食物的主要途径。因此，不论过去和可以预见的未来，农业都是人类社会的衣食之源和生存之本。其次，农业的发展是社会分工和国民经济其他部门成为独立的生产部门的前提和进一步发展的基础。在古代，农业是整个社会的决定性生产部门。在农业生产力低下的古代，人们为了生存，不得不以几乎是全部的劳动力去从事农业生产，社会的生产基本上就是农业生产。以后随着农业生产力的不断发展，农业劳动生产率的不断提高，剩余农产品不断增多，社会才能把日益增多的劳动力从农业中分离出来，从事农业以外的生产活动和文化、政治活动，工业、商业等经济部门才得以逐渐独立出来。只是到了近代才形成“纯粹”的农业(即现代的农业产业)和国民经济其他部门相并立的格局。独立出来的其他国民经济部门的进一步发展必须依赖于农业的稳步发展，这是一条普遍规律。任何国家的国民经济的发展如果不是以本国农业为基础，就是以外国的农业为基础。

2.农业在不同国民经济发展阶段中的地位。纵观世界各国经济发展的历史与现实，农业在国民经济的不同历史发展阶段，其地位有所不同，大致可以分为以下两个阶段。

(1)农业支持国民经济发展阶段。在社会经济发展的初期，农业是国民经济中的最主要生产部门，其产值和劳动力在国民经济中都占有很大的比重，国家工业化所需要的资本原始积累主要来自农业剩余的转移。农业对国家工业化的发展所做出的这种牺牲首先符合社会经济发展的需要，符合整个社会福利最大化的要求。这是因为人们在满足了农业提供的基本食品需求以后，产生了更多的物质和文化生活需求，要满足人们这些更高级的需求，非农产业必须得到更快的发展。其次农业对国家工业化的这种支持也符合农业本身发展的需要。随着经济的发展，社会对农产品需求的数量和质量都在不断提高，农业本身的发展，需要农业外部能量的投入，需要技术进步和人力资本增长(农业劳动力的数量将逐渐地由相对下降到绝对减少)的支撑，传统农业的改造和现代化的实现必须依赖于二、三产业的发展。工业革命在于农业革命的先期，然而没有国家的工业化，也就没有农业的现代化。在经济的发展过程中，农业对国民经济发展的支撑作用，不单单是简单的农业剩余向非农产业的转移，而且农业还是工业品的市场。在转移农业剩余的过程中要注意让市场发挥基础性作用，从农业中所转移的经济利益绝对不能超过农业剩余，否则农业连简单再生产都难以维持，扩大再生产就不可能实现。农业不能够扩大再生产，就不能够满足社会日益增长的对农产品的需求，国家工业化的发展也将受到制约。因此，在国家工业化的发展过程中，要十分注意保护农业扩大再生产的能力，绝对不能为了国家工业化的发展而对农业采取竭泽而渔的政策，否则欲速则不达。

(2)国家对农业实行保护阶段。随着国家工业化的发展，非农产业逐渐发展壮大起来，农业逐步完成了为国家工业化提供资本原始积累的历史重任，非农产业完全能够依靠自身的积累而得到更快的发展。而农业由于自身的上述特性使得其贸易条件不断恶化，比较优势逐步丧失，比较利益越来越小，市场本身的发展难以使农业适应社会与经济发展的需要，为了维护农业的基础性地位，为了实现社会的公平，就有必要对农业实行保护性政策。这是社会经济发展到一定阶段的必然选择。

(二)农业的作用

1. 农业对经济发展的基本贡献。在不同的历史时期，人们对农业在经济发展中的作用认识有所不同。根据西蒙·库兹涅茨的经典分析，农业对经济发展有四种形式的贡献：即产品贡献、要素贡献、市场贡献和外汇贡献。

(1)产品贡献。食品是人们生活中最基本的必需品，非农产业部门的食品消费主要来源于农业部门。只有农业生产者生产的食品超过维持自身生存需要而有剩余的时候，国民经济中的其他部门才能得以发展。从理论上说，国内食品生产不足可以通过进口来加以解决，但实际上大量进口食品将会受到政治、社会和经济等多种因素的制约，使得食品的供给完全依赖国际市场具有较大的风险或者要具备更为良好的政治与经济条件。

农业部门所生产的农产品对增加国民生产总值具有重要作用。如果用 P_a 表示农业部门的生产总值，P_n 表示非农业部门的生产总值，P 表示国民生产总值，则由国民生产总值的定义可得：

$$P=P_a+P_n$$

式中：P_a 的大小直接影响着 P 的大小，P_a 即称为农业对国民经济的静态总贡献；P_a/P 为农业产值在国民生产总值中所占的比重，故称为农业对国民经济的静态相对贡献。随着经济的发展，农业产值的绝对量肯定会不断增加，但农业在整个国民经济当中的比重将会不断下降，世界各国在经济发展中都经历了农业产值份额不断下降的过程。农业产值份额下降的普遍性被称为农业产值份额下降规律，导致这一规律形成的主要原因是农产品尤其是谷物产品的需求收入弹性小于非农产品。由于农产品的需求收入弹性不足，随着收入水平的提高，人们用于食物消费的支出在总消费支出中的比重是不断下降的，这就是著名的恩格尔定律。食物消费份额的下降，必然导致生产食物的产业在国民经济中的份额下降。

农业对国民经济的产品贡献还表现在国民经济的增长上。若用 G 代表国民经济的增长速度，G_a 代表农业的增长速度，G_n 代表非农产业的增长速度，W_a 和 W_n 分别代表农业和非农业在国民经济中所占的份额，则国民经济的增长速度可以表达为：

$$G=G_a\times W_a+G_n\times W_n$$

式中：$G_a\times W_a$ 表示国民经济增长中来源于农业的百分点，若用 $G_a\times W_a$ 除以 G，并用 δ_a 表示，则：

$$\delta_a = G_a \times W_a / G$$

式中：δ_a 为农业对国民经济增长的贡献幅度，即农业对国民经济增长的贡献率。

农业除了对国民的食品贡献以外，还有对国家工业发展所做出的原料贡献。在工业化早期阶段，一般国家的工业是以农业原料加工业为主，所以工业的发展与农业的发展状况密切相关。虽然农业产值占国民生产总值的份额一般来说会随着实际人均GDP的增长而下降，可由于以农产品为原料进行生产的工业品的需求收入弹性一般大于原料本身的收入弹性，所以，如果考虑到食品加工、服装、制鞋、饮料工业、烟草工业的发展，农业相对重要性下降的速度就缓慢得多。

这种通过与农业有关的工业来评价农业对经济发展的贡献就牵扯到了产业间联系的概念。所谓产业间联系的概念表明各个产业部门之间的相互依赖性质。产业间联系可以分为后向联系、前向联系和总联系。后向联系是以这种产业从其他产业购买的中间产品投入占其生产总值的比率来衡量的。前向联系则以这种产业卖给其他产业作为中间投入占特定产业生产总值来衡量。总联系为后向联系和前向联系之和。按照定义，农业作为一种初级产业似乎没有后向联系，同时，由于许多农产品不经过进一步加工而直接消费，其前向联系也是微弱的。但是随着经济的发展和农业现代化的推进，农业生产要投入越来越多的工业品，如化肥、农药和农业机械等，所以实际上存在着一定的后向联系，而且有愈益增强的趋势。同时，以农产品加工为基础的产业往往是工业化进程中的先行产业，所以农业对其他产业的联系并非微不足道。

(2)要素贡献。农业对国民经济发展的要素贡献，是指农业部门的生产要素转移到非农产业部门，从而推动非农产业部门的发展。农业部门所提供的生产要素有劳动力、资本和土地。

为国民经济其他部门提供劳动力，是农业对国民经济发展最重要的要素贡献。正如前所述，在人类社会发展的最初阶段，农业是唯一的生产部门。农业劳动生产率提高以后，农产品出现了剩余，使得农业劳动力能够向非农产业转移，从而为非农产业的发展提供了最基本的生产要素。可见，没有农业部门的劳动贡献，就很难有其他产业部门的形成和发展。在现代经济发展初期，农业中存在着较多的剩余劳动力，非农产业部门的急剧扩张所需要的劳动力，可以从农业部门得到源源不断的补充，这使非农产业的发展得以顺利进行。所以，农业部门的劳动贡献，是非农产业发展的重要条件。对大多数国家特别是发展中国家来说，问题的难点在于农业剩余劳动力过多，非农产业的发展难以吸纳农业所产生的剩余劳动力。对非农产业的发展来说，来自农业的劳动力有效供给不足，即大量低素质的劳动力供给过剩，而符合要求的高素质的劳动力却供给不足。

非农产业的发展，不仅需要人力资源，而且需要大量的资本投入。在经济发展过程中，为什么农业部门的资本要向非农部门转移？主要在于以下几点原因：①即使农业部门与非农业部门的资本/产出率完全相同，但由于通常非农业部门产品的收入需求弹性较高，因而对非农业部门增加投资的倾向就更高一些。因此，从总的发展趋势上看，非农部门生产规模扩大的速度应高于农业部门才能满足人们需求结构上的变化。②在许多情况下，农业新增资本的资本与产出比率事实上要低于非农产业，所以从要素利用的观点出发，资金总是应当流向能获得更多收益的部门。③更为重要的是，在经济发展的初期，农业作为国民经济的最主要部门，实际上是国内储蓄与投资的唯一来源。外来的投资和外国援助对大多数国家来讲只是补充性的、辅助性的经济来源。④对非农部门的投资往往也会使农民和农业受益，如交通状况的改进，供水、供电等设施的建立，科技的进步，教育的普及，来自非农产业收入的增加等。采取什么样的方法来转移农业部门的资金呢？一种是依靠市场机制、价格信号对资金进行转移和分配；另一种是凭借行政力量，强制进行资金的转移。完全依靠行政力量来转移农业资金，必然会降低经济效率，带来资源配置的扭曲。但仅仅依靠市场力量来转移农业资金，也就是通过私人储蓄和投资来实现农业资金的转移，将难以满足工业化的发展需要。因此，在市场配置资源的基础之上，动用一定的财政、信贷政策手段，加速农业资金向非农产业的转移，是一种较好的选择。

国民经济其他部门的发展必然需要更多的土地作为生产和活动的场所，如城区的扩大、道路的修建、工矿的建设等。一般说来，非农产业对土地的需求是一种必然现象，需求的土地多在农业较发达的地区，或者说是人类较早开垦利用的土地。如果农民具有完全的土地产权，农地非农化将会使农民获得更多的经济收益。因此，从微观经济角度来看，农地非农化是农民的一种理智选择。但从整个国家和社会的宏观角度来看，让市场机制自由发挥作用，将不利于农业和整个社会经济的可持续发展。因为土地面积是有限的，农业用地的不断减少必然不利于农业可持续发展，必然不利于满足社会日益增长的对农产品的需求。因此，在满足非农产业发展需要的同时，必须加以适度的宏观调控。

(3)市场贡献。农业对国民经济发展的市场贡献包括两个方面的含义。①农民作为买者，购买服装、家具、日用工业品、耐用消费品等和农药、化肥、种子、农膜、农用机械、电力及其他农业投入品。农民对这些工业品的消费扩大了工业品的市场，工业品市场的扩大又会刺激工业和其他非农产业的扩张。在经济发展的初期阶段，农业部门是经济当中的主要部门，工业刚刚起步。这时即使新兴的产业部门中就业人员的人均收入可能高于农民的人均收入，但是由于农业部门的绝对规模，农业必然是国内工业品的主要市场。随着经济发展水平的提高，农业劳动力不断转移到非农产业部门就业，农村人口不断迁移到城市居住，虽然农业人口份额的下降会使农村市场的重要性降低，但农民收入水平的增加和消费水平的提高会推动农村消费市场的扩大，农业现代化的推进也会使农业对农药、化肥、农业机械等农用工业品的需求增加。农民用于工业品的支出代表农民对整个经济发展所做贡献的一个方面。②农民还是一个卖者。作为卖者，农民在市场上出售农产品，把粮食及其他农产品出售给非农产业部门的生产者和消费者。随着农业生产水平和商品化程度的提高，农民对农产品的销售规模越来越大。农民的这种销售活动，不仅提高了农业自身的市场化程度，而且满足了非农产业的生产者和消费者对农产品的需求。农产品的市场流通量增加以后，不但可以促进相关运销业的发展，而且使农产品的市场体系日益完善，也有利于农业要素市场体系的发育成熟。

(4)外汇贡献。所谓外汇贡献，是指通过出口农产品，农业为国家经济建设赚取外汇。在一个国家经济发展的初期，农业的外汇贡献尤为重要。此时由于工业基础薄弱，科学技术落后，工业品不具有国际竞争力，难以出口创汇，而工业发展又需要用外汇从国外进口先进的技术、机器设备和一些原材料。因此，具有比较优势的农业部门在出口创汇方面必然会扮演一个重要角色。发展中国家经济发展的实践充分说明了这一点。在这些国家，出口农副产品及其加工品赚取了大量外汇，用农业赚取的外汇购买先进的技术和机器设备武装本国工业，从而促进了本国民族工业的快速发展。所以，如果没有农业的外汇贡献，大多数发展中国家工业的快速发展是难以想象的。随着经济的不断发展，农业外汇贡献的份额一般会下降。这是因为工业壮大以后，工业品的出口创汇能力会逐渐增强，使其逐渐成为国民经济出口创汇的主要力量。然而，农业外汇贡献份额的下降，并不意味着农业对国民经济发展外汇贡献的消失，农业出口创汇的绝对量还可能增加。

2.农业的多功能性。到了20世纪80年代以后，特别是乌拉圭回合以后，人们对农业作用的认识更注重其多功能性。农业多功能性是指农业除了具有提供食物和纤维等多种商品的功能外，同时还具有其他经济、社会和环境等方面的非商品产出功能，这些功能所产生的有形结果和无形结果的价值无法通过市场交易和产品价格来体现。一般认为，农业所具有的非商品产出功能可分为环境功能、社会功能、粮食安全功能、经济功能和文化功能五个方面。

(1)环境功能。农业及其相关土地的利用对环境可产生有利或不利的影响。农业的环境保护功能包括农业景观和各种生态问题：水土保持、补充地下水、维持生物多样性、缓解气候变化、防治荒漠化、减少水污染、保护野生动植物栖息地、控制洪水、提供农业景观、避免城市拥挤等。农业的直接环境收益包括：通过管理土壤和植物减少污染，通过多种作物轮作和肥料施用增加生物量和养分固定量，通过控制土壤侵蚀技术提高生态系统弹性等。农业对生态系统和可再生自然资源也具有负面影响，包括农用化学品、灌溉和机械耕作的过量投入所带来的影响。农业所产生的负外部性主要是化学品污染、水土流失、种植系统弹性和多样性消失、土壤结构破坏、动植物栖息地减少等。农业对环境的影响具有不同规模的地域性特征，吸收二氧化碳和减少温室效应具有全球性影响，河流污染具有区域性影响。某些环境影响还具有不可逆性，如自然物种的灭绝等。

(2)社会功能。由于农业所具有的地域性分布特点，农业不仅为农村居民提供了谋生手段和就业机会，而且为他们提供了生活和社交场所，有助于形成和维持农村生活模式以及农村社区活力，具有减少农村人口盲目向城市流动、保持社会稳定、形成社会资本的功能。特别是对贫困人口集中于农村、农村地区又缺乏必要的社会福利保障体系的许多发展中国家，农业还具有消除贫困和替代社会福利保障的功能。在这些国家，农业发展是农民的重要生活保障，而农民拥有土地可以在一定程度上替代社会保障。由发展中国家社会经济发展水平所决定，发展中国家农业的社会功能，比发达国家更具有重要性，具有更大的价值。

(3)粮食安全功能。根据联合国粮农组织的定义，粮食安全是指所有的人在任何时候都在经济上有能力并且可以获得足够数量卫生安全和营养的食品，从而达到积极和健康生活对食品的需要及偏好。粮食安全由以下四个要素构成：充足的供给，供给的稳定性，粮食的可获得性，食物的卫生安全、质量和偏好。实现粮食安全的途径有三：一是依靠自己生产(自给自足)，二是依赖进口，三是将二者结合起来。一般而言，开放贸易有助于稳定世界农产品市场，这反过来又有利于稳定粮食进口国的价格和保障其国家粮食安全。开放贸易可以产生贸易利益，提高人们的收入和购买力，从而有助于保障国家的粮食安全。这种结论的前提是，不管一国的贸易地位如何，实行开放贸易后，所有国家和地区都为稳定世界农产品市场做出了贡献，从而有助于消除偶然因素的影响。但是，那些严重依赖粮食进口的国家极为担心未来国际农产品市场的演变态势。他们关注两个重要的事实：一是未来食物供给和需求的发展前景并不令人乐观；二是现实世界中并不存在任何担保，保证开放贸易一定会导致食物供给和价格的稳定。况且那些粮食进口大国具有拉动世界粮价上涨的能力，那些与粮食进口国存在现实或潜在政治冲突的国家和地区，更缺乏依赖国际市场解决粮食安全问题的信心。因此，一个国家的农业在粮食安全方面的功能除了提供粮食这一特殊商品的供给外，还具有非商品功能，即保证一定的粮食自给水平、减少过度依赖国际市场的担忧、增加粮食安全的保障感、确保国家宏观战略的实现，对于面临粮食短缺和购买力不足的国家，农业生产具有消除饥饿和营养不良、确保家庭粮食安全的特殊功能。

(4)经济功能。农业除了与其他部门一样具有提供产品和就业机会等传统经济功能外，还具有其他经济方面的非商品产出功能，如保障劳动力就业、经济缓冲作用、保持国土空间上的平衡发展、提供消遣场所、文化和历史继承、形成农业景观、促进社会公平、提高农村居民学习能力和维持特殊的生态系统等功能。农业多功能性所具有的经济方面的非商品产出功能有别于一般经济活动所具有的可通过市场机制实现的经济功能，如提供就业机会。保障农村劳动力就业之所以成为农业非商品产出功能之一，是因为很多发展中国家二元经济结构的存在以及国际劳动力流动受到限制，使这些国家的农业承受了保障劳动力就业和提供隐蔽性失业保障的功能。农业具有的经济缓冲作用是指农业随着宏观经济的波动适时释放和吸纳劳动力，为减缓经济危机和加速经济复苏发挥了重要作用。

(5)文化功能。农业具有形成和保持农村独特文化和历史的功能。由于农业生产活动与农村生活紧密结合，农业对形成和保持特定的传统文化、维护文化的多样性具有重要作用，一些国家的文化和传统深深地根植于农村生活，许多传统节日与农业密不可分，形成了许多富有地方特色和乡土气息的农村文化和传统。

第二节　农业经济学的研究对象与内容

一、农业经济学的研究对象

(一)对农业经济学有代表性的定义

农业经济学是经济科学的一个分支，是一门专门研究农业领域中各类经济问题的部门经济学。然而，在不同的年代和不同的国家，人们对于农业经济学研究对象的认识和看法还存在着很大的区别。

美国的约翰·W. 戈德温在其所著的《农业经济学》中将农业经济学定义为关于各种有限资源在农牧业产品的生产、加工及消费等用途方面进行分配的社会科学。

美国的盖尔·克拉默则认为，农业经济学是一门应用社会科学，它研究人类在一段时期内选择利用技术知识和稀缺资源如土地、劳力、资金和管理生产食物、纤维以供社会各种成员消费。农业经济学和经济学一样都是为寻求发现因果关系。农业经济学应用经济理论方法探索对农业和农业企业问题的解答。

朱道华在其所主编的《农业经济学》(第 4 版)中则认为，农业经济学的研究客体是农业，所以，它不仅是经济学中的一门独立的科学，也是农业科学中一门独立的科学。研究农业的科学很多，而农业经济学是从经济的角度研究农业的科学。农业经济学的研究对象，概而言之，就是农业生产方式运动的规律。包括农业生产力的运动规律、农业生产关系的运动规律，以及两者相互间的运动规律。从广义上看，农业经济学的研究对象，包括农业生产方式的更迭和各个历史时期农业生产方式。但通常的农业经济学是狭义的，是以研究现阶段的农业生产方式为主的，所以有主要研究资本主义农业生产方式的农业经济学，或以主要研究社会主义农业生产方式的农业经济学。

数字资源 0-1
中国农业经济思想的产生与发展

数字资源 0-2
西方农业经济学科的产生与发展

(二)农业经济学研究对象变化的特征

以上三位学者对农业经济学研究对象的归纳代表了所处时代和国家对这个问题的认识。但经济、社会和政治在第二次世界大战以后特别是进入 21 世纪以后发生了巨大变化,农业经济学的研究对象也发生了很大的变化。农业经济学研究对象的变化表现出这样几个特征。

(1)农业经济学的分化或者说细化不断加快,各分支学科之间的相互交叉和渗透以及由此而产生的综合化不断得到增强。自英国的阿瑟·扬发表《农业经济学》一书从而创立农业经济学这一学科起,到第一次世界大战结束时为止,农业经济学基本上是作为一个单一的学科而获得发展的。进入 20 世纪 20 年代,农业经济学的分化开始出现,一些分支学科开始从一般农业经济学中游离出来,如土地经济学和农业生产经济学的出现。第二次世界大战以后,农产品运销学、农业金融学、农业政策学等新分支学科迅速成长起来。进入 70 年代以后,所出现的新分支学科有农业资源经济学、农业生态经济学等。这些学科的出现一方面可以看作是农业经济学分化的结果;另一方面也可以视为农业经济学与其他新兴学科相互交叉和渗透的综合化产物。

(2)农业经济学越来越注重多层面、多视角的分析和研究,加强定性和定量、实证和规范、宏观和微观分析的结合,不断深入地开展各种比较研究工作。自美国海地在 50 年代初发表的《农业生产经济学与资源利用》一书中大量应用数量分析方法分析农业经济问题以来,在农业经济分析中应用数学分析方法和计算机技术获得长足的进步,数学方法已被广泛地应用于农产品的供求分析、农产品的价格水平和波动分析、农业资源的最优利用分析以及政府的农业政策制定等各个方面。第二次世界大战以后,农业经济学鉴于在此之前实证研究的不足,实证研究取得了长足的发展,即将经济理论、数学和统计学等方法结合起来,首先依据一定的经济理论确定经济变量,并把有关的经济变量联结成方程式、方程组,即经济数学模型。其次根据经验统计资料,用统计和数学方法估算参数,利用参数估计值来验证模型所依据的经济理论是否正确。最后利用修订的参数值来预测未来和规划政策,使农业经济学的实证研究和规范研究得到了很好的结合。第二次世界大战以后,农业经济学紧跟政府直接干预农业、国际国内农业贸易日益扩大的发展步伐,加强了农业宏观经济的研究,同时注意同农业微观经济研究的配合。农业经济学在发展过程中各种比较研究得到越来越广泛地开展,如农业与其他产业部门之间增长的比较、传统农业与现代农业的比较、各国农业发展模式的比较、经济体制和农业政策的比较研究等。

(3)农业经济学还不断突破原来意义上的农业经济范畴,更加系统全面地研究农业经济问题。在第二次世界大战以前,农业经济的概念基本上指的是农业生产经济,有关农产品的市场、价格、流通、消费等都是作为问题的一个侧面而予以关注。第二次世界大战以后,随着经济的高速增长，国际国内市场、各个产业部门以及农业产前产后服务体系都结为一个联系紧密的整体，相互之间的依赖性越来越强。在这种情况下，农业经济研究中关于农业与其他产业之间的关系、农业经济管理体制和农业政策、私人决策和公共决策、国内农业与国际农产品贸易、农场和家庭的生产决策和消费决策、市场经济与农产品、农产品的价格形成以及农产品的加工、储藏、运输、流通、消费等的讨论也渐趋活跃起来，各种与农业经济有关的经济活动和经济现象都被纳入了农业经济的研究范围。

（三）本书关于农业经济学的定义

综上所述，我们认为，农业经济学主要是运用经济学的基本原理，研究在土地、劳动力、资金、技术和信息等稀缺资源的约束条件下，农产品的供给与需求、农产品价格与市场、农业生产要素价格与市场、农业微观经济组织形式、农业宏观经济制度与政策的部门经济科学。

二、农业经济学的研究内容

要来完整地说明农业经济学的研究内容是困难的，因为随着经济的发展和社会的进步，农业经济学的研究内容也变得越来越广泛、越来越深入和越来越复杂。不过随着农业经济学科的分化，许多内容从农业经济学中独立出来，形成新的学科或课程。就本教材来说，其研究内容主要包括以下几个方面：

（一）农产品市场

随着农业科学技术的进步和市场机制的完善，许多国家、特别是中国告别了农产品短缺时代，农产品自给有余，甚至出现了某种程度的过剩。于是农业经济问题从过去以增加生产为中心，转变为以解决市场问题为中心。农产品的供给与需求，农产品的价格形成与决定，农产品现货市场与期货市场，农产品国际贸易及相关政策等成为当代农业经济学所要解决的首要问题。

（二）农业生产要素

虽然在当代农产品市场问题变得重要了，但农业生产要素仍然是农业经济学的重要研究内容。相对于农产品市场来说，农业生产要素市场发育相对滞后。农业经济学所要研究的农业生产要素，主要不是解决这些生产要素的具体如何配置问题，而是重点关注农业生产要素的市场机制与政府的宏观调控问题。市场是农业生产要素配置的基础，但由于农业及农业生产要素本身的特性，农业生产要素合理配置也离不开政府的干预。农业生产要素市场的最大特点是供给与需求的不对称性，容易形成卖方或买方垄断，这也成为政府管理与扶持农业生产要素市场的理由之一。由于土地、劳动力、技术、资金和信息等生产要素的特性不同，因而其各自市场的运作机制与政府的管理方式也有所不同。

（三）农业微观经济组织

由于农业产业的特殊性，也决定了农业的微观经济组织构造与工商业有很大的不同。在工商业中，家庭经营逐渐消亡，各类公司、甚至跨国公司成为工商业中的主宰。而在农业中，家庭经营仍然是最基本的微观经济组织形式，它成为农业微观经济组织的基础。农业的特点与家庭的社会经济特性，使得家庭经营具有旺盛的生命力。然而，农业家庭经营也不是完美无缺，面对大市场，农户必须组织起来，通过合作社、合同制和一体化等产业化组织形式联合起来，才有利于农业家庭经营的生存与发展。但其他微观经济组织形式不是对农业家庭经营的否定，而是建立在家庭经营的基础之上。

（四）农业保护与农业发展

市场是农业资源配置的基础，但市场会在农业的某些方面表现出失灵。农业经济学必须在理论上研究市场在农业的哪些方面表现出失灵，为什么会失灵？市场失灵成为政府对农业实行保护政策的基本理论依据。在当代的农业发展中，食品质量安全管理、农业产业结构调整、农业现代化和农业可持续发展成为重要的战略议题。

本章小结

导论不仅起到开篇的作用，而且还具有统领全书的功能。在导论中，首先阐述了农业的概念，农业自然再生产与经济再生产相交织的根本特性。其次分析了农业在国民经济中的一般地位和在不同发展阶段中的地位，农业的基本贡献即产品贡献、要素贡献、市场贡献和外汇贡献以及现代人们对农业多功能性的认识。然后分析了农业经济学研究对象的变化特征，界定了农业经济学的含义，概述了本书的主要内容。

复习思考题

1. 什么是农业并有哪些延伸？
2. 试分析农业的一系列特性。
3. 试分析农业在国民经济中的一般地位和在不同经济发展阶段中的地位。
4. 试分析农业的基本贡献。
5. 什么是农业的多功能性？
6. 农业经济学的基本内涵是什么？
7. 当代农业经济学研究对象的变化表现出哪些特征？

参考文献

[1] 盖尔·克拉默，克拉伦斯·詹森. 农业经济学和农业企业. 吴大炘，厉为民，等译. 北京：中国社会科学出版社，1994.

[2] 胡跃高. 农业发展原理. 2 版. 北京：中国农业大学出版社，2005.

[3] 李秉龙，薛兴利. 农业经济学. 3 版. 北京：中国农业大学出版社，2015.

[4] 罗纳德·斯瑞波尔. 农业市场经济学. 孔雁译. 北京：清华大学出版社，2009.

[5] 约翰·W. 戈德温. 农业经济学. 朱风书，等译. 银川：宁夏人民出版社，1986.

[6] 钟甫宁. 农业经济学. 5 版. 北京：中国农业出版社，2011.

[7] 朱道华. 农业经济学. 4 版. 北京：中国农业出版社，2000.

第一篇

农产品市场

第一章　农产品供给与需求

本章学习要点

- 农产品供给与供给弹性
- 农产品需求与需求弹性
- 农产品供求理论的应用

第一节　农产品供给

一、农产品供给的含义

农产品供给是指在一定时间内和一定价格水平上，农产品生产者愿意并且能够出售某种农产品的数量。

农业生产者出售农产品的意愿和供应农产品的能力，构成了该农产品有效供给的两个必备条件。一般来说，生产者所出售的农产品来自本期该种农产品的生产量和以前的储存量。如果生产者没有出售农产品的意愿，例如生产出来的农产品不进行销售而只是储藏在仓库里，或者只用作生产者的自给性消费，就无法形成有效供给。同理，如果生产者有出售农产品的意愿，但是当期没有产量或者没有库存，也不能形成该农产品的有效供给。

此外，根据考察生产者对象的不同，农产品供给可划分为个人供给和市场供给。个人供给也称为个体供给，是指单个生产者的农产品供给数量；市场供给也称为总供给，表示在既定的市场、时间和价格水平上，所有愿意提供农产品的生产者提供的农产品数量之和，即市场供给是个人供给的总和。

二、农产品供给曲线及其变动

(一)农产品供给曲线

农产品供给是在某一特定价格水平上为销售而提供的具体农产品数量，经济学用曲线来刻画供给数量与价格之间的关系，称为供给曲线。如图 1-1 所示，横轴代表农产品供给数量 Q，纵轴代表农产品价格 P，农产品供给曲线 S 上的每一点则反映了价格和供给数量之间的对应关系，如 A 点表示在农产品价格为 P_0 时，供给量为 Q_0。供给曲线是一条从左下方向右上方倾斜的曲线。

(二)农产品供给曲线的变动

农产品的供给曲线会因为某些因素而发生两种情形的变动,一种是因价格变动而引起的供给曲线上点的移动,称为供给量的变动;另外一种是因非价格因素导致的整个供给曲线的移动,称为供给的变动。

农产品供给量是自身价格的函数,农产品供给量的变动反映了在其他条件不发生变化的情况下,农产品的供给量是如何随着价格的变动而变动的。在图 1-1 中,当农产品价格由 P_0 上涨到 P_1,供给量则由 Q_0 增加到 Q_1,此时价格和供给量的组合由 A 点移动到了 B 点;当农产品价格由 P_0 下降到 P_2 时,供给量则由 Q_0 减少到 Q_2,此时价格和供给量的组合由 A 点移动到了 C 点。

农产品供给是每个价格水平下农产品供给量的全部关系,农产品供给的变动反映了在价格不发生变化的情况下,农产品供给如何随着非价格因素的变动而变动。如图 1-2 所示,例如当发生农业自然灾害时,可能导致农产品供给曲线从 S_0 左移到 S_1,即在同样的价格水平上,农产品的供给量减少了;当采用新的农业生产技术时,可能导致农产品供给曲线从 S_0 右移到 S_2,即在同样的价格水平上,农产品的供给量增加了。

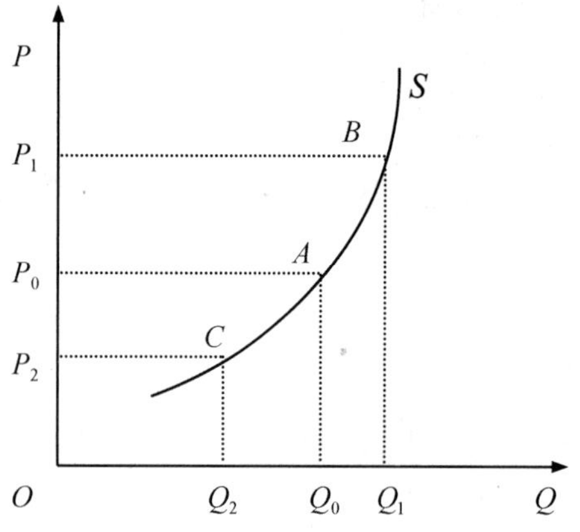

图 1-1 农产品供给曲线

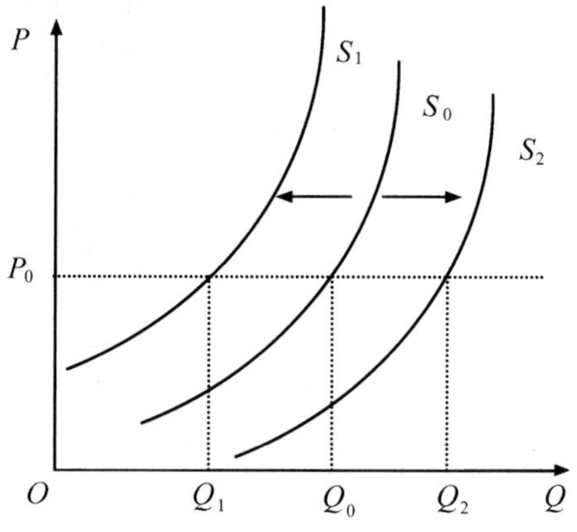

图 1-2 农产品供给变动示意图

三、农产品供给定理

一般来说,在其他条件不变的情况下,农产品的供给量与其价格同方向变化,即农产品供给量随其价格的上升而增加,随其价格的下降而减少,这一规律被称为农产品的供给定理。

农产品供给量与价格之所以同方向变化,主要是因为农产品的价格变化引发了农产品生产者的供给反应,从而导致了产量的变动。

首先,从个体供给的角度来看,农产品价格的变化会导致生产者改变生产行为。当农产品价格上升,可使原有生产者改变生产行为以增加生产量,提高农产品的供给量。例如,当玉米价格上升时,生产玉米的盈利空间增大,这会刺激既有的玉米生产者增加玉米的生产量。相反,如果玉米的价格下降,生产玉米的盈利空间缩小,为了保持生产收益,一些生产者可能只生产或出售较少的玉米，就会使玉米供给量减少。

其次，从市场供给的角度来看，农产品价格的变化会带来生产者数量的变化。当农产品价格上升时，将带来新的生产者，即在原来的价格水平下未开展生产活动的生产者变成了实际的生产者，生产者人数增多，从而使生产和出售的农产品数量增加。例如，当玉米价格很低时，只有一些生产水平较高的生产者才能保持必要的盈利水平，愿意生产和出售玉米；而在玉米价格上升后，许多在原来价格水平上不盈利的生产者，由于价格上升而产生盈利，从而加入玉米生产和出售的行列，成为新的生产者。相反，如果玉米价格下降，则会使生产和出售玉米的盈利减少，从而使从事玉米生产的人数减少，玉米的生产和出售量因此而降低。

农产品市场价格与农产品供给数量之间这种同方向变化的规律，为农产品市场开发提供了一个基本的理论指导，即提高农产品价格，有利于增加农产品生产量和供给量，提高农产品供给能力。因此，保持适当的农产品价格水平，对于调动农业生产者的生产积极性，增加农产品供给，满足社会对农产品的需求是非常重要的。

当然，农产品供给规律也有例外的情况，即当有些农产品价格上升时，其供给量反而减少；当价格降低时，供给量却增加。产生此类现象的原因在于农业资源的专用性较强，生产用途范围狭窄，不能顺利地实现资源转移和流动。当生产者所生产的农产品价格下跌后，为了维持正常收入水平，反而会努力增加产量，从而增加供给量。此外，由于农业生产者对农产品未来价格预期的不确定性，当预计未来某种农产品价格上升时，为了将来获得高额收益，即使当前价格较高，也会减少商品的供给量；相反，在价格下跌时，若预计未来商品价格继续下跌，则会把商品全部抛售出去，从而增加供给量。

四、农产品供给的主要影响因素

任何产品的供给取决于该产品自身的价格、相关产品的价格、生产成本、技术进步、生产经营者对未来价格的预期等多种因素。与其他产品的供给相比，因受到农业特性的影响，农产品的供给也受到上述因素的影响，但也具有一定的特殊性。

可以用供给函数来反映农产品供给及其主要影响因素之间的关系：

$$Q_s = f(N, P, P_r, P_e, C, T, E, O) \tag{1-1}$$

式(1-1)中：Q_s 表示农产品供给量，f 为函数关系符号，括号内的变量为影响农产品供给的主要因素，其中：N 为生产者数量，P 为农产品自身的价格，P_r 为相关农产品的价格，P_e 为生产者对未来价格的预期，C 为生产成本，T 为技术进步，E 为政策因素，O 为其他因素。

1. 农产品生产者的数量(N)。农产品生产者的数量是影响农产品供给的一个基本且重要的因素。一般来讲，农产品生产者数量和农产品供给呈正方向关系。在其他条件不变的情况下，生产者的数量越多，农产品的供给量就越大；生产者的数量越少，农产品的供给量就越小。

2. 农产品自身的价格(P)。根据供给定理，农产品的价格上升，供给量增加；价格下降，供给量减少。但是由于受到土地面积及生产力的制约，在短期内，当农产品价格上升时，农产品的供给量不会无限制地增加，价格的提高只能在一定范围内促进农产品供给量的增加，而且这个范围也是十分有限的。同时，由于农产品生产周期比一般商品生产周期更长，农产品生产必须经历一个自然周期才能实现产出，因此即使农产品价格上涨较快，也无法在短期内刺激供给的增加。此外，不同的农产品随着自身价格变化，其供给量的变化趋势也不一样。例如，对于耐储藏的粮食、干果等农产品，当其价格下降时，生产者可以选择把这类农产品储存起来待价而沽，这就导致当期该类农产品的供给量会明显减少；而对于不耐储藏的蔬菜、水果等农产品来说，即使价格下降，生产者也不得不低价出售，因此这类农产品的供给量在短期内不会发生较大的变化。

3. 相关农产品的价格(P_r)。某一种特定功能的农产品的供给，不仅取决于它自身的价格，还取决于其他相关农产品的价格。相关农产品主要有两种情况：①竞争性农产品，即指在资源利用上相互竞争的农产品。在特定资源条件下，如果有两种竞争性农产品，当其中一种价格不变时，另一种农产品价格发生变化，就会使前一种农产品生产的供给量发生相反方向的变化。比如，一个地区的玉米和棉花在土地利用上是竞争性农产品，当玉米的价格不变而棉花的价格提高时，玉米的种植面积就会减少，从而导致其供给量下降。②连带农产品，即在生产一种农产品的同时，也生产另一种农产品。当两种农产品中的一种价格不变，另一种农产品的价格发生变化时，就会使前一种农产品的供给量发生相同方向的变化。比如，羊肉和羊皮是连带产品，当羊肉价格上升时，人们就会多养羊，从而就会增加羊皮的供给量；相反，羊皮价格也会对羊肉的供给量产生影响。

4. 农产品生产者对未来价格的预期(P_e)。生产者对未来市场走向，尤其是价格走向的判断也是影响农产品供给的一个基本因素。在其他因素保持不变的情况下，如果农产品生产者预期未来的农产品市场价格会不断上升，则生产者就会减少本期农产品的出售量以备价格提高后出售，赚取更多的利润。这说明对未来价格上升的预期会导致生产者和经营者产生一定程度的囤积行为，会减少本期农产品的供给数量，增加未来农产品的供给数量。相反，如果农产品生产者预期未来的农产品价格会不断下跌，则会增加本期农产品的供给量，同时也会尽量减少农产品的日常存储量和生产量，从而增加本期农产品的供给数量，减少未来农产品的供给数量。

5. 农产品生产成本(C)。在既定农产品价格下，生产成本的高低影响到生产者的利润，进而影响到农产品的供给。当农产品生产要素的价格上升时，就会使农产品的生产成本增加，从而在农产品市场价格不变的情况下，利润降低，供给量减少；相反，当农产品生产要素的市场价格下降时，就会使农产品的生产成本减少，从而在农产品价格不变的情况下，利润上升，供给量增加。因此，降低生产成本成为增加农产品供给的一个重要措施。

6. 技术进步(T)。农业资源从基础条件上决定了农产品生产的可能性，资源条件的优劣也决定了农产品生产的多与少。农产品产量的增长，可以通过劳动集约、土地集约或资金集约来实现，但劳动、土地、资金集约相对于农产品产量的增加是有限的。若要继续增加农产品产量，就要充分发挥科学技术的作用，即在资源既定条件下，技术进步会使资源得到更加充分的利用，降低成本，从而显著增加农产品的供给量。

7. 政策因素(E)。政策会显著影响到农产品的供给。一般情况下，如果政府采取减少税收、加大对农业生产的扶持性政策，就会降低生产成本，提高生产者的积极性，进而增加农产品的供给。例如，为了保证国家的粮食安全，政府所采取的鼓励粮食生产的政策，以及为改善生态环境，政府所采取的退耕还林还草、禁牧、休牧以及草畜平衡政策等，都会对粮食、林产品、畜产品的供给产生重要的影响。

8. 其他因素(O)。农产品供给除了受上述各因素的影响外，在实际中还要受到诸如自然灾害、气候变化等外生因素的影响。在其他条件不变时，如果风调雨顺，没有受到自然灾害的影响，农产品的供给就会增加。

总之，影响农产品供给的因素是复杂多变的，在不同条件下，应把各种影响因素综合起来分析农产品供给的变动。

五、农产品供给弹性

前述的农产品供给定理，只是定性地说明了供给量与价格存在正相关关系，但对于不同的农产品，其供给量对价格变动的敏感程度是不同的，也就是说，当农产品价格上涨（或下降）1%，供给量会增加（或减少）多少比例呢？这里用供给弹性来说明价格变动与供给量变动之间这种量的关系。

（一）农产品供给弹性的概念

农产品供给价格弹性又称农产品供给弹性，是指某种农产品的市场供给量对其价格变动反应的敏感程度，即指农产品供给量变动率对其价格变动率的比值，其大小用供给弹性系数来表示，公式为：

$$E_s=\frac{\text{供给量变动率}}{\text{价格变动率}}=\frac{\Delta Q/Q}{\Delta P/P}=\frac{\Delta Q}{\Delta P}\times\frac{P}{Q} \tag{1-2}$$

式(1-2)中：E_s 为供给弹性系数；Q 为供给量；ΔQ 和 ΔP 分别为供给量和价格的变化；Q 和 P 分别为供给量和价格的初始值。

从农产品供给定理可知，在其他条件不变的情况下，某种农产品的供给量与其价格同方向变化，因此，E_s 通常为正值。例如，某市场苹果每千克 8 元，市场供给量为 50 万千克，当每千克苹果价格降为 6 元时，市场供给量为 40 万千克，则苹果的供给弹性为：

$$E_s=\frac{(40-50)/50}{(6-8)/8}=\frac{-0.20}{-0.25}=0.8$$

（二）农产品供给弹性的种类

供给弹性的大小，可用供给曲线表示（图 1-3），一般可分成五类：

1. $E_s=0$ 时，称为供给完全无弹性。表明价格的变化对供给量的变化无影响。
2. $E_s\to\infty$ 时，称为供给完全有弹性。即当价格既定时，供给量为无限。
3. $E_s=1$ 时，称为同一供给弹性。表明供给量变动的幅度等于价格变动的幅度。
4. $E_s>1$ 时，称为供给富有弹性。表明供给量的变化幅度大于价格变动的幅度。
5. $0<E_s<1$ 时，称为供给缺乏弹性。表明供给量变化的幅度小于价格变动的幅度。

（三）影响农产品供给弹性的因素

供给价格弹性指明生产者如何对价格变化做出反应，生产者的反应取决于其适应价格变化而改变产量的难易程度，在农产品供给中，一般有以下因素影响着供给价格弹性。

1. 农产品生产周期的长短。若农产品生产周期长，价格在生产周期内的变动不足以对农产品的供给量产生影响，因而供给弹性小。因为生产者未能及时调整生产规模，形成新的生产能力，价格虽然可能发生新的变化，但不再影响本周期的供给量。若农产品生产周期短，在价

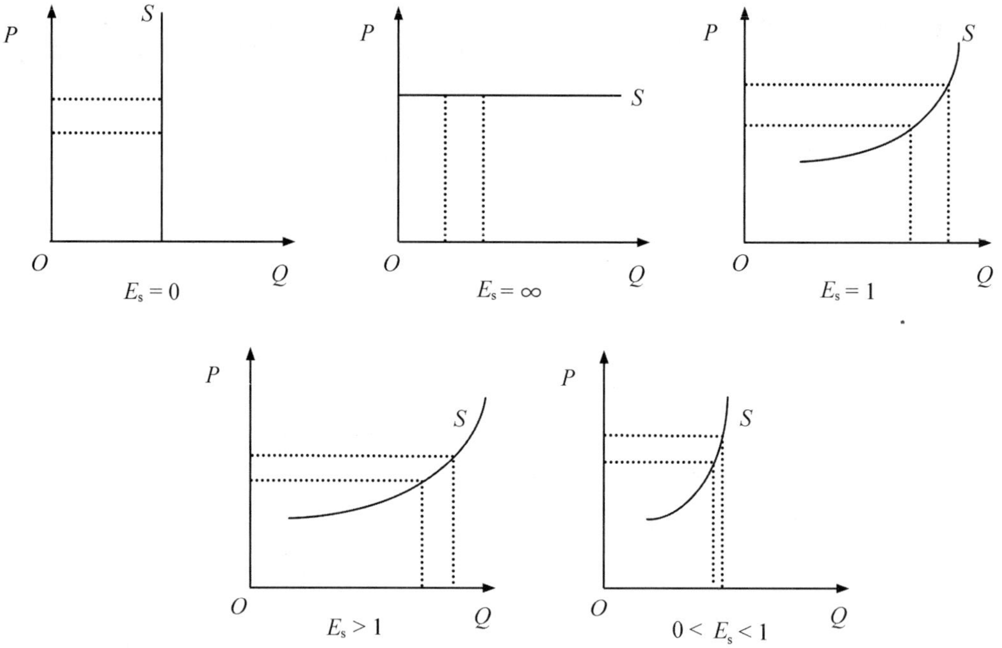

图 1-3　农产品供给弹性类型

格变动的影响周期内，生产者有足够的时间调整生产规模，改变农产品的供给量，则供给弹性较大。

2. 农产品生产规模变化的难易程度。若农产品的生产规模容易改变，则供给弹性大，反之则小。一般来说，资金密集型或技术密集型农产品生产规模变动的难度较大，供给弹性小；劳动密集型农产品的生产规模变动容易，供给弹性较大。

3. 农产品价格变动影响期的长短。若农产品价格变动的影响期长，生产者能及时做出生产调整，改变供给量，则供给弹性大；若价格变动的影响期短，生产者未能及时对生产做出调整，则供给弹性小。

4. 农产品成本的变化。在其他条件不变时，如果农产品生产成本随着产量的增加而小幅度上涨，则农产品的供给弹性大；如果农产品增加促使生产成本大幅度增加，则供给弹性就小。此外，农产品供给弹性还与农产品的成本构成有关。农业生产活动中既有生产建筑物、农机具等固定资产的投入，也有种子、化肥、农药等可变要素的投入。一般来说，固定资产投入较大的农产品的供给弹性较小，因为扩大生产需要更多的资金和时间，并且转产能力也较弱。

5. 农产品的耐储存性。一般来说，耐储存的农产品的供给弹性较大，不耐储存的农产品的供给弹性较小。这是因为，如果农产品不耐储存或者储存成本较高，当价格降低时，生产者无法或者不愿意储存此类农产品，因此价格降低时农产品的供给量不会减少；当其价格上升时，因为没有存货，也无法增加供给。而对于耐储存的农产品来说，农产品的供给可以根据价格的变化调整存货。

总之，农产品供给由于受到自然条件的影响较大，生产周期一般较长，且多为鲜活产品，不易储存，加之受到土地面积的限制和农业生产本身特点的约束，不可能迅速或无限扩大生产，因此农产品供给弹性一般较小。

六、农产品供给反应模型

农业生产者会根据农产品市场价格信号做出供给的调整反应，称为农产品供给反应。供给反应模型是研究农产品供给受到价格信号刺激所经历的经济过程的常用分析方法。适应性预期理论认为，生产者在对农产品价格进行预期时，通过根据上一期农产品价格预期的误差（上一期农产品的实际价格与上一期农产品预期价格之差）的一定比例来修订本年度的农产品价格预期，并对供给（产出）进行局部调整。

Nerlove 模型是供给反应的应用模型，既可以表示为种植面积的反应，也可以表示为产出的反应。Nerlove 模型同时考虑了适应性预期与局部调整理论两个方面的特征，假定农户根据预期价格调整种植面积或产出，以对外部刺激做出反应。Nerlove 模型表明种植面积/产出是预期价格、种植面积/产出调整和其他外生变量的函数，且由于因变量（种植面积/产出）的滞后项和其他解释变量包含在该模型中，使模型具有动态性，因此 Nerlove 模型是动态自回归模型。

$$P_t^e - P_{t-1}^e = \gamma(P_{t-1} - P_{t-1}^e) \qquad 0 \leqslant \gamma \leqslant 1 \tag{1-3}$$

$$Y_t - Y_{t-1} = \delta(Y_t^d - Y_{t-1}) \qquad 0 \leqslant \delta \leqslant 1 \tag{1-4}$$

$$Y_t^d = \alpha_0 + \alpha_1 P_t^e + \alpha_2 Z_t + \mu_t \tag{1-5}$$

式(1-3)至式(1-5)中：γ 表示适应性预期价格调整系数，$0 \leqslant \gamma \leqslant 1$；$\delta$ 表示预期供给调整系数，$0 \leqslant \delta \leqslant 1$；$P_{t-1}$ 表示 $t-1$ 期的价格，P_{t-1}^e 表示 $t-1$ 期的预期价格，P_t^e 表示 t 期的预期价格；Y_t 为 t 时期的实际产出，Y_t^d 是长期均衡的产出；Z_t 是 t 时期影响产出的其他外生变量；μ_t 是随机误差项。

消除式(1-3)、式(1-4)和式(1-5)中的不可观测变量后，简化的 Nerlove 模型表示为：

$$Y_t = b_0 + b_1 P_{t-1} + b_2 Y_{t-1} + b_3 Y_{t-2} + b_4 Z_t + b_5 Z_{t-1} + V_t \tag{1-6}$$

式(1-6)中：$b_0 = \gamma\delta\alpha_0$；$b_1 = \gamma\delta\alpha_1$；$b_2 = (2-\gamma-\delta)$；$b_3 = -(1-\gamma)(1-\delta)$；$b_4 = \delta\alpha_2$；$b_5 = \delta\alpha_2(1-\gamma)$；$\mu_1 = \delta\mu_1 + \delta(1-\gamma)\mu_{t-1}$。

短期供给价格弹性：

$$\varphi_s = b_1 \frac{\bar{p}}{\bar{Y}} \tag{1-7}$$

长期供给价格弹性：

$$\varphi_1 = \frac{b_1}{1-b_2-b_3} = \frac{\bar{p}}{\bar{Y}} \tag{1-8}$$

式(1-7)和式(1-8)中：$\bar{p}$、$\bar{Y}$ 分别为根据历史数据计算的价格和面积（或产出）的平均值。

第二节 农产品需求

一、农产品需求的含义

农产品需求是指农产品消费者在某一特定时期内，在各种可能的价格水平上愿意且能够购买的某种农产品的数量。

消费者购买意愿和购买能力的统一，是构成农产品需求的两个必备条件。如果农产品消费者对某种农产品只有购买意愿而没有一定支付能力，不会形成需求；如果具有购买能力但却没有购买愿望，也不会形成需求。只有具有购买能力支撑的购买欲望，才会形成农产品需求。

此外，根据考察消费者对象的不同，农产品需求可划分为个人需求和市场需求。个人需求也称为个体需求，是指单个消费者的农产品消费数量；市场需求是在既定的市场、时间和价格水平上，所有消费者的需求量总和。

二、农产品需求曲线及其变动

（一）农产品需求曲线

与供给曲线一样，经济学用需求曲线来刻画需求数量与价格之间的关系，称为需求曲线。如图 1-4 所示，横轴代表农产品需求数量 Q，纵轴代表农产品价格 P，农产品需求曲线 D 上的每一点则反映了价格和需求数量之间的对应关系，如 A 点表示在农产品价格为 P_0 时，需求量为 Q_0。需求曲线是一条从左上方向右下方倾斜的曲线。

（二）农产品需求曲线的变动

农产品的需求曲线会因为某些因素而发生两种情形的变动，一种是因价格变动而引起的需求曲线上点的移动，称为需求量的变动；另一种是因非价格因素导致的整个需求曲线的移动，称为需求的变动。

农产品需求量是自身价格的函数，农产品需求量的变动反映了在其他条件不发生变化的情况下，农产品的需求量是如何随着价格的变动而变动的。在图 1-4 中，当农产品价格由 P_0 上涨到 P_1 时，需求量则由 Q_0 减少到 Q_1，此时价格和需求量的组合由 A 点移动到了 B 点；当农产品价格由 P_0 下降到 P_2 时，需求量则由 Q_0 增加到 Q_2，此时价格和需求量的组合由 A 点移动到了 C。

农产品需求是每个价格水平下农产品需求量的全部关系，农产品需求的变动反映了在价格不发生变化的情况下，农产品需求如何随着非价格因素的变动而变动。如图 1-5 所示，当消费者对某种农产品的偏好下降时，农产品需求曲线从 D_0 左移到 D_1，即在同样的价格水平上，

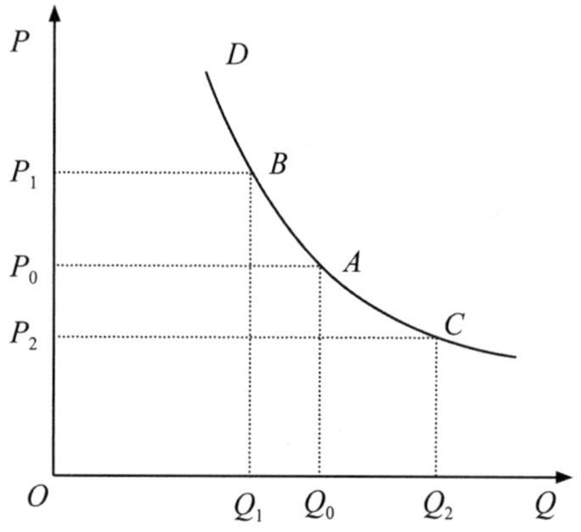

图 1-4　农产品需求曲线

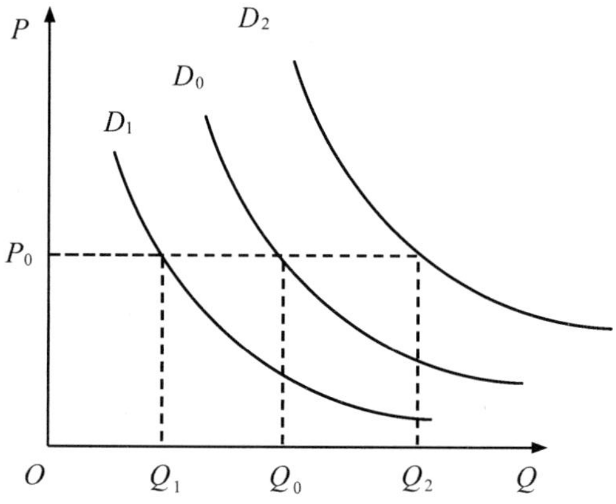

图 1-5　农产品需求的变动示意图

农产品的需求量减少了;当消费者的收入增加时,可能导致农产品需求曲线从 D_0 右移到 D_2,即在同样的价格水平上,农产品的需求量增加了。

三、农产品需求定理

一般而言,农产品的价格水平与消费者愿意且能够购买的数量之间存在着反方向关系,即价格上升,需求量减少;价格下降,需求量增加。这种反方向关系表现出来的特征就是农产品需求曲线向右下方倾斜,这一特征被称作农产品需求向下倾斜规律,简称为农产品需求定理,如图 1-4 所示。其基本内容是:在其他条件不变的情况下,农产品的需求量与其价格之间呈反方向变化,即农产品需求量随其价格的上升而减少,随其价格的下降而增加。

在理解需求定理时,"其他条件不变"是假设的前提。也就是说,其他条件发生了变化,需求规律就难以成立。如消费者收入增加时,农产品本身价格与需求量之间就不一定呈反方向变动,很可能呈同方向变动。

农产品需求量与价格之间的反方向关系,可以用替代效应和收入效应理论来解释。

1. 替代效应。替代效应是指农产品消费者在实际收入不变的情况下,某种农产品价格的变化对其需求量的影响。即某种农产品的价格上涨了,而效用相同的其他农产品的价格未变,那么,即其他农产品的相对价格下降了,消费者就要用其他农产品来替代这种农产品,从而会减少这种农产品的需求量。例如,在消费者购买大米和面粉两种农产品,如果大米的价格上涨了,面粉的价格不变,那么对于消费者来说,面粉比大米便宜,人们就会去多购买面粉。这种由于某种农产品价格变动所引起的其他农产品相对价格的变动,进而引起农产品需求量的变动就是替代效应。

2. 收入效应。收入效应是指农产品消费者在货币收入不变,但实际收入水平提高的情况下,改变农产品的购买量,从而达到更高的效用水平。就是说,如果某种农产品的价格下降,而消费者的货币收入未改变,则消费者的实际收入将增加,进而增加某种农产品的需求量。例如,在消费者购买大米和面粉两种农产品,如果大米的价格下降了,对于消费者来说,虽然货币收入不变,但现有货币收入的购买力提高了,说明消费者实际收入水平提高了。实际收入水平的提高,会使消费者增加这种农产品的购买量,从而达到更高的效用水平,这就是收入效应。

综上所述,当一种农产品的价格发生变化时,会对消费者产生两种影响:①影响农产品的消费结构;②影响消费者的实际收入水平。这两种变化都会改变消费者对农产品的需求量。其中,替代效应强调了一种农产品价格变动对其他农产品相对价格水平的影响;收入效应则强调了一种农产品价格变动对实际收入水平的影响。需求规律所表明的农产品价格与其需求量呈反方向变动的关系,正是这两种效应共同作用的结果。

四、农产品需求的主要影响因素

商品(或服务)的需求取决于该种商品(或服务)自身的价格、相关产品的价格、消费者未来价格的预期、消费者的收入以及消费者的偏好和习惯及理念等多种因素,农产品也不例外。需求函数可以反映农产品需求及其主要影响因素之间的关系:

$$Q_d=f(N,P,P_r,P_e,I,F,O) \tag{1-9}$$

式(1-9)中:Q_d 为农产品需求量,括号内的变量为影响农产品需求的主要因素,其中:N 为消费人口的数量和结构，P 为农产品自身的价格，P_r 为相关农产品的价格，P_e 为消费者对未来价格的预期，I 为消费者的收入，F 为消费者的偏好与消费习惯及理念，O 为其他因素。

1. 人口的数量与结构(N)。农产品市场需求是市场所有消费者需求的加总，因而人口数量的增减，必然会直接影响农产品的需求数量。农产品需求的增加与人口数量的增长成正比。此外，人口结构的变动也会影响对农产品的需求，主要表现在对农产品需求结构的变化上。例如，城乡人口结构对农产品需求的影响很大，因为城镇居民比农村居民要消费更多的肉蛋奶；又如人口的年龄结构对农产品需求也有影响，婴幼儿对婴幼儿奶粉、牛奶等消费较多，而老年人对粗纤维、低脂、低糖类食品需求较多。

2. 农产品自身的价格(P)。根据需求定理，农产品需求数量与其自身价格呈负相关关系，价格上升，需求量减少；价格下降，需求量增加。当然，农产品需求定理也有例外的情况，例如炫耀性农产品和"吉芬农产品"。炫耀性农产品是用来显示消费者社会身份的农产品，如高档海鲜产品等。这种农产品的高价格显示了消费者的特殊身份和社会地位，常常在价格下降时消费量反而减少，消费者转而去购买价格更高的农产品。"吉芬农产品"是指低档生活必需农产品，其价格上升而需求量反而上升。例如，当农产品价格普遍上涨时，消费者为了维持生活不得不压低生活标准，增加低档农产品，例如土豆的需求。这种价格上升、需求量反而增加的现象，被人们称为"吉芬之谜"，产生这种现象的商品被称作"吉芬商品"。

3. 相关农产品的价格(P_r)。对某一特定农产品的需求，不仅取决于其自身的价格，还取决于相关农产品的价格。主要包括两种类型：①替代品的价格。替代品即指在效用上可以相互替代的农产品。如果有两种农产品，其中一种农产品的价格保持不变，另一种农产品的价格上升或下降时，就会使前一种农产品的需求量与后一种农产品的价格呈相同方向的变化，即该种农产品的需求量与其替代品的价格呈同方向变化。例如牛肉和羊肉之间可以相互替代，它们是替代品的关系。假如牛肉价格不变，羊肉价格上涨，人们就会增加对牛肉的需求量；若羊肉价格降低，则牛肉需求量减少。相应地，羊肉的消费量也受牛肉价格的影响。②互补品的价格。互补品是指两种共同使用、共同满足同一种需要的农产品。例如咖啡与咖啡伴侣。在互补品之间，当一种农产品的价格下降，对该种农产品的需求量就会上升，从而对其互补品的需求量也会相应增加；反之，当一种农产品价格上涨，对另一种农产品的需求量就会减少，即该种农产品的需求量与其互补品的价格成反方向变化。总之，替代品和互补品价格的高低及其变化都会对农产品的需求量发生影响，只是影响方向不同。

4. 消费者对农产品未来价格的预期(P_e)。若消费者预计未来某种农产品的价格会上升，则将增加对该种农产品的现期需求；相反，若预计未来某种农产品的价格要下降，则将减少对该种农产品的现期需求。可见，对未来农产品价格的预期会影响到消费者对当期农产品的需求。

5. 消费者的收入水平(I)。人们对某种农产品是否有需求或需求多少，消费者的收入水平起着决定性作用。一般来说，消费者收入水平越高，对一定价格农产品的需求量就越大；相反，收入水平越低，需求量就越小。消费者收入水平的高低与某种农产品的消费量呈同方向变化。

我们可以根据收入变化对农产品需求的反应程度把农产品分成两大类。随着收入的增加而需求增加的农产品为正常品；相反，随着收入的增加而需求减少的农产品则为劣等品。需要注意的是，劣等品并不是质量差的商品，同时，对于某一类消费者是劣等品的农产品，对其他消费者而言并不一定是劣等品。

由于农产品是人们的生活必需品，消费量增长有限，一个家庭的收入越少，家庭支出中用于购买食物的消费支出所占比例就越大，随着家庭收入水平的不断增长，家庭支出中用于购买食物的支出比例将会日益下降，这一规律称为恩格尔定律。

随着人们收入水平的提高，农产品的消费结构也发生了相应变化，具体表现在：①对一般农产品需求下降，对营养丰富的鲜活农产品（如肉、蛋、奶）的需求量上升。②对低质量的农产品需求下降，而对优质农产品需求不断上升。③随着经济的发展和收入水平的提高，人们对补充服务的需求不断增加，如人们对快餐、方便食品以及不同加工深度和加工精度的农产品的需求越来越大。④随着收入水平的提高和生活节奏的加快，消费者更愿意购买经过整理和包装、外观整洁、携带方便、容易储存的农产品。

6. 消费者的偏好和消费习惯及理念（F）。消费者的偏好和消费习惯及理念会对农产品的需求产生十分重要的影响。消费偏好会长期存在，一般不容易改变，且对喜食农产品的价格变动变得不敏感。例如中国的南方人喜欢吃米、北方人喜欢吃面，四川、贵州、湖南人喜欢吃辣椒，山西人喜欢吃醋，牧区的人喜欢吃牛、羊肉等。此外，不同地区、不同民族有不同的文化传统、宗教信仰和风俗习惯，这些都会对消费者的消费方式和农产品需求产生影响。例如中国人在春节、元宵节、端午节、中秋节以及立春、立夏、立秋和腊八等节日和节气都有一些特殊的食品消费习俗。消费观念随着收入水平、科学文化水平的提高和健康意识的增强会发生变化。例如在生活困难时期，人们喜欢吃精米和精面，渴望吃更多的肉、蛋、奶；在生活富足以后，很多人选择吃糙米、全面，减少猪肉的消费转而增加牛、羊、鱼肉的消费，甚至减少肉类的消费。

7. 其他因素（O）。除上述因素外，还有很多其他因素也影响着消费者对农产品的需求，如政府的消费政策、突发性事件等。如果政府采取提高农产品价格的政策，人们就会减少对农产品的需求，尤其是和日常生活相关的生活必需品表现得更明显。如果实行低价政策或对农产品进行不同程度的补贴，则会相应增加其需求量。当一些农产品（食品）出现质量安全事件时，消费者往往会为了规避风险，减少对该类农产品的需求。

此外，农产品除了作为食物之外，还可以作为工业原料，因而中间需求的变化也会影响到农产品的需求。中间需求是指农产品加工业、以农产品为原料的轻工业以及相关产业对农产品的市场需求。随着国民经济的发展和农业现代化进程的加快，用作饲料、食品、纺织、化工等领域的农产品逐步增加，日益成为农产品市场需求的重要组成部分。如食品加工业的规模越大，发展速度越快，对初级农产品的需求也越多；纺织工业的发展规模越大，对棉花的需求量也就越多。

总之，影响农产品需求的因素多种多样，既有经济因素，又有非经济因素，这些因素共同作用决定了农产品的需求量。

五、农产品需求弹性

前述的农产品需求定理，只是定性地说明了需求与价格存在正相关关系，但对于不同的农产品，其需求量对价格变动的敏感程度是不同的，也就是说，当农产品价格上涨（或下降）1%，需求量会减少（或增加）多少比例呢？我们用需求弹性来说明价格变动与需求量变动之间量的关系。

(一)农产品需求价格弹性

1.需求价格弹性的概念。农产品需求价格弹性又称农产品需求弹性,是指某种农产品市场需求量对其价格变化反应的敏感程度,即指农产品需求量变动率与其价格变动率的比值。

不同农产品,其需求弹性是不同的,一般用需求弹性系数来表示。需求弹性系数是指需求量变动率与价格变动率的比值。用公式表示如下:

$$E_{\mathrm{d}}=\frac{\text{需求量变动率}}{\text{价格变动率}}=-\frac{\Delta Q/Q}{\Delta P/P}=-\frac{\Delta Q}{\Delta P}\times\frac{P}{Q} \tag{1-10}$$

式(1-10)中:E_{d} 为需求弹性系数,Q 为需求量,$\Delta Q/Q$ 代表需求量变动率,P 为价格,$\Delta P/P$ 代表价格变动率。

值得注意的是,由于需求量的变化(ΔQ)与价格的变化(ΔP)方向正好相反,即当价格上升,需求量将减少;价格降低,需求量将增大,所以,E_{d} 应为负值。为了方便应用,在实际计算过程中往往对需求价格弹性系数取绝对值。

例如,某市场牛肉的销售情况如下:当牛肉的价格为每千克 80 元时,需求量为 50 万千克,当其价格下降为每千克 72 元时,需求量增加到 70 万千克。则牛肉的需求弹性系数为:

$$E_{\mathrm{d}}=\left|\frac{(70-50)\div 50}{(72-80)\div 80}\right|=4$$

通过分析,可以看出,牛肉价格降低 1%,其需求量将增加 4%,说明牛肉需求量的变动率大于价格的变动率。

2.需求价格弹性的种类。各种农产品的需求价格弹性不同,根据需求弹性系数的大小分为以下几类(图 1-6)。

(1)$E_{\mathrm{d}}=0$ 时,称为需求完全无弹性。即无论价格如何变动,需求量都不会变动,此时的需求曲线是一条与横轴垂直的线。

(2)$E_{\mathrm{d}}\to\infty$ 时,称为需求完全有弹性或弹性无限。即当价格为一定时,需求量是无限的,此时的需求曲线是一条与横轴平行的线。它表明价格的任何微小变动都会引起需求量的无穷大变化。

(3)$E_{\mathrm{d}}=1$ 时,称为需求同一弹性。表明需求量的变动幅度与价格的变动幅度相同。

(4)$E_{\mathrm{d}}>1$ 时,称为需求富有弹性。表明需求量的变动幅度大于价格的变动幅度,需求曲线是一条比较平坦的线。

(5)$0<E_{\mathrm{d}}<1$ 时,称为需求缺乏弹性。表明需求量的变动幅度小于价格的变动幅度,需求曲线是一条比较陡直的线。

3.需求价格弹性的主要影响因素。在实践中,不同农产品的需求价格弹性差别很大,多种因素影响农产品的需求价格弹性大小。主要有以下几个方面:

(1)消费者对某种农产品的需求程度。一般情况下,消费者对生活必需品的需求强度大而稳定,需求价格弹性小。例如,粮食、蔬菜等基本生活用品的需求价格弹性一般都较小,属于缺乏弹性的农产品。相反,消费者对高档农产品(如有机食品)的需求强度小且不稳定,需求弹性大,即随价格的变化而增减的幅度大。

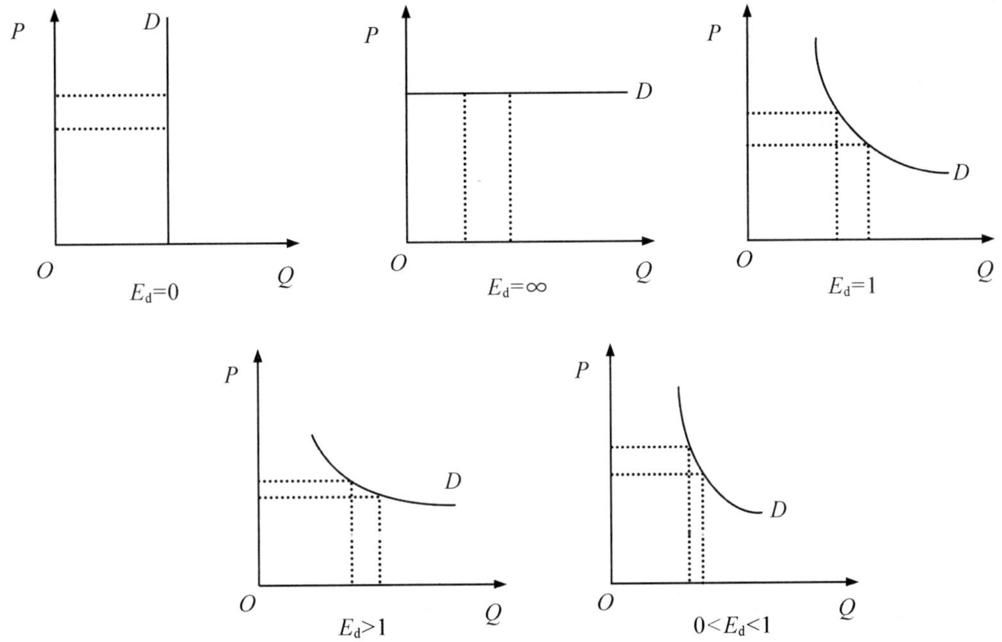

图 1-6 农产品需求价格弹性类型

(2)某种农产品的替代品数目及替代程度。如果某种农产品的替代品越多,其替代程度越大,则该农产品的需求越富有弹性。若某种农产品有完全相近(即效用相同)的替代品,那么它的需求弹性是无限或完全的;相反,如果某种农产品的替代品很少,甚至没有,则它的需求就缺乏弹性。

(3)某种农产品本身用途的广泛程度。一般来说,农产品的用途越广泛,其需求弹性就越大;而某种农产品的用途越少,则其需求弹性也越小。例如,玉米可以作为食品、饲料和很多工业品的原料,其价格上升(下降),会从多种途径减少(增加)对它的需求。如果某种农产品只有很少的用途,其需求弹性相对较小。

(4)农产品在消费者预算中所占比重的大小。如果某种农产品在消费者支出中所占比重小,消费者对此种农产品的价格变化反应不灵敏,则需求弹性小,例如葱、姜、蒜;反之,所占比重较大,则需求弹性大,例如肉、蛋、奶。

(5)消费者的收入水平。对于低收入者来说,作为生活必需品的农产品需求弹性小,而一些作为奢侈品的农产品,如甲鱼等的需求弹性也小,因为即使某些较昂贵的农产品价格降低幅度较大,低收入者同样无力购买。对于高收入者来讲情况可能不同,他们对于一些生活必需品早已饱和,即使价格下降也不会增加购买量,而当价格上升时也有能力保持其消费量不会下降,因此需求弹性较小,但对于奢侈性的农产品来说则需求弹性较大。

(6)以农产品为原料的工业对某种农产品的依赖程度。若以农产品为原料的工业对某种农产品的依赖程度大,其价格的变动不会对此类农产品的消费量带来很大影响,需求弹性小;相反,依赖程度小,则需求弹性大。

总之,某种农产品需求价格弹性的大小,由上述因素共同综合决定,不能只考虑其中一种因素，并且某种农产品需求弹性的大小还会因受其他一些因素的影响有所不同。

4. 需求价格弹性与总收益的关系。总收益也可称为总收入，指农产品生产经营者出售一定量的农产品所得到的全部收入，它等于价格与销售量的乘积。如果以 Q 为销售量，P 为价格，TR 为总收益，则有：

$$TR = P \times Q \tag{1-11}$$

总收益并不是出售农产品赚到的钱，即总收益不是利润，而是出售农产品后所得到的钱。某种农产品的价格变动时，由于不同农产品的需求弹性不同，价格变动引起销售量的变动不同，从而总收益的变动也不相同。

下面以需求富有弹性和需求缺乏弹性的两类农产品为例，来分析农产品的需求弹性与总收益的关系（图 1-7）。

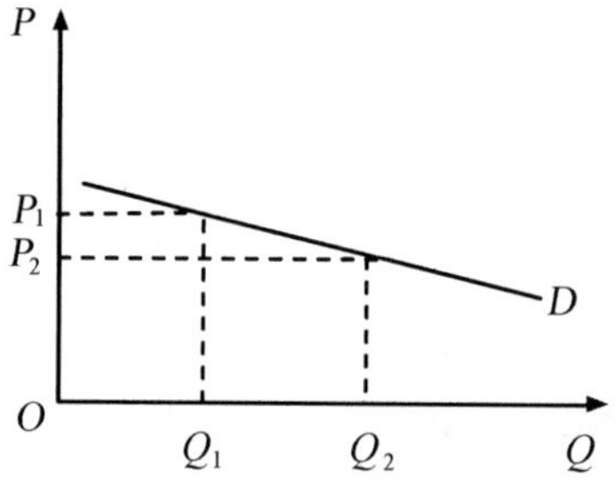

(a) 需求富有弹性与总收益的关系

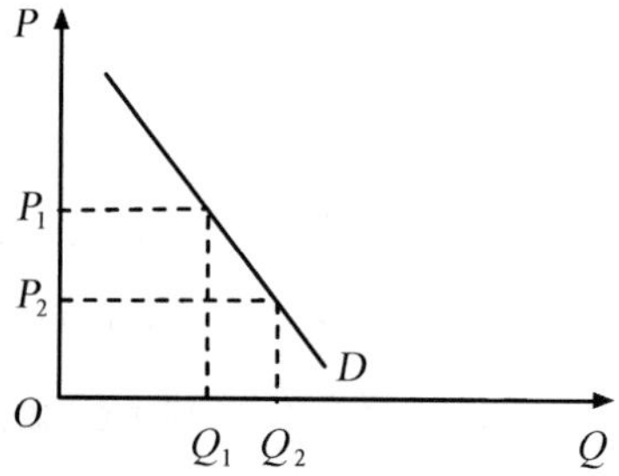

(b) 需求缺乏弹性与总收益的关系

图 1-7 需求弹性与农产品总收益的关系

（1）需求富有弹性的农产品。需求富有弹性的农产品价格与总收益呈反方向变动，价格上升，总收益下降；价格下降，总收益增加。

假设某种高档农产品的需求是富有弹性的，其弹性系数为 $E_d=2$。当该农产品的价格为每千克 50 元，销售量为 10 千克时，总收益为 500 元。现假定该农产品价格下降了 10%，即每千克从 50 元下降为 45 元时，由于 $E_d=2$，所以销售量增加了 20%，即销售量上升为 12 千克，这时的总收益为 540 元。

在以上例子中，农产品的价格虽然下降了，但总收益却增加了 40 元。这就是农产品生产经营者实行“薄利多销”营销策略的原因所在，而且能做到薄利多销的农产品肯定是需求富有弹性的。相反，当该农产品的价格上升时，总收益会减少。

上述情况也可以用图 1-7(a)来表示：D 是某种需求富有弹性农产品的需求曲线。当价格为 P_1 时，农产品的销售量为 Q_1，生产经营者的总收益为 $P_1 \times Q_1$；当价格为 P_2 时，该农产品的销售量为 Q_2，生产经营者的总收益为 $P_2 \times Q_2$。由图中可看出，当价格由 P_1 降至 P_2 时，$(P_2 \times Q_2 - P_1 \times Q_1) > 0$，表明总收益增加；当价格由 P_2 提高为 P_1 时，$(P_1 \times Q_1 - P_2 \times Q_2) < 0$，表明总收益减少。

（2）需求缺乏弹性的农产品。需求缺乏弹性的农产品价格与总收益呈同方向变动，价格上升，总收益增加；价格下降，总收益减少。

一般来说，大多数农产品是缺乏需求弹性的。以面粉为例，假设面粉的需求弹性系数为

$E_d=0.5$。当每千克面粉的价格为 4 元，销售量为 1 000 千克时，则总收益为 4 000 元。现假定面粉的价格下降了 10%，即价格从 4 元下降到 3.6 元时，由于 $E_d=0.5$，所以销售量增加了 5%，即销售量上升为 1 050 千克，这时的总收益为 3 780 元。

在以上例子中，虽然每千克面粉价格下降了，但总收益并未增加，反而减少了 220 元。这就是我们中国古语中的“谷贱伤农”，意思是指虽然粮食丰收了，但由于粮价下跌，农民的收入反而减少了。其主要原因就在于粮食是生活必需品，其需求缺乏弹性。由于丰收而造成的粮价下降，并不会使需求量同比例增加，从而总收益减少，农民遭受损失。相反，当该农产品的价格上升时，总收益会增加。

上述情况也可以用图 1-7(b)来表示：D 是某种需求缺乏弹性农产品的需求曲线。当价格为 P_1 时，农产品的销售量为 Q_1，生产经营者的总收益为 $P_1\times Q_1$；当价格为 P_2 时，该农产品的销售量为 Q_2，生产经营者的总收益为 $P_2\times Q_2$。由图中可看出，当价格由 P_1 降至 P_2 时，$(P_2\times Q_2-P_1\times Q_1)<0$，表明总收益减少；当价格由 P_2 提高为 P_1 时，$(P_1\times Q_1-P_2\times Q_2)>0$，表明总收益增加。

(二)农产品收入弹性

农产品收入弹性，是指消费者的农产品需求量对其收入变化反应的敏感程度，即指农产品需求量变动率与其收入变动率的比值。

不同农产品，其收入弹性是不同的，一般用收入弹性系数来表示。收入弹性系数是指需求量变动率与收入变动率的比值。用公式表示如下：

$$E_1=\frac{\text{需求量变动率}}{\text{收入变动率}}=\frac{\Delta Q/Q}{\Delta I/I}=\frac{\Delta Q}{\Delta I}\times\frac{I}{Q} \tag{1-12}$$

式(1-12)中：E_1 为收入弹性系数，Q 为需求量，$\Delta Q/Q$ 为需求量变动率，I 为收入，$\Delta I/I$ 为收入变动率。

农产品的收入弹性系数为正，则为正常商品，若收入弹性系数为负数，则该农产品为劣等品。在正常商品中若收入弹性系数在 0 和 1 之间，则为必需品，若收入弹性系数大于 1，则为奢侈品。

(三)农产品交叉价格弹性

农产品交叉价格弹性，是指一种农产品的价格变动时，另一种农产品的需求数量的变动情况。农产品交叉价格弹性 E_{xy} 的计算公式为：

$$E_{xy}=\frac{\text{x 商品需求量变动率}}{\text{y 商品的价格变动率}}=\frac{\Delta Q_x/Q_x}{\Delta P_y/P_y}=\frac{\Delta Q_x}{\Delta P_y}\times\frac{P_y}{Q_x} \tag{1-13}$$

式(1-13)中：E_{xy} 代表农产品 x 对农产品 y 的需求价格弹性系数，Q_x 为农产品 x 的需求量，$\Delta Q_x/Q_x$ 代表农产品 x 需求量的变动率，P_y 为农产品 y 的价格，$\Delta P_y/P_y$ 代表农产品 y 的价格变动率。

农产品的交叉价格弹性系数为正，说明两种农产品为替代品；若交叉价格弹性系数为负，说明两种商品为互补品。

六、农产品需求模型

近年来，需求函数得到广泛的研究，并且一直是很活跃的领域。在实证分析中，对于需求问题的分析，既可以用简单需求函数，也可以用较为复杂的扩展线性支出系统(Extended Linear Expenditure System，ELES)或近似完美需求系统(Almost Ideal Demand System，AIDS)。下面，我们简要介绍一些简单的需求函数模型，大家可以尝试用其中的某一个单方程模型对消费者的产品需求行为进行实证分析。

经常采用的单方程需求模型包括线性需求模型、半对数需求模型、双对数线性模型以及对数-倒数-对数模型。

1. 线性需求模型。其数学形式为：

$$Q=\alpha+\beta_1 P+\beta_2 P_y+\beta_3 I+\varepsilon \tag{1-14}$$

2. 半对数需求模型。其数学形式为：

$$Q=\alpha+\beta_1 \ln P+\beta_2 \ln P_y+\beta_3 \ln I+\varepsilon \tag{1-15}$$

或

$$\ln Q=\alpha+\beta_1 P+\beta_2 P_y+\beta_3 I+\varepsilon \tag{1-16}$$

3. 双对数需求模型。其数学形式为：

$$\ln Q=\alpha+\beta_1 \ln P+\beta_2 \ln P_y+\beta_3 \ln I+\varepsilon \tag{1-17}$$

4. 对数-倒数-对数需求模型。其数学形式为：

$$\ln Q=\alpha+\beta_1 \ln P+\beta_2 \ln P_y+\beta_3 \ln I+\beta_4 \frac{1}{I}+\varepsilon \tag{1-18}$$

在上述模型中，Q 表示农产品的需求量，P、P_y 分别表示该农产品自身和其他相关商品的价格，I 表示消费者的收入水平，α 和 β_1、β_2、β_3、β_4 表示待估计参数，ε 表示随机扰动项。

在上述单方程模型中，双对数需求模型应用较为广泛。在该模型中，β_1、β_2 和 β_3 就是农产品的需求价格弹性系数、交叉价格弹性系数和收入弹性系数。此外，需要说明的是，在实际的分析中，应在上述模型中纳入其他影响农产品需求的因素，例如消费者的个人特征等。

第三节　农产品供给与需求均衡

一、农产品供求均衡的概念及形成

供给曲线(供给函数)和需求曲线(需求函数)分别从农产品生产者和消费者的角度给出了所有可行的农产品价格与农产品数量组合，但它们都没有给出确定的“价格-数量”组合结果，也就是说，它们均不能单独确定农产品价格和销售量。而将需求曲线和供给曲线结合起来，就能够最终确定价格和销售量。这一过程可以通过将图 1-1 和图 1-4 重叠起来实现，如图 1-8 所示，图中的横轴表示农产品数量，纵轴表示农产品价格，D 表示农产品的需求曲线，S 表示农产品的供给曲线，供需两条曲线的相交点称为均衡点，用 E 表示，P_0 为均衡价格，Q_0 为均衡数量。

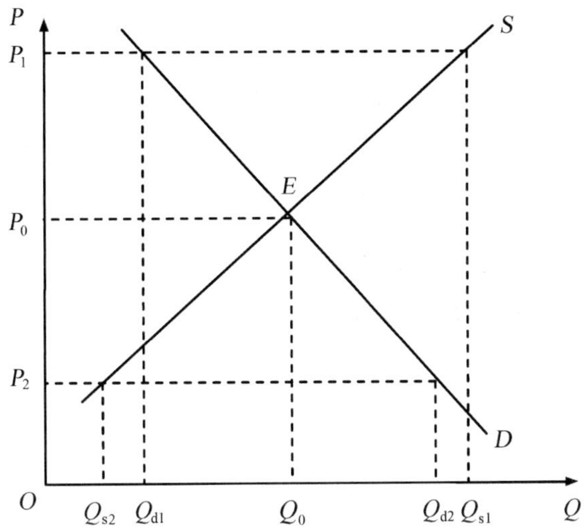

图 1-8 农产品供求均衡示意图

在市场经济条件下，农产品的供求均衡主要是价格机制作用的结果，通过供给和需求之间的相互影响而实现。当农产品的市场价格为 P_1 时，由于其价格较高，农产品生产者看到有利可图，就会开始大量生产，致使供给量达到 Q_{s1}，而由于价格维持在较高水平，消费者的购买需求被约束在 Q_{d1}，从而在市场上形成供给大于需求的现象，大量农产品卖不出去，出现滞销情况，此时供给大于需求的数量，称为市场剩余。在农产品大量滞销的情况下，生产者的经济利益受到影响，为了及时收回投资，减少损失，他们不得不在农产品价格上展开激烈竞争，采取降低价格的策略销售多余农产品，使价格由 P_1 向 P_0 移动，从而供给量减少，需求量增加，Q_{s1} 和 Q_{d1} 分别向 Q_0 方向移动，最终使供给和需求趋于均衡。

当农产品市场价格降为 P_2 时，由于价格太低，农产品生产者因无利可图而不愿多生产，其供给量被限制在 Q_{s2}，而因价格低，消费者需求量将增加到 Q_{d2}，此时，整个市场将出现供不应求的现象，供给小于需求的数量，称为市场短缺。在农产品供不应求的情况下，消费者为了满足自己的消费愿望，纷纷抢购，致使价格攀升，这时上升的价格反过来抑制了消费，使需求量下降，由 Q_{d2} 向 Q_0 方向移动。而生产者由于农产品价格上涨，因有利可图而增加生产，扩大农产品供给量，致使供给量由 Q_{s2} 向 Q_0 方向移动，使供给和需求趋于均衡。

因此，农产品供求均衡是指在某种价格条件下，市场上某种农产品的供给量和需求量恰好相等。该农产品的供给和需求相等时的价格称为均衡价格，该农产品的供给和需求相等时的数量称为均衡数量。农产品供给和需求达到的均衡，实际上就是处于一种相对静止状态，其标准是在某一个价格水平下需求量与供给量相等，表现为需求曲线和供给曲线相交。农产品供求均衡形成后，并非一直保持固定不变，只要市场上农产品的价格或其他任何一个因素发生变化，就会引起农产品供求双方变化，打破原有的均衡，于是，在市场价格机制作用下，供求经过自我调节又重新达到新的均衡。如此循环往复，形成了农产品供求由不均衡到均衡，再由均衡到不均衡的循环运动。在上述运动中，因为农产品供给和需求的特殊性，农产品生产者和消费者有时可能要付出巨大的代价。

二、农产品供求均衡的变动

上述供求均衡理论的前提是假定其他条件不变，农产品本身价格变动引起供求变化，并达到价格均衡和供求均衡。如果其他条件发生变化，整个供求曲线也将随之发生移动，形成新的均衡价格，达到新的均衡。

(一)供给变动

在图 1-9 中，初始需求曲线和供给曲线分别为 D_0 和 S_0，现假设需求曲线 D_0 不变，而影响供给的某一个因素(如生产成本下降)导致了供给增加，供给曲线从 S_0 移至 S_1，均衡点从 E_0 移至 E_1，与之相对应均衡价格从 P_0 降至 P_1，均衡数量从 Q_0 增至 Q_1，即原有均衡被破坏，形成新的均衡。

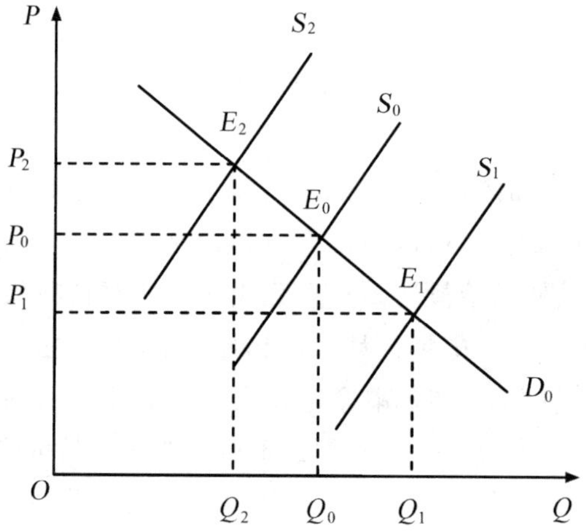

图 1-9　供给变化对均衡价格与数量的影响

同样，若需求曲线 D_0 不变，由某一因素(如生产成本提高)导致了供给减少时，供给曲线从 S_0 移至 S_2，均衡点从 E_0 提高到 E_2，与之相对应均衡价格从 P_0 提高到 P_2，均衡数量从 Q_0 减少到 Q_2，即原有均衡被破坏，形成新的均衡。

通过对图 1-9 的分析，可以发现，当需求不变而供给变动时，均衡价格和均衡数量的变动呈现反向的关系。

(二)需求变动

在图 1-10 中，初始需求曲线和供给曲线分别为 D_0 和 S_0，若供给曲线 S_0 不变，而影响需求的某一因素(如消费者的收入提高)导致了需求增加，需求曲线从 D_0 移至 D_1，均衡点从 E_0 提高至 E_1，均衡价格从 P_0 提高到 P_1，均衡数量从 Q_0 增加到 Q_1，即原有均衡被破坏，形成新的均衡。同样，若供给曲线 S_0 不变，而影响需求的某一因素(如消费者的收入下降)导致需求减少时，需求曲线从 D_0 移至 D_2，均衡点从 E_0 降至 E_2，与之相对应均衡价格从 P_0 降低至 P_2，均衡数量从 Q_0 减少到 Q_2，即原有均衡被破坏，形成新的均衡。

通过对图 1-10 的分析，可以发现，当供给不变而需求变动时，均衡价格和均衡数量的变动呈现同方向的关系。

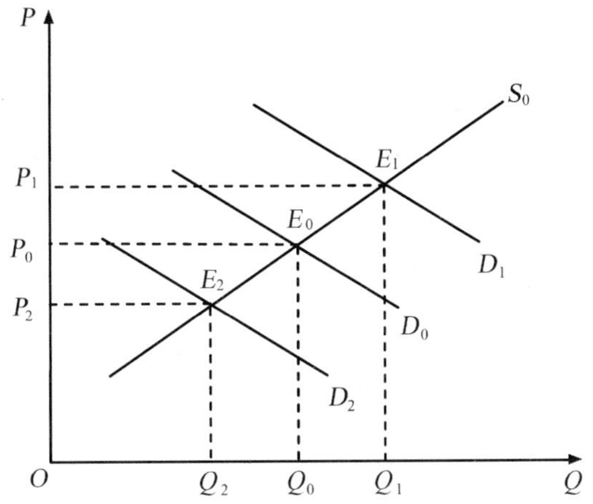

图 1-10 需求变化对均衡价格与数量的影响

(三)供给和需求同时变动

当移动供给曲线和需求曲线的任意一条曲线,我们都可以判断均衡数量和均衡价格将发生什么变化。但是,如果需求曲线和供给曲线同时移动,那结果就会变得相对复杂一些,可能出现多种情况,即均衡价格和均衡数量都可能增加、减少,或者一方增加而另一方减少。

下面,以供给和需求增加为例,分析需求曲线和供给曲线同时变化对均衡价格和均衡数量的影响,其他情况请自行推导分析。

在图 1-11 中,初始的需求曲线和供给曲线分别为 D_0 和 S_0,均衡价格和均衡数量分别为 P_0 和 Q_0。现在由于需求和供给都增加,需求曲线上移至 D_1,供给曲线右移至 S_1,由 D_1 和 S_1 的交点,可得到新的均衡数量 Q_1 和均衡价格 P_1。这时,我们会发现,Q_1 较 Q_0 增多,这是由于在供给不变、需求增加时,均衡数量将上升;在需求不变、供给增加时,均衡数量也增加,现在需求与供给同时增加,均衡数量必然增加。但是对于均衡价格,则不容易决定,可能上升,也可能下降。这是因为,在供给不变、需求增加时,均衡价格将上升;而在需求不变、供给增加时,均衡价格将下降,现在需求与供给同时增加,促使均衡价格的上升或下降因素互相牵引,最终

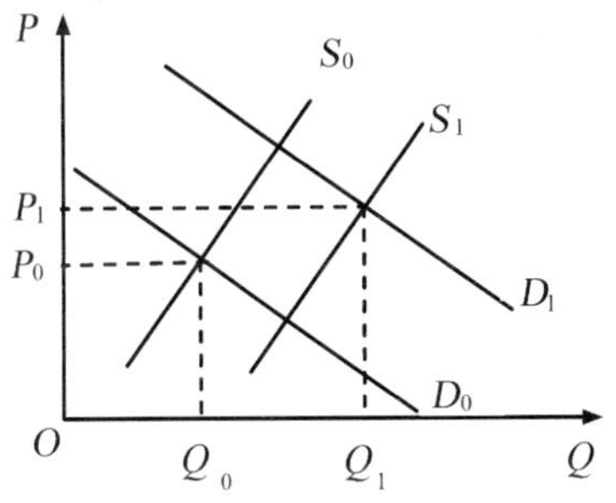

(a) 供求增加,均衡价格上升

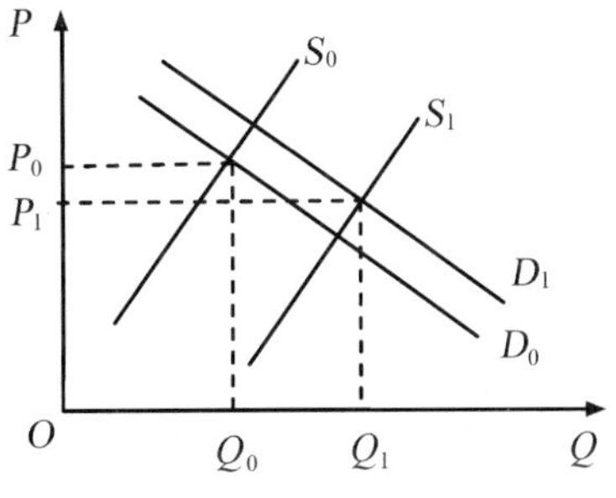

(b) 供求增加,均衡价格下降

图 1-11 农产品供求同时增加引起的不确定影响

均衡价格是上升还是下降，则要由两种相反作用的结果共同决定。如果影响价格上升的因素较强，则新的均衡价格将上升，如图 1-11(a)所示；如果影响价格下降的因素较强，则新的均衡价格将下降，如图 1-11(b)所示。也就是说，无论均衡价格上升或下降，供求双方同时增加所引起的价格波动都较任何一方单独变化对均衡价格影响要小。因此，我们可得出以下结论：如果需求和供给都增加，市场均衡数量必然增加，但均衡价格须视供求双方各自对价格影响的大小而定。

三、农产品供求均衡理论的应用

农产品供求均衡及其调整是一个应用性很强的实践问题。在实际的分析中，基于农产品供求均衡理论，经常会对农产品动态均衡和农产品价格管制进行讨论，以及基于消费者剩余和生产者剩余变动分析总福利的变动等。

（一）农产品供求均衡的动态分析——蛛网理论

由于许多农产品的生产周期比较长，其供给需求的调节需要相当长的时间，因此，当农产品的价格波动时，需求会立刻做出反应，而供给却不能立刻进行调整，致使生产者的供给与市场价格信号之间形成一个时间差。为此，需要考虑时间因素，运用蛛网理论，对农产品的供求均衡进行动态分析。所谓蛛网理论，是指随着市场价格的变化，农产品的供给量和需求量围绕均衡点呈蛛网状波动的理论。这是 1934 年由英国经济学家 N. 卡尔多命名的。

由于农产品的需求和供给弹性不同，随着市场价格的变动，需求和供给必将发生波动，从而形成不同的蛛网类型。

1. 收敛型蛛网。如果农产品的供给弹性小于需求弹性，价格变动对供给的影响程度则小于对需求的影响程度，这种蛛网就是收敛型的。

如图 1-12 所示，假定某种农产品第一生产周期的产量为 Q_1，此时，农产品市场供给量大于需求量，出现供过于求，消费者只愿意以较低的价格 P_1 购买，使价格 P_1 远远低于均衡价格 P_0，于是生产者决定在第二个生产周期将产量调减到 Q_2。由于产量减少，市场供不应求，消

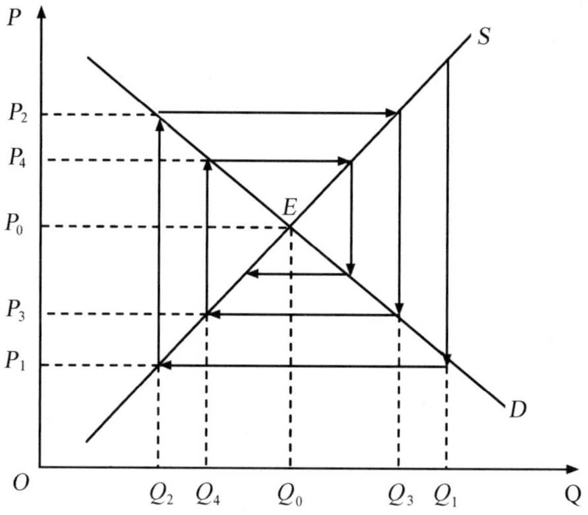

图 1-12　农产品收敛型蛛网模型

费者以高于均衡价格的价格 P_2 购买，因此，价格提高到 P_2。由于价格再次提高，生产者又决定在第三个生产周期把产量增加到 Q_3。如此反复，价格最后收敛于均衡点 E。

2. 发散型蛛网。如果农产品供给弹性大于需求弹性，价格变动对供给的影响程度大于对需求的影响程度，那么这种蛛网就是发散型的。

如图 1-13 所示，其波动过程大致和前一种情况相同，只是在连续时期内价格和产量的波动越来越大，距离均衡点越来越远，振荡发散，不再回归均衡，无法恢复到均衡点。因此，在这种情况下，均衡是不稳定或不存在的。

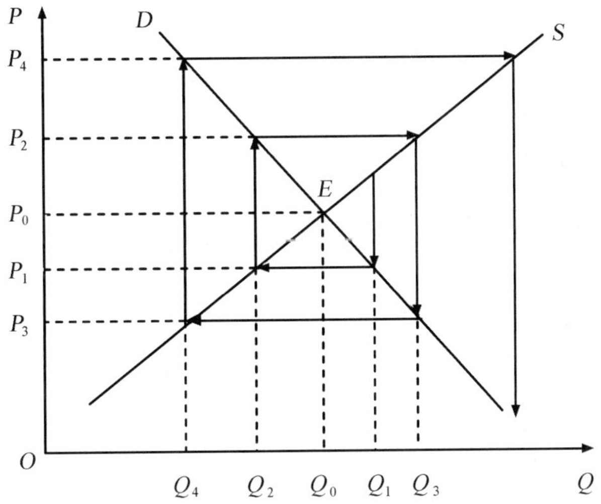

图 1-13 农产品发散型蛛网模型

3. 封闭型蛛网。如果农产品供给弹性等于需求弹性，价格变动对供给和需求的影响相等，这种蛛网就是封闭型的。

如图 1-14 所示，当价格下降时，需求增加的幅度与供给减少的幅度相等；当价格上升时，

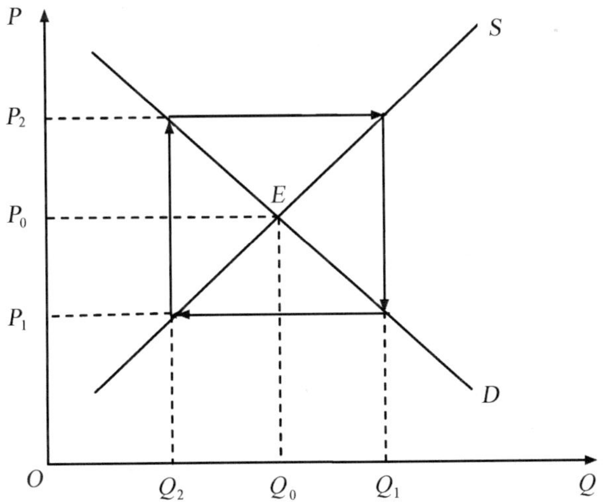

图 1-14 农产品封闭型蛛网模型

需求下降的幅度与供给增加的幅度也相等。产量与价格总是对等波动，从而形成一个封闭型循环。

(二)农产品价格政策的应用

供求均衡机制是市场机制的核心内容，即通过价格杠杆或价格调整实现供给和需求的均衡。但是在有些情况下，为了达到特定的目的，政府可能采取某些限制价格调整的措施，即实行价格管制，主要包括最高限价和最低限价。

在图 1-15 中，假定由农产品的供给和需求所决定的均衡数量为 Q_0，均衡价格为 P_0。在有些情况下，比如说为了抑制通货膨胀或者某些产品或服务的价格上涨，政府可能采取最高限价政策。政府通常对某种农产品规定一个低于市场均衡价格 P_0 的最高价格 P_H，如图 1-15(a)所示。不难看出，在价格 P_H 上，需求量大于供给量(为 $Q_H^D-Q_H^S$)，产品出现供不应求的现象。因此，最高限价政策的结果是农产品短缺，可能导致配给、排队、抢购甚至是黑市等现象。

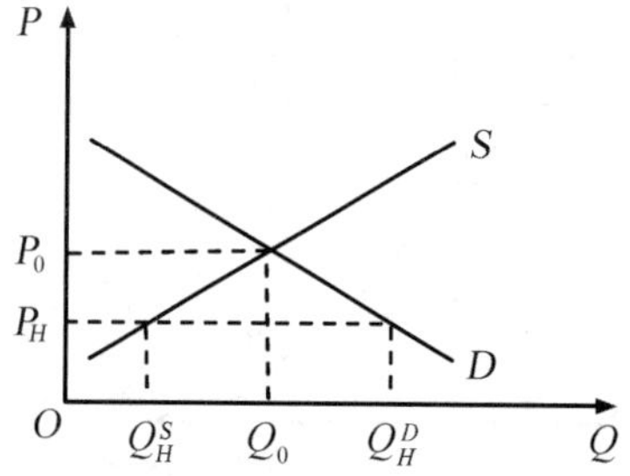

(a) 最高价格限制政策

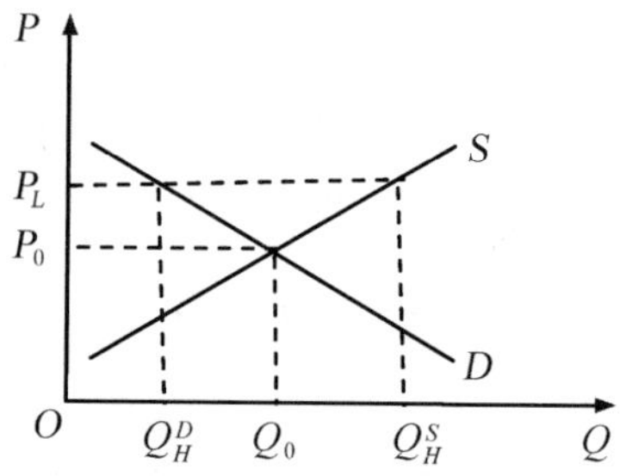

(b) 最低价格限制政策

图 1-15　最高限制和最低限制价格政策

传统的农业保护政策是政府对某些农产品实行保护价收购，即政府对相应的农产品规定最低限价。如图 1-15(b)所示，政府对某种农产品规定一个高于市场均衡价格 P_0 的最低价格 P_L，不难看出，在价格 P_L 上，农产品供给量大于需求量(为 $Q_H^S-Q_H^D$)，供过于求。因此，最低限制价格的结果是农产品过剩，政府收购市场过剩农产品是应对策略之一。

(三)福利变动分析

在经济分析时，我们经常要考虑有某种政策或因素对农业产业带来了何种福利的影响，进而探讨完善政策的措施。这种福利变动的分析，主要考察消费者剩余和生产者剩余的变动。

消费者剩余是指消费者消费一定数量的某种商品愿意支付的最高价格与这些商品的实际市场价格之间的差额，它衡量了消费者自己感觉到所获得的额外利益，如图 1-16 中，在均衡价格 P_0 时，消费者剩余由 AE_0P_0 所围的面积构成，它是衡量消费者福利的重要指标。生产者剩余是指生产者愿意承受的最低出售价格与当前市场价格之间的差额，它衡量了生产者感觉到所获得的额外收益，如图 1-16 中，在均衡价格 P_0 时，生产者剩余由 P_0E_0B 所围的面积构成，它是衡量生产者福利的重要指标。产业的社会福利等于消费者剩余加上生产者剩余，即 AE_0P_0 和 P_0E_0B 的面积之和(即 AE_0B)。

当某一种因素引起供给或需求变动时，可能将改变消费者剩余或生产者剩余，从而引起社

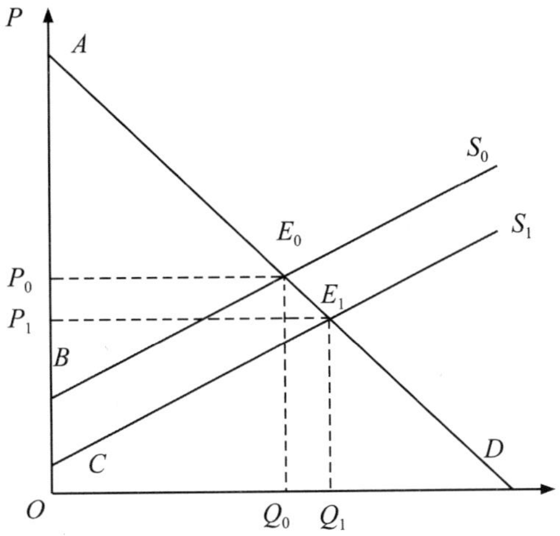

图 1-16 生产者剩余和消费者剩余的变动

会总福利的变化。例如，在需求不变时，若因为农业社会化服务水平的提高，引起供给曲线由 S_0 移动到 S_1，此时，消费者的剩余为 AP_1E_1，显然消费者的剩余增加了（增加的面积为 $P_0E_0E_1P_1$），表明消费者享受到了农业社会化服务的好处；生产者的剩余为 P_1E_1C，较之以前也增加了，表明生产者也享受到了农业社会化服务的好处。由消费者剩余和生产者剩余构成的社会总福利也相应地增加了。这就说明，积极提高社会化服务的水平，有利于改善生产者、消费者和社会的总福利。

当然，从图 1-16 也可看出，某项政策或活动对消费者剩余、生产者剩余的影响，取决于供给曲线和需求曲线的陡峭程度，因而某些政策或活动必然带来消费者剩余和生产者剩余同时增加，在分析时应根据具体的情况对该政策或活动的总福利影响进行细致的分析。

数字资源 1-1
食物平衡表

本章小结

本章在经济学基本理论基础上，首先，介绍了农产品供给和需求的概念，它们可以分别用图形和函数来表示；其次，分析了影响农产品供给和需求的因素及其变动对供求均衡的影响；再次，在分别讲解农产品供给价格弹性和需求价格弹性概念、类型的基础上，着重分析了其影响因素；最后，介绍了农产品供求均衡的应用，即农产品供给、需求的循环变动导致的蛛网类型，以及最高价格限制和最低价格限制政策问题。采用供求平衡的基本理论，对某些政策或农业活动的福利分析，也是进行农业经济分析的一个基本内容。

复习思考题

1. 什么是农产品供给？农产品供给需要具备哪两个条件？
2. 农产品供给有哪些特殊性？
3. 试分析影响农产品供给的因素。
4. 什么是农产品需求？农产品需求需要具备哪两个条件？

5. 什么是农产品需求规律、替代效应和收入效应？

6. 需求量的变动和需求变动有何区别？试用图来说明。

7. 试分析影响农产品需求的因素。

8. 什么是农产品供给价格弹性？农产品供给价格弹性有哪些类型？试用图和公式来表示。

9. 试分析影响农产品供给价格弹性的因素。

10. 什么是农产品需求价格弹性？农产品需求价格弹性有哪些种类？试用图和公式来表示。

11. 试分析影响农产品需求价格弹性的因素。

12. 农产品供给弹性和需求弹性可以用来分析哪些问题？

13. 什么是农产品的蛛网理论？农产品供求蛛网有哪几种类型？决定不同蛛网类型的条件是什么？试用图来表示。

14. 政府一般可实行哪些价格限制政策？其导致的结果可能是什么？试用图来表示。

参考文献

[1] 车明诚，冯秋萌，王慧颖. 农业经济学——理论与政策. 哈尔滨：黑龙江人民出版社，1993.

[2] 江占民，仲崇敬. 农业经济与管理. 北京：中国农业出版社，1998.

[3] 焦必方. 新编农业经济学教程. 上海：复旦大学出版社，1996.

[4] 孔祥智 . 农业经济学. 北京：中国人民大学出版社，2017.

[5] 李秉龙，薛兴利. 农业经济学. 3 版. 北京：中国农业大学出版社，2015.

[6] 李周，杜志雄，朱钢. 农业经济学. 北京：中国社会科学出版社，2017.

[7] 罗伟雄. 中国农业经济学教程. 北京：中国人民大学出版社，1995.

[8] 欧阳旭初. 农业经济学. 北京：中国财政经济出版社，2000.

[9] 谭向勇，谷树忠. 农业经济学教程. 太原：山西经济出版社，1994.

第二章　农产品现货市场

本章学习要点

- 理解农产品市场与农产品流通的含义
- 掌握农产品批发市场的功能
- 能够领会农产品零售市场
- 熟练掌握农产品电子商务的模式

第一节　农产品市场与农产品流通

一、市场与流通的含义

(一)市场的含义

市场是连接生产与消费的桥梁和纽带,是商品经济的产物。哪里有商品生产和商品交换,哪里就有市场。市场的含义通常有狭义和广义之分,狭义的市场是指进行商品交易的场所。广义的市场是指商品交换关系的总和,主要指买卖双方、卖方之间、买方之间、买卖双方各自与中间商、中间商与中间商之间在流通领域中进行商品交换时发生的各种关系。

在现代社会中,市场是一个已经超出了空间和时间限制的商品交易场所,当产品还在生产过程中,就已经开始寻找买者,商品的交易活动在产品生产过程中就开始了,交易场所仅成为市场的一个环节。随着电子商务以及期货市场的发展,市场空间和时间的概念扩大了或者说模糊不清了。在现代经济社会中,市场已经演化为由货币和价格作为媒介物而联系在一起的商品供求关系,是一个整体市场的概念。

(二)流通的含义

流通是以货币为媒介联结生产者与消费者之间的商品交换过程,是联结产品生产与消费必不可少的环节。流通的前提条件是生产和消费的分离。在原始自给自足经济条件下,生产者只限于生产满足自己消费的物品,消费也只限于消费自己生产的物品。随着社会分工的发展,每个人生产的物品成为他人消费的对象,每个人消费的物品也成为他人生产的对象,生产和消费之间就产生了一定的距离。这时,个人的生产和消费行为必须通过交换来联结,并且进行不断交换和循环,从而消除生产和消费的隔离,这就是流通产生和发展的社会背景。

流通是联结生产和消费的桥梁,起到缩短生产和消费距离的作用,主要由商流、物流和信息流组成。

商流是指商品所有权和货币所有权的转移,是商品价值不断被实现的运动过程。包括交易过程中的看货、洽谈、签约、成交、结算等业务内容。通过商流形成交易,卖者的商品所有权转移到买者手中,而买者手中的货币转移到了卖者手中。

物流是指商品实体从生产领域向消费领域的空间位置移动以及相关的经济活动,包括运输、流通加工、仓储等业务内容。商流是物流的前提,物流是实现商流目的的手段,是流通的基础业务活动。

信息流是指与交易有关的各种消息、情报、资料的搜集、处理和传递的运动过程,包括信息的收集、储存、加工、传递、使用等。信息流产生于商流和物流活动中,是知识和行情的传递载体,为商流和物流活动服务。信息流反映商流和物流的运动过程,对商流和物流活动起指导和控制作用,为商流和物流活动提供重要的决策依据。

在商流、物流和信息流三者之间,信息流是导向,商流是前提,物流是基础。一方面,信息流既制约商流,又制约物流,并且将商流和物流联系起来,完成商品流通全过程;另一方面,商流、物流和信息流相辅相成、互相促进,推动流通过程不断向前发展。在这个过程中,以信息流为媒介,通过商流实现商品的供求对接,做到保障供给、满足消费者需求,同时对生产者起到市场导向作用;通过物流的运输、加工、储藏和包装功能,实现商品实体的转移过程,使商品最终到达消费者手中。

二、农产品市场体系

(一)农产品市场的含义及特点

1. 农产品市场的含义。农产品市场是指农产品集中和销售的场所,是农产品所有现实与潜在的买者和卖者的总和。其产生主要是由农业生产和消费的分散特征决定的。因为大部分农产品是由众多分散农户在广袤的土地上生产的,单个农户的供给数量只占总体产量的很小份额,无法形成有效经济的运输单位,所以必须形成地区性的市场,以便集中并销售农产品。

2. 农产品市场的特点。农产品自身的特殊性决定着农产品市场在形成、分类以及运行上都不同于一般的产品市场。农产品消费的鲜活性、农产品体积大、价值低、农产品生产的季节性等特征决定了农产品市场具有以下特征:

(1)农产品市场交易的农产品具有生产资料和生活资料的双重性质。农产品市场上的农副产品,既可以供给生产单位用作生产资料,如农业生产用的种子、种畜和饲料等,又是人们日常生活离不开的必需品。

(2)农产品市场具有供给的季节性和周期性。基于农业所处的地理位置和气候环境不同,每个农产品都具有不同生产特征。在农产品供给市场需求时,必须根据地域特色和生产周期合理安排好生产计划,以调整农产品的结构性矛盾和满足消费者需求。

(3)农产品市场风险大。由于农产品生产区与消费区的分割,使得农产品需要大量流通,但农产品具有鲜活性特征,在运输、储存以及销售过程中价值会不断贬低,可能会给农产品经营者造成损失。

(4)农产品市场多处于初级化水平。目前,我国农产品市场规模既小又分散,组织化程度低，且我国地域辽阔，农业种植受地形特征和气候影响，农产品生产比较分散，很难形成规模化高水平市场。

(二)农产品市场体系及其构成

农产品市场体系是由市场主体、市场客体、市场机制、市场组织等构成的综合体。

1.农产品市场主体。农产品市场主体是指交换客体进入市场并使之发生市场关系的当事人，是交换物的占有者或商品的所有者。农产品市场主体包括农产品生产者、经营者和调节者。其中农产品生产者和经营者主要是从事农产品生产和交换活动的企业或农户，他们决定着农产品生产、交换的规模和方向，是农产品市场运行的主体；国家和各级政府部门作为农产品市场的组织者和管理者，在调节经济活动、推动经济运行中起着重要作用，是农产品市场的调节主体。

2.农产品市场客体。农产品市场客体是指当事人之间发生交换关系的媒介物。包括实物形态的商品、知识形态的商品、以等价物形态出现的资金商品和以活劳动形态出现的劳动力商品。

3.农产品市场机制。农产品市场机制是指在客观经济规律的作用下，社会经济活动的各个环节(生产、分配、交换、消费)及其组成要素(价格、供求、竞争、利息、工资等)通过市场相互联系、相互制约并实现生产、分配、交换和消费的自动调节。农产品市场机制包括农产品供求机制、农产品竞争机制、农产品价格机制。这些机制的相互联系和作用，构成农产品市场的机制系统，由它们共同调节社会生产和流通活动，具有整体性、相关性、利益的制约性、客观性和动态性。

4.农产品市场组织。农产品市场组织是指为保证商品交换顺利进行而建立的协调、监督、管理和服务等部门。农产品市场组织包括：负责市场交易活动的流通组织机构，如农产品物资部门、农产品供销合作社等；介于流通主体之间的中介组织，如农产品证券交易所、农产品信托投资公司、农产品劳动服务公司等；负责市场一般活动的管理组织机构，如农产品统计、审计、财政、税务、工商行政等部门；负责市场活动中一些涉及技术问题的管理机构，如农产品计量、质检、卫生、环保、商检等组织；负责维护不同市场行为主体利益的民间组织机构，如农产品企业家协会、农产品行业组织协会和消费者协会等。农产品市场组织的功能是组织、调节、管理、监督市场的运行，使市场活动趋于规范化。

三、农产品流通

(一)农产品流通的含义及特点

1.农产品流通的含义。农产品流通是流通概念在现代农业产品领域的延伸。它是指为了有效地实现和增加农产品价值、降低物流费用，将农产品由农业生产者手中途经批发商、经销商、零售商等中间主体到达消费者手中的过程，主要包括农产品生产、农产品收购、农产品运输和仓储、农产品分销、农产品零售等环节。

2.农产品流通的特点。农产品与其他产品在生产和流通上有着不同的特点。农产品中的蔬菜、水果、肉、蛋、奶和水产品属于生鲜农产品，其商品特性与其他农产品又有明显的不同。另外，加工原料用农产品和家庭消费用农产品的流通路径不相同，前者流通路径短，后者流通路径长，且复杂。因此，农产品市场建设必须考虑农产品的商品特点和对流通的特殊要求。农产品流通的主要特点表现在以下几个方面：

（1）农业生产受自然环境制约，生产的季节性、区域性明显，而农产品消费是常年的、普遍的，在流通过程中需要有储备、运输和分销环节，以保证均衡上市和满足城乡消费者对农产品的普遍需求。

（2）农产品具有易腐、易损、不耐储藏的特点，特别是生鲜农产品在运输和储藏过程中容易出现质量下降，造成损失。在流通过程中采取技术措施保持产品鲜度十分重要。

（3）农产品体积偏大、重量偏重，运输成本在价格中占的比例较大，不太适合长距离运输。

（4）消费者零散购买，一次购买数量少、购买频率高；消费者往往凭知觉感受（如大小、颜色、新鲜度等）对农产品进行品质评价，但对农产品的营养性和卫生安全性难以把握。

（5）农产品的供给价格弹性、需求价格弹性以及需求的收入弹性相对小。

根据以上特点，农产品流通在产地需要有一个集货环节，在消费地需要有一个分货过程，要种类搭配、花样齐全，满足最终消费者的购物需求。因此，农产品的流通需要一个复杂、较长的流通路径。批发市场符合农产品流通的特点和要求，能够快速对应产地集货和销地分货的流通要求，是农产品尤其是生鲜农产品流通的主要环节。

（二）农产品流通的功能

农产品流通的功能是流通主体为了将农产品从生产者向消费者转移而从事的各种活动和起到的作用。具有商流功能、物流功能和信息流功能。

1. 商流功能。商流功能又称为交易功能，是与商品所有权转移相关的活动。商流功能进一步又分为价格形成功能、结算功能、金融功能和风险承担功能。从理论上讲，价格是由供求决定的，市场上的产品价格是买卖双方进行交易时通过交涉形成的，不是单方面决定的。

结算功能也叫支付功能，是指买方购买商品后向卖方支付货款的行为，其支付方式有多种。零售商与消费者的交易通常是现金结算为主，当然消费者也可以使用银行卡或购物卡购物，大额消费也有使用支票结算，现在越来越多的消费者使用手机来支付。另外，生产者和批发商之间、批发商和零售商之间常常是采用先拿货后付款的赊销方式，按约定的日期通过银行汇款进行结算。

金融功能也叫借贷功能，这里是指为了维持交易活动顺畅而发生的借贷行为。如银行为流通主体投放贷款，是为了满足流通主体开展和维持正常交易活动的需要。具有这种金融功能的不仅仅是银行等金融机构，如消费者使用信用卡购物时，信用卡公司要先替消费者付款，零售商为此要向信用卡公司支付一定的刷卡费；批发商为了保证货源供应，提前采用预付款的方式向生产者订货等；这一类与买卖交易有关的货币借贷，都发挥了金融功能的作用。

风险承担功能也叫保险功能，是指流通主体要承担流通过程中发生的损失。当然，通过加入保险的方式可以由保险公司来承担损失，但能投保的只是一些大额商品，而小额商品发生的损失一般是由流通主体自己来承担。例如，运输途中货物破损，仓储过程中的生鲜食品质量下降或腐烂变质等，谁的货物就由谁承担损失。有时，流通主体还要承担购入商品后市场行情下跌造成的损失。

2. 物流功能。物流功能是流通的基本功能，主要包括运送、仓储、集货和散货功能。运送是在流通主体间转移商品的活动，包括转移过程中的包装、搬运和装卸等。运送方式有公路运输、铁路运输、水路运输、航空运输、管道运输等，随着高速公路网络的发展，公路运送货物量不断增长，使用大型货运车辆远距离运送发展迅速。

仓储功能是调节供求，储藏保管商品，以保证在消费者需要时及时供应，满足市场需求。是克服生产和消费在时间上不一致的主要手段。按照仓储时间的长短分为短期储存和长期储藏，短期储存货物属于临时保管和货物周转；长期储藏由于时间长，储藏成本较高，流通企业需要承担一定的风险。

集货与散货功能主要是批发商和零售商承担的进货、品种搭配、分拣包装、按需销售等活动，以满足消费者对商品数量和价值的需求。集货和散货功能可以解决大量生产和零散消费的矛盾、产品等级多样和消费者嗜好特定的矛盾。面对零售商在商品数量和质量上的进货要求，批发商需要从多个生产者进货才能满足其需求；零售商也会从多个批发商那里获得不同的品种来满足消费者的多样化需求。

3. 信息流功能。信息流功能是指为了消除流通主体间信息不对称而进行的信息交流和信息传递活动。包括信息传递功能和信息搜集功能。

信息传递功能是卖方为了刺激买方产生购买欲望，通过广告公司等市场信息企业的帮助，向买方传递商品相关信息的各类促销活动。卖方比较容易采用的促销手段有报纸、杂志和电视类媒体广告、户外广告、店面广告、邮件和短信广告、网页广告等，企业促销员与顾客当面交流也是一种常用的促销方式。另外，由于消费者评价和公共报道的信息传递效果十分明显，尽管卖方难以直接干预，但应予以足够的重视。

信息搜集功能也叫市场调查功能，卖方为了在合适的场所、以合适的价格为买方提供合适的商品，以达到满足买方需求的目的，卖方自己或者委托市场信息企业开展搜集和研究市场需求信息的活动。其中，最常用是问卷调查法，还有人员访谈法、现场观察法、店铺销售终端——POS(Point of Sale)数据分析法等。

（三）农产品流通渠道的基本类型

农产品流通渠道是指农产品从生产者向消费者转移的过程中相互关联的组织序列，流通主体之间进行交易形成了相互对接关系。农产品流通渠道最早只是生产者与消费者之间进行交易的一种简单路径，现在已经发展为有着几个批发环节的复杂的多种渠道类型，但最基本的流通渠道类型有以下四种。

1. 生产者—消费者。农产品生产者和消费者直接交易的渠道最短、最简单。农产品生产者在集贸市场上销售自己的产品，或通过直销点将产品直接卖给消费者的一种传统销售模式。现代流通中的网络销售以及电子商务等也属于生产者和消费者直接交易的新型渠道模式。

2. 生产者—零售商—消费者。农产品生产者直接与零售商进行交易，零售商将从生产者那里购入的农产品进行适当的分选和包装后再卖给消费者，农产品生产者和消费者之间只有零售商介入。这种渠道在鲜活农产品流通中最典型的是“农超对接”“农餐对接”等模式。在“农超对接”中，农产品生产者组织（农民合作社）与零售商（超市）进行交易，零售商不经过批发商直接采购农产品生产者的产品。除此之外，部分工业产品以及食品企业生产的加工食品，通常也会绕过批发商直接向零售商供货，实现生产企业与零售商的对接交易，达到减少流通环节降低交易费用的目的。

3. 生产者—批发商—零售商—消费者。农产品生产者将农产品卖给批发商，批发商再将农产品卖给零售商，零售商将农产品进行适当的分选和包装后再卖给消费者。这种流通渠道的特点是有批发商的介入，是鲜活农产品的重要流通模式。在这个渠道中，农产品生产者和批发商之间还会有经纪人介入，批发商也会有产地批发商、集散地批发商、销地批发商（一级批发、二级批发）等介入，具有渠道长、环节多的特征。

4. 生产者—批发商—非家庭消费者。农产品生产者将农产品卖给批发商，批发商再将农产品卖给非家庭消费者。这里的非家庭消费者是指食品加工企业、饭店、机关团体、学校食堂等集团消费者，是为了满足加工、烹饪制作等业务上的需要而购买的，不是最终消费。这些非家庭消费者具有集团性大批量购买的特点，可以直接向批发商订货，如饭店及学校食堂的原料采购大多是直接与批发商进行交易的，一般不需要零售商介入。

（四）农产品批发商的作用

农产品流通主体通过各自功能的发挥，完成农产品流通的整个过程。但是对于农产品流通主体中的批发商是否应该存在，批发商的作用如何评价的问题，社会上一直存在着不同的看法。有人认为批发商的介入增加了流通成本，去掉批发环节可以降低价格。然而，直到现在，农产品批发商仍然存在，在流通体系中发挥着重要作用。Margaret Hall 提出的"总交易次数最小化原理"和"集中储藏原理"，解释了批发商存在的合理性，肯定了批发商在流通中的作用。

"总交易次数最小化原理"认为，在市场交易过程中批发商的存在减少了总的交易次数，带来了降低交易成本的社会效益，并且由于批发商的交易规模大，带动物流运输大型化，能够降低运输成本。如图 2-1 所示，假设农产品生产者和零售商各有 3 个的时候，3 个农产品生产者生产不同的农产品，3 个零售商为了农产品齐全分别要从 3 个生产者那里采购，在没有批发商介入的情况下要进行 3×3=9 次交易。与此相比，在有批发商介入的情况下，只需要 3+3=6 次交易就可以完成，总的交易次数减少了 3 次。并且，生产者和零售商越多、越零散，批发商介入的效果越明显。

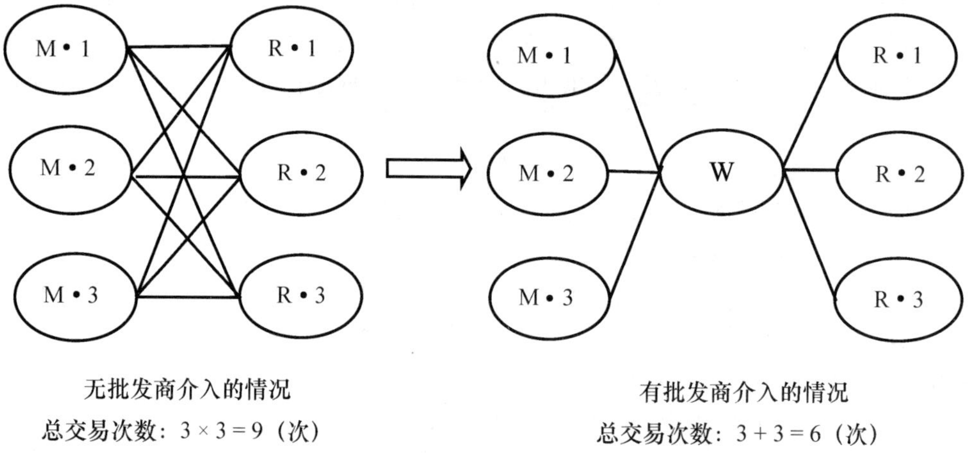

图 2-1　总交易次数最小化原理示意图

M. 生产者（企业）　R. 零售商　W. 批发商

“集中储藏原理”认为批发商的存在能够降低社会商品的总库存，从而减少流通成本，有利于降低商品价格。如图 2-2 所示，假设零售商和批发商都会保持比平时多一些的商品应急库存，以应对突然出现的临时需求。如果没有批发商的介入，零售商将分别各自确定应急库存，如果每家确定要比平时多出 800 千克库存的话，则 3 个零售商合计要保有 3×800＝2 400(千克)的库存。但在有批发商介入的情况下，批发商会分担库存量，因为 3 个零售商同时发生临时需要的概率很小，批发商没有必要准备 3 个零售商合计的应急库存。在此，每个零售商各自准备 200 千克的库存，批发商准备 2 个零售商剩余的 600×2＝1 200(千克)库存，批发商加上 3 个零售商总的库存是 1 800 千克(1 200 千克＋200 千克×3)，比批发商没有介入时减少了 600 千克的库存。

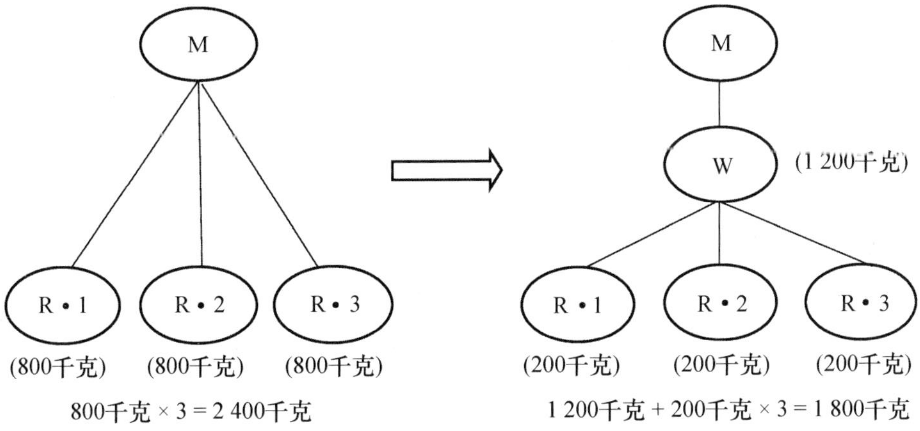

(800 千克) (800 千克) (800 千克)

800 千克×3 ＝ 2 400 千克

(200 千克) (200 千克) (200 千克)

1 200 千克 ＋ 200 千克×3 ＝ 1 800 千克

图 2-2 集中储藏原理示意图

M. 生产者(企业) R. 零售商 W. 批发商

第二节 农产品批发市场

一、农产品批发的含义与功能

(一)农产品批发市场的含义

农产品批发市场指将以粮米油、禽鱼肉、蔬菜水果等农产品及加工品为交易对象，为交易双方提供批发交易的设施设备以及综合服务的场所。农产品批发市场连接着农业生产者和农产品消费者，是农产品最重要的销售渠道，是实现农业现代化生产的关键环节。

农产品批发市场一般从农产品贸易的两个发展层次上来理解：一是指进行农产品批量集中交易的场所；二是指为农产品进行批量交易提供的一种服务组织。从其发展过程来看，先有场所，后形成组织。当然，农产品交易服务组织的建立又会促进农产品批发市场的发展。这两者形成不可分割的有机统一体，从而构成了现代的农产品批发市场。

(二)农产品批发市场的功能

1.商品集散功能。在产地,农户生产出来的农产品需要迅速销售出去,以实现其价值。农产品批发市场可以把分散在各产地的农产品汇集起来,在较短的时间内完成交易过程,再向销地分散和转移。集散功能是批发市场在流通中变现出来的基本功能。如果没有农产品批发市场这一环节,就会出现交易次数极多、批量极小、交易成本极高、效率极低的情况,从而使农产品流通不畅,生产者"卖难"和消费者"买难"问题发生,造成严重的社会和经济问题。农产品批发市场的强大生命力就在于它能够吸引和汇集四面八方的货源和客户,通过批发交易将农产品发散到全国各地乃至国际市场。

2.价格形成功能。农产品批发市场实行的是现货批发交易,来自各地的农产品同场竞争,同一种农产品就可以通过比较按质论价,从而形成一种能够比较真实地反映农产品价值的市场均衡价格。并且批发市场上有众多的买者和卖者,近似于完全竞争状态,谁也无法决定价格。卖者代表供应方,买者代表需求方,只有在两者之间的出价达成一致时,才能形成交易价格。也可以说批发市场价格是在交易过程中形成的,不是人为规定的。批发价格能够比较公正地反映市场供求关系

3.供求调节功能。由于农业生产受自然环境条件影响大,农产品市场供给与其他商品相比具有不确定性,而居民对农产品的消费需求则比较稳定。因此,批发市场还必须具备供求调解功能。市场价格机制在调解供求、均衡上市中起主要作用,批发市场大批量集散和交易,有利于及时地缓解区域性供求矛盾。

4.信息中心功能。批发市场是买者和卖者从事产品交易的场所,信息来源广泛,大多数批发市场建立了信息系统,注重信息的搜集、整理和传递服务。市场每天形成的交易价格就像晴雨表一样,反映着供求关系的变化,备受广大经销商关注。一些地区的代表性产品的批发市场价格进入农业农村部市场信息网向全国公开发布,形成了其他交易方式的参考价格,发挥着批发市场信息中心的功能,对农产品的生产和消费起到宏观引导作用。

5.综合服务功能。综合服务功能是指批发市场通过自身的运营为交易者提供各种方便交易的服务项目。包括为交易者提供交易空间、停车场、装卸搬运、交易中介、结算方式、加工、包装、储藏等项目,还负责场内清洁卫生和治安管理,使进场交易者得到快捷方便的服务。完善的市场综合服务功能会大大增强批发市场的客货吸引力。

二、农产品批发市场的类型

(一)按交易商品种类不同划分

根据交易商品种类可分为综合性农产品批发市场和专业性农产品批发市场。综合性农产品批发市场是指经营多种类的农产品、食品类的批发市场,甚至有些批发市场也附带经营一些日用工业小商品等。专业性农产品批发市场是指主要经营一类或一种农产品的批发市场。如蔬菜批发市场、果品批发市场、水产品批发市场等。

(二)按所处地理位置不同划分

根据所处地理位置可分为产地农产品批发市场、销地农产品批发市场和中转地农产品批

发市场。产地批发市场是指位于农村的批发市场，在农产品集中生产地区，批发市场承担着将当地农产品向销地市场转运、辐射扩散的功能。销地批发市场是指位于城市的批发市场，是保证城市居民日常生活消费需求的菜篮子。中转地批发市场是指位于产销地之间，具有明显的集散双重功能的农产品批发市场。

（三）按市场营业时间不同划分

根据市场营业时间可分为常年性农产品批发市场、季节性农产品批发市场和临时性农产品批发市场。销地批发市场以及绝大多数中转地批发市场一年四季开业，属于常年性批发市场。而一些产地批发市场受当地农产品收获季节的限制，只在上市季节形成集中交易，属于季节性批发市场。还有一些地方由于农产品上市季节较短，就在路边等空闲场所设立临时批发市场，以解决大量农产品上市时出现的销售难问题。

（四）按市场规范化程度不同划分

根据农产品批发市场的规范化程度可划分为国家级批发市场、区域批发市场和村级（社区）批发市场。国家级批发市场通常称为一级批发市场，设施完善，交易规模大，商品集散能力强，跨区域交易量多，市场建设和升级改造多数能得到国家的项目资金扶持。区域批发市场又称二级批发市场，设施比较完善，主要以当地农产品的销售和保证区域内农产品供应为目的设立的，市场建设得到当地政府部门的支持。村级批发市场主要指产地田间地头的市场，设施比较简陋，主要解决农产品的季节性销售问题。

三、农产品批发市场的流通渠道

中国农产品批发市场按地域划分为产地市场和销地市场两大类别，反映了中国地域辽阔、农村和城市距离较远的特点。从生产者到消费者的整个流通过程中，农产品流通要经过产地批发市场、销地市场和零售市场等环节，参与流通的有生产者、产地集货商、经销商、零售商等多个主体，形成了一个庞大的全国性流通网络。果蔬类批发市场数量多，是农产品批发市场流通模式的代表，其流通渠道结构如图 2-3 所示。

（一）产地批发市场

产地批发市场位于农产品集中生产的地域，是农户销售产品的窗口，对农业生产具有直接的带动作用。中国农户一般实行小规模分散经营，对市场信息了解不多，直接进入远处的消费地市场销售所花费的成本很高。产地批发市场建立在农村，数量多，能够满足生产者销售产品的需要，是与中国农业生产现状相适应的一种市场类型。

在产地批发市场上，农户和产地集货商是主要的卖主，向外地发货的经销商是买主，通过对手协商或标价收购的方式达成交易。多数产地市场上有经纪人从事代理收购业务，经纪人为当地人，了解货源的数量和质量，是外地经销商的良好合作伙伴。经纪人帮助经销商购货、找人包装和装车，领取一定的佣金。经销商将在产地市场收购的货物运到城市销地批发市场销售，获取经销利润。

有些产地批发市场位于远距离流通的中间地带，交通便捷，市场服务功能强，在地理位置上具产地和中转地的特点，被称为中转地市场，或集散地市场。如山东寿光蔬菜批发市场曾经

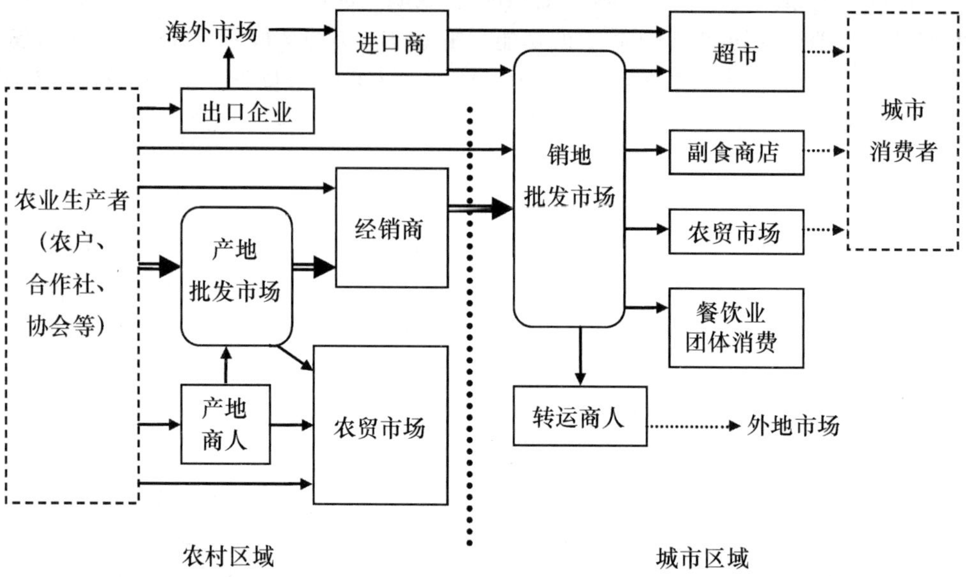

图 2-3　果蔬类农产品批发市场流通渠道示意图

是中国最大的产地市场，现在由于外地蔬菜产品在市场上占的比例已经远远大于本地产品，成为具有南北蔬菜调剂功能的大型中转地市场。在中转地市场上，买主和卖主都是经销商，卖主出售的货物是从距离比较远的产地收购运来的，买主购买后又运往外地销地市场销售。货物在中转地市场被转手的过程中，要经过一定的挑选、加工和包装处理，提升商品等级规格，以满足销地市场对货物的要求。因此，中转市场的特点是能够提供纸箱、泡沫保温箱、包装袋、绳索等包装材料和冰块等运输途中需要的降温材料，同时需要大量的劳动力提供劳务服务。

（二）销地批发市场

销地批发市场一般位于大中城市郊区，具有直接为城市居民提供农产品、保障食物供给的重要功能，在城市建设规划中占有重要地位。销地市场设施比较完善，综合功能较强，经营产品多样化，能够满足市民对农产品的多样化需求。

销地市场主体结构较为复杂。卖主有来自产地和中转地的经销商、近郊产地直销农户，还有果蔬进口销售商等；买主有零售业的超市供货商、城区菜市场零售商贩、郊区市场批发经销商等；还有团体消费的单位食堂采购人、餐饮店采购人等。

销地批发市场交易方式主要是买主与卖主之间的对手协商交易，货物一般存放在车上，车下放置磅秤，边卖边卸货。通常购买数量多可以在价格上得到一定的优惠。经销商一般不零售，也有的批发市场在场内设置零售区，供农户直销或零售商摆摊销售。

（三）经销商的组织、行为与功能

经销商又称运销商，主要是指从事农产品经营销售业务，将产地农产品运到消费地销售，获取差额利润的个人或组织。经销商是中国农产品流通的主力军，分析经销商的组织结构和功能，对于深入了解和研究中国农产品批发市场流通的特点具有重要意义。

1.经销商的组织构成。经销商有个体、团体和公司化经营等类型，其中个体和团体占绝大多数。从事产地和消费地之间的农产品运销业务，需要有一定的人员规模才能完成。通常，个体经销商由3～5人组成，主要人员为家庭成员和亲戚，从事经销品种比较单一，使用一辆卡车往返于两地之间开展运销业务；团体经销商又叫经销大户，由6～10人的亲戚、同乡和朋友组成，经销多个品种、往返于多个产地和市场之间。某些农业公司也参与农产品运销，它们可能是生产、加工、销售一条龙的企业，在市场上经销自己生产或加工的农产品。

2.经销商的行为模式。经销商在开展经营活动中有着一定的组织管理模式。通常一个人是领导者，对整个经营活动负责，其他人根据领导者的安排和要求，负责具体工作。例如，一个由5人组成的经销商的具体分工是：2人负责在产地收货和发货，1人负责跟车押车，2人在销地市场负责销售。当业务忙人手不够时，可以随时雇用临时工。

经销商选择的产地市场一般是自己比较熟悉的，或者是当地有可靠的朋友，对当地市场的供求和价格信息有一定的了解。经销商有自己收购，也有依靠代理人帮助收购的。选择销地市场的标准主要考虑利润大小（价格、成本）、市场环境因素（治安、交易秩序）等。

果蔬类批发市场交易高峰时间主要在凌晨，客户先进场看货、问价格，然后选择经销商协商价格，达成一致后，经搬运、称量、交款等手续即完成交易。在建有电子结算系统的批发市场中，货款结算和入场费的收取在统一的窗口办理，效率高；没有电子结算系统的批发市场，交易双方以现金结算，收费则采用在出入口人工收费的方式。经销商的交易对象分为固定客户和流动客户，固定客户通常和经销商有比较长期的交易关系，或者签订了供货合同，可以提前订货和送货上门，结算方式也比较灵活，双方具有相互信赖关系。

3.经销商的功能。大量的经销商组成了一支浩浩荡荡的农产品流通队伍，活跃在农产品批发市场上，在赚取经营利润的同时，发挥着重要的社会功能。主要功能表现为：

第一，经销商为产地农户运销农产品，寻找销路，解决了农户的销售问题，带动了农业生产发展，增加了农民的收入。

第二，经销商通过自己的劳动把农产品从生产领域转移到消费领域，满足了消费者对农产品品种、数量和质量方面的需求，使商品的价值和使用价值得以实现。

第三，经销商传递产销信息，使农民能够根据市场需求不断调节生产结构，生产适销对路的产品，促进了中国农业商品化生产发展和市场化的进程。

第四，经销商对农产品进行分级、加工和包装作业，推动了农产品规格标准和质量等级的提高，引导农业标准化的发展。

四、发达国家农产品批发市场运行模式

根据批发市场在农产品流通中的地位、主要运行方式以及政府作用的不同，世界发达国家的农产品批发市场基本上可以分为下列三种模式。

（一）以日本、韩国为代表的东亚模式

日本、韩国的农业生产与中国具有相似性，大多是小规模分散进行，面临着小生产和大市场的矛盾。为了解决农产品流通难的问题，满足城市居民的消费需要，政府都对农产品批发市场的建设高度重视，形成了独具特色的东亚模式。这一模式的主要特点如下。

1.农产品批发市场具有明显的公益性。日本政府对批发市场进行统一规划、严格审批，中

央和地方批发市场的开设者必须是政府或公共团体，市场建设用地由政府划拨或出资购买，并投资建设市场。对于中央批发市场，国家的补助占投资总额的 2/5；地方批发市场，国家补贴 1/3，地方政府补贴 1/3，所有补助均不需要市场偿还，同时政府派出公务员对批发市场进行管理。韩国农产品批发市场的规划、布局、投资以及管理，也是全部由政府或政府代理部门负责。一般情况下由中央政府无偿投入 30％的市场建设资金，其余部分由地方政府出资。对市场的管理，韩国也是由公务员组成市场管理公司，负责整个市场的管理与服务。

2.有完善健全的批发市场法律法规作保障。日本早在 1923 年就制定了专门的《中央批发市场法》，1971 年又将其修订为《批发市场法》，以后每隔 5 年修订一次。此后又陆续出台了《批发市场法施行令》《批发市场法规和市场运行规则》等一系列法令，对农产品批发市场的开设、规划、运营、监督、审议等方面都做了具体规定。韩国于 1976 年通过了《关于农水产品流通及其价格安定的法律》，以后又根据农产品生产环境和流通环境的变化，进行了 6 次修改。

3.拍卖是批发市场最重要的交易方式。绝大部分鲜活农产品由批发商通过拍卖销售给中间批发商或其他买卖参加者，只有个别特定品种的商品才进行对手交易。组织和进行拍卖的基本程序包括：集货→理货→看样→拍卖→交割。日本农协完全代表生产者的利益进入市场，他们在产地将会员的产品进行集货、分级、加工、包装后送到批发市场，委托给批发商拍卖。农协在各大批发市场里还设有办事处，及时收集、整理市场信息并传递给会员。韩国的蔬菜、水果流通主要由“青果人协会”组织进行具体操作和协调。

4.加强对进入批发市场流通的农产品质量等级管理。近几年随着消费者对农产品质量和食品安全问题的日益关注，日韩批发市场均积极采取措施提高农产品质量等级和确保质量卫生安全。主要措施包括：实行分等分级，建立农产品追溯制度，推行农产品质量认证，加强生产过程管理，建立健全质量检测体系，确保食品安全。

(二)以美国、加拿大为代表的北美模式

美国、加拿大都是实行农产品区域化、规模化、专业化生产的国家，农场主实力比较强，产品商品化程度高，小生产和大市场的矛盾不突出。现代超市、连锁店等新型零售业态以及交通运输、通信技术的发展，农产品流通体系中的产销一体化渠道占有较大的比例。由于产销一体化减少了流通环节，有利于节约交易费用，近年来部分地取代了批发市场流通渠道，使得终端批发市场在农产品流通中的地位有所削弱，经由批发市场流通销售的果蔬类产品仅占 20％左右。但是美国和加拿大实行批发市场自由、适度竞争的方针，为农产品批发市场运行提供了良好的内在动力和外部环境。实际上，批发市场的发展受新型零售业态经营方式影响而表现出萎缩的现象具有一定的规律性，反映了未来农产品批发市场的发展趋势。两国的情况都具有很强的代表性。美国、加拿大两国农产品批发市场的运行模式具有以下几个特点。

1.政府不参与农产品批发市场的开设，市场多由企业或私人投资兴建。美国早期的农产品集散中心市场的形成，多是由优越的地理位置和便利的铁路运输条件而自然形成的。以后兴起的产地收购市场也是按照比较优势原理和市场经济规律自然选择的结果。加拿大农产品批发市场的建设政府只管批地，由市场主管部门向银行贷款，再从市场收入中偿还，政府不给予任何形式的资助和资金。

2.政府通过制定法律法规和派出人员对批发市场进行管理。美国的市场监督由市场自我

监督系统和政府监督系统两个系统组成。前者由各批发公司派员组成董事会，并公开招聘主管市场业务运行的经理人员，董事会只负责监督和检查；后者由联邦政府有关部门和州政府派员长期驻扎市场代表政府监督。加拿大市场的监督系统也由两套系统组成，一是立法监督，二是机构管理，主要由联邦政府和省政府成立营销委员会对市场进行管理和协调。

3. 市场内交易以大批发商为主。市场内的批发商数量都不多，但每个批发商的经营规模都很大。如美国西部最大的洛杉矶蔬菜水果批发市场只有 25 家批发商，但却经营着 500 多种蔬菜水果，他们的经营活动几乎垄断了美国西部的农产品流通。东部最大的马里兰市场则只有 21 家大批发商。

(三)以荷兰、比利时为代表的欧盟模式

1. 进行全国性的联合拍卖。荷兰、比利时农产品批发市场的最突出特点是进行全国性的联合拍卖。各大批发市场通过计算机和特定的通信线路进行全国统一联网。每个批发市场内设有多个"荷兰钟"拍卖系统，同时显示不同拍卖市场的货物价格，这样买主就可以在一个市场内竞价购买全国市场上的农产品。这种全国拍卖市场网络的形成极大地节约了交易费用与交易时间，有利于全国农产品的供求平衡。荷兰、比利时批发市场之所以能够实行全国统一拍卖，其运行的基础是对进入批发市场的农产品实行全国统一的质量和规格标准，不允许出现不同批发市场采用不同标准的做法。

2. 市场由农民或种植公司联合开办。荷兰、比利时农产品批发市场的另一大特色是市场由农民或种植公司联合开办。他们主要采用生产者入股的方式，大部分的种植业生产者本身就是农产品拍卖市场的股东，拍卖市场也真正变成了生产者共同拥有的公共交易平台，而市场管理委员会则由股东们选举产生的董事会任命。比如，荷兰最大的阿斯米尔花卉拍卖市场就是由 5 000 多个花农或花卉公司成员组成的股份联合体，成员既是拍卖市场的"集体老板"，每年又要从各自的营业额中拿出一定比例的款额上缴给拍卖市场作为佣金。

数字资源 2-1
农产品拍卖

第三节　零售业态的变化与农产品零售市场

一、零售业态的含义与影响因素

(一)零售业态的含义

零售业态是指零售企业为满足不同的消费者需求而形成的不同经营形态。零售业态的内在组成要素分别为目标顾客、商品结构、服务方式、店铺环境、价格策略等。这些要素同时存在，是零售活动正常进行的前提。

不同零售业态是这些要素不同组合的结果，缺少其中任何一个要素，就无法判别零售业态的类型。于是一种既存的零售业态就体现出一种明确的信息：为谁服务，怎样服务，为得到这种服务要付出的成本。这种明确的信息节约了消费者搜寻商品品种信息、质量信息、寻找潜在卖者信息的成本，使消费者可以用更低的成本获得效用最大化的购买选择。当消费者从可能

产生的新零售业态中看到这些潜在的社会净效益时，就产生了对新零售业态的需求。同理，不同零售业态本身就明示出特有的信息，向消费者诉求自己的所在、所予、所取，这对零售企业而言，节省了搜寻目标顾客的费用。

(二)影响零售业态供给与需求的因素

1.影响零售业态供给的因素

(1)政策动因和政策激励。这是一国政府从国民经济全局考虑，对某种零售业态供给采取的促进措施。无论在诱致性或强制性制度变迁中，政策动因与政策激励均参与其中。在买方市场及经济全球化形势下，零售业态已由产业链上产品的最终实现环节逆转为直面消费者的战略导向环节，成为国家经济政策、产业政策和对外政策实施的载体。

(2)零售业态及零售企业间的竞争。不同零售业态间的竞争及同种零售业态中零售企业间的竞争，决定着市场进入的难易程度，决定着零售企业的市场定位(如与零售经营管理技术相关的定价和服务水平等)，左右着零售企业市场战略与策略制定，最终以零售企业市场占有率及利润率方式表现出企业的竞争地位，竞争不利的企业将退出市场。

(3)零售经营管理技术。主要包括经营设备配置与管理、采购管理、配送管理、损耗控制、人员管理等。在社会技术水平和产业链构建方式既定时，零售经营管理技术水平的高低通过零售企业运营成本影响零售业态供给。

(4)社会技术水平。主要包括企业外部交通运输、物流设施、信息技术水平等。在零售业态经营管理水平一定时，社会技术水平决定零售业态提供某种服务水平所需的零售价格水平，或者说决定着零售业态提供某种服务所需的成本费用水平。如果不能以相同的价格提供相同的服务水平，这种零售业态供给就不会生成或不能长期存在；如果能够用相同的价格提供更高的零售服务水平，这种零售业态在市场竞争中占有优势。

(5)产业链构建方式。产业链构建方式以产业链纵向关系体现(如纵向一体化关系、合约关系等)，供应商、零售商及零售企业特征(如供应商规模及零售企业的规模)是决定二者间交易费用的重要因素，也就决定了二者间的交易方式——产业链构建方式。产业链构建方式决定产品的流通费用，从而影响零售业态运营成本，此外生鲜食品产业链还通过影响产品流通速度影响生鲜食品的生物学特性(新鲜、品种多样等)，更加剧了零售业态运营高成本的预期。

2.影响零售业态需求的因素

(1)人均收入水平。人均收入水平提高是一国经济增长与发展的重要标志，人均收入的水平提高在消费者需求方面表现为消费者购买力提高，这要通过零售业态实现；消费者购买力的提高产生了对商品特性及服务水平提升的支付意愿，又推动着消费者需求结构升级，导致对新零售业态的需求。

(2)消费者需求结构升级。人均收入水平提高是消费者需求结构升级的基础，生活方式改变要求便捷、省时、一站购齐、购物环境赏心悦目，这些都是零售业态服务水平提高的标志，一般需要更高的零售价格才能实现。零售服务水平提高往往会产生新的零售业态——因为零售业态分类依据是经营方式、商品结构、服务功能、选址、商圈、规模、店堂设施、目标顾客等，这些依据既是消费者需求结构升级要求的内容，又是零售业态服务水平提高的表现。

(3)消费者偏好。消费者偏好是对某类消费品的个人选择准则，对于食品则表现为口味、品味和对产品特征的特殊要求。虽然不同的消费者偏好各有差异，对于某类食品的共性消费者偏好也显而易见,如中国消费者喜食新鲜的蔬菜、水果,以非冷冻(冷藏)的常温肉类作为新鲜标准。消费者行为一般与其社会特征相联系,如不同消费者的收入水平、教育程度、居住地远近等。一种零售业态定位于消费者共性偏好,就拥有广泛的消费者群体而位于消费者偏好的中心;反之定位于消费者特殊偏好的零售业态,其消费者数量较少。

(4)安全健康消费需要。随着环境问题产生及人类健康生活方式理念日益普及,安全健康消费需要已不仅是每个消费者个人生活方式问题,也不仅是整个人类社会需要共同面对的问题,而成为波及全球生物圈和食物链生死存亡的重要问题。与食物生产过程中用到的化学物质危害性相比较,环境中的高致病性微生物引起的疾病产生具有毁灭性的“多米诺骨牌”效应,各国政府都在从源头上控制食品安全问题。零售业态作为食物供应链的核心企业起到控制生鲜食品质量安全载体的作用,一些国家的超市经常从国家政策的角度参与食品质量安全管理。

(5)人口增长与城市发展。城市的发展水平,城市布局变化,城市中心人口外迁至城郊,都引起零售业态的商品结构、服务功能、选址、商圈、规模的变化。

在上述影响零售业态供给与需求的因素中,人均收入水平、社会技术水平和产业链构建方式是三个最关键的因素。

二、农产品零售市场的概念

(一)农产品零售市场的含义

农产品零售市场位于流通的最终环节,是零售商直接向消费者销售农产品的场所。零售市场的职能是将社会所生产的农产品以零售的方式分配给广大消费者,最终实现商品的使用价值。零售环节一般位于批发环节之后,农产品经过批发市场后进入零售市场,在零售市场进行分拣、分装或简单加工后,变成适合家庭消费的商品形态,销售给前来购物的消费者。

中国农产品零售市场主要有两类,即农贸市场和超市。农贸市场目前仍然是中小城市和乡镇区域的主要零售市场,超市在大中城市发展较快,正在逐渐取代农贸市场成为农产品零售市场的主要形式。

(二)农产品零售市场的特点

(1)零售市场直接面对消费者,市场上的卖者是零售商,买者是消费者,商品到达消费者手中后即为终点,不再继续流通。

(2)零售市场数量多且分散于居民区。

(3)零售市场商品种类多,交易频率高、数量少。

(4)农贸市场上的卖者多为零售商贩,主要经营鲜活农产品,也有农户自产自销的。

(5)超市经营的农产品由供货商或配送中心供货,进货渠道稳定,产品质量相对有保证。

在零售市场上,零售商的基本任务是直接为最终消费者服务,他的职能包括进货和销售、协调供求、存储、加工、拆零、分包、传递信息、提供销售服务等,在地点、时间与服务方面,以方便消费者购买为宗旨。农户生产的农产品经过零售商卖给消费者之后,才实现了产品的使用价值。零售商又是联系生产者、批发商与消费者的桥梁,是生产者和批发商了解消费者需求的触角和窗口,在农产品流通渠道中具有重要作用。

三、农贸市场

(一)农贸市场的含义

农贸市场全称是农产品集市贸易市场。从20世纪80年代中期开始,中国进行了农产品流通体制改革,取消了农产品统派购制度。与此相适应,鲜活农产品的经营业态也开始从国营商业公司和供销合作社向城乡农贸市场过渡。随着大大小小城乡农贸市场的建立,传统计划经济体制造成的农民“卖菜难”和城市居民“买菜难”的矛盾得到了有效缓解,并逐步形成了“农产品生产者→批发市场→农贸市场→消费者”的农副产品流通模式。农贸市场的发展,为搞活农产品流通、增加农民收入、丰富城市居民的“菜篮子”发挥了重要作用。

(二)农贸市场的特点

在农贸市场上,生鲜农产品的销售以个体经营为主,农贸市场为大量的个体零售商贩和消费者提供交易平台。个体零售商贩主要由当地的个体经营者、来自农村的农民构成,他们经营生鲜农产品货源主要有两个途径:一是自产自销,二是批发市场。一般而言,小城镇和乡村农贸市场上农民自产自销的比例大,大中城市农贸市场的农产品大多是从批发市场进货。农贸市场作为农产品流通的一个末端,在一定的历史时期发挥了重要的作用。因其具有满足广大居民传统购物习惯的特点,目前仍然在广大农村和小城镇大量存在,是农产品零售市场的主要形式。但在大中城市,随着城市居民生活环境质量的提高,购物习惯发生变化,农贸市场在购物环境、卫生条件和商品质量等方面已经不能满足人们现代生活需要,逐渐开始被新型零售业态超市所取代。

四、超级市场与农产品连锁经营

(一)超级市场的含义与类别

1. 超级市场的含义。超级市场是大规模、低成本、低毛利、消费者自我服务的零售经营方式,主要经营食品、清洁品及家庭其他日常用品,品种齐全,特别适合购买频繁、用量大的易耗类消费品。其本质特征是连锁经营,而连锁经营又有正规连锁、特许连锁和自愿连锁之分。

(1)正规连锁。国际连锁商店协会对正规连锁的定义是:“以单一资本直接经营11个商店以上的零售业或饮食业组织”。正规连锁的本质特点可以归结为所有权与经营权相统一,即所有成员店必须是单一所有,由总部集中领导,各成员店经理是雇员。这种经营方式有较强大的议价能力、获取批发功能和多铺店销售的效率,可以利用传媒,便于计算统计,有明确的管理和长期规划。正规连锁的缺点主要在于缺乏灵活性,需要较高的投资,限制了个人的独立性。

(2)特许连锁。特许连锁是指主导企业与加盟者之间的持续契约关系,连锁的分店仍然是独立的法人。一般将主导企业视为总部,而将加盟者视为特许分店或加盟店。根据特许合同,总部必须提供一项独特的商业特权,如商标、产品、公司象征等给加盟店使用,并给予员工以训练、商品供销、组织结构、经营管理的指导和协助,加盟店除享有总部赋予的权利外,也要付出相应的回报并遵守总部规定。这种经营方式以契约为纽带,所以也叫合同连锁或契约连锁;这种经营的关键在于总公司的特许权授予,所以也叫特许经营。如麦当劳、肯德基和可口可乐公司的经营方式就是特许连锁。特许连锁的特点在于投资少、扩张快,而特许连锁分店则可以降低风险、减少失败率。

(3)自愿连锁。自愿连锁是指一批所有权独立的商店,自愿归属于一个采购联营组织和一个管理服务中心领导。管理中心负责提供销售计划、账目处理、商店布局和设计以及其他服务项目。各个商店的所有权是独立的,但又把自己视为连锁组织的成员,其成员大多数是小型独立商店,起因在于同正规连锁店竞争。自愿连锁保留了单个资本所有权,同时实现了联合经营。自愿连锁店在所有权和财务上是独立的,与总部没有隶属关系,只在经营活动上与总部存在着协商和服务关系,统一订货和送货,使用统一信息及广告宣传,统一制定销售战略。各铺店不仅独立核算、自负盈亏、人事自主,而且在经营品种、方式、策略上也有很大自主权,但要按每年销售额或毛利的一定比例向总部上缴盟金。这种经营方式的最大特点是成员店所有权、经营权和财务核算都是独立的。它的优点在于灵活性强,各店自主权大,主动性高;但缺点是统一性差,决策迟缓。自愿连锁在食品和日用品中占有重要的地位。

正规连锁、特许连锁和自愿连锁虽然从所有权、产生的具体原因和内部关系等方面有很大的差别,但在以下三个方面是共同的:①每个连锁体系均由多店铺构成,有一个中心或总部作为统一的组织机构进行管理;②每个连锁体系均在产品与服务方面采取不同的标准化、规范化营运标准。在商品的采购、储备、铺店结构及管理系统等方面均不同程度地要求标准化与规范化操作;③总部或核心企业或总店作为统一组织机构,其功能在于商品的采购、储存、运输、定价和促销,各个店铺的功能在于实际销售。

2.超级市场的分类。国际上通常按超市成型化过程中的三种定位将超市分为三种类型:一是以经营家庭食物为主的标准食品超市,其面积在1 000米^2(中国500米^2)以上,70%为食品,而食品中50%为生鲜食品。二是大型综合超市,面积在2 500米^{2}以上,其中1/3经营食品,其余为百货和杂货等家居日用工业品。三是仓储式超市(美国又称平价俱乐部),是一种以会员制为销售制度,以量贩为特征的批发性超级市场,经营面积在1万米^2(中国4 000米^2)以上,生鲜区占有一定规模,经营品种不多且为标准食品超市和大型综合超市中购买频率最快、消耗量最大、通用性最强的商品。也有把便利店列为超市一种类型的情形。便利店面积在几十到100米^2,一般选址在居民住宅区、主干线公路边、机关、企事业单位所在地附近。

(二)农产品连锁经营产生的原因与条件

1.农产品连锁经营产生的原因

(1)行业集中化的要求。行业集中化就是指在一个行业中,由于少数企业享有竞争优势,逐渐扩大规模,从而控制了一个行业的大多数市场份额。测量行业集中化的指标是行业集中度,通常是指行业中最大的4个或8个企业的销售额占整个行业销售额的比重。大部分农产品是由分散的农户生产出来的,因此行业集中度很低。但随着社会的发展和农产品商品化程度的提高,越来越多的初级农产品要经过加工以后才能进入生产、流通或消费,而在农产品加工与营销企业中存在着集中化的趋势。这是因为,只要一个行业存在研究开发、生产制造、产品促销方面的规模经济,这个行业就一定会走向集中化。农产品及食品连锁经营的规模经济效果明显,它可以带来产品采购、仓储、配送、促销、研发、培训等许多方面的规模优势。连锁经营既是农产品竞争优势的来源,也是其规模优势不断发挥的结果。农产品连锁经营的产生一开始就带来了大量流动摊贩和小商店的破产,因此零售行业集中化的演进,要求零售企业走向连锁化；反过来，连锁企业凭借规模经济的优势，通过投资建新店，兼并、收购等方法又大大地加快了零售业集中化的趋势。

（2）零售企业经营合理化与快速成长的要求。对利润最大化的追求使得商业企业必然实行农产品一体化战略，以减少经营环节，提高营运效率。如果实行前向一体化战略，可以减少农产品的批发环节，从而节省交易费用。但要使商业零售企业具备批发功能，就必须实现大量销售，为此，就要实行横向一体化战略，以提高市场占有率为目的，实行连锁经营。当前向一体化和横向一体化相协调时，连锁经营就形成了。农产品通过连锁经营，商业零售企业具备了联购批发功能，减少了交易环节，节省了采购费用。在农产品的连锁经营中，各个分店的进货就不再是交易行为，而是企业内部的一种协作关系，从而也减少了谈判交易费用。农产品连锁经营逐步把外部市场交易纳入企业内部，实现了最少的环节、最低的浪费、最高的效率。

（3）降低经营风险的要求。农产品生产不仅面临着自然风险，而且还面临着市场风险。市场风险存在的根本原因是由于有关农产品市场信息存在着不对称性，农民不能够掌握完全、准确的农产品市场信息，在信息稀缺条件下的生产决策必然带来经营的不确定性，即农民的经营风险会增大。在一般情况下，农民是根据自己的主观判断即市场预测来安排农业生产，但由于农民自身能力的限制，他们无法准确地进行市场预测，农业生产经营必然面临着很大的不确定性。而农产品连锁经营能够有效地降低预测性生产方式的巨大不确定性，连锁系统覆盖面广泛，直接面向顾客，能够了解更多的顾客需求，每天都有大量丰富的农产品需求信息汇总到连锁经营总部，总部可以将这些需求信息反馈给农业龙头企业，从而可以使农民从预测性生产转变为订单性生产。

2.农产品连锁经营产生的条件

（1）农产品及其加工品日趋丰富，买方市场形成。随着农业及其加工业生产效率的提高，农产品及加工品的供给能力不断扩大，逐渐出现了供过于求、产品积压的局面，要解决农产品卖难问题，就必须考虑营销方式的革命。农产品买方市场的出现呼唤零售企业以更为便捷有效的方式为消费者服务，农产品连锁经营正是适应了这一要求。中国已经告别了农产品短缺时代，农产品及其加工品日趋丰富，许多农产品出现了过剩，买方市场已经形成。

（2）人们收入水平的提高和生活质量的改善对零售服务也提出了更高的要求。一方面，人们的生活水平提高以后，时间价值迅速提高，工作节奏加快，消费者希望购买到方便、廉价的农产品；另一方面，收入水平提高以后，人们更为关注农产品的质量与功能，希望能够买到营养、安全卫生的农产品。在国际上，一般在人均年收入在250～600美元时，连锁经营就会发展。

（3）城市化水平的提高为农产品连锁经营的扩张提供了方便。城市人口高度集中，具有较高的购买力，城市为连锁店的建立或网点的扩张提供了条件，为规模经济效益的发挥奠定了基础。随工业化的推进，中国的城市化已经进入了高速发展的快车道，并且中国有许多超百万人口的大城市，为农产品的连锁经营提供了土壤。

（4）信息技术与交通运输等技术的进步为农产品连锁经营提供了支撑。电话、电报的发明与使用都对连锁经营的沟通起到一定的作用，进入到20世纪80年代以后，信息技术以几何的速度增长，互联网及电子商务的推广与普及对产品信息的采集、传递、分析提供了极为有效的保证，为农产品的连锁经营插上了翅膀，可以使连锁经营决胜于千里之外。如果说信息技术的进步提高了信息流传播的质量、数量和速度，那么，交通运输与储藏等技术的进步使得物流更为畅通与便捷。信息技术与交通运输技术的整合，使得农产品连锁经营变得更加可行。

（三）农产品连锁经营的对接

1. 实行农业产业化经营。由于农业的特殊性，家庭经营成为农业微观经济组织的最基本形式，但由于农业家庭经营难以与大规模化的连锁经营相对接，因而在农户与连锁经营之间必须构建中介组织，农业产业化经营就是一种较为理想的组织方式。农业产业化经营是以市场为导向，以农户经营为基础，以"龙头"组织为依托，以经济效益为中心，以系列化服务为手段，通过实行种养加、产供销、农工商一体化经营，将农业再生产过程的产前、产中、产后诸环节联结为一个完整的产业系统，是引导分散的农户小生产转变为社会化大生产的组织形式，是多方参与主体自愿结成的经济利益共同体，是市场农业的基本经营方式。农业产业化经营以农业专业化、企业规模化、经营一体化、服务社会化为基本特征，既可以调动农户生产的积极性，又可以发挥合作社或大公司的主动性。对农产品分类、加工、包装、储运之后，实现与连锁经营的对接。

2. 构建农产品配送中心。从各个方面的条件来看，农民自办连锁经营店成功的可能性比较小，而构建农产品配送中心，可以实现与连锁经营的更好对接。配送中心是连锁经营统购分销这一竞争优势得以发挥的中心环节，配送中心的根本作用在于通过高度集中的采购与配送行为，使流通规模扩大，实现理想的经济效益。配送中心可以通过配送作业的规模经济，降低流通费用，有效地减少了门店的库存，加速了鲜活农产品的流转，从而增强了农产品连锁经营的竞争优势。配送中心按照所有权不同，可以分为自有型配送中心、他有型配送中心和共有型配送中心。自有型配送中心是指连锁经营企业自己投资兴建，主要为企业内店铺进行配送服务。他有型配送中心是指连锁经营企业不设自有的配送中心，企业内的配送功能委托或承包给专门的物流公司。共有型配送中心是指连锁经营企业与其他企业共同投资，共享服务的配送中心。对农产品营销企业来说，可以考虑选择他有型或共有型农产品配送中心，实现农产品与连锁经营的对接。

3. 创建农产品品牌或名牌。在市场经济不发达的情况下，绝大多数农产品没有自己的品牌。要开展农产品连锁经营，就必须创建农产品品牌。有品牌的农产品相对于无品牌的农产品来说，在市场竞争中会处于相对优势地位。因为品牌能够将一种农产品与另一种农产品相区别。企业将某种农产品的特点用特定的品牌来表征，使人们一看到这个牌子就想到这种农产品的质量、价格、特色等独到之处。品牌是信息不对称条件下农产品质量识别的重要媒介，可以节约消费者或购买者的信息成本。品牌可以满足消费者的某种特殊偏好，品牌偏好可以使消费者形成品牌忠诚，即固定购买某种特殊品牌农产品的行为。随着经济的发展和人们收入水平的提高，人们的品牌忠诚度会有逐渐增强的趋势。正因为存在消费者的品牌偏好和品牌忠诚的心理和行为特征，所以，农产品竞争不仅表现为价格和质量的竞争，而且会发展成为超越价格和质量的品牌竞争。品牌成为农产品市场竞争力的综合表现，名牌直接代表了特定农产品的质量、性能和信誉等。名牌农产品更有利于进行连锁经营，提高农产品的市场竞争力。

4. 建立健全农产品质量标准与安全体系。农产品要进行连锁经营，就必须建立健全质量标准和安全体系。只有这样，不同等级的农产品才能实行不同的定价，同一等级的农产品在不同的连锁店中才能一致化。包装、规格、重量、内容等标准化以后，可以进一步降低经营管理费用。作为食品的农产品，事关人们的身心健康，因而安全标准就更为重要。不仅许多农产品是鲜活的,只能在保质期内食用,而且农产品从生产、加工、储运到销售要经过很多环节,每个环节都有可能造成污染。因此,农产品的质量与安全问题必须从源头抓起,并且环环相扣,在原料的生产中就做到安全无公害,在加工储运中更要防止二次污染。让市民吃上放心食品,是农产品连锁经营成功的必要前提条件之一。否则,一旦一家连锁店中的食品出现了问题,就会产生连锁效应,影响到其他连锁店的经营。

第四节　农产品电子商务

一、农产品电子商务的含义与作用

(一)农产品电子商务的含义

农产品电子商务是以农产品生产营销为目的,通过电子化方式进行的农产品流通、交易和经营的一系列交易活动,主要根据电子信息技术,进行农产品需求、价位、收益等方面资料的收集,利用互联网平台的信息共享,直接在平台销售农产品的过程。农产品电子商务在农产品销售过程中以互联网行业的发展为基础,运用现代化互联网信息技术,将现阶段较为先进的销售理念结合到传统农产品的销售工作中。其具有销售效率高、交易成本低、交易透明化等优势,使农民能够根据提供的信息进行生产方面的调整,为农产品销售领域的发展提供了新的力量。

随着电子商务在我国的快速发展,农产品电子商务作为一种新的商业模式备受关注,作为一种全新的农产品交易模式,它充分利用互联网的易用性、广域性和互通性,实现了快速可靠的网络化商务信息交流和业务交易,是对传统农产品流通模式的创新和升级,是基于产销对接理念实现网上交易,开辟了一条崭新的农产品流通渠道。农产品生产者、供货方可以在电子商务平台上发布信息、销售产品,需求方、消费者可以在电商平台上选择购买产品,线上完成订货、交易、支付,线下完成配送服务(图 2-4)。其最大的特点是买卖双方在信息公开的电子平台上对接,不需通过中间商等中介环节,大大节省了交易成本,利用电商自有物流系统或第三方物流实现商品的快速配送。

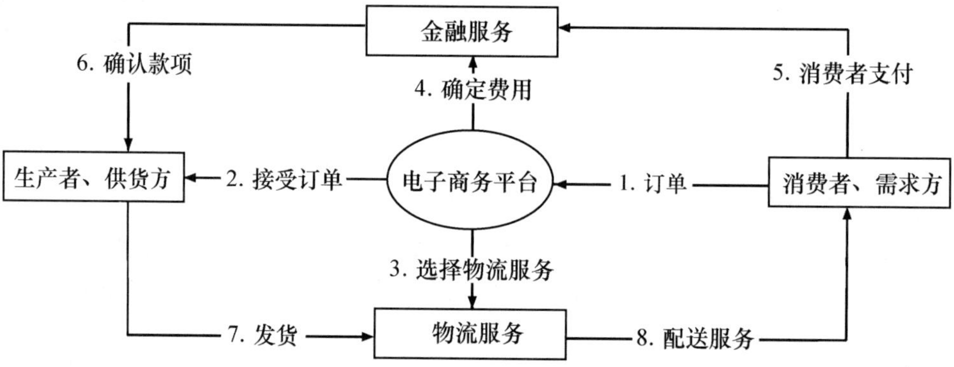

图 2-4　农产品电子商务模式图

农产品电子商务是一个涉及社会方方面面的系统工程。参与者包括政府、企业、商家、消费者、农民以及认证中心、配送中心、物流中心、金融机构、监管机构等，通过网络将相关要素组织在一起，其中信息通信技术扮演着极其重要的角色。农产品电子商务主体包括：涉农电子商务平台（电商、网站）、农产品电子商务利用者（网商、网店）、农产品电子商务服务提供者（服务商，包括代理支付、物流、监管）等。

（二）农产品电子商务的作用

农产品电子商务应用计算机和网络技术等现代信息手段对农产品物流、资金流、信息流进行系统管理，帮助农产品生产者开展营销，推动农产品流通进入一个新的发展阶段。农产品电子商务的主要作用表现为：

（1）通过完善农产品信息服务，降低生产和交易的风险。

（2）打破地域与空间局限，拓宽营销渠道。

（3）减少农产品流通环节，节约产品进入市场的时间，降低流通成本。

（4）通过网络平台将交易主体相连接，针对农产品易腐烂、难储存的特点，能够对物流环节进行有效跟踪和控制，通过快速交易、快速配送保证农产品的鲜活品质。

（5）在线支付解决了结算环节的货款拖欠问题，提升了交易主体的诚信经营意识。

（6）电子商务平台汇集的大数据，可用来分析市场趋势，为行业发展和企业经营决策提供参考依据。

二、农产品电子商务的基本运行机制与发展的基本条件

（一）农产品电子商务的基本运行机制

农产品电子商务依赖于电子商务平台，在电子商务平台上是为农产品提供网上交易洽谈的平台。电子商务平台是建立在互联网上进行商务活动的虚拟网络空间，是协调、整合信息流、物质流、资金流有序、关联、高效流动的重要场所，是农产品电子商务系统的核心。围绕电子商务平台，生产者和供应者是卖方，消费者和需求者是买方，买方和卖方在电子商务平台上进行线上交易，并通过线下物流配送实现商品的转移。

电子商务平台也称作电子商务网站，通常是由专业的电子商务公司建设和运行的，卖方可以申请在上面开网店，销售自己的产品，电商不从事经营只提供服务。物流配送服务通常是委托签约合作的第三方物流企业来完成，也有电子商务公司自己组建物流配送系统来提供服务的。有的大型电子商务公司可以自己建设平台并经营业务，自己采购、销售和配送产品。

（二）农产品电子商务发展的基础条件

1.电子商务平台。电子商务平台具有交易、谈判和商品信息传递的功用。农产品电子商务平台有许多优点，核心模式是B2B、B2C等。电子商务平台服务于个人的同时也服务于中小企业，具有高盈利、低成本、独立营销优势。

2.农产品标准化。农产品标准化是农产品电子商务中重要的一环，农产品标准化不仅有助于提高电子商务的运行效率，而且有助于提高农产品质量和市场竞争力。农产品标准化是一项系统工程，需要从产前、产中和产后各个环节做起。农产品特别是生鲜农产品，产前的标准化有助于电子商务特别是物流的运行，但同时也对物流特别是冷链系统提出了更高的要求，

即要求冷链系统也要实现标准化。

3.农产品物流配送。受农村地域位置的限制,物流配送体系建设是农产品电子商务发展的首要基础设施,纵观现在的农产品电子商务物流配送体系,基本是归属第三方组织管辖,由农产品电子商务平台的物流系统管理,主要是农产品电子商务卖家在综合考虑运输距离、运输成本、运输仓储等因素的基础上选定农产品物流配送方式与承担方。

4.电子支付。电子商务中最主要的支付方式就是电子支付,常见的方式有:一是第三方渠道,即除交易双方外的个人或企业,给出支付途径。付款人转账给第三方买卖渠道或第三方付出渠道,在买卖结束或交给产品后向收款人付款,以达成交易。二是通过网络银行进行转账。即指使用银行卡在网络渠道上的支付方式。顾客运用网上银行服务经过网络与商家洽谈和确认产品,然后经过网上银行服务达成交易。三是货到付款项,指电商根据物流配送体系提供的信息分发产品,顾客在收到产品之后付款。

本章小结

流通过程是由商流、物流和信息流所组成的,农产品流通具有许多特殊性。农产品批发市场是农产品现货市场的主要形式,在农产品的流通中发挥着商品集散、价格形成、调节供求、信息中心和综合服务等功能。中国的农产品零售市场正在由农贸市场向超级市场转变,农产品及其加工品的日趋丰富,人们收入水平的提高和生活质量的改善,城市化水平的提高,信息技术与交通运输等技术的进步为农产品连锁经营提供了发展的条件。通过实行农业产业化经营,构建农产品配送中心,创建农产品品牌或名牌,建立健全农产品质量标准与安全体系等项措施可以更好地实现与农产品连锁经营的对接。农产品电子商务是以农产品生产营销为目的,通过电子化方式进行的农产品流通、交易和经营的一系列交易活动,其具有销售效率高、交易成本低、交易透明化等优势,成为农产品流通体系建设的重要组成部分。

复习思考题

1.市场与流通的含义是什么?流通的功能有哪些?商流、物流、信息流之间的关系如何?

2.什么是农产品市场?农产品市场有哪些特点?

3.农产品市场体系由哪些因素构成?各自的含义是什么?

4.农产品流通的含义是什么?特点和功能有哪些?

5.农产品流通的特点是什么?渠道有哪些?

6.农产品批发市场的含义是什么?它所应该具有的功能有哪些?

7.发达国家农产品批发市场的运行模式和特点有哪些?你认为有哪些做法值得中国借鉴?

8.零售业态的含义是什么?有哪些因素影响着零售业态?你认为最重要的因素有哪些?

9.农产品零售市场的含义是什么?特点有哪些?

10.农贸市场的含义是什么?特点有哪些?

11.超级市场的含义是什么?农产品连锁经营产生的原因和条件有哪些?你认为应该主要做好哪几个方面的工作来推进农产品连锁经营?

12.什么是农产品电子商务?它的作用表现在哪些方面?

13.农产品电子商务的基本运行机制是什么?发展的条件有哪些?

参考文献

[1] 安玉发,张浩.果蔬协议流通模式研究.北京:中国农业大学出版社,2010.

[2] 雷海章.现代农业经济学.北京:中国农业出版社,2003.

[3] 李秉龙,薛兴利.农业经济学.3版.北京:中国农业大学出版社,2015.

[4] 斉藤修,安玉发.食品系统研究.北京:中国农业出版社,2005.

[5] 乔颖丽.中国城市生鲜食品超市业态形成机理研究.北京:中国农业出版社,2006.

[6] 藤島廣二,安部新一,宫部和幸.現代の農産物流通.東京:(社)全国農業改良普及支援協会,2008.

[7] 小林康平,甲斐谕,福井清一,等.体制转换中的农产品流通体系——批发市场机制的国际对比研究.菅沼圭辅,王志刚,周燕,译.北京:中国农业出版社,1998.

[8] 徐柏园.新农村建设与市场热点研究.北京:中国商业出版社,2012.

[9] 中国农产品电子商务教学与研究会,中国农业大学经济管理学院.农产品电子商务发展与探索——首届中国农产品电子商务论坛文集.北京:中国农业出版社,2010.

[10] 钟甫宁.农业经济学.5版.北京:中国农业出版社,2011.

第三章　农产品期货市场

本章学习要点

- 农产品期货市场的产生与发展
- 农产品期货市场的概念与特征
- 农产品期货市场的功能与作用
- 农产品期货市场功能与现货市场的关系

第一节　农产品期货市场的产生与发展

一、农产品期货市场的产生

通常认为现代意义上的农产品期货市场在19世纪中期产生于美国芝加哥。19世纪30～40年代，随着美国中西部大规模开发使农业逐渐走上商品化的道路，也刺激了美国国内交通运输条件大为改观，使得地理位置优越的芝加哥从一个不起眼的小村落发展成为重要的谷物集散地。中西部的玉米、小麦等农产品在收获季节大多先汇聚到芝加哥交易，再由此运往东部等消费区。但是，农产品季节性供求矛盾使得价格随着季节交替频繁变动不仅大量存在，而且有时价格剧烈波动难以预测，极大地伤害了生产经营者和消费者的利益。

为了缓解农产品季节性供求矛盾和价格剧烈波动，连接供求的中间商（农产品储运经销商、贸易商等）顺应时势并迅速增加。中间商在交通要道旁设立仓库，农产品收获季节从生产者手中收购并等待来年发往外地，缓解了农产品季节性供求矛盾，但中间商因此承担很大价格风险（一旦第二年价格下跌，利润就会减少，甚至面临亏本的风险）和囤积资金不济的风险（从生产者手中购买农产品需要大量借贷资金，储存、自然损耗等持有成本在农产品出售前也一直延续，一旦资金不济中间商将面临低价出售的风险）。中间商在长期经营中摸索出一套远期交易方式来回避价格下跌和资金不济风险，即在购入农产品后，立即到芝加哥并与芝加哥的加工商或销售商签订第二年春季的供货合同，以事先确定销售价格并确保利润，合同还能以抵押形式帮助中间商获得银行贷款，以确保农产品购买和库存费用的及时供给。

随着玉米、小麦等农产品购销范围从芝加哥扩展到全美甚至欧洲，供求信息不对称问题急需解决。因为在市场兴旺的同时竞争越来越激烈，供求行情瞬息万变，价格波动涨跌不定，中间商都想寻找一个集中信息的场所，以便及时了解供求行情和价格信息。为此，1848年82位谷物商人创立了芝加哥期货交易所（CBOT）。芝加哥期货交易所发展初期主要是为买卖双方提供相互见面、交流信息、洽谈业务和达成交易的场所，但随着农产品现货市场范围不断扩大，粮食运输不可靠、轮船航班不定期、信息传递时滞性大等问题的凸现，促使芝加哥期货交易所于1851年正式引入农产品远期合约交易。远期合约交易不仅在一定程度上排除了即期交易的偶然性和不确定性，有助于保持农产品生产经营活动的稳定性和连续性，而且使农产品买卖双方相互之间在一定程度上转移了价格波动的风险，即生产者(加工商和出口商)在转移未来价格下跌(上涨)风险的同时必须放弃价格上涨(下跌)获利的机会。

由于农产品远期合约从签订到实物交割的很长一段时间市场价格不断波动，买卖双方都希望能自由转让以规避价格风险或者把握获利机会，一些资金雄厚的商人也因农产品远期合约买卖存在获利机会开始参与远期合约交易(可分担现货远期合约商们的价格风险)。为了克服农产品远期合约非标准化给这些交易带来的很多困难，芝加哥期货交易所于1865年推出标准化期货合约取代远期合约，之后又实施了保证金制度和变革结算制度，真正意义上的现代农产品期货市场由此诞生，使得农产品期货合约在流动性增强的同时，交易者的风险得到更大程度的分散。

二、国外农产品期货市场的发展

自1848年芝加哥期货交易所诞生以及1865年推出标准化期货合约后，随着美国农产品现货生产和流通的规模和范围的扩大，不断有新的农产品期货品种上市，除了小麦、玉米、大豆等谷物期货外，从19世纪后期到20世纪初，随着堪萨斯期货交易所(KCBT，建立于1856年)、纽约棉花交易所(NYCE，建立于1870年)、芝加哥商业交易所(CME，建立于1874年)以及后来明尼阿波利斯谷物交易所(MGE，建立于1981年)等的诞生与发展，棉花、咖啡、可可等经济作物，黄油、鸡蛋以及后来的活猪、活牛、猪腩等畜禽产品，木材、天然橡胶等林产品期货也都陆续上市并快速发展。

进入20世纪中后期，农产品期货市场在世界各地都得到较快发展，但一直到21世纪初，农产品期货市场以及主要农产品期货品种，除了天然橡胶主要在日本东京工业品交易所(TOCOM)交易外，仍主要集中在美国。美国农产品期货市场中上市的农产品期货合约和期货期权合约(是在农产品期货合约基础上发展起来的一种标准化合约)涉及范围十分广泛，包括谷物、畜产品、林产品和经济作物，基本涵盖了所有适于期货交易的农产品种类。

农产品期货是世界上最早上市的期货品种，并且在期货市场产生之后的150多年中，农产品期货一度成为期货市场的主流。虽然最近40多年，随着国际金融期货市场的兴起，农产品期货交易额所占的比例大大下降，但它仍然占据着国际期货市场上相当的份额。国际上仍然在交易的农产品期货有20多个大类、190多个品种，其中相当一部分交易非常活跃，在世界农产品的生产、贸易、消费中，发挥了无可替代的重要作用。农产品期货市场已经成为发达国家的农民和农业企业锁定风险，进而可以在比较稳定的市场价格信息条件下合理安排生产的避险工具。

三、中国农产品期货市场的发展与现状

(一)中国农产品期货市场发展历程

20世纪90年代以来，中国期货市场发展的历程很大程度上就是以中国农产品期货市场

的发展历程来体现的。中国农产品期货市场发展历程大致可分为以下四个阶段。

1. 初创阶段(1990—1993 年)。1990 年中国郑州粮食批发市场成立以及 1991 年 3 月在该批发市场签订了第一份小麦远期交易合同等都为中国农产品期货市场的发育奠定了基础,并一定程度上显示了中国农产品期货市场发育的可能性;1992 年下半年起适应期货市场发展要求的期货经纪公司开始成立,如广东万通期货经纪公司和中国国际期货经纪公司等;1993 年 4 月中国颁布了第一个有关期货市场方面的法规——《期货经纪公司登记管理暂行办法》。截至 1993 年年底,全国范围内建立的期货交易所达 40 余家,上市交易的农产品期货品种也不断增加,在国家工商总局登记的期货经纪公司达 144 家。总的来看,这一阶段为中国农产品期货市场发展奠定了一定基础,但也不断产生各种各样的问题,使得中国农产品期货市场盲目发展的趋势明显。

2. 清理整顿阶段(1994—1996 年)。在这段时间里,中国农产品期货交易快速增长。1995 年中国期货市场总成交量达 63 612 万手,总成交额达 10 万亿元,其中农产品期货成交额占到一半左右。但是,由于中国农产品期货市场盲目发展和不规范而引发了一系列问题。1993 年 11 月国务院发布了《关于坚决制止期货市场盲目发展的通知》,并开始对期货市场进行清理整顿,具体包括:初步建立统一的监管机构;清理整顿期货交易所和期货经纪公司;初步清理整顿交易品种;规范期货市场运作等。即使这样,由于在这段时间里农产品期货交易主要集中在一些小品种上,尤其是绿豆、咖啡、红小豆等不具备较好的期货市场发育所需要的现货市场条件的品种交易活跃,使得农产品期货交易中垄断和恶性炒作事件不断发生,甚至威胁到中国期货市场的继续生存与发展。

3. 调整阶段(1997—2000 年)。经过前一阶段的整顿,中国农产品期货市场开始进入相对平稳的试点发展时期。1997 年和 1998 年政府加大了对期货市场的调整,进一步压缩期货交易所、期货经纪公司以及期货交易品种;1999 年 6 月国务院颁布了《期货交易管理暂行条例》,并相继实施了与之相配套的《期货交易所管理办法》《期货经纪公司管理办法》《期货经纪公司高级管理人员任职资格管理办法》和《期货业从业人员资格管理办法》等,从而加强了对期货市场的法制监管,使之逐渐向规范化发展。经过这段时间的调整,中国期货市场的法规体系和制度框架基本构建起来:完善了证监会对期货市场的集中统一监管和垂直领导,并初步建立了期货市场的三级监管体系,同时规范了期货经纪公司的运作。从而使中国农产品期货市场的规范化程度有了较大提高。在整个调整时期,中国期货市场交易量持续下降,农产品期货交易也在不断萎缩,2000 年中国期货市场成交额不到 1995 年的 1/5,但农产品期货仍占中国期货市场成交额的绝大多数,尤其从 2000 年起中国农产品期货交易已经开始趋于向原料性大宗农产品集中。

4. 规范发展阶段(2001 年以来)。2001 年 3 月,“十五”规划纲要首次提出“稳步发展期货市场”,2002 年党的十六大报告中提出要正确处理“虚拟经济和实体经济的关系”,不仅为期货市场进一步发展扫除了理论认识方面的障碍,也预示着中国期货市场发展新阶段的到来。从 2001 年开始,期货市场逐步趋于活跃,出现恢复性增长,并于 2003 年超过之前的最高水平;2004 年农产品期货成交额稍有下降,但后来一直稳步上升,尤其是期货市场发育或功能发挥所需具备的现货市场条件比较好的原料性大宗农产品期货的交易越来越活跃。2007 年 3 月起,国务院和证监会陆续颁布了一系列期货市场监管的政策法规,截至 2020 年 8 月修订和制订并施行中的政策法规主要有《期货交易管理条例》(2007 年 4 月 15 日起施行、2017 年 3 月 1

日第四次修订)、《期货交易所管理办法》(2007 年 4 月 15 日起施行)、《期货公司监督管理办法》(2019 年 6 月 4 日起施行)和《期货从业人员管理办法》(2007 年 7 月 4 日起施行)等,这些条例和办法的修订和制定为中国期货市场的进一步稳健发展奠定了良好的宏观环境。

(二)中国农产品期货市场的发展现状

中国农产品期货市场的组织结构以及品种格局基本延续了 1998 年国务院对期货市场整顿和结构调整后的状态。提供农产品期货合约交易的期货交易所压缩至 3 家持续至今,而且各交易所的交易品种不再重复设置,2006 年 9 月新成立了中国金融期货交易所,但提供农产品期货交易的交易所仍是原来的 3 家。截至 2020 年 8 月,中国期货业协会共有会员 413 家。普通会员 333 家,其中期货公司 149 家、证券公司 84 家、资产管理公司 10 家、风险管理公司 85 家、私募期货基金管理人 5 家;特别会员(期货交易所、保证金监控中心)5 家;联系会员 75 家,其中地方行业协会 36 家、期货服务机构 4 家、保证金存管银行 12 家、期货三商(信息技术服务等)23 家。大连商品交易所、郑州商品交易所和上海期货交易所上市的农产品期货和期货期权品种见表 3-1。

表 3-1　中国期货交易所上市农产品期货和期货期权品种情况

交易所	成立时间	农产品期货品种	农产品期货期权品种
大连商品交易所(DCE)	1993 年 2 月	玉米、玉米淀粉、黄大豆 1 号、黄大豆 2 号、豆粕、豆油、棕榈油、纤维板、胶合板、鸡蛋、粳米	豆粕、玉米
郑州商品交易所(ZCE)	1993 年 5 月	强麦、普麦、棉花、棉纱、白糖、菜籽油、菜籽粕、油菜籽、早籼稻、粳稻、晚籼稻、苹果、红枣	棉花、白糖、菜籽粕
上海期货交易所(SHFE)	1999 年 5 月	天然橡胶	天然橡胶

资料来源:中国正在交易的 3 家商品期货交易所网站,截至 2020 年 8 月。

第二节　农产品期货市场的概念与特点

一、农产品期货市场的概念和构成

农产品期货市场作为市场制度的一种创新,有其自身质的规定性,并且有狭义和广义之分。狭义的农产品期货市场是指进行农产品期货交易的场所,通常特指农产品期货交易所。广义的农产品期货市场是指市场经济发展过程中围绕农产品期货合约交易而形成的一种特殊的经济关系,是一种特殊的交易活动。或者说广义的农产品期货市场是指农产品期货合约交易关系的总和。这种特殊的交易活动必须按照特定的规则和程序、在特定的场所内集中进行。因此,广义的农产品期货市场应该是由相互依存和相互制约的期货交易所、期货结算机构、期货公司、期货交易者、其他期货中介与服务机构、期货监督管理机构等组成的一个完整的组织结构体系。

(一)期货交易所

期货交易所是专门进行标准化期货合约买卖的场所,是一个实行会员制或公司制,按照其章程规定实行自律管理，以其全部财产承担民事责任的非营利性或者营利性机构。在现代市场经济条件下，期货交易所依靠自身管理严密、组织健全、设备完善和高效运作，为期货交易者提供良好的期货交易环境。期货交易所自身不参与交易活动，也不拥有期货合约标的商品。期货交易所的主要职责包括：为期货交易提供场所、设施和服务；设计期货合约，并安排合约上市，制定并实施期货市场制度与交易规则，组织并监督期货交易，监控市场风险，发布市场信息。

国际上，期货交易所设立通常是采用中央政府审批制，即由中央政府或其授权主管部门依法审查批准设立，所依据的法律多为公司法以外的专门金融类法律。我国境内现有四家期货交易所，其中大连商品交易所、郑州商品交易所、上海期货交易所是会员制期货交易所，中国金融期货交易所是公司制期货交易所。按照国务院发布实施的《期货交易管理条例》，期货交易所是指由国务院期货监督管理机构审批设立（未经国务院批准或者国务院期货监督管理机构批准，任何单位或者个人不得设立期货交易场所或者以任何形式组织期货交易及其相关活动），不以营利为目的，以其全部财产承担民事责任，按照其章程的规定实行自律管理的法人。

（二）期货结算机构

期货结算机构是为期货交易提供结算服务的期货市场的另一个重要组成部分。期货结算机构的主要职能是担保交易履约、结算交易盈亏和控制市场风险，具体包括结算每笔期货交易所内达成的期货合约，结算交易账户、核收履约保证金并使其维持在期货交易所需要的最低水平，监管实物交割，报告交易数据等。对于所有期货合约的交易者来说，期货结算所是第三方，既是每一个作为买方结算会员的卖方，又是每一个作为卖方结算会员的买方。

期货结算机构可独立设立为法人，也可设立为期货交易所的一个内部机构。在西方发达国家，期货交易所对应的期货结算机构通常为独立的法人。在这种情况下，期货结算机构通常为多个期货交易所（以及证券交易所）提供结算服务。其好处是在获得更高结算效率的同时，节约结算会员的结算保证金及结算准备金。当然，也有一些期货交易所对应的期货结算机构为期货交易所的内部机构。需要指出的是，即使期货结算机构设立为独立的法人，设立期货结算机构所依据的法律一般也不是公司法，而是专门金融类法律。以独立法人形式设立的期货结算机构通常采用公司形式，但无论是独立法人形式的期货结算机构还是作为期货交易所的内部结算机构，在内部管理上都采用会员制形式。我国境内四家期货交易所的结算机构均是交易所的内部机构，因此，期货交易所既提供交易服务，具有组织和监督期货交易的职能，也提供结算服务，具有组织并监督结算和交割、为期货交易提供集中履约担保、监督会员交易行为、监管指定交割仓库的职能。

（三）期货公司

期货公司是指依法设立、接受客户委托、按照客户的指令，以自己的名义为客户进行期货交易并收取交易佣金的中介组织。每一个期货交易者为实现套期保值或投机获利，都希望直接进入期货交易所进行交易。但是，由于期货交易的高风险性，决定了期货交易所必须制定严格的会员交易制度和会员总量控制，非期货交易所会员不能进入期货交易所内进行期货交易，于是就产生了严格的会员交易制度与吸引更多交易者和扩大市场规模之间的矛盾。解决这一矛盾的办法，就是允许一部分具备条件的期货交易所会员接受客户委托，代理客户进行期货交易。这样，作为期货交易中介机构的期货公司应运而生。

需要指出的是，期货交易所会员、期货结算机构会员并不一定是期货公司，而期货公司也不一定是期货结算机构会员或者期货交易所会员。在一些国家，由于其公司法适用范围较广，期货公司可按公司法设立，但在更多国家，比如在我国，按照国务院发布实施的《期货交易管理条例》，期货公司是依照《中华人民共和国公司法》和本条例规定设立的经营期货业务的金融机构。设立期货公司，应当在公司登记机关登记注册，并经国务院期货监督管理机构批准。未经国务院期货监督管理机构批准，任何单位或者个人不得设立或者变相设立期货公司，经营期货业务。期货公司作为场外期货交易者与期货交易所之间的桥梁和纽带，其主要职能包括：根据客户指令代理买卖期货合约、办理结算和交割手续；管理客户账户，控制客户交易风险；为客户提供期货市场信息，提供期货交易咨询，充当客户的交易顾问等。

（四）期货交易者

期货交易者是指承认并且遵守期货交易法规和规则，按照相关规定从事合法交易人员的统称。基于不同角度，期货交易者可以划分为不同类型。根据进入期货市场的目的不同，可将期货交易者分为套期保值者和期货投机者。套期保值者是指通过买卖期货合约以减小自身面临的、由于市场变化带来的现货市场价格波动风险的组织、机构和个人。期货投机者是指运用一定资金通过期货交易以期获取投资收益的组织、机构和个人。

农产品期货市场中的套期保值者，是指那些把农产品期货市场作为回避与转移现货价格波动风险的场所，利用农产品期货合约（以及农产品期货期权合约）作为将来在现货市场上买卖特定农产品的临时替代物，对现在已经买入（或已经拥有，或将来拥有）准备以后售出或者对将来需要买入的特定农产品的价格进行保值的生产者、经营者和消费者。农产品期货市场中的期货投机者，是指那些试图正确预测市场价格的未来走势，甘愿利用自己的资金去冒险，不断买入、卖出农产品期货合约（以及农产品期货期权合约），以期从价格波动中赚取价差而获利的个人或企业。套期保值者和期货投机者的共同存在，不仅为期货市场提供了风险转移者和风险承担者，而且扩大了市场的交易量，使得套期保值者和期货投机者相互都能很容易地找到交易对手，从而提高了期货市场的流动性，促进期货市场发现价格和回避风险功能有效发挥。

（五）其他期货中介与服务机构

其他期货中介与服务机构是指期货市场上，除了期货公司以外的券商 IB、居间人、期货信息资讯机构、期货保证金存管银行、交割仓库等。

券商 IB（Introducing Broker）是指符合条件的证券公司受期货公司委托，可以将客户介绍给期货公司，并为客户的期货交易提供规定的服务，期货公司因此向证券公司支付佣金。这种接受期货公司委托并为期货公司提供中间介绍业务的证券公司即是券商 IB。根据《证券公司为期货公司提供中间介绍业务试行办法》，证券公司只能接受期货公司委托从事中间介绍业务并提供相关服务，还要与期货公司签订包含指定内容的书面委托协议。

居间人是指独立于期货公司和客户之外、接受期货公司委托进行居间介绍、独立承担基于居间法律关系所产生的民事责任的自然人或组织，其主要职责是介绍客户，即按合同约定凭借自有的客户资源和信息优势为期货公司和期货交易者“牵线搭桥”。居间人有权按合同约定从期货公司获取因从事居间活动付出劳务的报酬。但是，居间人与期货公司没有隶属关系，不是期货公司签订《期货经纪合同》的当事人，期货公司的在职人员不能成为本公司或者其他期货公司的居间人。

期货信息资讯机构主要是指为期货市场提供行情软件、交易系统以及相关信息资讯服务的组织机构。期货信息资讯机构主要从期货交易所和期货结算所等组织机构获得相关期货信息以及转发权，加工转化为期货交易者所需要的信息产品(行情信息、咨询信息等)。

期货保证金存管银行是指经期货交易所同意、与期货交易所签订相应协议，按协议约定的权利和义务，在期货交易所的监督下协助期货交易所规范办理期货交易结算业务的银行。期货保证金存管银行是期货市场保证金封闭运行的必要环节，也是保障期货交易者资金安全的重要机构。

交割仓库是指向期货交易所提出申请、由期货交易所指定、与期货交易所签订协议，按协议约定为农产品期货合约等进入实物交割环节提供交割地点、生成标准仓单等相关服务的独立法人。

(六)期货监督管理机构

期货监督管理机构是指以矫正和改善期货市场内在“市场失灵”问题为目的，通过法律、经济、行政等手段对参与期货市场活动的各主体的行为进行干预、管制和引导的政府监管机构和自律性管理机构。

政府监管机构是指为了规范各利益主体的行为，保护各方的合法利益和社会公共利益，维护期货市场的正常秩序，依据相关法规建立的对期货市场实施全方位监管的政府机构。我国期货市场的政府监管机构是中国证监会(下设期货监管部)以及派出机构(监管局)，美国期货市场的政府监管机构是商品期货交易委员会。中国证监会的主要职责是依照法律、法规和国务院授权，统一监督管理全国证券期货市场，维护证券期货市场秩序，保障其合法运行。中国证监会期货监管部的主要职责是拟订监管期货市场的规则、实施细则；依法审核期货交易所、期货结算机构的设立，并审核其章程和业务规则；审核上市期货、期权产品及合约规则；监管市场相关参与者的交易、结算、交割等业务活动；监管期货市场的交易行为；负责商品及金融场外衍生品市场的规则制定、登记报告和监测监管；负责期货市场功能发挥评估及对外开放等工作；牵头负责期货市场出现重大问题及风险处置的相关工作等。

自律性管理机构是以政府监管机构为核心的期货市场监管体系的重要组成部分，自身也是政府监管对象。我国期货市场的自律性管理机构包括期货交易所(上海期货交易所、郑州商品交易所、大连商品交易所、中国金融期货交易所)、保证金监控中心(中国期货市场监控中心)和中国期货业协会。国内的期货交易所是按照其章程规定实行自律管理的法人，应依据《期货交易管理条例》和国务院期货监管机构的规定建立健全各项规章制度，加强对交易活动的风险控制和对会员以及交易所工作人员的监督管理。保证金监控中心(中国期货市场监控中心)的宗旨是建立和完善期货保证金监控机制，及时发现并报告期货保证金风险状况，配合期货监管部门处置风险事件。中国期货业协会的宗旨是：在国家对期货业实行集中统一监管的前提下，进行期货业自律管理；发挥政府与期货业间的桥梁和纽带作用，为会员服务，维护会员的合法权益；坚持期货市场的公开、公正、公平，维护期货市场的正当竞争秩序，保护期货交易者利益，推动期货市场规范发展。

二、农产品期货市场的特性

(一)交易对象的特殊性

在农产品期货市场中交易的是一种特殊的"商品",即农产品期货合约。农产品期货合约是一种由期货交易所统一制定、在交易所内集中交易、受法律约束并规定在未来的某一特定时间和某一特定地点交割一定数量和一定质量的某种特定农产品的标准化合约。标准化的农产品期货合约本身不是实货,而只是实货的象征或者代表。

农产品期货合约与现货合同的相同之处在于两者都是交易中的一种契约,两者的主要联系在于农产品期货合约是在现货远期合同基础上逐步标准化的结果。但是农产品期货合约与现货合同有着显著的区别:

第一,标准化与非标准化的区别。农产品期货合约是标准化的、公众的一种约定;在标准化的农产品期货合约中,农产品的数量单位、品质等级、合约月份、交割时间、交割地点、报价单位、最小变动价位、每日价格最大波动幅度、交易时间、最后交易日、交易手续费等都是既定的。农产品现货合同是买卖双方协商签订的协议;在农产品现货合同中,上述所有相关内容都由买卖双方议定。

第二,价格决定方式的区别。在农产品期货合约中唯一没有被标准化的变量是价格,但期货合约中的价格要在期货交易所内以公开、公平、公正、竞争的方式达成。农产品现货合同中的价格是由买卖双方个别商定的。

第三,有无签约者的区别。农产品期货合约中除了价格以外的所有标准化条款是一种公众约定,不是由买卖双方议定的,也没有一个个的纸面合同,其买卖转让更没有背书。农产品现货合同中的所有条款都是由买卖双方共同商定并签字画押的,若有一方不能兑现,需公正背书才能把责任、义务或权利转给第三方。

(二)交易商品的特殊性

农产品现货市场中交易的商品包括所有进入流通领域的农产品。农产品期货市场中交易的商品是一些具有代表性而且需要具备一定条件的特定农产品。

一方面,进入农产品期货市场交易的农产品本身应具备两个基本条件或特征:一是品质等级易于标准化,即拥有明显的进行划分和评价品质等级标准的农产品,以满足期货合约中品质等级标准化的需要。二是能够长期贮藏而且适于运输,即可以较长时间贮藏或运输而不会变质的农产品,以适应期货合约中交割日期标准化的需要。但是,随着活猪、活牛等畜产品期货交易中交割环节现金结算的运用,一定程度上突破了能够长期贮藏而且适于运输的要求对农产品进入期货市场的制约。

另一方面,进入农产品期货市场交易的农产品现货市场应具备两个基本条件或特征:一是特定期货农产品的现货市场接近完全竞争,即现货市场上不存在或至多只存在微弱的垄断力量,这是农产品期货市场发现价格功能发挥的重要条件;具体表现为特定期货农产品的现货市场规模大且存在大量的供求双方,替代品数量少且替代弹性小,现货市场实物流动性高等。二是特定现货市场环境发达完善,使得现货市场交易和投资主体不仅需要而且能够利用期货市场回避现货价格波动风险或获得风险利润,这是农产品期货市场回避风险功能发挥的重要条件;具体表现为现货价格市场调节且波动频繁,现货市场交易主体独立,物流体系发达完善等。

(三)交易目的的特殊性

农产品现货市场交易的目的是为了进行实物交割,实现农产品所有权的转移。具体来说,进入农产品现货市场的交易者的目的分别是:卖方为了实现其农产品的价值,买方则是为了取得农产品的使用价值。农产品期货市场交易的目的不是为了获得实物农产品,也不是为了实现农产品所有权的转移,而是通过农产品期货合约交易转嫁与这种所有权有关的农产品价格波动所带来的风险,或者获得风险投资利益。具体来说,进入农产品期货市场的交易者的目的是为了利用农产品期货市场进行套期保值以避免现货价格波动的风险,或是为了利用期货市场价格的上下波动来投机获利。因此,根据交易目的的不同,可将农产品期货市场中的交易者分为两类,即套期保值者和期货投机者(包括单向投机者和套利投机者)。

(四)交易场所与交易方式的特殊性

交易场所的特殊性表现为,农产品期货市场中的交易必须在高度组织化的期货交易所内依照期货法规集中进行,即不能分散地进行交易,但由于期货交易所实行会员交易制度,非期货交易所会员就只能委托期货交易所会员组建的期货公司进行代理交易。而农产品现货市场中有集中交易(如生鲜食品的批发等),也有分散交易,而且一般以分散交易为主,或者说在现货市场中的交易一般不受交易地点等的限制,交易者可以灵活方便且随机地在任何场所与对手进行交易。

交易方式的特殊性表现为,在农产品期货市场上,所有的交易都要集中在期货交易所内以公开、公正、公平、竞争的方式进行交易,一对一的谈判交易视为违法,期货市场的竞价方式主要有公开喊价和电子化交易,所有场外交易者必须委托期货公司代理交易。而在农产品现货市场上,交易一般是一对一谈判签订契约,具体内容由交易双方商定。签订契约之后如果不能兑现,需要诉诸法律。

(五)交易保障制度的特殊性

农产品现货市场中的交易主要以《合同法》等法律为保障,合同不兑现或违约时要借助法律或仲裁的方式解决。农产品期货市场中的交易虽然也有基本的法律保障,但更为重要的交易保障制度是由会员制度、保证金制度、每日无负债结算制度等构成的规则制度来保障期货交易的正常运行。期货市场的保证金制度的一个显著特点是其杠杆作用,即只按照成交期货合约价值的一定比例向期货交易双方收取保证金,通常为期货合约价值的5%～10%,这样与现货市场中的交易相比,投资者在期货市场上投资所需资金要少得多。通常现货市场中的即期或者远期现货交易是否收取或者收取多少保证金由交易双方商定,但只要达成交易契约就需要按照约定进行实物交割并结清全部货款。

(六)交易机制的特殊性

农产品期货市场交易机制的特殊性主要表现为双向交易和对冲机制。双向交易是指期货市场交易者既可以买入期货合约作为交易的开端(称为买入建仓),也可以卖出期货合约作为交易的开端(称为卖出建仓),也就是通常所说的“买空卖空”。对冲机制是指期货市场交易者通过与建仓时的交易方向相反的交易来解除履约责任，而不是通过期货合约到期时进行实物交割来履行责任。具体来说就是买入建仓以后可以通过卖出相同合约的方式解除履约责任，卖出建仓后可以通过买入相同合约的方式解除履约责任。

在农产品期货市场中由于期货合约是标准化的，无论买入还是卖出期货合约，交易者均不需对合约具体条款进行协商，而且期货合约交易主要通过保证金制度等作为履约保障，这就为期货交易者的双向交易提供了便利和可能。而在农产品现货市场中由于交易契约是由买卖双方私下商定、非标准化的，一般交易者只能先买后卖，而且较难通过反向交易来解除实物交割的责任。正是期货市场的双向交易、对冲机制、保证金制度等特点，使得农产品期货市场能够吸引大量的期货交易者，尤其能够吸引大量的期货投机参与者，从而大大提高了期货市场的流动性。

第三节　农产品期货市场的功能与作用

一、农产品期货市场的功能

发现价格和回避风险作为期货市场最基本和最主要的功能，也是农产品期货市场最基本和最重要的功能。

（一）发现价格功能

农产品期货市场的发现价格功能是指期货交易所将同一期货农产品的众多买卖者集中在一起，通过公开、公正、公平、竞争的期货交易运行机制而形成的具有真实性、连续性、权威性、未来性价格的过程。发现价格功能是建立在农产品期货价格能够充分反映相关信息的前提之上，逐渐接近于未来某一特定时间的农产品现货均衡价格的过程，可以认为期货价格是对未来现货价格的走势进行预测的过程。这种期货价格的预测性是价格发现的本质核心，也是期货市场有效性的一种体现。

在只有现货市场的情况下，农产品生产者按照现货市场价格来预测未来价格，因而存在一种静态预期价格机制。用公式表示为：$P_t=f(Q_t)$，$P_{te}=P_{t-1}$，即本期价格 P_t 取决于本期产量 Q_t，本期的预期价格 P_{te} 等于上期价格 P_{t-1}，这样本期的供给量就取决于上期价格，价格调节作用滞后，而本期的需求量却取决于本期价格。可见，在农产品现货市场上，这种静态预期价格机制必将导致市场周期波动，从而形成农产品供求和价格变动的蛛网效应。

与只有农产品现货市场的情况相比，在存在农产品期货市场的情况下，存在着较为合理的预期价格机制。生产经营者从期货市场获得反映未来供求的明确的价格信息，利用期货平均价格形成合理预期，调节生产经营活动。用公式表示为：$Q_{ts}=f(P_{te})$，$P_{te}=P_{tf}$，即本期产量 Q_{ts} 取决于本期预期价格 P_{te}，本期预期价格 P_{te} 等于本期期货价格 P_{tf}，而期货价格是建立在大量供求信息基础上的，从而能够比较正确地反映未来供求。与现货市场不同的是，市场需求也将受期货市场价格的影响，$Q_{td}=f(P_{tf})$，即本期需求 Q_{td} 取决于本期期货价格 P_{tf}，并随之不断调整。这样就使得市场供求在期货价格引导下，不断得到事先调节，从而提前向新的均衡点收敛，即市场供求在期货价格调节下不断收敛于新的均衡点。例如，假设某种农产品供不应求，人们预期情况要持续一段时间，反映在期货市场上，期货价格随之上升，价格上升会对买方产生警示作用，不能再继续增加需求，同时也意味着生产者可增加产量；随着潜在供应量的增加，期货市场供求关系逐渐缓和，期货价格逐渐下跌，此时对生产者又是一个明确的警示，不能再继续增加产量，同时期货价格下跌也会刺激需求。可见，通过这种超前性的期货价格机制调节能有效克服现货价格失真及生产滞后调节问题。

数字资源 3-1
农产品期货市场发现价格功能的评价思路和指标

从以上价格形成机制的比较中可以发现，存在农产品期货市场情况下形成的价格比只有农产品现货市场情况下形成的价格更接近理论上的均衡价格，农产品期货价格对于现货价格的长期均衡具有重要作用。

（二）回避风险功能

风险回避指市场中风险厌恶者采取一定措施来转移或分散因交易而面临的经济风险，尽可能减少因风险存在所带来的不利影响。由于多数人是风险厌恶者，因此风险回避在市场经济中非常必要。

农产品现货市场风险有很多，如交易主体的违约风险、政策风险等，价格波动风险是其中的一种，从某种意义上可以说是一种最大的风险。由于供给形成期和缩减期的存在，以及农产品现货市场价格的局限性和价格机制调节的滞后性，使得现货市场经常会出现周期性的价格波动，即使有均衡，也是短暂的通过价格涨跌调节需求达到的短期均衡。现货市场中，农产品让渡与其空间位移同时开始，随着农产品所有权转移，风险也随之转移，因此在只有现货市场情况下，价格风险一旦产生很难回避。这种价格波动风险，给农产品生产者、需求者和经营者造成很大的不稳定性，使得生产者不能在一个能保证其合理收益的价格条件下进行简单再生产和扩大再生产，使得经营者不能在一个能补偿其经营费用并获得正常经营利润的价格条件下经营。总之，价格波动风险的存在，使得生产者和经营者都不能以一个合理的价格来预先确定从事生产和经营应当获得的正常利润。为此，客观上产生了回避现货市场价格波动风险的强烈需要。

现货市场中的一些风险（如自然灾害等）可以通过某些途径得以回避，比如保险，但价格风险保险公司一般不予受理，因此价格风险回避在市场经济中显得更为必要。生产周期短的商品或农产品，根据现货市场价格或者通过紧密的纵向一体化经营等可以一定程度上规避价格波动风险，而生产周期长的商品或农产品，由现货市场供求机制自发调节容易导致蛛网波动。因此，对于生产周期较长的农产品来说，现货市场价格风险需要一个有效转移回避机制和事先调节机制，而期货市场的出现为农产品生产者、需求者和经营者回避现货市场价格风险提供了机会和场所，这是因为期货市场具有回避现货市场价格风险的功能。

数字资源 3-2
农产品期货市场回避风险功能的评价思路和指标

期货市场回避现货市场价格波动风险功能的发挥是以套期保值交易作为手段的。套期保值之所以有助于回避现货市场价格波动风险，其基本原理就在于某一特定农产品的期货价格与现货价格在同一时空内会受到相同经济因素的影响和制约，因而一般情况下两个市场的价格变动趋势相同。套期保值就是利用两个市场上的这种价格关系，取得在一个市场上出现亏损，在另一个市场上获得盈利的结果。另外，当期货合约临近交割期时，现货价格与期货价格趋于一致，即二者之间的基差趋近于零。只有期货市场与现货市场在最终价格上的趋同性才会带来套期保值交易的行之有效。

（三）其他功能

一些学者从各不相同的角度来认识和评价期货市场的功能，指出期货市场还具有其他许多功能。

1.期货市场具有风险投资功能。期货交易连续不断和价格频繁波动，为投资者提供了风险投资的机会；期货市场高度组织化、规范化，按固定的程序和规则公开竞价交易，为投资者创造了高效平等的投资环境；期货交易只需交纳比例很低的履约保证金，交易可用少量的资金进行大宗买卖，能使有限的资金作高速周转，取得更高的利润，为投资者提供高效率的投资工具。

2.期货市场具有资源配置功能。期货市场的发展为市场经济中的生产经营者分散或回避风险创造了良好的条件，从而有助于改善金融产品和金融资产的市场价格形成机制，促进资本的有效配置。资本的有效配置进而会带来社会稀缺资源的有效配置，创造出更多消费者认为最有价值的产品和服务，从而提高生产效率，改善居民生活质量。

3.期货市场能够节省交易费用。期货合约是一种标准化合约，成交迅速，买卖双方只要认为价格合适，即可成交，节省了为合约条款反复协商的洽谈费用；期货交易由于有会员制度、保证金制度和每日无负债结算制度的保障，合约双方履约有保证，节省了资信调查费用；实物交割制度化，一般不存在违约和毁约现象，因而节省了违约、毁约引起纠纷而发生的费用。

4.期货市场具有培植市场秩序功能。期货市场倡导"公开、公正、公平、竞争"的交易规则，禁止不正当交易，建立规范化的交易秩序；期货市场创立了"交易头寸限额"规则，严禁垄断和操纵市场，维护公平竞争秩序；期货市场的价格涨跌停板规则，抑制价格波动风险，造就价格平稳运行秩序。

5.期货市场具有信息功能。在期货市场上有每天、每月的交易和价格信息，反映着现货和远期的预测，能集中地反映经济运行中的一些问题，不仅是生产经营者微观决策的依据，也是国家宏观调控决策的参考。

6.期货市场具有减缓价格波动幅度的功能。投机者贱买贵卖，使价格以小的波动取代了大的震荡；期货市场有促进经济国际化的功能，因为期货市场的国际化推动了经济的国际化，即期货市场所形成的公正的价格对于供求的调节和合理配置资源的范围已超越了国界，正在推动世界经济进一步国际化。

事实上，确切地说，上述期货市场的其他功能大都是发现价格、回避风险功能的派生物，会随着这两个功能的实现而自发起作用。发现真实有效的价格，交易者才能对未来市场供求关系变化做出正确预测，才可以利用价差赚取风险利润；发现真实有效的价格，才能利用其完全竞争的价格机制促进资源的有效配置；发现真实有效的价格，才能反映当时市场预期现货在某日将来的价格，这样的价格信息对社会才是有益的，才能成为宏观决策和微观决策的参考；投机者以真实有效的价格信息为基础预测未来供求变化，才能做到提前买进卖出，使价格先行上升或下降，从而减缓价格的波动幅度；发现真实有效的价格并且能获得大量市场信息，才能促使交易迅速消除区域信息障碍，交易范围迅速扩大，才能促进期货市场的国际化进而推动世界经济的国际化。另外，节省交易费用和培植市场秩序主要是通过期货市场的制度和规则保障来实现的，不是产生于期货市场的内在运行机制和基本经济行为，因而不是期货市场的基本功能。

二、农产品期货市场的作用

（一）农产品期货市场功能发挥对现货市场的宏观作用

1. 减缓价格波动。农产品期货市场发现价格功能的较好发挥，不仅会使近期期货价格与现货价格波动趋势趋于一致，而且有助于减缓现货价格的波动幅度。因为，如果农产品期货市场有效运行，当现货市场某种农产品供不应求时，这种农产品的现货价格将上升，相应地引起期货价格上升，而价格上升会反过来促使供给增加；当期货投机者认为价格已经上升到较高水平时，会大量高价卖出该种农产品期货合约（卖空投机交易），这就客观上增加了市场供给，减少了供求缺口，使期货价格不至于上升过高，从而扼制现货价格的暴涨。反之，当现货市场某种农产品供过于求时，这种农产品的现货价格将下跌，相应地引起期货价格下跌，而价格下跌会反过来促使需求增加；当期货投机者认为价格已经下跌到较低水平时，会大量买入该种农产品期货合约（买空投机交易），这就客观上增加了市场需求，缩小了供求缺口，使期货价格不至于持续暴跌，从而使农产品现货价格止跌回升。这样，就能在一定程度上使农产品未来的供求保持大体的平衡，不致造成未来供求的较大波动，对农产品价格的波动起到抑制的作用，并能使价格的波动幅度处于相对比较稳定的范围内。

2. 有助于政府宏观调控。由于期货市场独特的发现价格、回避现货价格波动风险功能，借助农产品期货市场可以有效提高和加强政府对重要农产品市场的宏观调控管理。也就是说，农产品期货市场功能的逐步发挥将为政府对重要农产品市场的宏观调控提供有力工具。政府不仅可利用期货市场的未来供求及价格信息来进一步明确稳定重要农产品（尤其是粮食）市场供求和价格的各项具体政策措施，也可以通过向农产品期货市场提供权威性的未来供求及价格信息来引导期货市场的交易活动，促使期货市场更好发挥发现价格功能，从而对现货市场的生产、流通、加工与消费等环节产生影响，进而影响整个农产品（尤其是粮食）市场供求，使政府能在较低宏观调控成本下实现预期的政策目标，而且当期货市场流动性能满足时可运用期货市场来完善国家重要储备农产品（尤其是粮食）的科学吞吐机制和安全轮换机制。

3. 促进农业国际化发展。期货市场功能发挥具有促进本国农业国际化的作用，需要通过农产品期货市场的国际地位来体现。农产品期货市场和期货交易所具有的公开、公正、公平、竞争的机制或特点，使得某一农产品期货市场功能得到较好发挥之后，能在世界范围产生重要影响，并且其所形成的期货价格可能成为国际贸易中的基准价格。因此，农产品期货市场的发展与功能发挥情况以及在全球范围的地位，将影响本国生产经营者在国际农产品现货市场中的交易地位和议价能力。也就是说，随着农产品期货市场功能的有效发挥，相应品种的农产品期货市场的国际地位就高、价格影响力就大，并且有助于合理配置农业资源和促进本国农业的国际化发展。

(二)农产品期货市场功能发挥对现货市场的微观作用

1. 锁定生产经营成本或利润。农产品的生产周期较长，以及农业生产受自然和经济等因素共同影响的自然再生产与经济再生产同时进行的特征，决定了农产品生产经营者经常要面临着农产品价格波动的风险。具体来说，农产品生产者经常会面临生产资料价格上涨、农产品价格下跌的风险，农产品经营者（中间商）也同样面临着农产品买入价格提高，销售价格不变或下跌的风险。但是，当某种农产品期货市场有效运行，该种农产品期货市场的发现价格和回避风险功能得到有效发挥的情况下，生产经营者可以在现货市场和期货市场之间建立起一种风险规避机制，并通过一定的期货和现货业务运作来规避现货市场价格波动的风险。也就是说，在期货市场两大基本功能较好发挥情况下，生产经营者可以利用期货市场的远期权威价格，通过套期保值操作、远期合约交易或者订单生产等来锁定农产品的生产经营成本或者特定农产品的原材料成本，降低农产品现货价格波动的风险程度，从而稳定地从事农产品的生产和经营活动，获得稳定的经济效益甚至提高经济效益，并且能够在价格波动中保持生产和经营活动的平稳运行，获取正常的经营利润。

2. 引导农产品生产和农业种植结构调整。在农产品期货市场发现价格功能得到有效发挥的条件下，利用期货市场的价格发现机制和信息传导机制，能够增强市场信息的导向功能，反馈于现货市场，利用期货市场对未来价格的预期能够有效地引导农产品生产经营者的资金投向，使得社会资源有可能得到合理的配置，不至于因现货市场价格的滞后效应而导致资源的巨大浪费，由此使市场潜力得到更好的发挥。

在市场经济条件下，单纯的政府行政命令对调整农业种植结构已显得力不从心，需要借助于有效的价格信号和市场手段来正确引导农户和农业企业。随着农产品期货市场功能的有效发挥，农产品期货市场不仅将成为供求信息最集中的地方，同时汇聚了各方面投资和预测的专家，而且能使农产品期货价格成为未来市场最具代表性的价格，客观反映未来市场供求走向，使得农产品生产经营者可以依据未来权威的农产品期货价格的预期和变动趋势，来制定未来的种植和生产方案。这样，农产品期货价格就将成为调整农产品种植结构的重要依据之一。随着农产品期货市场发现价格功能的逐步发挥，越来越多的相关农产品生产经营者开始利用农产品期货市场提供的预期权威价格信号，调整相关农产品的生产经营计划，即实现了资源的合理配置，避免了生产的盲目性，也一定程度上克服了农产品产销不对路、增产不增收等问题。

3. 拓展农产品的销售与采购渠道。在农产品期货市场发现价格功能得到有效发挥的情况下，特定农产品期货市场能形成接近未来供求均衡的价格，即形成一个从短期到长期的较好反映未来供求趋势的完整价格体系，为现货市场交易双方确定现货成交价格提供权威的依据，从而拓展农产品现货的销售与采购渠道。在这种情况下，买卖双方在确定特定农产品现货成交价格时，只需在特定期货价格的基础上谈判一个具体交割品级和交割地点的升贴水，这样既有利于保证交易农产品的质量和买卖双方履约，又有助于降低交易成本。

因为在农产品期货市场功能较好发挥的情况下，特定农产品期货市场不仅已经聚集了众多的买方和卖方，所有期货合约的交易都将在公开、公正、公平、竞争的环境下进行，而且期货市场的高度组织化和规范化运作以及所实施的履约保证金和交易所履约担保等，使期货合约的履行有切实的保证。这样买卖双方在期货市场上可以根据需要随时低成本地通过买卖期货合约，并通过期货转现货[①]，来完成现货交易，协调产销之间的联系。也就是说，买卖双方通过期货合约的纽带，拓展农产品现货流通渠道，并且保证生产经营活动顺利进行。从另一个角度讲，这种利用期货合约交易以及期货转现货来实现的现货交易活动，一定程度上也促进了交易双方信用水平的提高，降低了生产经营者的信用风险。

4. 促进农业产业化发展。无论企业还是农户都是产业化经营的主体，在产业化经营中都面临着较大的现货市场价格波动的风险，客观上需要利用期货市场所特有的规避现货价格波动风险的机制，来规避或转移产业化经营中所面临的现货价格波动风险并锁定预期的经营利润。

中国农产品生产主要由以家庭为单位的农户小规模分散进行，决定了订单农业将可能是中国农业实现产业化经营的重要形式之一，因为订单农业在推进农业产业化进程、克服农产品卖难、增强农业抵御自然风险和市场风险的能力、增加农民收入、调整农业结构、推广农业科技、提高农产品竞争力等方面具有重要作用。然而，中国订单农业实施过程中遇到了种种问题。①订单农业的价格风险没有有效的转移渠道。企业和农户的价格风险不会因为签订了订单而消失或减弱，而只是在两者之间转移，在订单到期日，订单的某一方有可能因市场条件的变化而遭受损失。②订单农业的履约率低。在推行订单农业过程中，农产品流通企业与签约的农户在生产前按约定价格签订购销合同，使得农民可将价格下跌的风险转移给农产品流通企业，而这些企业只能被动地承受市场价格下跌波动所带来的风险，从而容易被迫毁约；相反，当农产品价格上升而使农户获利可能增大时，农户也容易毁约。③农产品标准不统一，质量不稳定，影响了订单农业的推广。④农产品流通过程中信息不透明，订单价格的确定缺乏参考依据，农民很难获得较高收益。

订单农业实施过程中的这些难题，随着农产品期货市场功能的有效发挥，以及订单签订双方的合理利用，能够一定程度上得到了缓解或解决。具体来说：①有助于转移订单农业的价格风险。因为农产品期货市场发现价格功能的发挥为订单农业提供了参考价格；同时，由于农产品期货市场集中了众多的期货投机者和套期保值者，价格风险可以在大量的市场参与者之间进行重新分配。②有助于提高订单农业的履约率。利用农产品期货市场，经营和加工企业一方面根据市场需求的农产品质量和合适的价格采购农产品并合理安排生产计划；另一方面通过套期保值操作，锁定生产或经营成本，转移订单的价格风险。③期货市场的标准化期货合约和交割检验机制有助于增强农户对农产品质量的重视，促使农户尽可能做到农产品的单种、单收和单储。④期货价格为农产品生产经营者提供了合理有效的价格依据。现货市场的价格是即时价格，现货交易者很难通过现货价格来预测未来价格的变化，而农产品期货包括有多个到期月份的合约，可反映多个未来到期日的价格，因此签订合同时可把期货价格作为订单价格的确定依据。

---

① 期货转现货是指持有同一交割月份合约的交易双方通过协商达成现货买卖协议，并按照协议价格了结各自持有的期货持仓，同时进行数量相当的货款和实物交换。需要注意的是期货转现货是农产品期货合约中关于实物交割的类型之一，并非所有农产品期货合约都有可以期货转现货的规定。

第四节 农产品期货市场功能与现货市场的关系

一、农产品期货市场功能产生于现货市场发展需求

从制度变迁的角度看，农产品期货市场功能产生于现货市场不确定性因素增多、风险增大、降低激增交易成本的需求，是市场经济体制完善进程中的一次影响深远的制度变迁。因此，可以说农产品期货市场功能产生于现货市场的发展需求，功能发挥始终与现货市场发展紧密相连。

(一)期货市场功能产生于现货市场发展风险防范的需求

农产品期货市场经过一个半世纪多的繁荣发展，无论内容还是形式都发生了创立者们难以想象的变化，特别是各种各样的利用农产品期货市场投资获利的交易活动非常火爆，期货市场的投资(或称投机)特征日益强化，但农产品期货市场发现价格、回避风险这两大基本功能从始至今都未改变，而农产品期货市场这两大基本功能的产生正是为了迎合其现货市场发展的避险需求。以美国芝加哥期货交易所产生为代表的美国农产品期货市场诞生史，可以很好地解释农产品现货市场发展风险防范需求诱致了期货市场的产生，而农产品期货市场功能发挥正好弥补了现货市场价格机制和避险机制的不足。

19 世纪 30～40 年代，随着美国商品经济的加速发展，农产品现货市场供需矛盾加剧、价格波动和信息不对称等风险随之高涨，急需一种回避风险、沟通信息、发现价格、锁定未来交易预期的交易方式，农产品期货市场恰好成为弥补现货市场交易缺陷的产物，农产品期货市场功能的发挥正好适应了现货市场发展的相关需求。

(二)期货市场功能产生于现货市场发展节约交易费用的需求

制度经济学认为交易是有成本的，交易过程需要交易者投入大量的精力与时间，支付信息费用和其他相关费用。在不确定的市场环境中，如果农产品的价格、质量、品种、交易对象等信息不清楚，交易费用会更大。而且在正常交易过程中，价格变动给买卖双方带来的影响是不对等的。在农产品市场上，价格变动给受益方增加的收益通常对再生产影响不大，但给受损方造成的损失不仅可能导致经营效益下降，而且可能导致生产过程中断，生产要素闲置等交易费用。即使市场经济发达的农产品现货市场，交易费用仍普遍存在，且价格波动越大交易成本越高，而过大的交易费用又会影响农产品现货市场的正常运行。但是，随着农产品现货市场不确定性增加和风险增大，降低交易费用成为农产品期货市场功能发挥的重要驱动力；这种驱动力首先诱致农产品远期合约的产生，然后演变为农产品期货合约，形成农产品期货市场，农产品期货市场具有的回避风险和发现价格功能正好能有效地降低现货市场发展中因价格波动加剧而激增的交易费用。

例如，芝加哥期货交易所的农产品远期合约交易在避免价格波动带来的成本损失而降低交易费用的同时，提供比较集中的交易场所，使交易者比较容易找到最需要交易的对方，降低了寻找成本。但因农产品现货远期合约的契约关系分散进行，市场运行随时受到有限理性、机会主义、不确定性、履约监督、配置损失等因素的影响，交易者在寻找交易对象、谈判、签订以及

执行和监督合约过程中都要付出一定的代价(交易费用的一部分),使得农产品远期合约交易所具有的压缩交易费用能力有限。为进一步降低或者化解农产品现货远期合约交易的成本,芝加哥期货交易所推出了标准化的农产品远期合约(即期货合约)和保证金制度。标准化的农产品期货合约大大地提高了市场流动性,增加了交易者成交机会,降低了交易成本,进一步刺激了农产品期货市场的交易规模;保证金制度有效地降低了违约风险,为农产品期货市场功能的充分发挥打下了坚实的根基。因此,农产品期货市场功能的充分发挥,可以降低机会主义、不确定性、履约监督等交易费用,排解交易者对这些风险因素的担忧;能够提高农产品期货市场的流动性,降低交易成本;能为农产品现货价格提供权威的参考价,引导资源合理配置,提高人们的有限理性,减少市场可能的配置损失。

二、农产品期货市场功能发挥需要现货市场具备的条件

从历史与逻辑相统一的角度看,农产品期货市场源于现货市场,是农产品现货市场内在矛盾不断深化并不断得到解决的产物,农产品现货市场是期货市场发展和完善的依托,并与农产品期货市场并存发展。从理论与现实相结合的角度讲,农产品期货市场必须反映现货市场发展的要求,必须能够通过自身功能的发挥来为现货市场的良性运行服务。农产品现货市场是期货市场产生和发展的基础,期货市场的产生和发展并不是对现货市场的替代,而是通过其功能的发挥对现货市场起补充作用,同时又以现货市场的发达完善和接近完全竞争作为功能得以充分发挥的条件。

(一)现货市场接近完全竞争是发现价格功能发挥的重要条件

通常,农产品期货价格直接取决于期货合约的供求变化,而期货合约的供求变化,既可来自现货市场供求力量对比的改变,也可来自期货市场内处于不同交易部位的交易者力量对比。在充分流动的农产品期货市场上,由于期货市场的完全竞争性,短期的期货价格波动可由投资者对利益的追逐行为而迅速得以平复。所以,在成熟的农产品期货市场上,发现价格主要决定于现货市场的完全竞争程度。然而,在多数农产品现货市场上都存在着一定的市场垄断力量,这种市场垄断力量作用的大小,决定着期货价格对于现货价格的贴近程度,即决定着期货价格与现货价格变动的一致程度。

竞争理论表明,在一个近似于完全竞争的农产品现货市场上,拥有大量的买主和卖主,市场价格只能由全体买主的需求总量和全体卖主的供给总量共同决定,个别买主和卖主只是市场价格的接受者,而不是市场价格的制定者,不存在一个或几个较大的买主或卖主单独或共同垄断市场、操纵市场价格的现象。因此,对于具有近似于完全竞争性的现货市场基础的期货农产品来说,才会有相当数量的套期保值者,这样的期货农产品的交易才可能提供较为精确的远期价格变动趋势,才可能形成基于现货市场基础上的公平价格和指导价格。但对于有垄断力量发挥作用的现货市场来说,情况就并非如此,甚至在多数情况下恰恰相反。在一个完全垄断的市场上,生产经营者不会产生进入期货市场的需要,因为农产品价格受到垄断方控制,市场主体在生产经营活动中不存在价格风险,也就没有回避价格风险的需要。垄断性农产品在期货市场上的价格只能是一种名义标价,而不具备调节现货市场供求的经济作用,不仅不会发现远期价格,反而会误导现货价格,并推动现货价格不断地远离均衡点。这必将造成农产品期货市场上的不公平竞争,扭曲价格信号,使期货市场

无法发挥其发现价格的功能。

由此可见，农产品期货价格的决定机制主要建立在其现货农产品市场的完全竞争程度上，要使发现价格功能得以发挥，需要现货市场上不存在或至多只存在微弱的垄断力量，即现货市场接近完全竞争。

(二)现货市场发达完善是回避风险功能发挥的重要条件

农产品期货市场回避风险功能的发挥需要以投机交易与套期保值交易所构成的期货市场风险分担框架为前提。套期保值者以放弃获得最大利润的机会为代价，来避免可能遭受的最大损失风险。投机者则根据自己对农产品价格的预期，买进或卖出合约，承担风险回避者所不愿意承担的风险，以图分享套期保值者放弃的一部分利润达到其投机盈利的目的。投机者进入农产品期货市场，不仅提供了风险承担者，而且扩大了市场交易量，增加了市场流动性，使套期保值者能很容易地找到交易对手，自由地进出农产品期货市场。

因此，现货市场发达和完善，使现货市场交易和投资主体不仅需要而且能够利用期货市场回避现货价格波动风险或获得风险利润，是农产品期货市场回避风险功能发挥的重要现货市场条件。也就是说，一方面现货市场生产经营者随时面临着农产品价格变动频繁且波动幅度大的风险，需要通过套期保值来回避，而且能够自主决定是否利用期货市场通过套期保值回避价格风险；另一方面投资者愿意并能够通过在期货市场和现货市场的投资活动获得农产品价格频繁波动的风险利润。

综上所述，农产品期货市场发现价格、回避风险功能的发挥需要现货市场必备的条件可以归纳为两个：现货市场接近完全竞争；现货市场发达完善使现货市场交易和投资主体不仅需要而且能够利用期货市场回避现货价格波动风险或获得风险利润。

三、农产品期货市场功能发挥促进现货市场发展与完善

虽然农产品期货市场功能发挥程度取决于现货市场的发展水平，但农产品期货市场功能的充分发挥又反作用于现货市场，并通过其独特的经济功能来调节和引导现货市场的健康运行，促进农产品现货市场的发展与完善。

(一)为农产品现货市场价格稳定和机制完善提供外在动力

农产品期货市场发现价格功能的充分发挥能为现货市场提供一个权威参考价格，为现货市场价格稳定和机制完善提供外在动力。例如，一直以来，芝加哥期货交易所的大豆期货在世界范围内得到认同，并毋庸置疑地成为全球大豆现货交易的定价基准。

在市场经济中，价格机制是调节资源配置的重要手段。价格反映了农产品的供求关系，同时又影响了供求的变动。市场经济中的生产经营者具有自主的经营决策权，而价格信息是生产经营者进行正确决策的主要依据。农产品期货市场是有组织和规范化的市场，在专门的期货交易所内通过公开、公正、公平、竞争的期货交易运行机制，集中众多影响农产品价格的供求因素，形成能够比较准确反映真实供求状况及其价格变动趋势的期货价格。这样的价格具有真实性、预期性、连续性和权威性的特征，克服了农产品现货市场价格信号短暂性和分散性的不足，已成为许多国家农产品现货生产经营者决策的主要依据。因而农产品期货市场发现价格功能的充分发挥不仅能为现货市场价格机制的完善提供条件，而且有利于稳定现货市场

价格。

中国的市场经济地位尚未得到国际社会完全承认，很多农产品的市场价格机制不完善，急需现货市场外部力量的推动，农产品期货市场发现价格功能的发挥尤其不可或缺。从国际贸易关系来看，农产品期货市场的发展将通过减缓国内供求关系的周期性波动、增强对国际市场价格形成过程的影响力，改变中国在大宗农产品贸易中的“贱卖贵买”的不利地位。

（二）为农产品现货市场参与者提供避险机制

农产品期货市场发现价格和规避风险两大基本功能的充分发挥，能为现货市场经营者提供一种高效、迅捷的避险机制。在农产品现货市场运行中，由于供求因素变化和市场竞争加剧，现货经营者不可避免地面临信用风险、经营风险、价格风险等，而绝大多数现货经营者属于“风险厌恶者”，希望通过回避风险来获取预期的稳定利润；同时也存在许多希望通过承担相应风险来获取投资收益的风险投机者（他们属于“风险偏好者”）。农产品现货经营者和风险投机者通过套期保值和期货投机等交易形式和完善的交易规则，为现货市场参与者提供高效迅捷的避险机制。

具体来说，在现货市场上的农产品生产经营者常常会面临生产资料或者原材料价格上涨、农产品或者加工品价格下跌的风险，农产品贸易商也同样面临着农产品进价提高，售价不变或下跌的风险。借助农产品期货市场可以使他们在现货市场和期货市场之间建立起一种风险抵消机制，将现货市场价格波动的风险通过这种套期保值的业务运作抵消掉。当农产品期货价格与现货价格保持同方向变动，而且波动幅度完全一致时，套期保值者利用风险回避机制就能将其所面临的现货价格风险全部抵消。当然，如果农产品现货价格与期货价格的波动幅度不同，套期保值者不一定能借助期货市场将现货价格波动的风险完全抵消，甚至可能带了一些亏损。但是，只要农产品价格变动方向正如生产经营者所预期的那样，并且基差波动幅度小于现货价格波动幅度，就将远比不进行套期保值所面临的风险小得多。

（三）优化资源配置指导现货生产流通

农产品期货市场发现价格功能对资源优化配置的作用最大。集中交易使农产品期货市场具备了越来越强大的信息聚合和发现价格功能，为现货价格提供了权威的参考价，可以引导资源合理配置，提高人们的有限理性，减少市场可能的配置损失。美国芝加哥期货交易所作为国际谷物贸易的基准价格，引导着世界范围的谷物生产、贸易和消费，发挥着谷物市场价格“风向标”和谷物企业经营“避风港”的作用。可以说，美国的谷物经济已经离不开期货市场，美国期货市场在农产品价格风险管理中，发挥着为农业发展保驾护航的重要作用。

大连商品交易所的大豆期货价格较好地预示了现货的供求关系，在指导生产规划方面起到有效的作用。在市场经济中，市场竞争在某种程度上就是价格竞争。大豆期货市场为农业企业参与国际竞争提供了价格信息，企业可以利用国内外农产品期货市场的价格联动性，通过国内农产品期货市场，建立起与国际市场的联系渠道，超前感受国际市场价格的变化，在激烈的市场竞争中抢得先机。同时，农产品期货市场也为中国企业参与国际市场设立了“缓冲带”，减缓了国内企业直接进入国际市场所受到的冲击。大连商品交易所的大豆期货价格与国际期货市场价格具有很强的相关性。国内的进口商就可以利用大豆期货价格，作为他们进行国际贸易的价格参照系。

本章小结

农产品期货市场已成为很多国家的农民和农业企业锁定风险，进而可以在比较稳定的市场价格信息条件下合理安排生产的避险工具。农产品期货市场作为市场制度的一种创新，在交易对象、交易商品、交易目的、交易场所、交易方式、交易保障制度和交易机制等方面都有着与现货市场不同的特征。发现价格和回避风险作为期货市场最基本和最主要的功能，也是农产品期货市场最基本和最重要的功能。农产品期货市场在宏观方面的作用主要表现为减缓价格波动，改善政府宏观调控，促进农业国际化发展。在微观方面的作用主要表现为锁定生产经营成本或利润，引导农产品生产和农业产业结构调整，拓展农产品的销售与采购渠道，促进农业产业化经营的发展等。农产品期货市场功能产生于现货市场发展对风险防范和节约交易成本的需求，同时又以现货市场的发达完善和接近完全竞争作为功能得以充分发挥的条件。农产品期货市场功能的充分发挥又将反作用于现货市场，并通过其独特的经济功能来调节和引导农产品现货市场的健康运行，促进农产品现货市场的发展与完善。

数字资源 3-3
期货交易管理条例

数字资源 3-4
期货交易所管理办法

数字资源 3-5
期货公司监督管理办法

数字资源 3-6
期货从业人员管理办法

复习思考题

1. 试分析国外现代农产品期货市场是如何产生的？发展现状如何？
2. 20 世纪 90 年代以来中国农产品期货市场经历了怎样的发展历程？
3. 中国目前上市交易的期货农产品有哪些？分别在哪些国内期货交易所上市？
4. 什么是狭义的农产品期货市场？什么是广义的农产品期货市场？
5. 广义的农产品期货市场包括哪些组成部分，各组成部分的主要作用是什么？
6. 农产品期货市场相对于现货市场的主要特性有哪些？为什么？
7. 试分析农产品期货市场发现价格功能与基本原理。
8. 试分析农产品期货市场回避风险功能与基本原理。
9. 试分析农产品期货市场功能发挥对现货市场的宏观作用与基本原理。

10. 试分析农产品期货市场功能发挥对现货市场的微观作用与基本原理。
11. 试分析农产品期货市场功能产生于哪些现货市场发展需求与基本原理。
12. 试分析农产品期货市场功能发挥需要具备哪些现货市场条件与基本原理。
13. 试分析农产品期货市场功能发挥对现货市场发展完善的作用与基本原理。

参考文献

[1] 乔娟,李秉龙,康敏. 中国农产品期货市场功能与现货市场关系研究. 北京:科学出版社,2008.

[2] 王淑英,李政丹,王娏. 新编期货交易理论与实务. 北京:北京交通大学出版社,2014.

[3] 约翰·赫尔. 期权与期货市场基本原理. 王勇,袁俊,译. 北京:机械工业出版社,2011.

[4] 张辰利,等. 农产品期货与农业生产. 北京:金盾出版社,2012.

[5] 中国期货业协会. 期货市场教程. 5版. 北京:中国财经出版社,2013.

第四章　农产品国际贸易

本章学习要点

- 国际贸易的基本理论
- WTO有关农产品国际贸易的基本规则
- 农产品国际竞争力

第一节　国际贸易的基本理论

国际贸易是指世界各国和地区之间进行的商品、服务和技术等交换活动，它是在一定的历史条件下产生和发展起来的，其产生必须具备两个前提条件。第一，具有可供交换的剩余产品(商品)；第二，国家或政治(社会)实体的形成。从根本上说，社会生产力的发展和社会分工的扩大，是国际贸易产生和发展的基础。

18世纪末，重商主义的贸易保护观念和理论受到古典经济学派的挑战，并被自由贸易的思想和理论所取代，形成了以斯密(Adam Smith)的绝对优势学说和李嘉图(David Ricardo)的比较优势学说为代表的古典贸易理论体系，这些理论主要回答国际贸易产生的原因、基础以及参与国际贸易的利益所得等。到了20世纪上半叶，对国际贸易进行分析的新古典贸易理论产生并获得了较大的发展，其理论核心是赫克歇尔(Heckscher)和俄林(Ohlin)的要素禀赋理论(H-O理论)，该理论主要用总体均衡的方法探讨国际贸易与要素变动的相互影响。随着国际贸易实践不断丰富，这一理论后经萨缪尔森(Samuelson)发展，形成了“赫克歇尔-俄林-萨缪尔森定理”(H-O-S定理)。在20世纪50年代初，里昂惕夫悖论(Leontief Paradox)对原有国际分工和贸易理论提出了严峻的挑战，引发了对国际贸易主流思想的反思，进而从不同维度对要素禀赋理论假定条件进行了修正，逐步形成了劳动熟练说、人力资本说、自然资源说、要素密集逆转说、贸易壁垒限制说及跨国公司影响说等学说。在第二次世界大战以后，特别是20世纪60年代以来，国际经济出现了产业内贸易等新现象，以比较优势理论和要素禀赋理论为核心的传统贸易理论均无法解释这些现象，于是经济学家们开始在传统贸易理论框架之外寻求新的贸易理论和贸易政策，进而形成了产业内贸易、国家竞争优势等新国际贸易理论，以及推进了以异质性企业贸易模型和企业内生边界模型为代表的新新国际贸易理论的发展。

一、绝对优势学说

亚当·斯密(Adam Smith,1723—1790)是古典经济学派的主要奠基人之一,是国际分工和国际贸易理论的创始者。在斯密所处的时代,英国的产业革命逐渐展开,原始资本积累已经完成,经济实力不断增强,新兴的工业资产阶级迫切要求在国民经济的各个领域迅速发展资本主义。但是,这个时期强调政府应鼓励商品出口、限制进口的重商主义理论和政策占据统治地位,严重阻碍了工业资本的自由发展和对外贸易的扩大,虽然使新兴资产阶级从海外获得生产所需的廉价原料,但并未实现寻找更大海外市场的愿望。面对重商主义严重阻碍资本主义自由发展的情况,代表先进生产力的资产阶级要求实现自由竞争和自由贸易。斯密站在产业资产阶级的立场上,在1776年出版的《国民财富的性质和原因的研究》一书中,对重商主义的思想进行了深刻的批判,创立了自由放任的自由主义经济理论,其中在国际贸易方面,提出了主张自由贸易的绝对优势学说,对国际分工产生的原因、方式及其效用进行了研究。斯密的学说正是当时英国资产阶级经济利益和政治主张的反映。

绝对优势学说又称为绝对成本学说。绝对优势是指一国如果在某种商品上具有比别国高的劳动生产率,该国在这一商品上就具有绝对优势;相反,劳动生产率低的商品,就不具有绝对优势,被称为绝对劣势。绝对优势可间接地由生产成本来衡量,如果一国生产某种商品所需的单位劳动比别国生产同样商品所需的单位劳动要少,该国就具有生产这种商品的绝对优势,反之则具有劣势。

斯密的绝对优势学说有7个基本假定:①参加贸易的只有两个国家,只有两种贸易商品,即2×2模型;②只有一种要素投入——劳动;③两国在不同商品上的生产技术不同,存在着劳动生产率上的绝对差异;④给定生产要素(劳动)供给,要素可以在国内不同部门流动,但不能在国家之间流动;⑤劳动的规模收益不变;⑥商品为完全竞争市场,各国生产的商品价格都等于商品的平均生产成本,没有经济利润;⑦不存在运输成本等交易费用。

绝对优势学说认为,两国之间进行贸易的动机建立在绝对成本的差异之上。即某个国家生产一种商品比其他国家生产同样商品的成本要低,那么这个国家就应该生产这种商品并出口,比如非洲的马里生产花生的成本(包括土地、劳力、资金等费用)比与其进行国际贸易的国家成本低,马里就应该生产花生出口,这样贸易就发展了。如果各国都生产自己具有绝对成本优势的商品,并在国与国之间进行交换,那么贸易双方都可以获利,并实现各国间的参与和分工。

我们对经济进行简化分析。假设有两个国家(英国和葡萄牙)、两种商品(红酒和毛呢)和一种生产要素(劳动),并假定两个国家生产每单位商品的成本是常数,如表4-1所示。

表4-1　绝对优势比较(分工前)

国家	红酒		毛呢	
	产量/单位	所需劳动力数/(人/年)	产量/单位	所需劳动力数/(人/年)
英国	1	120	1	70
葡萄牙	1	80	1	110

显然，如果一个国家在一种商品生产上占有优势(较低的单位成本)，在另一种商品生产上处于劣势，国际分工和交换的基础就存在了。可以看到，毛呢在英国的生产成本比在葡萄牙低，而红酒的情况却恰好相反。因此，英国专门生产毛呢交换葡萄牙的红酒，葡萄牙专门生产红酒交换英国的毛呢。

表 4-2 形象地说明了通过国际分工后，英国在现有劳动力资源的基础上，生产毛呢的数量比分工前增加了，同样，葡萄牙生产红酒的数量也比分工前增加了。再假设国际贸易条件为 1，即 1 单位红酒换 1 单位毛呢，则在两种商品交换后，英国的毛呢和葡萄牙的红酒国内消费均增加了(表 4-3)。

表 4-2 绝对优势比较(分工后)

国家	红酒		毛呢	
	产量/单位	所需劳动力数/(人/年)	产量/单位	所需劳动力数/(人/年)
英国			2.714	190
葡萄牙	2.375	190		

表 4-3 绝对优势比较(交换结果)

国家	红酒产量/单位	毛呢产量/单位
英国	1	1.71
葡萄牙	1.375	1

通过表 4-2 和表 4-3 可见，绝对成本优势说明了自由贸易能够促进国际专业分工，使每个国家都能增加财富。

总之，亚当·斯密的绝对成本学说表明社会分工以及国际分工能使资源得到更有效的利用，使贸易双方都能获得利益。

但是，强调绝对优势的理论暗示着一个前提，即贸易双方至少各拥有一种低成本的商品对外贸易，也就是说双方有至少一种商品在生产上与贸易伙伴相比处于绝对优势，才能发生贸易。这与生产条件极为不同的国家和地区之间的分工和贸易状况是吻合的。比如，北美和南美，温带与热带的自然条件约束、劳动力和技术上的差异，使其各自生产至少一种绝对低成本的商品来进行交换成为可能，而贸易各方也确实从这种贸易中可以获利。

但是绝对成本学说有其固有的局限性，它只说明了国际贸易中的一种特殊情形，即具有绝对成本优势的国家参加国际分工和国际贸易能够获得利益。然而在现实贸易中，如果一国经济不发达，技术落后，生产两种商品都处于劣势，那么与其他国家的贸易是否还会发生呢？如果两国发生贸易，处于劣势的国家还能不能从贸易中获利呢？显然，斯密的绝对成本优势理论只能解释经济发展水平相近国家之间的贸易，但却无法回答这一现实问题，这就需要其他理论进行解释。

二、比较优势学说

英国经济学家大卫·李嘉图(David Ricardo，1772—1823)发现，斯密忽视了一个非常重要的可能性，即如果在进行两国优势比较时，一个国家各个产地的商品成本都高于另一个国家，国际贸易仍然能使贸易双方得到好处。1817 年，他发表了《政治经济学及赋税原理》一书，其中他提出了比较成本学说。

比较成本学说也称为比较优势学说。比较优势是指一个生产者以低于另一个生产者的机会成本生产一种商品的行为。如果一个国家在本国生产一种商品的机会成本（用其他商品来衡量）低于在其他国家生产该商品的机会成本，那么这个国家在生产该种商品上就拥有比较优势。也可以说，当某一个生产者以比另一个生产者更低的机会成本来生产商品时，我们称这个生产者在这种商品和服务上具有比较优势。

李嘉图的比较优势模型假设：①参加贸易的只有两个国家，只有两种贸易商品；②所有劳动都是同质的；③成本不随规模变化而变化；④没有运输成本；⑤生产要素利用充分；⑥要素市场是完全竞争的；⑦消费者偏好既定；⑧收入分配没有变化；⑨贸易条件固定，物物交换是贸易的方式；⑩技术没有变革。这一假设与绝对优势模型基本一样，但他强调两国之间生产技术存在相对差别而不是绝对差别。

李嘉图发展了斯密的观点，认为即使一国在两种商品的生产上较之另一国均处于劣势（即无绝对优势），仍有可能存在互利贸易，一国可以专门生产、出口绝对劣势相对小一些的商品（即具有比较优势的商品），同时进口其绝对劣势相对大的商品（即具有比较劣势的商品）。因此，各国不一定要专门生产劳动成本绝对低的商品，而只要专门生产劳动成本相对低的商品，就可以进行对外贸易，并能从中获益和实现劳动的节约。

为了说明这一理论，李嘉图沿用了英国和葡萄牙生产红酒和毛呢的例子，用来说明这个问题。假设英国和葡萄牙两国在进行贸易交换之前同时生产红酒和毛呢，其各自的生产成本如表 4-4 所示。

表 4-4　比较优势比较(分工前)

国家	红酒		毛呢	
	产量/单位	所需劳动力数/(人/年)	产量/单位	所需劳动力数/(人/年)
英国	1	120	1	100
葡萄牙	1	80	1	90

按照斯密的绝对成本学说，在上面的情况下，这两个国家不可能发生红酒和毛呢的贸易，因为英国在这两种商品上都无绝对优势。但是，李嘉图证明，即便在这种情况下，双方仍然可以进行互利的贸易。虽然英国在这两种商品上都无绝对优势，但它具有相对的比较成本优势。从成本上看，虽然英国红酒和毛呢的成本都高于葡萄牙，但高的程度却不一样，红酒的成本是葡萄牙的 1.5 倍，而毛呢的成本只是葡萄牙的 1.1 倍。这说明，英国生产毛呢的效益相对地高一些，也就是说，英国在生产毛呢方面具有相对的比较优势。从葡萄牙来看，虽然它在这两种商品的生产成本上都低于英国，但红酒的成本为英国的 67%，而毛呢的成本为英国的 90%，这说明，葡萄牙在红酒的生产上更具有优势，即具有相对的比较优势。

比较优势带来了比较利益。比较利益是李嘉图国际贸易理论的核心。他指出，在上述情况下，如果两国进行合理的国际分工：英国的劳动力用来生产毛呢，葡萄牙的劳动力用来生产红酒，就可以增加商品生产总量，通过贸易，双方都可以获得利益。

从上述假设的数据可以看出：在实行国际分工之前，年度内两国共生产2单位的毛呢和2单位的红酒。在实行国际分工以后，毛呢的总产量为2.2单位：英国的总劳动量除以英国生产呢绒的单位劳动量(100+120)÷100=2.2；同理，葡萄牙的红酒产量是2.125单位：(90+80)÷80=2.125。两种商品的产量均高于国际分工前的水平(表4-5)。

表4-5 比较优势比较(分工后)

国家	红酒		毛呢	
	产量/单位	所需劳动力数/(人/年)	产量/单位	所需劳动力数/(人/年)
英国			2.2	220
葡萄牙	2.125	170		

李嘉图进一步证明：随着产量增加，两国国内消费量也在增加。当然，产量增加并不意味着贸易双方的消费量同时自然增加，这取决于当时的贸易条件。李嘉图假定英国、葡萄牙两国的商品交换比率是1∶1，即一种公平的贸易条件。按照这个比率，如果葡萄牙出口1.1单位的酒，并从英国进口1.1单位的毛呢，那么英国、葡萄牙两国国内消费量变化的情况如表4-6所示。显而易见，两国经过贸易后，国内消费量都有所增加。

表4-6 比较优势比较(交换结果)

国家	红酒产量/单位	毛呢产量/单位
英国	1.1	1.1
葡萄牙	1.025	1.1

比较成本学说为国际贸易理论奠定了基础，这一学说不仅在理论上更广泛地论证了贸易的基础，在实践上也部分解释了先进国家与落后国家之间贸易的原因。它的积极意义在于：一个国家无论处于何种经济发展阶段，具有哪类产业结构，无论其经济实力强弱，都可以确定并发挥自身的相对优势，并根据自身的相对优势进行生产和贸易，进而获得贸易利益。

三、要素禀赋理论

要素禀赋理论最早由赫克歇尔(Eli Heckscher，1879—1952)和俄林(Beltil Gotthard Ohlin，1899—1979)提出，经萨缪尔森(Paul Samuelson，1915—2009)等加以完善。要素禀赋理论在理论和实际运用中的成功使其在20世纪前半叶至70年代末这段时期内成为国际贸易理论的典范，至今仍在国际贸易中占据重要地位。

要素禀赋是指一国拥有各种生产要素的数量。在新古典经济中，对生产有重要影响的生产资源为土地、劳动和资本。国家之间要素禀赋的差异并不是指生产要素的绝对量在两个国家不同，而是指各种生产要素的相对量在两个国家不同。要素丰裕或要素稀缺程度是一个相对的概念，它与一个国家实际拥有的生产要素绝对量有很大区别，是指在一国的生产要素禀赋中某要素供给所占比例大于别国同种要素的供给比例，其相对价格低于别国同种要素的相对价格。

要素禀赋理论的产生,始于对古典贸易理论的质疑。在李嘉图的模型中,技术不同是各国比较成本差异的主要原因。可是到了20世纪初期,各国尤其是欧美各国之间的交往已经非常频繁,技术的传播已经不是一件非常困难的事。许多商品在不同国家的生产技术已经非常接近甚至相同,但相同商品在不同国家仍存在很大的成本差异。赫克歇尔和俄林认为,除了技术差异以外,还有其他因素——资本和土地等决定各国商品的生产成本,进而决定各国在不同商品上的比较优势,而其中最重要的因素是各国生产要素的禀赋不同以及商品生产中使用的要素比例不同。

要素禀赋理论认为,各国间要素禀赋的相对差异以及生产各种商品时利用这些要素的强度的差异是国际贸易的基础,强调生产商品需要不同的生产要素,如资本、土地等,而不仅仅是劳动力;不同的商品生产需要不同的生产要素配置。一国应该出口由本国相对充裕的生产要素所生产的商品,进口由本国相对稀缺的生产要素所生产的商品,且随着国际贸易的发展,各国生产要素的价格将趋于均等。这一理论被认为是继比较优势理论之后贸易经济学的最大发现。

要素禀赋理论是建立在9个严格的假定之上,即:①两种商品、两种要素、两个国家;②技术相同;③消费者偏好相同;④规模收益不变;⑤完全竞争市场;⑥要素流动性;⑦要素密集度;⑧资源充分利用;⑨自由贸易。

要素禀赋学说的政策含义是:一国应实行自由贸易,进行国际分工(按要素禀赋条件)和专业化生产。通过这种生产和贸易,使得各国福利水平提高并使全世界的产出达到最高水平。可见,其含义与比较成本学说是一致的,只不过对国际贸易产生的原因解释不同,对比较优势的内容论述角度不同,对国际分工和专业化生产的程度强调不同,以及研究方法上存在着差别。

萨缪尔森于1948年发表《国际贸易与要素价格均等化》一文,在赫克歇尔-俄林定理的基础上,考察了国家贸易对生产要素价格的影响,论证了自由贸易将导致要素价格均等化,该理论被称为赫克歇尔-俄林-萨缪尔森定理(H-O-S定理)。萨缪尔森认为,在完全竞争和技术不变的条件下,商品的价格等于其边际成本($P=MC$),边际成本由生产要素投入的数量和价格决定。国际贸易改变了商品的相对价格,必然也将改变生产要素的相对价格。自由贸易将带来国际同质生产要素相对和绝对的价格均等。

四、里昂惕夫悖论及其解释

赫克歇尔-俄林关于国际贸易要素禀赋的理论阐明了,那些拥有充裕资本但劳动力稀缺的国家,将会主要出口资本密集型商品而进口劳动密集型商品。但是因为要素禀赋理论有9个假设,批评家们指出,上述的一些假设条件似乎并没有反映国际经济的现实。因此,导致了许多对赫克歇尔-俄林理论的质疑和批判,其中最值得注意的以经验为依据进行挑战的诺贝尔经济学奖金获得者——瓦西里·里昂惕夫(Wassily Leontief,1906—1999)。里昂惕夫利用美国20世纪50年代的数据研究表明,美国出口商品的资本密集程度小于美国进口商品的资本密集程度,这一结果与赫克歇尔-俄林理论所预料的结果正好相反。

这一后来被人们称为"里昂惕夫悖论"的发现,成为西方国际贸易理论发展史上的一个重要转折点,它推动了第二次世界大战后国际贸易理论的迅速发展。如果国际贸易与生产的格局不是由要素禀赋决定的，那它又是由什么决定呢？20 世纪 60 年代末以来，一些学者已经形成了一些对比较利益的他择性解释，即从不同角度对要素禀赋理论假定进行修正以试图解释“里昂惕夫悖论”，主要的代表性学说如下。

（一）劳动熟练说

劳动熟练说认为，导致里昂惕夫悖论的原因可能是由于美国工人的劳动效率比其他国家工人高，美国强调通过教育、在职培训以及保健等措施培养熟练劳动力，这些强调措施提高了由劳动力、管理阶层人员、专业人员和官员们所提供的服务质量与决策水平。因为美国相对来说比较充裕的熟练劳动力供给，特别是在科学和技术领域里，使得美国出口商品中的熟练劳动含量要比进口商品的熟练劳动含量多。也就是说，发达国家在生产含有较多熟练劳动的商品方面具有比较优势，而发展中国家在生产含有较少熟练劳动的商品方面具有比较优势。

（二）人力资本说

肯恩等(Kenen，1965；Keesing，1966)认为产生里昂惕夫悖论的一个重要原因是里昂惕夫所定义的资本仅仅包含物质资本(如机器、设备、厂房等)，而完全忽略了人力资本。人力资本是体现在人身上的技能和生产知识的存量。人力资本投资的收益或报酬在于提高一个人的技能和获利能力，在于提高市场经济和非市场经济中经济决策的效率。这就暗示着美国劳动比外国劳动含有更多的人力资本，由于美国投入了较多的人力资本，而拥有更多的熟练技术劳动力，因此，美国出口商品含有较多的熟练技术劳动。如果把熟练技术劳动的收入高出简单劳动的部分算作资本并同有形资本相加，经过这样处理之后，美国仍然是出口资本密集型商品，也就符合 H-O 理论。

（三）自然资源说

自然资源说认为，美国的贸易格局可以通过深入分析自然资源产业结构来得到解释。这一方法是假设美国是自然资源禀赋相对贫乏的国家，包括种植和初级加工业在内的自然资源产业在美国都是高度资本密集型企业。由于自然资源在美国的稀缺，所以用不出口自然资源产品的办法来保存自然资源。美国需要进口那些用美国方法衡量是高度资本密集型的自然资源产品。

（四）要素密集逆转说

要素密集逆转说是指一种既定的商品在劳动丰裕的国家是劳动密集型商品，在资本丰裕的国家是资本密集型商品。一旦要素密集度发生颠倒，则要素均等化定理不再成立，即当劳动的相对价格提高(工资提高)，美国进口竞争部门会用相对便宜的资本替代相对昂贵的劳动，由于资本替代劳动的能力很大，致使该部门生产的商品由劳动的相对价格提高前的劳动密集型商品变成现在的资本密集型商品，比如说，大豆这种农产品在中国属于劳动密集型商品，而发达国家的农业机械化程度普遍较高，豆农会用相对便宜的农业机械替代相对昂贵的劳动力，大豆对于发达国家来说就变为了资本密集型商品，所以中国会大量进口这些对于中国来说的劳动密集型商品，也就存在所谓的中国大豆贸易逆差。

(五)贸易壁垒限制说

H-O 理论假设条件之一是完全的贸易自由,但是在现实中,各国对于自己的贸易会出台包括关税政策在内的限制性政策,如果国外对美国的资本密集型商品进口征收高关税,资本密集型商品就难以进入国外市场,加上美国限制资本密集型的高技术商品的出口,比如中美贸易战中美方的关税清单再到直接禁售芯片,这都会增加美国出口商品的劳动密集程度。如果是自由贸易,美国将会进口比现在更多的劳动密集型商品,出口比现在更多的资本密集型商品。

(六)跨国公司影响说

随着跨国公司全球化经营的发展,跨国公司的研发、生产都已经全球化,一些商品跨国公司往往在东道国就地研发,就地生产,直接面向全球销售,这样就不存在一个国家间贸易往来的过程,所以,从客观角度看会存在资本密集型国家出口劳动密集型商品,进口资本密集型商品的情况。

五、国际贸易的新理论

第二次世界大战后,特别是 20 世纪 60 年代以来,国际经济出现了一些新的现象,主要表现在:产业内贸易的蓬勃发展,要素相同的发达工业国家之间的贸易量大大增加,以及产业领先地位不断转移。这些新的倾向是以比较优势理论和要素禀赋理论为核心的传统贸易理论无法解释的。国际贸易新理论正是顺应了这样的历史需要而逐渐产生和发展,代表性的学说主要为技术差距说、规模经济与贸易说、产品生命周期说、需求偏好相似说、产业内贸易理论以及新型古典贸易理论。

(一)技术差距说

1961 年,波斯纳(Michael V. Posner)在《国际贸易与技术变化》一文中提出了技术差距轮。该理论认为,技术实际上是一种生产要素,并且实际的科技水平一直在提高,但是在各个国家的发展水平不一样,这种技术上的差距可以使技术领先的国家具有技术上的比较优势,从而出口技术密集型商品。随着技术被进口国模仿,这种比较优势消失,由此引起的贸易也就结束了。

(二)规模经济与贸易说

保罗·克鲁格曼(Paul R. Krugman)将国际贸易与经济地理学中之前完全不同的研究领域综合在一起,认为国际贸易主要是源自规模经济效应和运输成本的降低。消费者要求获得各种各样的货源,这就使得世界市场的大规模生产取代了地方市场原来的小规模生产。在世界市场的大规模生产过程中,同一行业公司生产出来的类似的商品间就形成了激烈的竞争。产业内的贸易使得大量专门化、大规模化的商品生产出现,从而导致了商品的低价及商品的多样化。规模经济效应与运输成本的降低可以帮助我们解释:为什么全球越来越多的人口居住在城市当中,以及为什么类似的经济活动都集中在同一个地方。低运输成本可以引发一种自我强化的进程,同时城市化人口的增长也促使了大规模生产的增加、更高的实际收入,以及更为多样化的商品来源。这样的结果反过来进一步刺激了向城市的移民行为。

(三)产品生命周期说

产品生命周期说把产品技术发展分成三个阶段:新生期、成长期、成熟期。随着产品生命周期的阶段性变化,影响比较优势的决定因素也在变化,即使各国仍然拥有原来生产资源的储备比例,其生产和出口的比较优势也会由于产品要素密集型的变动而转移。因此,不同类型的国家能够在不同阶段上享有比较优势。这就较好地解释了一些最初出口某些产品的发达国家后来反而需进口这些产品的现象。

(四)需求偏好相似说

偏好相似理论由瑞典经济学家林德尔(Lyndall)于 1961 年在《贸易的转变》一书中提出,该理论主要解释的是发达国家之间的贸易如何产生的问题。里昂惕夫提出假设的前提是各个国家需求偏好一致,但实际上是有偏差的, 种商品在国内被消费(或被投资),对于这种商品成为潜在的出口商品是一个必要但不充分的条件。一国的商品首先应该满足国内需求(偏好),然后再满足国外需求。美国人不喜欢消费劳动密集型商品,偏好消费资本密集型商品,导致出口的商品中劳动密集型商品居多。因此,当两个国家需求结构越是相似时,两国之间的贸易可能性就越大,反之,则越小。而需求结构的差异是由收入水平决定的,因而处于同一层次收入水平的国家之间贸易量较大。

(五)产业内贸易理论

产业内贸易是产业内国际贸易的简称,是指一个国家或地区,在一段时间内,同一产业部门商品既进口又出口的现象。而且经济发展水平越高,人均收入水平也越高,较高人均收入水平的消费者需求会变得更加复杂、更加多样化,呈现出对异质性商品的强烈需求,从而形成异质性商品的需求市场,当两国之间人均收入水平趋于相等时,其需求结构也趋于接近,产业内贸易发展倾向就越强。

(六)新型古典贸易理论

20 世纪 80 年代杨小凯等创立了新型古典贸易理论,认为无论国内贸易还是国际贸易都是专业化经济与节省交易费用之间相互冲突的结果。即使所有人都没有外生比较优势,只要存在专业化经济,每个人选择不同专业后都会产生内生比较优势。然而,只有贸易才能解决生产专业化与消费多样化之间存在的矛盾。而贸易又产生交易费用,在每个人的专业化经济不足以抵消交易费用时,贸易就不能产生,在多样化需要的强制下,每个人只能回到自给自足状态。贸易产生的经济条件是分工经济大于交易费用,这时每个人就可以选择不同的专业,并通过贸易来满足多样化的需要,贸易便产生了。随着交易效率的不断提高,贸易由地区贸易发展为国内贸易,进而为国际贸易;如果存在多样化消费的好处,交易效率的改进会导致商品种类数的增加。这一理论可以用来解释一个社会的商品化程度、专业化程度、经济一体化程度、结构多样性、贸易依存度、生产集中度等组织结构问题。

六、国家竞争优势理论

面对国际贸易新理论还没有清晰解决的问题，迈克尔·波特(Michael Porter)在他的《国家竞争优势》一书中提出了一种新的理论范式即国家竞争优势理论。波特认为，一个国家的产业能否在国际市场上具有竞争力，取决于该国的国家竞争优势，而国家竞争优势是由四个基本因素(要素条件，需求条件，企业战略、结构与竞争行为，相关与辅助产业的状况)和两个辅助因素(政府行为和偶然事件)相互作用所决定的。

(一)四个基本要素和两个辅助要素

1.要素条件。波特采用了古典要素禀赋理论并从两个方面对其进行了修正。首先，他认为一国的要素禀赋在决定一国的竞争优势方面所起的作用要比通常所认为的更复杂。其次，他认为要素是动态的，因而可以被升级、被创造以及被特定化。他的结论是：很少有要素是真正通过继承取得的，它们通常是投资的产物。生产要素所带来的竞争优势取决于如何有效地配置生产要素，而且生产要素被配置在一国的什么地方也极为重要。因此，对于形成一国的产业竞争优势，高效地配置和利用生产要素的能力比单纯地拥有要素更重要。对大多数产业，生产要素的最重要作用并不是其天然的禀赋，而是一国在要素上的创造能力。除了采掘业和农业以外，自然资源、气候、区位、非熟练或半熟练劳动力等基本要素对产业竞争优势的作用正变得越来越小，或者其所产生的竞争优势是难以长期持续的。而现代交通、通信系统、高级人才、研究机构等高级要素对竞争优势的作用越来越大，但这样的要素比较稀缺。只有不断创造出新的、更高级的、并且往往是更为专业化的要素，才能长期保持产业的国际竞争力。

2.需求条件。各国产业的国际竞争优势受国内需求条件的直接影响。国内需求具有需求构成、需求的增长规模和形式、国内需求的国际化三方面的性质。国内需求构成在三个方面对产业的竞争优势产生重要的影响：第一，国内需求的细分结构，即具有多样化的需求结构，市场需求结构的细分有助于企业形成有效的竞争策略，发挥规模经济和学习效应；第二，成熟和挑剔的买者，这样的买者会对企业产生压力，迫使企业提高产品和服务质量；第三，预示性的买方需求，可以为企业提供未来买者广泛需求的信号。需求增长的规模和形式影响一国产业竞争优势的作用主要有：国内需求的规模、独立买者的数量、国内需求的增长率、早熟的国内需求和国内市场的先行饱和。国内需求的国际化就是将一国的国内需求转向国际，将产品和服务推向国外市场的一种机制。

3.企业战略、结构与竞争行为。企业在各国之间、各产业中的企业目标、战略、组织方式会对各国各产业的国际竞争力产生直接的影响。同时，国内竞争的形式也对创新过程产生根本性的作用。企业的管理和组织受各国环境的影响，没有一种管理和组织体制是普遍适用的，能够最好地适应本国的具体环境的管理和组织实践，就最有利于该国该产业增强其国际竞争力。国内竞争对企业产生压力，迫使企业改善技术，进行创新。在国内竞争中增强了竞争力的企业，就能够获得较强的国际竞争优势。国内竞争还会将竞争优势从某些产业扩大到整个民族产业，增强一国产业整体的国际竞争力。

4.相关与辅助产业的状况。具有国际竞争力的相关和辅助产业会对一国特定产业的国际竞争力产生很大的影响，增强后者的国际竞争力。很显然，上游产业具有国际竞争力，有助于提高下游产业的竞争优势。为了使某一产业具有国际竞争力，没有必要要求所有的供给产业都具有国际竞争优势，那些对创新和该产业的发展没有重要影响的投入品可以从国外进口。对某一产业的竞争优势具有重要影响的相关产业，包括可以与之相协调和共享某些活动的产业，或者互补产品的产业。共享活动可以是技术开发、制造、配送系统、营销和服务等。

5.政府行为。波特认为政府在保持产业竞争优势方面的作用天生就是从属性的。政府政策仅在那些决定国家优势的根本因素已存在的产业中才能保持有效。他注意到政府政策可以加速或增加获得竞争优势的可能性，但在没有其他有利条件的情况下，政府政策缺少创造优势的力量。

6.偶然事件。一些偶然事件和机会有时也会对一国的产业竞争优势产生影响，其中特别重要的有：纯粹的发明活动、重大技术的非连续性（如生物技术、微电子技术的出现）、投入成本的非连续性（如石油冲击）、世界金融市场和汇率的重大变化、世界或地区需求的高涨、外国政府的政治决策、战争等。偶然事件之所以重要，是因为创造了非连续性，使竞争地位发生了变化，使以前的竞争优势失效，而为能够适应新形势的国家和企业获得竞争优势提供了机会。当然，各国能否利用偶然事件所提供的机遇来获得产业国际竞争优势，还取决于各种其他因素。同样的机遇，在不同的国家可能产生非常不同的结果。

（二）比较优势理论与竞争优势理论的区别与联系

比较优势理论是关于一国如何进行资源优化配置，尤其是在出口商品和劳务的生产部门如何配置资源的问题，而竞争优势理论是指一个国家使其企业或产业在一定的领域取得成功的决定性因素问题，二者是不同的。但是，简单的二分法显然又是不科学的，认为竞争优势理论可以代替比较优势理论也是错误的。事实上，比较优势理论和竞争优势理论是既有区别又相互联系的。

1.比较优势理论与竞争优势理论的区别。①比较优势理论与竞争优势理论构建的市场条件不同。传统的比较优势理论与竞争优势理论的重要区别表现在：传统的比较优势理论建构于完全竞争市场条件下，而竞争优势理论则建构于不完全竞争市场条件下。在完全竞争市场条件下，由于不存在规模经济与企业活动，商品是同质的，不存在非价格竞争，因而比较优势直接体现为价格竞争优势，使得比较优势与竞争优势完全一致。但是，在不完全竞争市场条件下，价格竞争优势不但来源于比较优势，还可能来自规模经济、商品差异等因素。②比较优势理论与竞争优势理论研究的对象不同。比较优势理论主要论证的是国家间产业分工与产业互补的合理性；而竞争优势理论则主要是讨论各国间的同一产业或同一种商品在世界市场上发展的现实态势，主要论证的是国家间产业冲突和产业替代的因果关系。③比较优势理论与竞争优势理论讨论的优势来源不同。比较优势理论评估了贸易商品生产中资源配置的效率问题，其中大卫·李嘉图的传统比较优势理论只解释了劳动力要素，赫克歇尔-俄林的新古典比较优势理论考虑了更多的生产要素，但还都没有考虑科学技术进步、国内市场需求、政府行为等的作用；而竞争优势理论认为，一国某一特定产业或产品的国际竞争优势取决于四个基本因素（要素条件，需求条件，企业战略、结构与竞争行为，相关与辅助产业的状况）和两个辅助因素（政府行为和偶然事件）。④比较优势和竞争优势的衡量标准不同。比较优势是用影子价格描述的，其主要衡量指标有：国内资源成本系数、显示性比较优势和劳动密集指数等；而竞争优势则是用市价衡量的，其主要衡量指标有：市场占有率（国际市场占有率、进口国市场占有率、本国国内市场占有率）、贸易竞争指数和显示性比较优势等。⑤竞争优势理论不像比较优势理论那样被广泛运用。在国际经济关系的研究中，比较优势理论是被经济学家最广泛运用的理论假说，而竞争优势理论的运用则没有比较优势理论那样广泛。从比较优势理论与竞争优势理论区别的分析可知：拥有比较优势并不等于拥有竞争优势。比较优势是一种潜在的优势，往往表现为某一要素禀赋相对丰富，而使其在国际分工中扮演着某种特定的角色。但竞争优势是一种实际显现的竞争能力，是生产力各构成要素综合协调的结果。

2. 比较优势理论与竞争优势理论的联系。尽管在经济分析中，比较优势理论和竞争优势理论分别将比较优势与竞争优势界定为两个不同的概念，但是，在现实经济中比较优势与竞争优势又是密切联系和不可分割的。比较优势与竞争优势的主要联系表现为：①比较优势是竞争优势的基础。一国在生产要素方面的比较优势有利于该国去建立国际竞争优势，而只有一国国际竞争优势的建立才能使该国获得持久的比较利益。一般来说，一国具有比较优势的产业往往易于形成较强的国际竞争优势，或者说，比较优势可以成为竞争优势的内在原因，促进特定产业国际竞争优势的提高。同时，一国产业的比较优势要通过竞争优势才能体现，或者说，一国具有比较优势的产业或产品较容易形成或保持国际竞争优势。但需要注意的是，不具有比较优势的产业，也有可能形成和保持国际竞争优势。②发挥比较优势是实现竞争优势的最佳途径。国民收入总量越大，社会经济福利就越大，因此有效地配置资源，使社会各种资源获得最大限度的利用是国民收入最大化的充分条件。对于中国来说，充分发展劳动密集型产业，就是发挥比较优势，有效利用资源，为国民收入最大化创造条件，这也等于相对提高了资本及技术资源的丰富程度。资本积累多了，并逐步由相对稀缺到相对充裕，就可以尽快缩小与发达国家在资源禀赋、技术及产业结构上的差距，从而加快了资源禀赋结构及产业的提升，增强了产业的竞争优势。与此相反，如果不按照比较优势发展经济，这些产业就很难在较短时间内产生竞争优势。

第二节　WTO 有关农产品贸易的基本规则

世界贸易组织（WTO）的前身是关税与贸易总协定（GATT），是一项规定国际贸易准则的多边条约。在 GATT-WTO 规则框架下，农业一直是非常特殊的产业。乌拉圭回合谈判之前，农产品贸易一直游离于多边贸易规则之外，是货物贸易中最大的例外产业之一。1995 年 1 月 1 日，世界贸易组织（WTO）取代关贸总协定（GATT）正式运转。与此同时，作为国际农产品贸易公约——《乌拉圭回合农业协议》（以下简称《农业协议》）正式生效。该协议实施的目标和任务，在于消除国际农产品贸易中的扭曲现象，实现农产品贸易自由化，保障农产品贸易在公正和公平竞争的国际市场环境中运行。

在乌拉圭回合多边贸易谈判达成的有关农产品协议中，《农业协议》是总体的框架，具体规定了世界贸易组织成员的权利和义务，构成了农产品贸易规则的主要内容。它主要涉及四个领域的改革，即市场准入、国内支持、出口补贴和动植物卫生检疫。该协议规定于 1995 年 1 月 1 日开始生效，发达国家的承诺应在到 2000 年止的 6 年内完成，发展中国家的承诺应在到 2004 年止的 10 年内完成。

2001 年 11 月 9～13 日第四届 WTO 部长级会议在卡塔尔首都多哈(Doha)审议和通过了中国加入世界贸易组织的议定书，中国政府代表于 11 月 11 日正式签署了此项协议，2001 年 12 月 11 日，中国正式成为 WTO 成员。中国加入 WTO 之后，国内农业生产经营活动和农产品进出口都必须严格遵守 WTO 制定的规则。

一、扩大市场准入，消除非关税壁垒

众所周知，各国对农产品进口的限制，主要通过关税和非关税壁垒措施来实现。其中，非关税壁垒措施主要是进口配额和进口许可证制度。要实现农产品贸易自由化，首要条件是取消限制，意味着取消关税和非关税壁垒，但完全取消进口限制是难以做到的，各国只能根据当时的国内外经济形势和环境，尽量将进口限制降低到适当的程度。只有这样，才能逐步实现农产品贸易自由化。因此，《农业协议》正是从“削减关税”和“非关税措施关税化”两个方面提高市场准入程度，减少进口限制。

(一)取消非关税壁垒，降低关税税率

《农业协议》规定各成员必须取消全部非关税措施，并将这些非关税措施以 1986—1988 年为基期，按一定公式转化为“等量关税”，再加上受非关税壁垒限制的产品的现行正常关税税率构成混合关税。

非关税壁垒措施取消后，就等于取消了进口配额和进口许可证制度。但是，如果某一成员不将其实施的非关税措施转化为关税，则必须保证每年以较低的关税水平进口一定量的外国产品。当然，在实施非关税壁垒措施关税化过程中，考虑到一些特殊情况，《农业协议》在有关条款中规定了三个例外：①为了维护国际收支的平衡而采取的措施，尤其是发展中国家所实施的为保障国际收支平衡而实施的非关税措施，可以作为关税化的例外得以保留。②根据 1994 年 GATT 普遍义务或 WTO 其他协议而采取的，尤其是与农业无关的非关税措施不受关税化的约束。③某一成员可以自愿选择继续暂时维持非关税壁垒措施，而允许向其他成员提供一个最低的市场准入机会，在此情况下实施的非关税措施可以作为关税化例外。

非关税壁垒措施关税化，其目的就是降低市场准入门槛，扫除许可证和进口数量限制的障碍。然而，在非关税措施关税化的实践中，一些农产品进口国关税化后的关税加上正常关税形成的混合关税却很高，使进口变得更难了。例如，据联合国贸发会议的统计，欧盟一些农产品的混合关税为：小麦 167.7%，牛肉 213%，羊肉 144%；美国一些农产品的混合关税为：花生 173.8%，牛奶 82.6%，糖 244.4%；日本一些农产品的混合关税为：小麦制品 388.1%，小麦 352.7%，大麦制品 361%；加拿大一些农产品的税率为：黄油 360%，鸡蛋 236.3%，奶酪 289%。由此看来，消除非关税壁垒措施容易，但消除进口限制则很难，农产品贸易自由化的道路相当漫长。

(二)削减进口关税，扩大市场准入机会

《农业协议》对于混合关税的削减做了如下规定：以 1986—1988 年为基期，发达国家在协议实施期 6 年内(1995—2000 年)农产品进口关税简单平均水平削减 36%；发展中国家在协议实施期 10 年内(1995—2004 年)农产品进口关税简单平均水平削减 24%；对于每一单项产品，

发达国家至少削减15%,发展中国家削减10%。最不发达国家不承担任何义务,即可以不削减关税税率。若产品不受非关税措施限制,其关税减让以约束关税水平为基础进行计算。如果关税没有被约束,则关税减让以1986年9月1日的关税水平为基础。

进口关税是各国调节进口产品的闸门,也是WTO成员保护本国农产品生产经营的一道屏障。尽管农业协议提出削减关税的上述目标,但这只是刚刚开始,要真正实现农产品贸易自由化,还有待于新一轮农产品多边贸易谈判,如能进一步削减农产品进口关税,将有助于推动农产品贸易自由化进程。

(三)关税配额水平的约束及其非歧视性实施

一些农产品进口国就某些农产品的进口,与其他相关国家签订了双边协议,但由于其较高的约束关税对相关国家产生了不利影响,因此有必要对这些国家规定以相对较低的关税水平进口一定量农产品的义务,即在与此相关的进口国的减让表中规定"关税配额"。在"关税配额"规定数量内的进口,只征收较低的进口关税,而不征收较高的普遍最惠国税率。"关税配额"下的关税率,通常为0~23%。

关税配额规定的数量并不是实际进口数量,仅仅是一种承诺,实际进口的数量则是由进口国国内市场需求而定,并不是必须进口的数量。《农业协议》规定,WTO成员在农产品进口管理中,可对在乌拉圭回合前实施进口数量限制的农产品进口使用关税配额管理。使用关税配额管理办法的WTO成员,对有关产品每年的关税配额准入量、配额准入量内的进口税率(即配额内税率)、超过配额准入量的进口税率(即配额外税率)等做出承诺或规定。

与此同时,根据WTO有关规定,关税配额准入量应至少保持现行实际市场准入水平,即不低于最近三年的平均进口量,如这一进口量不足国内近三年平均消费量的3%,则应以消费量的3%确定配额量,并承诺一定的增量,到实施期末达到国内消费量的5%。如前所述,这里指的配额准入量是市场准入机会,而不是最低购买义务。WTO有关文件明确指出:"现行准入机会应定义为允许在基期内进口的数量,无论此数量是否进口。"WTO无任何文件规定成员承诺的配额准入量是必须购买的义务。

(四)规定最低市场准入机会

鉴于一些国家和地区在非关税措施关税化方面的可操作性存在困难,《农业协议》规定一些进口国可以规定最低市场准入机会,以扩大农产品的进口量,提高进口自由化程度。然而,实施最低市场准入机会,必须具备一定的条件。这些条件是:①以1986—1988年为基期计算,某产品的进口量低于其国内消费量的3%。②从1986年开始对此产品的出口不实行出口补贴。③若该产品为初级产品,对其实行了有效的生产限制措施。

根据上述条件,发达国家可对初级农产品或加工农产品实施该规定。以1986—1988年为基期计算,最低市场准入水平1995年不低于基期内进口国国内消费量的4%,并在协议实施期内每年增加基期国内消费水平的0.8%。对于发展中国家成员,也可选择使用最低市场准入机会,但仅限于初级农产品。最初市场准入水平为基期国内消费量的1%;在实施期第5年和第6年达到2%,在第10年达到国内消费水平的4%。

《农业协议》实施初期,只有日本、韩国和菲律宾允许对大米,以色列允许对羊肉和一些奶制品选择实施最低市场准入机会。

(五)特殊保障条款

为避免关税化后，原使用非关税措施进行管理的产品进口剧增对进口方的不利影响，协议还规定了特殊保障条款，允许成员在《农业协议》执行期内对关税化产品进口的突然增加或价格下跌做出相应的反应，征收附加税。特殊保障条款的启动根据价格与数量触发水平而定。

《农业协议》规定，各成员方可以援用特殊保障措施，对那些已经遵守关税化的产品限制进口，以防在进口量上的激增和进口价格上的重大降低。可以采取特殊保障机制的有两种情况：第一，为对付进口数量剧增的“数量触发”；第二，为对付价格重大降低的“价格触发”。“数量触发”是指当农产品某年的进口量超过前 3 年进口量的平均水平，则该进口国可以采用特殊保障条款，但税额最高只能达到约束关税率的 1/3，且加征期以当年为限。“价格触发”是指当进口产品价格即到岸价格下降，且低于 1986—1988 年进口价格平均水平的 10％时，可以采取特殊保障措施。但只能选择其一，不得同时使用。

二、削减出口补贴，促进公平竞争

出口补贴被认为是对贸易扭曲最严重的政府政策，乌拉圭回合之前的各轮谈判只是成功地对工业品出口补贴进行了有效的限制，乌拉圭回合谈判首次在削减农产品出口补贴上取得了进展。《农业协议》要求成员方承诺削减现有的补贴农产品出口的数量与预算开支，对在基期没有进行出口补贴的农产品，则禁止在今后对该产品实施出口补贴。

《农业协议》规定，WTO 成员不仅要削减用于补贴的资金金额，而且还要削减接受出口补贴的产品数量。以 1986—1990 年的平均量作为基期量，发达国家在从 1995 年起的 6 年时间内，削减出口补贴额的 36％，发展中国家在从 1995 年起的 10 年时间内削减 24％。发达国家在 6 年时间内将出口补贴的产品数量削减 21％，发展中国家在 10 年时间内削减 14％。最不发达国家不需进行任何削减。

三、削减和规范国内支持，完善竞争机制

考虑到不同的国内农业支持政策的目的、作用以及对农产品市场的影响不同，为了真正减少和消除那些具有较大扭曲作用的国内农业支持政策对农产品市场的不利影响，《农业协议》对不同的国内支持措施进行了分类处理，提出了不同的要求。《农业协议》把国内支持农业的政策措施分为四类：①产生贸易扭曲的政策，被称为“黄箱”政策，要求予以削减；②对市场只有很小扭曲作用的政策，被称为“绿箱”政策，可免于减让承诺、允许实施；③特殊及区别对待的政策，被称为“S&D”政策，包括发展中国家农业生产者普遍得到的投资补贴，低收入和资源贫乏阶层普遍得到的投入补贴等，鼓励放弃种植非法麻醉品的支持；④“蓝箱”政策，即生产限制计划中，对生产者进行的直接付款。除第一类政策外，其他三类政策不需要减让，也没有上限约束。

(一)“绿箱”政策、“S&D”政策和“蓝箱”政策

《农业协议》规定可以免于减让承诺的“绿箱”政策是政府执行某项农业计划时，其费用由纳税人负担，而不是从消费者中转移而来，且对生产者没有影响的农业支持措施，主要包括：

①政府一般性服务。②由粮食安全原因引起的公共存储所需费用。③国内粮食援助。④与生产不挂钩的直接收入支付。⑤作物保险与收入安全计划。⑥自然灾害救济。⑦结构调整援助。⑧环境或储备计划。⑨地区援助计划。"S&D"政策主要有三项,即发展中国家农业生产者普遍得到的投资补贴,低收入和资源贫乏阶层普遍得到的投入补贴等,鼓励放弃种植非法麻醉品的支持。"蓝箱"政策主要指个别国家在实施生产限制计划中对生产者进行的直接付款,这种支付是基于固定面积和产量,或基期生产水平的85%以下,或固定的牲畜头数来计算的。

(二)国内支持减让

《农业协议》规定需要减让承诺的"黄箱"政策是指上述三类以外的国内支持政策,这些政策的执行成本不仅要由纳税人承担,而且还要由消费者来承担,不仅会带来资源的扭曲配置,而且还会带来新的不公平,因此纳入了削减的范畴。一般涉及对特定产品的支持措施,如市场价格支持和直接支付、营销贷款、面积补贴、牲畜数量补贴、种子、肥料、灌溉等投入补贴以及某些有补贴的贷款计划等。这些政策可以用综合支持量(AMS)来衡量,综合支持量是衡量提供给某特定农产品或非特定产品的年支持总量的技术指标。但是,如果发达国家任何一年对特定产品或非特定产品的国内支持("黄箱"政策范围内)不超过该产品产值或农业总产值的5%,发展中国家不超过10%,可免于减让,不计入综合支持量。

四、规范卫生和植物检疫措施,严防设置非关税壁垒

在乌拉圭回合谈判中,卫生和植物检疫措施谈判一直与农产品谈判联系在一起,并以一项决议的形式作为《农业协议》的组成部分。最终决议是以独立的法律文件的形式载入乌拉圭回合的最后文件,成为多边贸易协议《卫生和植物检疫措施协议》(SPS)。SPS适用于所有可能直接或间接影响国际贸易的动植物检疫措施。所谓卫生和植物检疫措施是为保护人类、动物和植物的生命健康所必须实施的不对国际贸易构成变相限制和歧视的措施。成员方有权采取正常的以保护人类健康和动植物生长安全为目的的检疫措施,但这些措施必须建立在科学的基础上,不应构成不公正的歧视。所采用的检验措施和依据原则应以国际标准、准则和建议为基础,这些标准、准则随科学的进步而不断进步。各国可以实施高于国际标准、指南和建议的措施,但这些措施必须以科学为依据。各国应尽可能地参与相关的国际组织及其附属机构,如国际食品法典委员会(CODEX)、动物流行病国际局(OIE)及国际植物保护公约(IPPC)。协议要求其成员采取的措施应建立在风险评估的基础上。风险评估中需要考虑的因素包括现有的科学依据,有关的工序和生产方式,有关的检验、测样和测定方式,病虫害非疫区的存在,有关的生态和环境条件以及检疫和其他处理方式等。协议还对卫生与植物卫生措施的等同待遇、非疫区和低度流行区条件、检疫规定的透明度、控制检验和批准程序等问题做了规定。目的是要尽可能地减少卫生和植物卫生措施对贸易的阻碍作用,避免一些成员将其作为技术壁垒来限制贸易。

乌拉圭回合谈判达成的《农业协议》规定了各成员方农产品贸易的基本规则,成为WTO各成员方农业政策调整的主要依据。WTO各成员方,以及刚刚加入WTO的国家和地区,分别在WTO《农业协议》为主的规则下,纷纷对本国或本地区的农业政策做出相应的调整,以实现各成员方在国际贸易中的最大利益以及本国(地区)农业的长期发展。

第三节 农产品国际竞争力

一、农产品国际竞争力的含义与分析框架

农产品国际竞争力是指在国际间自由贸易条件下(或在世界贸易组织有关协议的前提下),一个国家的农产品以其相对于其他国家的更高生产力,向世界市场提供符合消费者需求的更多产品,并持续地获得盈利的能力(乔娟和李秉龙,2006)。

农产品国际竞争力分析,首先需要确定比较分析的主要产品范围和国家或地区范围,然后,再从国际竞争力的实现结果和决定及影响国际竞争力因素两方面进行全面系统地分析。从结果来看,农产品国际竞争力可直接表现为市场占有率,市场占有率越高、获利越多,则表明其国际竞争力越强。从决定及影响因素来看,一切有助于其开拓市场、占领市场,并以此获取利润的因素,都可作为研究对象。在此,可以把反映竞争结果的指标称为国际竞争力实现指标,它们表现了国际竞争力的实现程度;把反映竞争实力(即竞争力强弱的原因)的因素称为影响国际竞争力的直接和间接因素,它们能解释为什么具有或不具有国际竞争力;把反映竞争实力以外的对其国际竞争力强弱具有重要作用的因素,称为决定和影响国际竞争力的环境因素。上述分析思路可以形成如图 4-1 所示的经济分析框架。

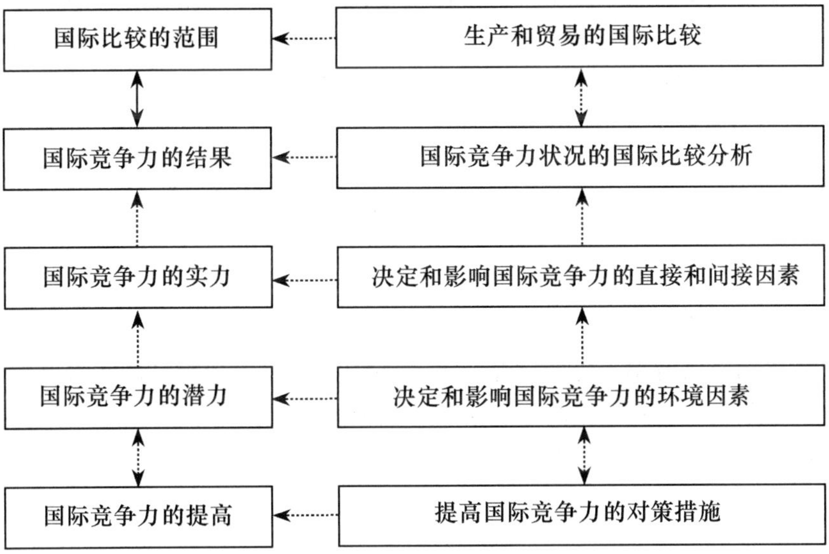

图 4-1 农产品国际竞争力研究的经济分析框架(乔娟和李秉龙,2006)

二、农产品国际竞争力状况的国际比较

反映国际竞争力结果的实现指标包括市场占有率、贸易竞争指数、固定市场份额模型、显示性比较优势等,其中最主要的指标是市场占有率和盈利率。由于企业获利情况的统计资料

较难获得，而且当主要分析国际竞争力结果时，可以假定其所获利润与市场占有率为正相关关系。

（一）市场占有率

市场占有率是反映国际竞争力结果的最直接和最简单的实现指标，可以表明其在国际和国内市场竞争中所具有的竞争实力，它反映了国际竞争力的实现程度。在自由、良好（WTO规则）的市场条件下，本国市场和国际市场一样都对外国开放。因此，国际市场占有率、进口国市场占有率和本国国内市场占有率均能反映其国际竞争力的强弱，市场占有率高，国际竞争力就强；反之，则弱。市场占有率也可用来分析国际竞争力强弱的动态变化，如果在一定时期内市场占有率有所提高，则说明国际竞争力在增强；反之，则说明国际竞争力呈下降趋势。因此，市场占有率指标可从三个角度进行计算：

1. 国际市场占有率。国际市场占有率是指某国（地区）的某种产品出口额占世界同种产品出口总额的比重。国际市场占有率通常用来比较若干国家（地区）某种产品国际竞争力的强弱。其计算公式如下：

$$WMS_{ij}=X_{ij}/X_{iw}\times 100\% \tag{4-1}$$

式(4-1)中：WMS_{ij} 为 j 国 i 产品的国际市场占有率；X_{ij} 为 j 国 i 产品出口总额；X_{iw} 为世界 i 产品出口总额。

2. 主要进口国市场占有率。主要进口国市场占有率是指某国（地区）的某种产品被进口到主要进口国的进口额，占该主要进口国该种产品进口总额的比重。主要进口国市场占有率可用来反映中国和世界各主要出口国（地区）的各种农产品在主要进口国市场的竞争力状况；通过国际比较，可以更明晰地反映各国各种农产品在主要进口国市场的竞争力状况。其计算公式如下：

$$IMS_{ij}^{k}=M_{ij}^{k}/M_{i}^{k}\times 100\% \tag{4-2}$$

式(4-2)中：IMS_{ij}^{k} 为 j 国 i 产品占 k 国 i 产品进口总额的比重；M_{ij}^{k} 为 k 国从国 j 进口 i 产品的总额；M_{j}^{k} 为 k 国 i 产品的进口总额。

3. 本国国内市场占有率。随着对外开放不断扩大，中国国内市场已逐渐成为国际市场的一部分，因此，各种农产品在本国市场的占有率，也能在一定程度上反映其国际竞争力的强弱。一国某产品国内市场占有率的计算公式为：

$$DMS_{ij}=\frac{(S_{ij}-X_{ij})}{(S_{ij}-X_{ij}+M_{ij})}\times 100\% \tag{4-3}$$

式(4-3)中：DMS_{ij} 为 j 国 i 产品国内市场占有率；S_{ij} 为 j 国 i 产品总销售额；M_{ij} 为 j 国 i 产品进口总额；X_{ij} 为 j 国 i 产品出口总额。

由于各种农产品各国销售额的分类数据较难获得，可以采用本国生产的某种农产品销售量占该种农产品总销售量的比重来计算国内市场占有率。其计算公式进一步改写为：

$$DMS_{ij}=\frac{(P_{ij}-X_{ij}^{q})}{(P_{ij}-X_{ij}^{q}+M_{ij}^{q})}\times 100\% \tag{4-4}$$

式(4-4)中：P_{ij} 为 j 国 i 产品总产量；X^q_{ij} 为 j 国 i 产品出口总量；M^q_{ij} 为 j 国 i 产品进口总量。

(二)贸易竞争指数

贸易竞争指数可以表明某国生产的某种产品是净进口，还是净出口，以及净进口或净出口的相对规模，从而反映某国生产的某种产品相对于世界市场上供应的其他国家的该产品来讲，是处于生产效率的竞争优势还是劣势以及优劣势的程度。其计算公式为：

$$\mathrm{TC}_{ij}=\frac{X_{ij}-M_{ij}}{X_{ij}+M_{ij}} \tag{4-5}$$

式(4-5)中：TC_{ij} 为 j 国 i 产品的贸易竞争指数；X_{ij} 为 j 国 i 产品出口总额；M_{ij} 为 j 国 i 产品进口总额。

TC_{ij} 大于零，表示 j 国 i 产品为净出口，说明该国的这种产品生产效率高于国际水平，具有较强的国际竞争力；绝对值越大，国际竞争力越强。TC_{ij} 小于零，表示 j 国 i 产品为净进口，说明该国的这种产品生产效率低于国际水平，不具有或缺乏国际竞争力；绝对值越大，越缺乏国际竞争力。TC_{ij} 等于零，则表示 j 国 i 产品的生产效率与国际水平相当，其进出口纯属与国际间进行品种交换。

贸易竞争指数又称为“水平分工度指数”，表明各类产品的国际分工状况。因此，贸易竞争指数还可用来反映中国各种农产品相对于世界其他农产品主要出口国，是处于生产效率的竞争优势还是劣势以及优劣势的程度，从而说明其国际竞争力状况及变动趋势。

(三)固定市场份额模型

固定市场份额模型(The Constant Market Share Model)，简称 CMS 指标。该指标的基本含义是指一定时期内，一个国家某种特定农产品出口增长率与为保持该种农产品原有的国际市场占有份额应有的出口增长率之差。如果其数值为正，表明该国该种农产品(在这一时期内)的国际竞争力相对于其他主要出口国有所提高；反之，则表明该国该种农产品的国际竞争力下降。

固定市场份额模型指标可以将由于国际竞争力变化而导致的市场占有率变化的部分，与由于其他原因(例如经济波动、需求变化、市场结构变动等)而导致的市场占有率变化的部分区分开来，能更准确地反映农产品国际竞争力所发挥的实际作用。固定市场份额模型指标的计算公式为：

$$\mathrm{CMS}_{ij}=\mathrm{XY}_{ij}-\mathrm{XK}_{ij} \tag{4-6}$$

式(4-6)中：CMS_{ij} 为 j 国 i 产品固定市场份额模型指数；XY_{ij} 为 j 国 i 产品一定时期(如 1 年或 5 年)的实际出口增长率；XK_{ij} 为 j 国为保持 i 产品原有的国际市场占有份额应有的出口增长率。

由于实际出口增长率等于某种农产品当年出口额与上一年出口额之比，为保持原有市场占有份额应有的出口增长率，恰好等于该种农产品当年与上一年相比较的世界平均出口额增长率。其公式如下：

$$实际出口增长率=\frac{当年出口额}{上一年出口额}\times 100\% \tag{4-7}$$

$$为保持原有市场占有份额应有的出口增长率=\frac{世界当年出口总额}{世界上一年出口额}\times 100\% \tag{4-8}$$

从国际竞争力分析的原理来看，中国和世界其他主要出口国或地区各种农产品的固定市场份额的发展变化情况与其各自的国际市场占有率发展变化情况应当保持一致，实际计算结果也是如此。

(四)显示性比较优势

显示性比较优势(Revealed Comparative Advantage Index)指数，简称 RCA 指数。该指数的基本含义是，在某个进口国(日本或欧盟国家)市场上，从所研究的国家(如中国)进口的某种产品占该种产品进口总额的比重，与从所研究的国家(如中国)进口总额占该进口国(如日本或欧盟国家)进口总额的比重之商。其计算公式如下：

$$\mathrm{RCA}_{ij}^{k}=\frac{X_i^k/\sum\limits_j Y_{ij}^k}{\sum X_i^k/\sum\limits_{ij} Y_{ij}^k}=\frac{X_i^k/\sum X_i^k}{\sum\limits_j Y_{ij}^k/\sum\limits_{ij} Y_{ij}^k} \tag{4-9}$$

式(4-9)中：RCA_{ij}^{k} 表示 j 国 i 产品在 k 进口国或地区市场的显示性比较优势指数；i 表示产业或产品，$i=1,2,3,\cdots,n$；j 表示出口国或地区，$j=1,2,3,\cdots,m$；k 表示进口国或地区；X_i^k 表示 k 进口国(如日本)或地区自所研究的国家(如中国)进口 i 产品的总额；Y_{ij}^k 表示 k 进口国(如日本)自 j 出口国进口 i 产品的总额。

一般认为，若 RCA_{ij}^{k} 指数大于 2.5，表示该出口产品具有极强的国际竞争力；若 RCA_{ij}^{k} 指数介于 1.25～2.5，表示该出口产品具有较强的国际竞争力；若 RCA_{ij}^{k} 指数介于 0.8～1.25，表示该出口产品具有中等国际竞争力；若 RCA_{ij}^{k} 指数小于 0.8，则表示该出口产品的国际竞争力较弱。

在表 4-7 中，更为清楚地反映了农产品国际竞争力竞争结果的实现指标及其含义。

表 4-7　反映竞争结果的农产品国际竞争力实现指标

指标组成	主要指标	指标说明
市场占有率	国际市场占有率	相对主要竞争者越高竞争力越强
	主要进口国市场占有率	相对主要竞争者越高竞争力越强
	本国国内市场占有率	相对主要竞争者越高竞争力越强
贸易竞争指数	贸易竞争指数	相对主要竞争者正值越大竞争力越强
固定市场份额模型	固定市场份额模型	与国际市场占有率相近
显示性比较优势	显示比较优势指数	与主要进口国市场占有率相近

资料来源：乔娟，李秉龙．中国农产品国际竞争力研究．北京：中国人民大学出版社，2006.

三、决定和影响农产品国际竞争力的直接和间接因素分析

影响国际竞争力的直接和间接因素反映的是在国际竞争中所拥有的实力，或者是已实现的国际竞争力的直接和间接解释变量。这些因素可以决定农产品在国际市场的竞争结果，也可以解释为什么某种农产品在国际市场上具有或不具有竞争力。

(一)成本和价格

成本是决定产品价格的基础，成本的高低决定了产品是否具有价格竞争优势和获利能力。正因为产品成本很大程度上决定着产品价格，尤其是当生产和贸易处于完全竞争状态时，激烈的竞争将使产品的长期均衡价格趋同于长期成本，因而产品的竞争力状况也能在一定程度上通过产品价格中体现出来。相同的产品在同一市场上，价格越低就越具有竞争力。因此，比较不同国家的同种农产品在同一市场上的销售价格，可以侧面说明各国同种农产品在价格方面的竞争力差异。

(二)质量和安全

1. 出口产品质量指数。质量是影响竞争力较为复杂的因素，一方面对质量的评价并不仅仅取决于理化指标和技术等级，还取决于消费者对产品质量的要求，因为超过消费者需求的高质量产品将难以实现其价值；另一方面高质量往往也要有高投入及较高的价格。因此按照现代营销观念，企业应当针对目标顾客的需求提供适当质量的产品，以适应特定的购买者阶层。但通常认为市场售价相同的同种农产品中，较高质量的产品具有较强的竞争力，并且能够获得较大的附加价值。基于这一认识，经济学家通常选用反映产品附加价值水平的指标来间接反映产品的质量水平。因此，可以采用出口产品质量指数来考察各国各种农产品的质量及附加价值的变化，从而反映各国各种农产品质量的提高状况，并间接反映出口农产品的价值与技术含量方面的竞争力状况。

出口产品质量指数是指一国某种出口产品的单位价格指数与该国出口商品价格总指数的比率。从理论上讲，如果出口产品质量指数呈上升趋势，则表明该产品出口附加值在增长，即在国际市场上的质量竞争力在上升；如果出口产品质量指数呈下降趋势，则表明该产品出口附加值下降，即在国际市场上的质量竞争力在下降。由于较难获取各种农产品主要出口国的出口商品价格总指数，我们采用世界同种农产品平均出口价格指数来替代，所计算的结果也能在一定程度上反映各国各种出口农产品附加价值和质量竞争力的变化情况。因此，出口产品质量指数的计算公式为：

$$Q_{jni}=\frac{P_{jni}/P_{joi}}{P_{wni}/P_{woi}} \tag{4-10}$$

式(4-10)中：Q_{jni} 表示第 n 年 j 国 i 产品出口质量指数；P_{jni} 表示第 n 年 j 国 i 产品出口价格；P_{joi} 表示基期 j 国 i 产品出口价格；P_{wni} 表示第 n 年世界 i 产品出口价格；P_{woi} 表示基期世界 i 产品出口价格；($j=1,2,3,\cdots$；$i=1,2,3,\cdots$)。

2.产品品质等级。农产品品质包括内在品质和外在品质,内在品质主要取决于产品的品种、产地等,外在品质主要是产品的外形色泽、新鲜程度、残次率以及均匀程度等。从经济学意义上说,农产品品质是其适合一定用途、满足社会需要所具有的特性,其实质就是农产品的使用价值。农产品品质的好坏,体现了其使用价值的大小和满足消费需要的程度。随着农产品供求日益趋于饱和,市场竞争的日趋激烈,市场价格差异缩小或消失,消费者对品质提出了越来越多、越来越高的要求,市场竞争由过去的价格竞争为主转向品质与安全卫生竞争、价格竞争并重。因此,农产品品质的高低很大程度上决定了其在国际市场上的地位。对农产品进行分级,制定出明确的分级标准,可以为传递产品价值信息提供一种通用语言。虽然有了这些标准后,贸易双方仍要就产品本身进行讨价还价,但在产品标准上就不会有太大的分歧,因而对于大宗农产品的远距离贸易,尤其是国际贸易就显得更为重要。各种农产品主要生产国和出口国为适应市场需求及其变化,都在综合考虑数量和质量性状的基础上,制定相应的农产品品质等级标准,并不断改良品种和生产技术,来提高农产品的品质等级。

3.安全卫生。安全卫生是影响食品质量,从而影响其国际竞争力的一个重要因素。通常随着经济发展以及买方市场的形成和发展,市场对各种农产品的需求将越来越注重其安全卫生。尤其是随着物质文化生活水平的不断提高,人们对自身和整个社会长远利益的日益关心,使其对农产品安全卫生问题会越来越重视。因此,谁的产品能以较低的成本和优质安全卫生满足目标市场的需求,谁就可能在未来的竞争中处于优势或主导地位。各国各种农产品安全卫生状况受多方面因素影响,但主要取决于农产品安全卫生体系的健全和实施情况。其中主要包括:农药、兽药和各种有害物质残留限制,生产过程中的安全卫生规范,安全卫生监控体系,疫病防治和检疫及生产过程中的环境保护等。

(三)生产力水平、品种资源和技术

各国各种农产品生产力水平的高低直接决定了其生产效率和生产成本的高低或优劣,从而影响各国各种农产品国际竞争力水平。如果能够直接对农产品主要生产国和主要出口国的各种农产品的投入产出效率进行比较分析,将能很好地解释为什么某国的某种农产品具有较强的国际竞争力。虽然影响农产品生产力水平的因素很多,但农产品优良品种资源状况则可能是影响农产品生产力水平的重要因素,如果优良的专门化农产品品种资源匮乏,将直接影响其生产效率和产品质量。技术是决定生产效率的关键因素之一,在很大程度上决定了生产力水平、产品成本和价格,并且对产品质量、产品结构和新产品开发具有决定性作用,特别是随着现代科技发展步伐加快,技术进步已成为农产品发展的重要动力。

在表4-8中,更明确地反映决定和影响农产品国际竞争力的直接和间接因素及其细化的主要指标,以及具有竞争力的表现。

表 4-8 决定和影响农产品国际竞争力的直接和间接因素指标

因素组成	因素细分	主要指标	具有竞争实力的情况
成本和价格	成本	成本水平和构成	质量和安全水平一定情况下成本低
	生产者价格	生产者价格指数	质量和安全水平一定情况下生产者价格指数低
	价格	出口价格比较	质量和安全水平一定情况下价格低
质量和安全	质量等级	出口产品质量指数	成本和价格一定情况下质量水平高
	安全卫生	安全卫生体系的健全和实施	成本和价格一定情况下达到或超过规定水平
生产力水平	单产水平	单位面积产量	在单位面积成本一定情况下单产高
	投入产出效率	生产要素的投入产出效率	投入产出效率高

资料来源：乔娟，李秉龙. 中国农产品国际竞争力研究. 北京：中国人民大学出版社，2006.

四、决定和影响农产品国际竞争力的环境因素

(一)基本因素

1. 生产要素条件。生产要素可分为基本要素和高级要素。基本要素对产业竞争优势的作用越来越小，高级要素的作用则越来越大。创造高级要素需要大量和持续的投资，而且创造高级要素的机构本身也需要拥有高级的人力资源和技术。但是，一国的高级要素通常要以一定量合格的基本要素为基础，高级要素的创造需要足够数量和质量的基本要素的供给。与农产品生产关系密切的基本要素包括耕地、草地、劳动力素质、资本实力等，高级要素包括交通和通信设施、高级人才和研究经费及成果等，通过这些基本要素和高级要素的静态与动态比较，可以发现它们对农产品国际竞争力的影响。

2. 国内市场需求条件。国内需求通过对规模经济的影响能带来静态的效率，而更重要的影响则是动态的，国内需求决定企业革新的速度与性质。影响国内需求的三个因素是国内需求的构成、国内需求增长规模与模式和国内需求偏好对国际市场的传导机制，且后两方面的重要性是由前一个因素决定的，所以对国际竞争力的决定，国内需求质的方面的重要性要大于其量的方面。国内需求构成对产业国际竞争力的影响主要表现为：国内市场由于需求差异导致的多样化需求分布，将有助于企业形成有效的竞争策略，并充分发挥规模经济和学习效应。因此，对中国和世界主要出口国农产品消费构成、消费增长和饱和度、消费者的成熟度和挑剔性、国内需求的国际化趋势等进行国际比较分析，从而分析判断其对中国农产品国际竞争力的影响。

3. 相关及辅助产业状况。特定产业的相关和辅助产业是否具有国际竞争力，对促进和增强该产业的国际竞争优势具有重要意义。即如果上游供应产业具有国际竞争力，将通过高效率、短时间、快速度等使下游产业获得竞争优势，但为了使某一产业具有国际竞争力，没有必要要求所有的相关和辅助产业都具有国际竞争优势，那些对创新和该产业的发展没有重要影响的投入品可以从国外进口。对某一产业的竞争优势具有重要影响的相关和辅助产业，包括该

产业的供应产业、可以与该产业相协调和共享某些活动的产业以及互补产品的产业。各种农产品的相关和辅助产业较多，但与各种农产品国际竞争力关系比较密切的主要是良种繁育、肥料、饲料、农药、兽药、农机、产品加工和物流等。因此，通过对这些相关及辅助产业进行国际比较分析，可以判断其对中国各种农产品国际竞争力的影响。

4. 企业战略、结构与竞争。企业规模和市场占有率是决定企业产品市场竞争综合实力的重要因素，尤其对于规模经济效益明显的某些农产品，农产品生产经营企业扩大经营规模、提高市场占有率，有利于提高产品的品牌竞争力；农业经营体系的构建与完善有利于提高农业的组织化程度，农业企业的标准化、信息化、品牌化、产业化等战略的实施，会提高农产品的国际竞争力。形成有效竞争并不意味需要大量的竞争者，国内竞争者的数量完全取决于产业潜在的规模经济，并且随着产业成熟竞争者的数量会下降。

在表 4-9 中，较为清晰地反映了决定和影响农产品国际竞争力的基本因素指标，以及进一步的细分和对提升农产品国际竞争力的影响程度。

表 4-9　决定和影响农产品国际竞争力的基本因素指标

因素组成	因素细分	主要指标	有利于提升竞争力的情况
生产要素条件	基本要素	人均耕地资源	人均耕地资源丰富
		相对于竞争产品的比较利益	比较利益高
		劳动力素质(受教育水平等)	劳动力素质高
		政府公共教育经费占 GNP 百分比	政府公共教育经费占 GNP 百分比高
	高级要素	交通和通信设施	交通和通信设施完善
		高级人才和研究经费及成果	高级人才、研究经费及成果多
国内市场需求	国内需求构成	国内消费构成	该种产品所占比例高
		国内食物消费构成	消费结构复杂多样
	国内需求增长和模式	国内市场饱和度	国内市场饱和度高
		消费者的成熟度和挑剔性	国内消费者成熟且挑剔
		国内需求的国际化趋势	国内需求能引导国际趋势
相关和支持产业状况	品种资源和技术	良种繁育、品种资源	优良种子和品种资源丰富
		技术水平和应用	技术水平高且应用效果好
	生产资料	农机、肥料、饲料和农兽药等	生产资料竞争力强
	农产品加工业	出口产品结构	出口产品系列结构均衡
		加工业发展状况	加工业的竞争力强
企业战略、结构、竞争	企业规模化程度	生产和加工业的规模化程度	规模化程度高
	生产者竞争战略	生产经营者的经营组织形式	适应市场竞争需要

资料来源：乔娟，李秉龙. 中国农产品国际竞争力研究. 北京：中国人民大学出版社，2006.

(二)政府作用

政府在农产品的国际竞争优势中的真正作用是影响生产要素、市场需求、相关和扶助产业、企业战略结构和竞争等基本因素。政府可以主动或被动地影响四个因素中的任何一个。例如,政府补助要素条件所实施的土地政策、资金政策和教育政策等。政府影响国内需求的作用经常很微妙,政府会建立影响国内需求的地方产品标准,同时政府本身也是许多产品的主要购买者,政府的购买行为可以帮助本国某产业也可能对其产生抑制。政府可以在许多方面影响相关产业,如对广告的控制或制定相关的服务条例。政府政策也会通过资金市场法规、税收政策和反垄断立法等影响企业的策略、结构和竞争。反过来,政府政策也受上述四个基本因素的影响。

在市场经济条件下,市场应当是配置资源的基础,而市场机制在农业某些方面却会表现出失灵,这就需要政府进行宏观调控以充分发挥市场机制的作用。随着社会经济的发展,农业的比较优势不断下降,为了保持整个社会的可持续发展,当达到较高的社会经济发展水平以后,各国都采取了农业保护政策。而在世贸组织框架下,"绿箱"政策在农业保护政策体系中占有越来越重要的地位。

在表 4-10 中,清晰地表达了政府采取的农业支持和保护政策体系、主要指标和对农产品国际竞争力的影响程度。

表 4-10 决定和影响农产品国际竞争力的政府作用指标

因素组成	因素细分	主要指标	有利提升竞争力
生产支持	公共品建设	道路、水利等农业基础设施教育、科研、技术推广投资	多
	生产者支持水平	PSE、PSE 百分比、财政支农水平等	高
	生产者支持结构	WTO 农业协议准许的支持措施使用情况	全面
市场体系	市场运行机制	市场主体之间的利益机制	协调
		产品和要素市场体系建设	完善
	宏观调控体系	调控手段和调控措施建设	完善
		市场信息系统建设	完善
国际贸易政策措施	市场准入出口支持	进口关税、进口配额、特殊保障条款、进口关税升级、出口补贴、出口退税	协调运用
相关产业政策措施	农产品产业政策措施	各种支持政策和措施	协调运用
	农产品相关产业政策措施	各种支持政策和措施	协调运用

资料来源:乔娟,李秉龙.中国农产品国际竞争力研究.北京:中国人民大学出版社,2006.

(三)机遇

一些偶然事件和机会有时也会对一国的农产品竞争优势产生影响,例如重大洪涝灾害、旱灾、蝗灾、疯牛病、禽流感、非洲猪瘟以及新冠肺炎等都会对农产品的供求产生重大影响,宏观经济的石油危机、金融危机、个别国家所发动的贸易战等都会对农产品的国际市场产生始料未及的影响。偶然事件之所以重要，是因为中断了连续性，使竞争地位发生变化，使从前的竞争优势失效，而为能够适应新形势的国家的企业获得竞争优势提供了机会。当然，各国能否利用偶然事件所提供的机遇来获得国际竞争优势，还要取决于各种基本因素。同样的机遇，对不同的国家和不同的产品可能产生非常不同的结果。

数字资源 4-1
中国 WTO/TBT-SPS
通报咨询网

数字资源 4-2
联合国商品贸易数据库
（UN Comtrade Database）

本章小结

本章主要在梳理国际贸易理论体系的基础上，重点介绍了绝对成本学说、比较成本学说、要素禀赋学说等经典的国际贸易理论。但由于多项的严格假定，使这些传统的理论难以解释纷繁复杂的国际贸易现象。里昂惕夫之谜的发现使经济学家们从更多的角度来探讨比较优势，如提出了劳动熟练说、以研究与开发为目的的产业说、自然资源说、需求偏好相似说、产品生命周期说、产业内部贸易说等。国际贸易需要一定的规则作为保障，本章简要介绍了有关国际贸易及 WTO 农产品贸易的基本规则。在农产品国际竞争力方面，重点介绍了对农产品国际竞争力进行分析的逻辑框架、衡量农产品国际竞争力高低的指标体系和影响农产品竞争力的直接因素和间接因素。

复习思考题

1. 什么是绝对成本学说、比较成本学说和要素禀赋学说？其各自的政策含义是什么？
2. 比较优势理论有哪些新发展？
3. 近年来 WTO 农产品贸易规则有哪些变化？
4. 分析农产品国际竞争力应该建立什么样的逻辑框架。
5. 衡量农产品国际竞争力的主要指标有哪些？
6. 影响农产品国际竞争力的直接和间接因素有哪些？

参考文献

[1] 陈芬森. 国际农产品贸易自由化与中国农业市场竞争策略. 北京：中国海关出版社，2001.

[2] 陈文宽，肖诗顺. 农产品市场及管理. 成都：四川大学出版社，2001.

[3] 陈武. 比较优势与中国农业经济国际化. 北京：中国人民大学出版社，1997.

[4] 龚关. 国际贸易理论. 武汉：武汉大学出版社，2000.

[5] 孔祥智.农业经济学.北京:中国人民大学出版社,2017.

[6] 乔娟,李秉龙.中国农产品国际竞争力研究.北京:中国人民大学出版社,2006.

[7] 孙东升.WTO与中国农产品贸易.北京:中国农业出版社,2001.

[8] 叶全良.WTO与农产品营销.武汉:湖北人民出版社,2001.

[9] 杨小凯,张永生.新贸易理论、比较利益理论及其经验研究的新成果:文献综述.经济学(季刊),2001(01):19-44.

[10] 张汉林.WTO与农产品贸易争端.上海:上海人民出版社,2002.

[11] 章家清,程广娟.中国农产品贸易结构变化的成因分析.经济纵横,2007(2):9-11.

[12] 赵伟.国际贸易——理论政策与现实问题.大连:东北财经大学出版社,2004.

第二篇

农业生产要素

第五章　土地与水资源

本章学习要点

- 土地的自然特性与经济特性
- 土地集约经营与适度规模经营
- 土地制度与土地产权
- 土地经营权及其流转
- 水资源的合理配置与利用

第一节　土地概述

一、土地的概念与分类

（一）土地的概念

土地，在经济学上是指地球上的陆地和水域以及与之相连的土壤、气候、地貌、岩石、水文、植被等一切自然条件。由于研究对象的不同，在有的情况下，土地仅指地球上的陆地表层，或指地球上的陆地和水面。

（二）土地的分类

由于土地质量的差异性和用途的多样性，一个国家或地区的土地往往是千差万别的，但我们仍可按照其共性和差异性，根据一定的标准，把千差万别的土地划分为各种类别。土地分类的标准有多种，不同的分类标准满足不同的分类需要。按地形可把土地划分为山地、高原、丘陵、盆地、平原；按土壤质地可划分为黏土、壤土、沙土等；按土地所有权的性质可划分为国有、集体所有或私有；按土地特征可分为耕地、森林、草地、内陆水域及其他土地等；按土地用途可分为农用地、非农用地及未利用土地等。

二、土地的特性

土地具有一系列与其他物质相区别的特性。土地的特性包括自然特性和经济特性。土地的自然特性是土地自然属性的反映，是土地所固有的，与人类对土地的利用与否没有必然的联系；土地的经济特性是人类对土地利用过程中产生的，在人类诞生之前尚未对土地进行利用时，这一特性是不存在的。

（一）土地的自然特性

1.土地是自然的产物，面积是有限的。所有其他生产资料都是人类劳动的产品，通过人的劳动可以创造和增加相同生产资料的数量。唯独土地这种生产资料是自然形成的，具有不可再生性。人们可以改变现有土地的形状、物理化学性质及用途，把荒山、荒地、河滩、海滩、沼泽等改造成良田，但不能创造出比原有面积更多的土地。土地面积有限性，不仅是指整个地球、一个国家或一个地区的土地面积有限，而且是指在一定社会经济条件下，一定时期、一定地域范围内的农、林、牧、渔各类用地都是相对有限的。所以土地是一种特别珍贵、数量有限的生产资料，它决定了人类活动的空间界限，要求在农业生产上除了必须充分利用一切可能利用的土地资源外，还必须特别重视不断提高土地生产率，使有限的土地生产出更多的农产品。

2.土地位置是固定的，不能移动。土地总是与特定的自然环境条件和社会经济条件相联系的，不像其他生产资料可根据需要而转移其存在的位置。土地的这一特点是形成农业生产区域化的客观基础和进行农业生产合理布局必须考虑的重要因素，决定了农业生产的发展，既要根据需要和可能对土地加以合理的改造，同时又要因地制宜地利用各地区的土地资源，扬长避短。此外，由于土地位置不能移动，为改造和利用土地所进行的农业基本建设投资一经与土地结合，便不能分离。所以，农业基本建设投资决策决不能草率，必须重视长远规划，讲求投资的长期效果。

3.土地能永久利用，土壤肥力可以不断提高。其他生产资料如机器设备等，随着生产力的发展和科学技术的进步，往往会被质优价廉的新产品所取代，或者在生产过程中逐渐磨损、消耗以至报废。而作为农业生产资料的土地，只要合理利用，对农作物起培育作用的土壤肥力不仅不会耗竭，反而会不断提高，成为一种永续利用的生产资料。土壤肥力包括由各种成土因素如母质、气候、生物、地形等综合影响形成的自然肥力和通过施肥、耕作、改良土壤、灌溉、排水等人为因素形成的人工肥力。人工肥力与自然肥力融合在一起，共同形成了土地的潜在肥力，这种潜在肥力可以不断提高，并随着农业科学技术进步和应用而转化为植物能直接利用的有效经济肥力。土地的这一特点，为解决社会对农产品日益增长的需求同土地面积有限的矛盾展示了光明的前景。

4.土地生产力具有差异性。所谓土地生产力就是指土地生产农产品的能力，由于土壤中的水分和养分的空间分布有明显的差异性及成土母质中的矿物元素分布不均匀，即使在两块相近的土地上投入同样的活劳动和物化劳动，其产出也不会完全相同。造成土地生产力差异的原因，主要有两种：一是不同区位的土地自然肥力各不相同；二是人类活动的影响造成土地生产力存在差异。生产力的差异性直接影响着土地的经济价值、利用方向和经营方式，在农业生产中不应忽视。

土地的自然特点是自然赋予的，与人类对土地的开发利用没有必然的联系，因而在进行农业生产时必须注意土地的上述特点和意义。但也决不能因此而过分夸大土地或自然条件在发展农业生产中的作用，陷入“自然条件决定论”的悲观境地，必须看到，土地和自然条件自身并不是发展农业生产的决定性因素。

(二)土地的经济特性

1. 土地供给的稀缺性。随着人口增长和社会经济的发展，对土地的需求量越来越大，土地供给与需求之间矛盾日益尖锐。土地供给的稀缺性，一方面表现为供给总量与需求总量的不平衡；另一方面也表现为某些地区和某种用途的土地权属、地价、地租等经济关系和经济问题，它迫使人们珍惜土地，节约利用土地和集约经营土地。

2. 土地利用的区位性。土地位置的差别造成其用途不同和生产力的差异，人们在利用土地时，必须根据土地自身的自然环境条件和所处的社会经济条件的适宜性进行区位选择，发展最适宜的生产项目，以获取最大的经济效益。

3. 土地利用方向变更的困难性。同一块土地往往有多种用途。一旦开发利用投入某项生产之后，要改变其利用方向则十分困难，还会造成巨大的经济损失。就农业用地来看，造成其用途改变困难的原因在于：一是农产品生产具有严格的季节性，土地利用方向无法在不适宜的季节中改变；二是不同的农作物对土地质量有特殊要求，短期内迅速增加或减少适合某种农产品生产需要的土地是较为困难的。这就要求在确定土地的用途时，必须慎重考虑，做全面长远的规划，避免人、财、物的浪费和生态环境的破坏。土地利用方向变更的困难也决定了农产品的供给价格弹性较小，农业生产不能迅速地适应市场价格的变动进行调整。

4. 土地报酬递减的可能性。在一定的科学技术水平下，在一定面积的土地上，连续追加其他生产要素的投入时，在达到一定阶段之前，产量会随投入的增加而不断增加。但是当投入增加到一定数量之后，每增加一单位的投入所能新增加的产量会愈来愈少，最后会减少到为零，甚至成为负值。经济学中把这种具有规律性的现象称为土地报酬(收益)递减规律。事实上，从社会发展的长期趋势看，科学技术是不断进步的，土地报酬递减规律是不存在的。但是从某一特定时期内的情况看，技术水平又是相对稳定或变化不大的，所以这个规律和以此规律为依据的边际分析方法，对于指导选择集约经营的方向和追加投资的适合度具有重要的实际意义。

5. 土地利用后果的社会性。各个生产部门对土地利用的后果，不只是影响本部门的经济效益，而且会影响到整个国家和社会的生态环境和经济效益。在农业生产中，如果土地利用不合理，破坏了土地所依存的生态循环和生态平衡，就会使土壤有机质减少，土壤结构被破坏，肥力下降，最终可使土壤肥力赖以依存的耕作层流失殆尽，出现不堪设想的严重后果。为此要求国家必须对土地进行必要的宏观管理。

土地的自然经济特点，决定了土地利用不单纯是一个技术问题，而且是一个重大的社会经济问题。为了充分合理地利用土地资源，保护土地资源，不断提高土地生产力，既要研究由土地所有权和土地使用权所引起的一系列生产关系，又要研究土地这种不可缺少的生产要素的合理配置及开发利用等生产力合理组织问题，掌握土地利用的客观规律。

三、土地在农业生产中的重要作用

土地是人类进行生产活动必需的物质条件和自然基础。劳动是财富之父，土地是财富之母。作为生存空间，土地是人类不能出让的生存条件；作为生产所必需的物质和能量来源，人的劳动只有同合并于土地的自然力相结合，才能创造出财富。因此，没有土地，人们就不可能生存和进行任何生产活动。土地对于一切物质财富的生产，虽然都是不可缺少的必要条件，但在农业生产中却具有更加特殊的重要作用。

1. 农业是直接利用植物和动物的生命力和太阳能进行生产的部门，农业中的第一性生产——植物生产，对土地有特殊的依赖性，必须使用大面积的土地，在广阔的地域上进行。

2. 在其他生产部门中（采掘业除外），土地并不直接加入劳动过程，只是起一个立足点和活动场所的作用，而在农业中，土地则不仅是一个立足点和活动场所，并且还以其自身的物理性质、化学性质、生物学性质和气候条件，直接参与农业生产过程，影响着农产品产量和质量。

以上两个原因就决定了土地是农业生产中不可替代的基本生产资料。要发展农业生产，就必须拥有土地资源，并且充分合理地利用它。

四、中国土地资源及利用状况

（一）中国农业土地资源状况

1. 中国土地资源总量丰富，但人均占有量低。中国的土地总面积为 960 万千米^2，在世界上仅次于俄罗斯和加拿大，居世界第三位。由于中国地域辽阔，南北跨寒、温、热三带，大部分处于温带，东西跨湿润、半湿润和半干旱、干旱两大地理区域，地形地貌错综复杂。土地类别十分丰富，高原占全部土地的 26%，山地占 33%，盆地占 19%，丘陵占 10%，平原占 12%。中国土地资源及利用状况见表 5-1。从表中可以看出，中国农用地资源相当丰富。但由于人口众多，每人平均的土地资源占有量却明显低于世界平均水平及许多国家（表 5-2）。

表 5-1　中国土地面积及利用状况（2017 年）

类别	面积/万公顷	所占百分比/%
总面积	96 000	100.00
耕地	13 490	14.05
园地	1 420	1.48
林地	25 280	26.33
牧草地	21 930	22.84
其他农用地	2 360	2.46
居民点及独立工矿用地	3 210	3.34
交通运输用地	380	0.40
水利设施用地	360	0.38

资料来源：《中国统计年鉴》，2019 年，年鉴数据来源于自然资源部，为 2017 年年底数据。

表 5-2　人均土地资源比较（2010 年）　　公顷

农用地类别	中国	法国	印度	美国	日本	世界
土地面积	0.70	0.84	0.24	2.96	0.29	1.89
农业用地面积	0.39	0.45	0.15	1.33	0.04	0.71
可耕地面积	0.08	0.28	0.13	0.52	0.03	0.20
永久草地面积	0.29	0.15	0.01	0.80	—	0.49
森林面积	0.15	0.25	0.06	0.98	0.20	0.58

资料来源：根据粮农组织数据库和 2012 年《中国统计年鉴》数据计算。

2. 全国耕地分布不平衡，多数耕地集中在东部沿海季风区。该区只占国土总面积的 45%，却有全国 95% 的人口和 90% 的耕地。而西北干旱区占国土面积的 30%，却只有 4% 的人口和 10% 的耕地。青藏高寒区占全国土地面积的 25%，其人口和耕地的占有比例不足 1%。

3. 土地资源质量不高，后备农用资源贫乏。中国山地多，平原少，干旱区与高寒区面积大，难以利用的土地比重大，尤其是耕地资源比重小，大部分耕地土壤有机质含量低，土壤耕作层薄。天然草地多分布在干旱、半干旱地区，水分不足，产草量普遍较少。目前中国绝大部分易于耕作的土地已被开垦利用，剩余的宜于耕作的荒地不多。2000—2003 年，国土资源部实施了新一轮的国土资源大调查工程。调查评价结果显示，2000 年全国集中连片、能形成国家级土地开发复垦基地的耕地后备资源 1.1 亿亩。如果以国土资源部 1999—2008 年平均每年复垦和开发耕地后备资源 414 万亩计算，到 2010 年年底，全国集中连片、能形成国家级土地开发复垦基地的耕地后备资源不足 7 000 万亩。①

(二)中国农业土地利用上存在的问题

中华人民共和国成立以来，根据农用地建设的状况，制定和实施了开发利用土地资源的一系列政策措施，如开展了大规模的农田基本建设，实行了科学耕作、改良土壤、保持水土等措施，取得了一定的成就。但另一方面，中国在土地利用上也存在着严重的问题，这主要表现在：

1. 耕地面积迅速减少。中华人民共和国成立以来，我国人口直线增长，而耕地面积却呈持续减少趋势，近些年才初步实现占补平衡。中华人民共和国成立近 60 年间总耕地面积和人均耕地面积都屡创新低，2008 年耕地面积又创下 12 171.60 万公顷的历史最低纪录。人口和耕地之间的剪刀差直接导致了我国人均耕地面积的大幅度降低，1949 年我国人均耕地面积为 0.25 公顷，2003 年我国人均耕地面积就降低到了 0.1 公顷及以下，2010 年降至 0.08 公顷，远低于人均 0.20 公顷的世界平均水平(表 5-2)。我国工业化、城镇化的发展，都伴随着耕地面积的下降。按照各个时期耕地面积变化幅度，将中华人民共和国成立以来的耕地面积变化分成以下几个阶段：第一阶段，1958—1961 年，年均减少耕地 21.30 万公顷；第二阶段 1962—1998 年，年均减少耕地 2.36 万公顷；第三阶段 1999—2008 年，年均减少耕地 74.90 万公顷；第四阶段 2009—2017 年，年均减少耕地 5.79 万公顷。总体来看，各个阶段耕地年均减少最高达 1.42%，最低为 0.05%。需要说明的是，自“十一五”开始，我国进行了大规模农村土地综合整治，特别是国土资源部会同财政部部署实施了黑龙江三江平原东部土地整理等 10 个重大工程和湖北仙洪等 10 个农村土地整治示范建设，耕地面积出现大幅增加，2009 年达到峰值，为 13 538.46 万公顷；但是因建设占用、灾毁、生态退耕、农业结构调整等原因自 2010 年耕地面积又开始逐年小幅下降，至 2017 年耕地面积下降至 13 486.32 万公顷。总体来看，耕地面积面临巨大挑战(表 5-3)。

表 5-3　中国不同时期耕地面积和城市化率变化

时期/年	净减少耕地/万公顷	年均减少耕地/万公顷	耕地年均递减/%
1958—1961	85.19	21.30	1.42
1962—1998	87.37	2.36	0.17
1999—2008	748.95	74.90	0.66
2009—2017	52.14	5.79	0.05

资料来源：根据历年《中国统计年鉴》、《国土资源年鉴》和《中国国土资源公报》整理。

① 详见：翟虎渠. 中国粮食安全的战略研究，北京：中国农业科技出版社，2011.

2. 土地质量不断下降，土地资源破坏严重。因水土流失、贫瘠化、次生盐渍化、酸化等原因导致退化的耕地面积已占耕地总面积的40%以上。土壤污染、用肥不当、掠夺式开发造成土壤养分失衡、质量下降。据全国农技中心调查，全国范围内有67%的耕地为中低产田，南方15省稻田潜育化面积4 800多万亩，较20世纪80年代初增10%以上。东北黑土有机质含量每年以0.5%的速度递减，侵蚀严重地区下降速度高达1.3%，坡耕地黑土层厚度由1958年的40～80厘米降到30～60厘米。据国家环境保护部调查，全国受污染耕地约1.5亿亩，约占耕地1/10以上。其中，污水灌溉污染耕地3 250万亩，固体废弃物堆存占毁200万亩。酸雨发生面积占国土面积40%以上，比20世纪80年代增加一倍多。此外，耕地占优补劣问题突出。据国土资源部资料，2001—2007年，全国占补耕地3 140万亩。专家分析，新开垦耕地与占用的熟耕地相比，一般相差2～3个地力等级(1个等级为每亩100千克粮食产量)，影响粮食生产能力60亿千克以上。①

3. 山林乱垦、草原乱垦与荒山大量闲置现象同时并存。即一方面有些地方把不应当开垦的山林和草原大量地垦为耕地。中国现在仍有607万公顷的耕地坡度大于25°，水土流失非常严重。另一方面全国又有10 800万公顷(2005年)荒地和大量荒山长期荒废，得不到开发利用，其原因主要是由于在农业开发建设上缺少科学的指导和土地制度不能调动农民开发土地资源的积极性。

第二节　土地集约经营与适度规模经营

一、土地报酬递减规律

(一)土地报酬递减规律的含义

土地报酬递减规律，是指在技术不变、其他要素投入不变的前提下，对相同面积的土地不断追加某种要素的投入所带来的报酬增量(边际报酬)迟早会出现下降的现象。因此也称为土地边际报酬递减规律。

(二)土地报酬三阶段分析

假设在农业生产中，单位土地的总产量是投入变量资源(L)的函数，那么，土地总产量(TP)、边际产量(MP)和平均产量(AP)之间的变动关系如图5-1所示。随着投入变量资源(L)的增加，单位土地报酬增减变化的过程可以分为三个阶段。

第一阶段由于投入变量资源(L)不足，变量资源(L)与固定资源(土地)的配合比例在数量上前者少而后者多，不够均衡协调，虽然边际产量大于零且大于平均产量，但资源利用和生产潜力的发挥很不充分，因而其总产量仍有提高的空间，故不能视为合理的资源利用和生产阶段。

① 详见：翟虎渠. 中国粮食安全的战略研究. 北京：中国农业科技出版社，2011.

相反，第三阶段的资源配合比例，在数量上投入的变量资源过多，超出了土地的受容力[①]，产出效果反映在边际产量上就出现负值，因而也不能认为是合理的资源利用和生产阶段。

只有在第二阶段，投入的变量与固定资源的配合比例，在数量上较为接近而适应，且每次增加的投入资源都带来了总产量(总报酬)的增加。因此，合理利用土地和投入变量的适应范围，必当落在第二阶段之内。如果将投入变量资源 L 换为资本品 K，图 5-1 不会发生变化。也就是说，单位土地面积上的资本投资变动所带来的产出量变动轨迹也是一样的。

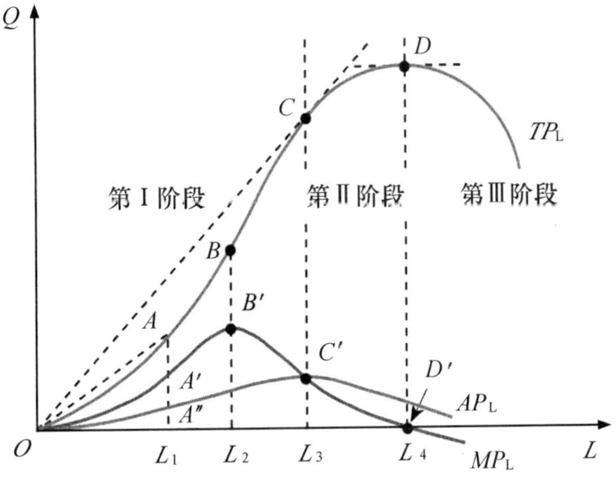

图 5-1　土地报酬三阶段曲线

土地边际报酬递减规律的本质是可变要素的报酬变化规律，它反映了土地作为不变要素时，土地报酬与可变要素(如劳动或资本)之间的关系。土地边际报酬递减规律的存在有一定的前提：一是技术不变，二是其他投入要素不变，三是投入量达到一定水平以后才会出现边际报酬递减。这就意味着边际报酬递减规律只能适用于一定时间和一定约束条件下，不能适用于人类生产的历史过程。

二、土地集约经营

(一)土地粗放经营与集约经营的概念

在农业生产发展史上，对土地的利用有两种方式，即粗放经营和集约经营。土地粗放经营是指在技术水平较低的条件下，在一定面积的土地上投入较少的生产资料和活劳动，进行粗耕粗作，广种薄收，主要靠扩大农田面积来增加农产品产量及收入的经营方式。土地集约经营与之相反，是指在一定土地面积上投入较多的生产资料和活劳动，应用先进农业技术装备和技术措施，进行精耕细作，主要靠提高土地生产率来增加农产品产量和收入的经营方式。

① 土地的受容力是指在一定经济技术条件下，土地资源与其他生产资源最佳配合比例所能受容其他变量资源的数量。

土地粗放经营与集约经营的实质,在于可变比例生产要素组合的选择。但土地粗放经营与集约经营是相对的,由于所采用的比较标尺不同,二者的确切界限就不易确定。两者的区别在于技术水平不同的情况下,投入土地的可变要素组合不同。但从理论上来讲,无论是土地粗放经营还是集约经营,某种要素的投入集约度应该是边际收益等于边际成本,才能够获得利润最大化。

(二)土地集约经营的类型

1.活劳动集约型。指在单位面积土地上投入较多的活劳动去获得较多的产量和收入的方式。它具有劳动直接创造价值、所需货币成本低、效益高、易实行等特点,比较适合像中国这样农业剩余劳动力数量较多的国家采用。其具体形式既可以投入较多的劳动力实行精耕细作、加强生产管理、提高复种指数和土地利用率,也可以增加劳动力投入进行农业基本建设、兴修农田水利、改良土壤、提高土地质量、改善土地利用条件等。但单纯的活劳动集约对增加产量和收入的作用非常有限。

2.技术集约型。指通过采用较多的先进技术在单位面积土地上获得较高产出和收入的方式。技术集约又分为基础技术集约、应用技术集约和管理技术集约等。基础技术集约既包括农业基础技术如遗传育种、生物工程等投入的增加,也包括对农民进行技术知识和理论培训等智力投资活动的增加;应用技术集约则指采用更多的先进实用技术,直接提高农产品产量和质量,降低生产消耗,如选种、育苗、施肥、灌溉、综合防治病虫害等技术投入增加;管理技术集约是采用先进的经营管理制度和方法,改善土地经营的组织,加强经济核算,节约成本支出,在一定面积土地上获得较高的经营效益。但技术的集约不是越先进越好,因为技术上的应用需要一定的条件。如果某些高新技术的应用条件不具备,就会出现技术上虽然先进,但经济上不合理,因此技术集约要十分注意采用先进的适用技术。

3.资金集约型。无论是活劳动集约还是技术集约,最终都表现为资金的集约。资金集约可以表现为在技术一定的条件下,通过在单位土地面积上投入更多的物化劳动和活劳动,来获得更高产出或更高收入的生产方式;资金集约还可以表现为在技术进步的条件下,投入更多的物化劳动和活劳动或减少物化劳动和活劳动(使用更高质量的生产要素),来获得更高产出或更高收入的生产方式。

三、土地适度规模经营

(一)土地适度规模经营的内涵

土地适度规模经营是指农户(或农业企业)根据农业生产发展的客观要求和社会、经济、技术、自然条件的可能,改变狭小的分散经营,将土地生产要素适当集中使用,从而获得最大经济效益的活动。土地适度规模经营最佳经营效益的取得不能够破坏生产环境,要考虑生态环境的承受力;土地经营规模的扩大要建立在自愿、依法、有偿的基础上,而不能够对农民采取超经济强制。总之,土地适度规模经营要建立在可持续发展的基础上。土地适度规模经营所要求的土地面积并不是固定的,而是因地、因时、因产业、因单位而变化的。

土地适度规模经营的实现可以从降低成本和提高收益两个方面作更深入的理解。从降低成本角度看,土地适度规模经营有助于降低土地、现代农业基础设施、农业机械等固定成本,有助于降低单位交易成本，有助于劳动分工和提高专业化程度，提高劳动生产率，降低单位劳动成本；从提高收益角度看，土地适度规模经营有助于实现农业机械化、推广先进生产技术，进而提高农产品产量和质量，提高在市场中的话语权，最终增加收益。

（二）土地适度规模经营分析

如图 5-2 所示，假设在农户生产经营过程中，预期收益（TR）随着种植规模扩大先边际递增后边际递减；而预期成本（TC）则随着种植规模扩大先边际递减后边际递增。总体来看，在理论上存在适度规模经营的合理区间。图 5-2 阴影部分为有效规模区域，L_1 为最小有效规模，L_3 为最大有效规模，L_2 为最优规模。随着农户种植规模的扩大，当种植面积大于 L_1 时，农户经营开始由亏损转为盈利；当种植面积增加到 L_2 时，边际收益（MR）＝边际成本（MC），农户经营收益实现最大化；当种植面积继续增加到 L_3 时，农户经营开始由盈利逐渐转为亏损。

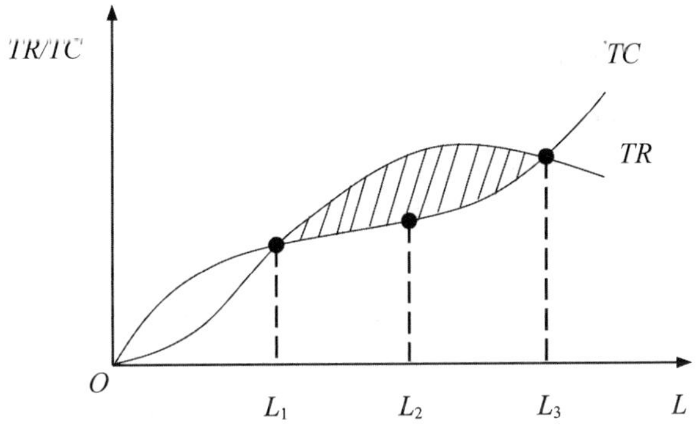

图 5-2　土地面积对预期收益的最优规模

（三）影响土地适度规模经营的主要因素

中国地域辽阔，各地自然条件和经济社会发展水平差别很大，因此，影响土地适度规模经营的因素较多，这里主要从农业生产要素、农业技术进步、农业相关产业和政府政策四个方面加以分析。

1. 农业生产要素。农业生产要素是指农业生产活动所需要的基本物质条件和投入要素。农业生产要素可分为基本要素和高级要素。基本要素是指先天拥有或不用花费太大代价就能得到的要素，如土地、气候条件、地理位置等。高级要素是指需要大量和持续的投资才能够获得的生产要素，如农业中的科技人员、高素质的农民、农业基础设施、现代农业生产资料等。基本要素对农业发展的作用越来越小，高级要素的作用则越来越大。农业生产要素还可分为通用型要素和专用型要素。通用型要素是在许多产业都能发挥作用的要素；专用型要素是指在有限的甚至是某一特定产业才能发挥作用的要素。通常专用型要素比通用型要素对农业发展的作用更为重要，专用型生产要素越多，要求农业生产的规模越大，如此才能将这些生产要素充分地利用起来。

2. 农业技术进步。农业技术进步是指在农业经济发展中，不断用生产效率更高的先进农业技术来代替生产效率低下的落后农业技术。农业技术进步包括农业生产技术措施的进步、农业生产条件方面的技术进步、农业管理技术的进步和农业生产劳动者与管理者的技术进步等方面的内容。农业技术进步使得农业生产的可能性区域扩大，农业生产要素的组合比例发生变化。农业技术进步可以在土地经营规模不扩大的情况下，提高土地生产率；农业技术进步可以在劳动力不变甚至减少的情况下，扩大土地的经营规模，进而提高劳动生产率；农业技术进步可以提高现代农业生产要素质量和功能、降低成本与价格，从而降低农业生产成本；农业管理技术进步有助于生产者实现土地适度规模经营，并根据市场的变化趋势确定生产项目和生产时机以及生产组织形式和协作关系。

3.农业相关产业。农业相关产业的发展会对土地适度规模经营产生十分重要的影响。农业是整个社会经济系统中的一个子系统，土地适度规模经营不是一个生产者可以单独完成的，还需要前向的农用生产资料生产和后向的农产品加工、运销以及金融、信息、技术等相关社会化服务部门的支持。发达的相关辅助产业有助于减少短缺生产要素的约束，促进农业专业化、社会化分工，大力发展农业社会化服务，延长农业产业链，扩大农产品需求，加速农业剩余劳动力转移。

4.政府政策。政府的政策取向对土地适度规模经营产生十分重要的影响。在政府依靠农业为国家工业化提供资本原始积累的情况下，由于农业经济利益被转移到非农产业当中去，将不利于土地经营规模的扩大；在政府对农业实行保护性政策的情况下，工业剩余被转移到农业当中去，将有利于土地经营规模的扩大。特别是一系列具体的农业保护政策，如有利的农产品价格政策、农业生产者补贴政策、农业公共服务政策以及促进农业劳动力转移政策、促进土地集中的法律与财政信贷政策等，将会有助于土地适度规模经营的实现。

第三节　土地制度与土地产权

一、土地制度

（一）土地制度的含义与特点

1.土地制度的含义。土地制度是指人们在一定的社会经济条件下在土地利用中形成的土地关系的总和。它有广义和狭义之分。广义的土地制度包括土地所有制度、土地使用制度、土地流转制度、土地金融制度、土地税收制度等内容。狭义的土地制度仅包括土地所有制度与土地使用制度。

2.土地制度的特点。土地作为一种财产，与其他财产相比具有明显的特点，因而土地制度与其他财产制度相比也具有明显的特点。

(1)地位的基础性。在社会处于农业阶段的时候，土地是最基本的生产要素，因而成为最主要的财富形式。这时土地的占有形式基本上决定了社会财富的占有和分配形式，从而土地制度成为最基础性的社会经济制度。由农业社会转为工业社会后，由于国民财富大量增加，土地已不再占据财富构成中的决定性地位。但是，在许多国家，特别是发达国家，由于人口膨胀和城市进程加快，使城市土地日渐稀缺和昂贵；在农村，土地仍是最重要的财富。由此决定了土地制度在决定国家财富的占有和分配中仍居于十分重要的地位。

(2)构成的复杂性。相对于一般财产来说，土地财产关系要复杂得多。土地作为一种财产，其所有、占有、使用、收益、处分及管理等构成一系列复杂的财产关系与产权体系。这是由于土地作为一种不动产所具有的特性所决定的。

(3)各国(或地区)的差异性。就一般财产而言，西方各国的占有形式比较单一，而唯独土地占有形式各个国家之间仍保留着明显的差异性。因为土地制度除了受一个国家生产方式与生产力水平的决定性影响外，同时还受土地资源的状况、民族、经济、文化发展的历史等多种因素的影响，因而形成国与国之间明显的差异性。

(二)土地所有制与土地使用制

1. 土地所有制。土地所有制是指人们在一定社会制度下拥有土地的经济形式，是一定土地关系的基本制度。它是土地制度的核心，最终要由社会生产力状况来决定。此外，一个国家土地所有制的具体形式还受到社会经济条件和历史发展特点的影响，因而即使社会制度相同的国家，其具体形式也有所不同。

在人类社会初期，生产力水平很低，以采集和渔猎为主要生产方式，没有固定的生产、生活场所，谈不上如何开发利用土地，因而也就不存在土地所有制问题。到了游牧时代后期，随着生产力的发展，逐步形成了天然草地的轮牧制度，各氏族部落间逐渐形成各自的土地利用范围，从而出现了土地所有制的萌芽。以后，随着社会的发展，人类有了固定的生活、生产用地，土地所有制才开始出现。迄今为止，人类历史上共经历了五种土地所有制：原始公社土地所有制、奴隶主土地所有制、封建地主土地所有制、资本主义土地所有制、社会主义土地所有制。此外还存在着几种社会经济制度下共有的个体农民土地所有制等。这些不同类型的所有制基本上属于两大类型：土地公有制与土地私有制。

2. 土地使用制。土地使用制度是关于土地使用的经济法律关系的总和。它主要解决土地由谁使用和如何使用的问题，是土地制度的另一个重要组成部分。在整个土地制度中，土地所有制度决定着土地使用制度。每一种社会形态都存在着与土地所有制相适应的土地使用制及其具体形式。土地使用制既是土地所有制的反映与体现，又是实现与巩固土地所有制的一种形式与手段。如在封建土地制度下，地主阶级占有大量土地，必然产生广大无地、少地的贫苦农民被迫向土地阶级租种土地的封建土地租佃使用制。这种租佃制度，既是封建土地所有制的反映，同时又是实现和巩固封建土地所有制的形式与手段。当然，土地使用制也有其相对独立性。同一种土地所有制也可以有多种不同的使用制及其具体形式，不同的土地使用制对土地所有制的实现与巩固产生不同的作用与影响，对土地资源的利用也会产生不同的作用与影响。

按土地所有制与土地使用制相互关系的不同，土地使用制可以分为两种类型：一类是“两权”合一型，即土地所有权与土地使用权都由一个产权主体行使，如中国土地改革前的自耕农、经营地主、土地改革时的农民及人民公社时期的农村集体经济组织等。二是“两权”分离型，即土地所有权与土地使用权分别由不同的产权主体行使，如地主与佃农、资本主义土地所有者与租地农业资本家、中国目前的农村集体经济组织与土地承包农户等。从各国实际情况看，出现了较多的“两权”分离的土地有偿使用制度。而无论其具体形式如何，实质上都属于土地的租赁关系。中国目前实行的家庭承包制，也是把集体土地承包给农户耕种，虽然习惯上我们称是承包关系，但就土地关系的实质而言，也是一种租赁关系。在资本主义土地私有制下，实行土地租赁制度，土地所有者与使用者之间往往会围绕着土地租赁长短、租额高低等进行争斗。在社会主义土地公有制条件下，土地所有者与使用者虽然不存在根本利害冲突，但因属不同的利益主体，也会产生一定矛盾。在实行土地租赁制度的情况下，土地所有者与土地使用者双方要签订土地租赁契约(或承包合同)，明确双方的权利与义务，以正确处理两者之间的经济利益关系。

二、土地产权

(一)产权的含义、特征与功能

1.产权的含义。《现代民法实用词典》把产权定义为“人身权的对称。指具有物质财富内容，直接和经济利益相联系的民事权利。”《牛津法律大辞典》把产权定义为：“财产权指存在于任何客体之中或之上的完全权利，包括占有权、使用权、出借权、转让权、用尽权、消费权和其他与财产有关的权利。不要把财产权视作单一的权利，而应当把它视作若干权利的集合体。其中的很多权利可以在不丧失所有权的情况下予以让予。”因此，产权就是财产权利，它是一组权利，包括财产的所有权、使用权、收益权和处置权等。

2.产权的特征

(1)明确性。产权主体清晰、资产归属明确是产权的基本性质之一。产权体现的是资产归谁支配和使用的一组经济、法律关系。因此，它既要求明确产权主体，即资产归谁所有、归谁占有支配等，又要求明确产权客体，即归某个所有者占有、使用的是哪些资产和哪些权利。

(2)排他性。产权关系一经确立，不同利益主体就可以在合法的范围内自主地拥有对资产的归属、占有、使用、收益和处置等各种权益，而不受同一财产上的其他利益主体的随意干扰。

(3)有限性。产权有限性是指任何产权都必须有限度。这包括两个方面的含义：第一，任何一项权能的行使，都有一个作用空间或作用区域，这个区域必须有界限，而且要明确。这个界限明确的作用区域，对产权主体的行为就是一种约束。如果他的行为超出了所界定的区域，就是越权或侵权，他将为此付出代价。第二，产权是由一组权利构成的，其中任何一项产权的利益都有一个数量限度，无论是在产权分离还是产权合一的情况下，各产权利益的数量必须明确。

(4)可分解性。产权的可分解性是指各项产权可以分属于不同主体的性质。由于产权由权能和利益组成，所以产权的可分解性包含两个方面的含义，即权能的分解和利益的分割。产权的不同权能由同一主体行使转变为由不同主体分别行使，就是权能的分解，相应的利益分属于不同的权能行使者，就是利益的分割。产权的现实分解是在产权可分解性的前提之下，适应社会经济技术条件而在不同主体之间分割产权，实际上是对原有产权关系的调整，是产权的重新安排。产权的可分解性意味着，在同一产权结构内并存着多种权利，每一种权力都只能在规定的范围内行使，超出这个范围，就要受到其他权力的约束和限制。

(5)可交易性。产权交易是在产权不同主体之间的转移和让渡。按时限的差异，它可分为：产权的永久性交易和产权的有限期交易。所有权交易必然是永久性交易，所有权以外的产权交易必然是有限期交易。有限期交易的主要特点是：相应的产权只在契约期内让渡，契约期满，又回归原主体。

(6)行为性。产权的行为性就是产权主体在其权力的界区内有权做什么，有权阻止别人做什么等的性质。由于产权具有权能的内容，它才表现出行为性。产权的运动是依靠主体的行为来驱动的，如果没有主体的行为，就不可能实现产权的利益，也只有通过产权行为(即权能行使)而获得的利益,才是产权利益。

3.产权的功能

(1)激励功能。产权关系是整个利益关系的核心和基础。在经济运行中,各产权当事人的利益如果能够得到产权制度的肯定与维护,那么产权主体的行为就有了内在动力。实际上产权制度的激励功能是通过利益机制得以实现的。

(2)约束功能。产权关系既是一种利益关系也是一种责任关系。由于产权的责任是与获取利益紧密相连的,当生产经营主体获得明确的产权以后,产权主体就会从利益的角度去关心产权运营效果,关心生产经营活动的效益,从而产生出自我约束的行为机制。

(3)协调功能。产权制度的重要内容,是各种实际占有关系与权力的制度化。正是由于产权制度的建立,使各种各样的占有主体的权、责、利规定明确,划分清楚。产权制度通过具体的法规来协调关系,并使经济活动得以有序进行。产权的协调功能也就是人们按照自己所拥有的产权多少对所创造的收益进行分配的功能。

(4)增进资源配置功能。生产要素的合理流动是资源优化配置的基本途径,而这又离不开产权界定、产权转让。通过产权制度的建立与完善,为生产要素的有效、有序流动创造条件。

(二)土地产权的含义与权能构成

1.土地产权的含义。土地产权问题是土地制度的核心问题。土地产权的含义目前仍有争议。一般地说,土地产权是指由土地制度界定的关于土地这一财产的一切权利的总和。常用“权利束”加以描述,即土地产权包括一系列各具特色的权利:土地所有权、土地占有权、土地使用权、土地处置权、土地收益权等。与土地制度联系起来考察,可得出这样的结论:人们在相互交往中形成了一定的与土地有关的关系,在一定的土地关系中产生了对土地的产权要求,在条件合适的时候,这种权利要求制度化后就产生了土地制度,土地制度的确定也就相应地界定了人们的土地产权,并借以影响人们的土地行为关系。

2.土地产权的权能构成

(1)土地所有权。土地所有权是土地所有者在法律规定的范围内自由地占有、使用、收益和处理其土地的权利。它包括三层含义:①土地所有者可以自由地使用和处理其所有的土地并有权获得收益;②得到法律的确认和保护;③权利在法律范围内行使。从类型来看,所有权分为三类:私人所有、国家或政府所有、集体或公共所有。

(2)土地占有权。土地占有权是依法对土地进行实际支配、控制的权利。土地占有权由土地所有权人行使,也可依据法律或土地所有权人的意志由他人行使。也就是说,土地所有权与占有权可以结合也可以分离。占有权从所有权中分离出来,只要所有权人为此取得一定的补偿,或对此限定一定的期限,所有权就不会丧失。

(3)土地使用权。土地使用权是依法对土地加以利用并取得收益的权利。土地使用权有广义和狭义之分。狭义的土地使用权是依法对土地的实际使用,与土地占有权、土地收益权和土地处分权是并列关系;广义的土地使用权是独立在土地所有权能之外的含有土地占有权、狭义的土地使用权、部分收益权和不完全处分权的集合。

(4)土地收益权。土地收益权是基于拥有或使用土地所应取得经济收益的权利。包括收获土地生长的农作物,收取地租等。这是拥有土地产权的最基本目的。

(5)土地处置权。土地处置权是指当事人依法处置土地的权利。包括土地的买卖、出租、抵押、入股、馈赠等,通常由土地所有权人行使土地处置权,在某些情况下,也可由土地所有权人授权土地使用者行使部分处置权。

三、中国现行农村土地制度

(一)中国现行土地所有制

根据《中华人民共和国宪法》和《中华人民共和国土地管理法》的规定,中国现行土地所有制为社会主义土地公有制,分为社会主义全民所有制和社会主义劳动群众集体所有制两种形式。《中华人民共和国宪法》第十条规定:"城市的土地属于国家所有。农村和城市郊区的土地,除由法律规定属于国家所有的以外,属于集体所有;宅基地和自留地、自留山,也属于集体所有。"第九条规定:"矿藏、水流、森林、山岭、草原、荒地、滩涂等自然资源,都属于国家所有,即全民所有;由法律规定属于集体所有的森林和山岭、草原、荒地、滩涂除外。"

1. 土地的国家所有制。土地的国家所有制是指国家依法对国有土地享有占有、使用、收益和处分的权利。国有土地属于全民所有,国家所有土地的所有权由国务院代表国家行使。土地的国家所有制具有如下特点:

(1)国家土地所有权主体具有唯一性和统一性。所谓唯一性是指国家以外任何单位和个人,在任何情况下都不能成为国有土地的所有者。所谓统一性是指只有国务院才能代表国家行使国有土地的所有权,其他任何组织或单位非经国务院授权或者批准,不能作为国家土地所有权的代表行使权利。

(2)国有土地所有权的客体具有广泛性。下列土地属于国家所有:①城市市区的土地,但法律规定属于农民集体所有的除外;②城市郊区和农村中由国家依法没收、征用、征收、征购、收归为国有的土地;③国家未确定为集体所有的耕地、林地、草地、荒地、滩涂、水域、沙漠、冰川、岛屿及其他土地。

(3)国家土地所有权的四项权能是通过法律规定将其中占有、使用、收益的权利固定给使用者,而国家仅保留土地的处分权。国有土地可依法确定给单位或个人使用。由于国家本身不直接使用土地,因此,除了未利用的土地以外,占有和使用国有土地的权利一般由具体的单位和个人取得。国有土地的收益权能一部分由土地使用者实现,一部分由国家通过收取土地使用权有偿使用费来实现。由于我国法律禁止土地买卖,因而国家对国有土地的处分权主要是对土地的使用权而言,即划拨、出让或者确认、收回土地使用权的权利。有偿取得的国有土地使用权,可以依法转让,则说明国家土地所有权中的处分权权能有一部分也可以由土地使用者行使。

2. 土地的集体所有制。土地的集体所有制表现在法律上就是农民集体土地所有权。集体土地所有权指农民集体对其所有的土地依法享有的占有、使用、收益和处分的权利,是土地集体所有制在法律上的表现。所谓农民集体应具备三个条件:①必须有一定的组织形式、组织机构。如集体经济组织或者村民委员会和村民小组;②应当具有民事主体资格,即被法律承认的能够依法享有权利和承担义务的组织;③集体成员应当为长期生活于该集体内的农业户口村民。

集体土地所有权的各项权能可以结合,也可以独立。集体土地所有者有权依法直接使用自己拥有的土地，也可以依法将土地划拨给本集体内部成员使用，还可以以土地使用权为条件与国有或城市集体所有制企业联营，使土地所有权与使用权分离。

农民集体所有的土地，依照法律分别属于村农民集体、乡（镇）农民集体和村内两个以上的各农业集体经济组织的农民集体所有。它们之间在土地所有权上是平等的、相互独立的，没有隶属关系，都是可以单独承担义务和享受权利的民事主体。

（1）村农民集体土地所有权。村农民集体所有权是集体土地所有权中的重要形式。《土地管理法》第十一条规定："农民集体所有的土地依法属于村农民集体所有的，由村集体经济组织或者村民委员会经营、管理。"村的概念在法律上是指自治村（俗称行政村），即设立村民委员会机构的农民集体。

（2）乡（镇）农民集体土地所有权。乡（镇）农民集体所有的土地属于全乡（镇）农民集体所有，一般由乡（镇）办企事业单位使用，也可由乡（镇）内村农民集体或个人使用。《土地管理法》第十一条规定，集体所有的土地，"已经属于乡（镇）农民集体所有的，由乡（镇）农村集体经济组织经营、管理。"但人民公社体制解体以后，乡（镇）集体经济组织在全国没有统一的模式，许多地方没有建立相应的组织机构，乡（镇）农民集体所有的财产，包括土地一般由乡（镇）人民政府代管并代行所有权及其他财产权。

（3）村民小组农民集体土地所有权。继《土地管理法》第十一条所规定的"已经分别属于村内两个以上农村集体经济组织的农民集体所有的，由村内各该农村集体经济组织或者村民小组经营、管理。"村民小组一般是对应于过去的生产队。这种村内的社区性组织是否具有集体土地所有权的主体特征，可以从两个方面来考察：一是各个农村组织之间是否仍然明确保持着过去生产队时期的土地权属界线；二是这些农村组织自己认定的界线内的土地有无法律规定的占有、使用、收益、处分的权利，即排他性、独占性权利。

3. 土地所有权的行使。土地所有权的行使，是指国家或农民集体依法实现对国有土地和集体土地占有、使用、收益和处分权能的行为。

（1）行使土地所有权的方式。国家作为土地所有权人，有权依法占有、使用、收益和处分国有土地，其他任何组织或个人不得妨碍和干涉。国务院是国有土地所有权的代表，在国有土地的具体经营和管理上，既可以直接行使有关权利，也可以授权地方政府或委托国有公司行使。农民集体土地所有权受国家法律保护，并在国家法律、法规限定的范围内行使，这些限制主要有：①农村集体土地所有权的转移仅限于国家建设征收一种形式；②矿产资源属于国家所有，地表或地下的矿产资源不因土地所有权或使用权不同而改变；③行使农民集体土地的所有权时，必须限制在法定范围内，不得以任何借口行使所有权而任意处分自己的土地，不得损害社会公共利益、邻里单位和公民的合法权利，如破坏游览区、自然保护区，污染环境，截取水源以及任意收回和妨碍农民对自留地、自留山、承包地的合法使用权和经营权。

（2）行使土地所有权应遵循的基本法律要求。十分珍惜和合理利用土地，切实保护耕地的基本国策是行使土地所有权的基本法律要求。土地资源的特殊性和稀缺性决定了必须合理利用土地。为此，《民法通则》《土地管理法》有关条文都规定了土地使用者具有管理、保护和合理利用土地的义务。

（3）行使土地所有权的限制。①禁止买卖或以其他形式非法转让土地。国有土地使用权可以出让、转让、出租、抵押，但国有土地的所有权不得买卖，也不得以赠予、破产还债等形式非法转让。农民集体土地所有权除采取征收方式外，其他任何组织和个人不得买卖或以其他形式转让集体土地。②禁止滥用土地。滥用土地是指土地所有权人或土地使用权人超出法律规定的权限范围使用土地，从而损害社会公共利益和他人合法权益的行为。如擅自改变土地用途，未经合法手续允许他人使用国有或农民集体土地，任意收回或剥夺土地合法使用权和经营权等行为。

（二）中国现行农村土地使用制度

家庭承包经营制度是我国农村土地使用的基本制度，该制度以农村土地所有权与使用权的分离为基础，将农村土地的使用权均分到户，通过劳动努力与获得劳动剩余直接挂钩的形式，形成激励机制，提高农民的生产积极性。家庭承包经营从耕地承包开始，但随后对草地、林地等农村土地资源的承包使用也做出了相应的法律规定。实行家庭承包经营，解决了由于农业劳动成果的最后决定性和难以准确计量的问题，使平时的劳动与最终的劳动成果挂起钩来；适应了农业生产需要灵活决策的特点，使农民的积极性和主动性得到了充分的发挥；同时由于家庭经营劳动激励多样，不仅将监督成本降低为零，而且家庭的半、辅劳动力都得到了充分利用。因而家庭承包经营成为我国农村土地使用的基本制度。

国家法律规定，农村土地属于农民集体所有，属于集体成员的农民，以户为单位，通过承包经营形式获得农村土地使用权。有关农民以承包形式获得土地使用权的制度内容，随着农村经济的发展而不断丰富。目前，农民所拥有的使用权实质已包括现代产权体系中所概括的各项权能，即包括占有权、使用权、抵押权、收益权及部分处置权。具体表现在农民占有土地，对土地可以直接支配和控制，可以在土地限定的用途内，根据土地的自然性质，享有生产经营决策权、产品处分权和土地收益权，并可根据需要将土地的使用权依法有偿转让。目前，农村土地使用制度的主要内容有以下几个方面：土地承包期长期不变；实行“大稳定、小调整”；提倡“增人不增地，减人不减地”；允许农村土地使用权依法有偿转让；有条件的地区实行土地适度规模经营；“四荒”地使用制度；林业用地使用制度；牧草地使用制度；土地承包权的继承制度。

（三）中国现行农村土地利用与管理制度

农村土地利用是人类占有农村土地的最终目的，农村土地管理是为了更有效地利用土地。农村土地利用与管理的主要内容包括：农村土地利用规划，农村土地开发、整理与复垦，农村土地合理利用与耕地保护，农村土地用途管制，农村土地征用等。

1. 土地利用总体规划。土地利用总体规划是根据经济社会发展总目标，为合理开发利用土地资源，协调分配国民经济各部门用地，保护农业土地资源，妥善安排各项建设工程用地而提出的合理组织土地利用的方案。土地利用总体规划的总要求是，各级人民政府应当依据国民经济和社会发展规划、国土整治和资源环境保护的要求、土地供给能力以及各项建设对土地的需求，组织编制土地利用总体规划。各级地方人民政府编制的土地利用总体规划中耕地保有量不得低于上一级土地利用总体规划确定的控制指标。省、自治区、直辖市人民政府编制的土地利用总体规划，应当确保本行政区域内耕地总量不减少。县级土地利用总体规划应当划分土地利用区，明确土地用途。乡（镇）土地利用总体规划应当划分土地利用区，根据土地使用条件，确定每一块土地的用途，并予以公告。

2. 农村土地开发、整理与复垦制度。政府鼓励单位和个人按照土地利用总体规划，在保护和改善生态环境、防止水土流失和土地荒漠化的前提下，开发未利用的土地；适宜开发为农用地的，应当优先开发成农用地。国家依法保护开发者的合法权益。

开垦未利用的土地，必须经过科学论证和评估，在土地利用总体规划划定的可开垦的区域内，经依法批准后进行。禁止毁坏森林、草原开垦耕地，禁止围湖造田和侵占江河滩地。根据土地利用总体规划，对破坏生态环境开垦、围垦的土地，有计划有步骤地退耕还林、还牧、还湖。

开发未确定使用权的国有荒山、荒地、荒滩从事种植业、林业、畜牧业、渔业生产的，经县级以上人民政府依法批准，可以确定给开发单位或者个人长期使用。政府鼓励土地整理。县、乡(镇)人民政府应当组织农村集体经济组织，按照土地利用总体规划，对田、水、路、林、村综合整治，提高耕地质量，增加有效耕地面积，改善农业生产条件和生态环境。各级地方人民政府应当采取措施，改造中、低产田，整治闲散地和废弃地。

因挖损、塌陷、压占等造成土地破坏，用地单位和个人应当按照国家有关规定负责复垦；没有条件复垦或者复垦不符合要求的，应当缴纳土地复垦费，专项用于土地复垦。复垦的土地应当优先用于农业。

3.合理利用土地和保护耕地制度。耕地是土地资源中最精华的部分，在农业生产中，耕地不仅是劳动力和其他生产资料的活动基地，而且直接参与产品的形成，是人类不可缺少的劳动资料和劳动对象。耕地的利用既受自然条件的限制，又受社会、经济、技术条件的影响。耕地的利用状况反过来又会影响社会经济的发展和生态环境的保护。耕地资源的稀缺性以及在整个自然资源中的不可替代性决定了耕地资源保护与可持续利用的重要性。

耕地保护就是要通过一些经济、技术、制度的手段，保护有限的耕地资源，实现耕地资源的可持续利用。合理利用土地和保护耕地的制度规定主要有以下几个方面：国家实行基本农田保护制度，严格控制耕地转为非耕地，实行占用耕地补偿制度，提高土地利用率等。

4.农村土地用途管制制度。所谓农村土地用途管制，是指国家为保证农业土地资源的合理利用，经济、社会和环境的协调发展，通过编制土地利用总体规划，划定农业土地用途区，确定土地使用限制条件，土地所有者和使用者必须严格按照国家确定的用途利用土地的制度。它包括对土地用途进行合理分类，通过土地利用总体规划划分土地利用区，确定各区土地使用的限制条件，明确土地使用权性质，对土地用途变更实行审批制，实行土地利用监督管理，建立违反土地用途的处罚机制。我国的土地用途管制政策总方针是：强化土地利用总体规划在土地用途管制中的地位和作用；严格实行农用地转用用途管制；规范建设用地审批管理。

5.农村土地征用制度。农用地征用是国家依照法律规定的条件，将农村集体经济组织所有的土地收归国有，以满足国家企事业单位及发展公益事业需要。根据1982年5月4日国务院公布实施的《国家建设征用土地条例》等规定，农村集体土地被征用后，土地所有权属于国家，用地单位只有使用权。《中华人民共和国宪法》第十条规定：“国家为了公共利益的需要，可以依照法律规定对土地实行征收或者征用并给予补偿。”但农村土地征用应当符合土地利用总体规划和土地利用年度计划中确定的农村土地转用指标。国家征用农用地实行审批和登记制度，国家征地实行补偿和安置补助制度。

第四节　农村土地经营权及其流转

一、农村土地经营权

(一)农村土地经营权的发展脉络

改革开放之初，在坚持农村土地集体所有的前提下，把土地承包经营权赋予农户家庭，实行家庭联产承包责任制，实现了所有权与承包经营权的“两权分离”，所有权归集体，承包经营权归农户，极大地调动了亿万农民积极性，对促进农业、农村经济发展和农村社会稳定发挥了重大作用。随着我国工业化、城镇化深入推进，大量农业人口转移到城镇，农村土地经营权流转规模不断扩大，土地承包权主体和经营权主体分离的现象越来越普遍，同时为了更好地破除妨碍土地、劳动力等要素自由流动，将土地承包经营权分为承包权和经营权，实行所有权、承包权、经营权(以下简称“三权”)分置并行。“三权分置”既与土地集体所有、家庭承包经营权的“两权分置”制度一脉相承，更是农村土地产权制度的又一重大创新。“三权分置”是农村基本经营制度的自我完善，符合生产关系适应生产力发展的客观规律，有利于明晰土地产权关系，更好地维护农民集体、承包农户、经营主体的权益；有利于促进土地资源合理利用，构建新型农业经营体系，发展多种形式适度规模经营，提高土地产出率、劳动生产率和资源利用率，推动现代农业发展。

(二)“三权分置”中土地经营权的定位

农村土地经营权是从农村土地承包经营权中分离出的一项权能，是承包农户将其承包土地流转出去，由其他组织或者个人经营，其他组织或者个人取得土地经营权。

放活经营权是“三权分置”制度的根本出发点。改革开放之初，通过赋予广大农民土地承包权利和经营自主权，极大地解放了生产力，土地集体所有、家庭承包经营等基本制度也被确立下来，成为国家农村政策的基石，为改革向更多领域延伸奠定了基础。从赋予广大农民土地承包经营权，到允许更多从事农业生产经营的主体拥有土地经营权，以“三权分置”推进农村改革进一步深化。

放活经营权是“三权分置”制度的重要目标。合理的产权制度安排能够通过稳定预期对人们的经济行为施加影响。从产权制度的演变规律来看，土地产权制度要与社会经济发展趋势相适应，就要做到归属完整、权责明确、保护严格、流转顺畅。“三权分置”通过落实所有权、稳定承包权、放活经营权，最主要的目的就是要促进土地资源的合理配置。

放活经营权是“三权分置”制度的实践依据。随着我国工业化、城镇化的深入推进，大量农业人口转移到城镇，农村土地经营权流转规模不断扩大，土地承包权主体和经营权主体分离的现象越来越普遍。“三权分置”符合“三农”发展的实际，顺应了农民集体、承包农户和经营主体之间的需求，通过合理界定经营土地上的权利内容，厘清所有权、承包权和经营权之间的关系，极大地促进了现代农业的发展。

(三)放活经营权与坚持所有权、稳定承包权之间的关系

“三权分置”下,处理好所有权、经营权与承包权之间的关系是一个难点,直接关系到各自的权能内容和权力边界设置。

1. 土地经营权的权能属性及确认形式。自“三权分置”提出以来,关于土地经营权的权能属性,存在“债权说”“物权说”“实行物权保护的债权说”等不同观点。目前来看,将土地经营权定性为债权,同时完善其权能设置并加强保护比较符合当前实际。需要注意的是,无论经营权性质如何确定,其具体实施都不能影响国家、农民集体和承包户的合法权益。

2. 土地经营权与承包权的关系。一般说来,土地承包经营权是承包农户作为集体经济组织成员,享有对承包地占有、使用、收益以及流转等的权利。该权利赋予农户可以自己在土地上从事农业生产经营,也可以流转给第三方,由其从事农业生产经营。在未流转情况下,承包农户享有土地承包权与土地经营权“合二为一”的权利,此时农户既作为集体经济组织成员,享有“成员权”具体体现的承包权;又作为承包地的实际经营者,享有对土地占有、使用等的经营权。在流转情况下,第三方经营者通过合同的形式,在一定期限内,以支付给原承包方租金为代价,利用承包方对土地的占有、使用等权能从事农业生产经营,并获得相应收益。为更好地界定和维护承包农户与第三方经营者各自的农地权利,也便于农民群众的理解与接受,可以将承包农户的土地承包经营权“一分为二”成土地承包权和土地经营权。也就是说,在单独谈及土地经营权时,一般就是指第三方经营者的土地经营权。

3. 土地经营权与所有权的关系。对于已经实行家庭承包的农村土地,所有权不直接派生经营权,但在各自的行权过程中仍会相互制约。一方面,所有权的行使不得阻碍经营权的行使,如农民集体不能无故干预、阻挠和破坏经营主体的合法经营行为;另一方面,经营权的行使仍然受制于所有权,如农民集体有权阻止经营主体损害、破坏土地和农业资源的行为等。

(四)土地经营权的主体及其主要权能、义务

1. 土地经营权流转主体。土地经营权流转的主体是承包方,承包方有权依法自主决定土地经营权是否流转和流转的方式。在土地经营权流转过程中,依法流转土地经营权的一方当事人,即接包方应为土地经营权的主体,而不是发包方。

2. 接包方的主要权能

(1)继受间接占有。占有权能是指权利主体对权利客体实际掌握、控制的权能。行使占有权是行使使用、收益及处分权能的前提。对于占有的取得方式,有“原始取得”与“继受取得”。前者需要占有人创设占有的意思,而后者则需要原占有人的“交付意思”与取得人的“取得意思”。土地承包农户与第三方经营者签订流转合同后,作为原占有人的承包农户就将土地及相关权利“交付”给第三方经营者,后者也即“取得”土地及相关权利。

(2)自主有偿使用。一般认为,使用权是指不改变权利客体的本质而依法加以利用的权利。第三方经营者获得土地经营权后,对流转土地在一定期限内享有事实与法律上的占有,在不改变土地用途和不对耕地造成永久损坏的情况下,可以根据合同的约定以及对市场行情的把握,自主选择决定在流转土地上“种什么、种多少、何时种”等生产过程中的具体问题,承包农户和发包方不得干涉第三方经营者依法进行正常的生产经营活动。

(3)全额农产品处置收益及相关补贴收益。第三方经营者在土地上进行耕种，通过劳动生产出一定的产品，获得产品的所有权，他有权自主处置产品，既可以自己消费这些产品，也可到市场上出售，获得经济上的全额农产品处置收益。农业补贴是国家对弱势农业的一种扶持，实际从事农业生产的第三方经营者理应成为补贴的直接受益者。

(4)发包方和承包方同意下的"再流转"与抵(质)押处分。处分权能是权利中一项核心权能，是最基本的权能。第三方经营者的处分权能主要表现为其对经营权的流转权。由于第三方经营者的经营权来自承包方，因而经营者对经营权再次流转的，应当征得承包方和发包方共同同意，不能滥用其权利，同时应明确经营权再流转应限定在一定次数内，以防止对农地的投机炒作。此外，第三方经营者可以在征得承包方和发包方同意后将经营权抵(质)押，但抵(质)押不影响承包方的承包主体地位。

(5)土地妨害排除与妨害防止。对于土地第三方经营者来说，当其流转土地遭受无须容忍的妨害时，其有权请求妨害排除。例如，当流转土地因周围化工厂的污水排放而导致土地变性，结果土地上农作物产量大幅度下降时，第三方经营者有权请求化工厂排除这一妨害，并可要求赔偿。

(6)土地征收地上物相关补偿。当土地因公共利益而被依法征收时，除承包户有权获得足额补偿外，第三方经营者作为土地的实际耕作者，对其投资的地上物也应有合理的补偿。具体补偿办法，则需要各利益相关主体具体协商。

3.接包方的主要义务

(1)按时足额支付租金，并保持合理的浮动。第三方经营者有义务按时足额支付租金，这是其最主要义务。如果不按时足额支付租金，流出方有权立即终止合同，而不必等到流入方迟延支付达到一定程度。

(2)合法利用农地，不得改变农地用途，确保农地农用。农地用途管制是国际通行规则，作为具体从事农业生产的第三方经营者，在获得土地经营权的同时，就伴有接受用途管制的义务。第三方经营者必须接受国家土地用途管制和规划控制，不得擅自改变土地的农业用途，使农地转为非农业用地。

(3)合理利用农地，不得对农地造成永久性损害，确保农地可持续利用。在流转期限内，第三方经营者必须主动按照合同约定内容，合理地利用土地，不能对农地进行掠夺性开发和经营，更不能对农地造成永久性损害。例如，不能随意在农地上挖坑、挖鱼塘、水田改旱地等。此外，第三方经营者必须接受集体和承包农户日常的监督，未能合理利用农地的，集体和承包农户有权制止。在合同期满后，第三方经营者有义务将土地恢复原状后返还给流出方。因基础设施等地上附着物无法恢复的，第三方经营者可以请求流出方以补偿的形式给予"购买"。

二、农村土地经营权的流转

(一)农村土地经营权流转的方式

根据《中华人民共和国农村土地承包法》(2019年)第三十六条的规定，通过家庭承包取得的土地经营权可以依法采取转包、出租、互换、转让或者其他方式流转；承包方可以自主决定依法采取出租(转包)、入股或者其他方式向他人流转土地经营权，并向发包方备案。

1. 土地经营权转包。土地经营权转包是指在承包期内，承包方把自己承包的土地，在约定的期限内全部或部分转给本集体经济组织内部的其他农户耕种。土地经营权转包并不变更原土地承包合同。

2. 土地经营权出租。土地经营权出租是指承包方将自己承包期内承包的土地，在一定期限内全部或部分租赁给本集体经济组织成员或者本集体经济组织以外的单位和个人，并收取租金的行为。出租与转包类似，差别在于接受土地经营权的对象不同。

3. 土地经营权互换。土地经营权互换是指土地承包方将自己的土地经营权交给他人行使，自己行使从他人处换来的土地经营权。土地经营权互换表现为互换双方当事人依法承包的承包地。互换的目的是便于生产。

4. 土地经营权转让。土地经营权转让是指在承包期内，土地经营权人将其依法享有的土地经营权依法以一定的方式和条件转移给他人的行为。土地经营权转让的当事人是承包方和受让方，并且应当签订书面的土地经营权转让合同，在平等协商的基础上约定双方的权利和义务。

5. 土地经营权入股。入股，是指允许农户以土地经营权入股，从事农业股份合作经营，具体形式可以多种多样。农户以土地经营权入股从事农业股份合作，入股合作方不限于发包方本集体经济组织成员，也可以是本组织以外的单位或个人。

6. 土地经营权托管。托管，是指承包农户将承包的土地在一定时期内委托其他农户或者社会化服务组织代为经营管理，委托方向受委托方支付一定的费用，原土地承包关系和收益权不变，许多外出打工、劳力不足的农户往往采取这种形式。

7. 土地经营权反租倒包。反租倒包，是指集体或单位、个人以一定的租金将农户承包地土地租赁后，经过投资开发或者改善生产条件后，再重新发包给单位或农户经营。反租倒包原承包方出租的只是其承包土地使用权，而承包权不变。

(二)农村土地经营权流转的原则

1. 平等、自愿、有偿原则。土地经营权的转让方和受让方作为土地经营权流转的双方当事人，他们之间是平等的民事主体交易关系，在法律地位上是平等的。只有在这一前提下，才能保障双方在土地经营权流转中的合法权益。这种平等的法律地位是土地经营权流转的基础。只有这样，才能实现当事人就土地经营权流转相关事宜的协商。对土地经营权流转的形式、内容、条件和期限等，都由双方当事人经过平等协商之后达成共识。

除平等协商之外，土地经营权流转还必须遵循自愿原则。土地经营权的流转必须出于双方当事人完全自愿，流转方不得强迫受流转方接受土地经营权流转，受流转方也不得强迫流转方必须将土地经营权流转。流转行为不受对方或者第三方的强迫或者胁迫，这样在自愿基础上的流转行为才会是具有效率的。

土地经营权的流转应当体现其价值。土地经营权流转时，不是无偿的，农户应当获得一定的报酬。报酬的具体内容、数额、支付时间和方式，都由双方协商决定。当然，有偿流转土地经营权仅是原则，并不排斥土地经营权流转当事人基于平等、自愿协商约定无偿。当事人有此约定的，应当尊重当事人的意愿。

当事人在平等、自愿的基础上协商有偿或者无偿进行土地经营权流转，不受其他单位和个人的干涉，任何组织和个人不得强迫承包方进行土地经营权流转。这主要是针对发包方和乡镇人民政府等国家机关及其工作人员而言的，在实践过程中，由于他们的强势地位，经常会出现一些不公平的情况。这一原则是为了更好地保护转让方的利益。

2. 土地所有权性质和土地用途维持原则。我国的农村土地是农民集体所有，土地经营权是农村土地的使用权而不是所有权。因而在土地经营权流转的情况下，土地的所有权性质不因为土地经营权的流转而发生改变。农户进行土地经营权流转，只能依法将其土地经营权流转给他人，不改变承包地的所有权权属关系。承包地的用途也仅限于农业，土地经营权流转后，取得土地经营权的单位和个人不能擅自改变土地的农业用途，也不得将承包地用于非农建设。这样才符合农村土地经营权流转的目的和土地承包经营的客观要求。

3. 土地经营权流转期限受限制原则。土地经营权流转的期限，要受到土地承包合同的约束，不能超过承包合同尚未履行的剩余时间，即流转期限最长到承包期满时为止。承包方拥有的土地经营权只在承包期内有效，因此，承包方流转的土地经营权有效期限将不得超过承包期的剩余年限。流转双方未约定流转期限或者约定不明确的，受让方获得的土地经营权期限为转让方对承包地依法享有的剩余的承包期限。土地经营权流转只能将承包户依法享有的权利流转出去，而不能将自己不享有的权利流转给其他人。

4. 受让方资格限制原则。虽然转让方可以自愿选择土地经营权流转的受让方，但是法律规定受让方必须具有农业生产的能力。也就是说，并不是任何人都可以成为土地经营权流转的受让方，受让土地经营权流转的一方当事人应当具有农业生产的能力。因为第二项原则中已经确定土地经营权流转并不改变土地的用途，这就必然要求受让方继续从事农业生产经营，而不是各种非农业生产经营。如果受让方不能从事农业生产，就不能成为土地经营权流转的当事人。这是保护耕地资源所必需的原则。

5. 优先原则。土地经营权流转过程中，还要考虑优先原则，也就是本集体经济组织成员享有土地流转的优先权。在同等条件下，本集体经济组织成员可以优先取得流转的土地经营权。这是因为承包方所流转的土地，是属于集体经济组织所有的，土地经营权进行流转，集体经济组织内部的成员理应有权优先获得流转的承包经营权。因此，承包方依法流转土地经营权，应当首先考虑本集体经济组织成员作为受让人。赋予本集体经济组织成员在同等条件下享有优先权，符合我国农村土地承包经营的实际需要，对保护农民的利益具有重要意义。

数字资源 5-1
中华人民共和国土地管理法

数字资源 5-2
中华人民共和国农村土地承包法

第五节 水资源的合理配置与利用

一、水资源的概念与经济学特性

(一)水资源的概念

水资源通常是指对一个国家或地区来说具有经济利用价值并可以不断更新的那部分淡水量,包括地表水、土壤水和地下水。大气降水是恢复和更新水资源的基本来源。水资源虽然是一种可再生资源,但并不是取之不尽、用之不竭的,而是一种有一定限量、无法替代、极易受污染的宝贵资源。

水是人类和地球上的一切生物赖以生存繁衍和社会经济发展不可缺少的宝贵自然资源。没有水就没有生物,也就根本不会有人们的生产活动和社会活动。在当今世界上,由于经济发展和人口增加,人类对水资源的耗费日益增长,水资源短缺的矛盾已引起了世界各国的普遍关注,被视作与粮食、能源等相提并论的一个严重的社会经济问题。

水资源对农业的重要性是显而易见的,水是农业的命脉。水既是农业生物生理组成的不可缺少的物质,又是参与农业生产中物质和能量转化的重要因素,而且还对包括地貌、植被、土壤等自然地理环境的形成具有决定性的影响,以至制约着农业布局、农业生产结构及生产发展方向。因此,认真研究解决好水资源的问题对农业至关重要。

(二)水资源的经济学特性

1. 水资源通过降雨、降雪等方式可以自然循环补充。水在自然蒸发、植物吸收利用和人类开发利用等消耗后,只要该地区的水文、地质、大气状况不变,尽管水资源的总存量随时间有波动,但不会枯竭,水资源可以自然补充重复利用,其经济收益可以随时间坐标无限延续。

2. 水资源同其他矿产资源相比,其利用只能是自然状态,不能通过人工提炼而在体积上或在经济价值上得到浓缩。从市场流动状况看,具有开采价值的化石能源或其他矿产资源都已经过自然浓缩过程,而且还可以人工加以浓缩,使其经济价值不断增大,进而远距离市场配置的运输成本相对其经过浓缩的产品价值来说较为低廉,而且也便于运输。而对水的利用只能是其自然状态,体积上不能够浓缩,经过加工的饮用水虽然经济价值有所提高,但却非常有限,这样运输成本就相对较高。水作为自然赐予物,如同空气一样,尽管重要,但自然界中的水是不用付费利用的,其最初和最基本的利用,是为了水源区域生物与人类的生存,而不是为了经济利益。而矿产资源则不同,尽管也是自然赐予的,但其最初的利用就是为了经济利益,所考虑的市场远大于矿区范围,因而其远距离运输在经济上也必然可行。

3. 水资源既是生产对象的主体,又是生产对象的载体或媒体。不论是矿产资源还是生物资源,它们都是生产对象的主体,即从生产资源到最终产品。水资源不仅是生产对象的主体,如自来水、矿泉水的生产,而且还是生产的载体或媒体,如动植物生产、水能、航运等。

4. 人类对水资源循环上不能实施有效的人工控制。水资源在给人类带来许多正效应的同时,还会带来负效应。由于水自然循环的不规则性,往往在一定时间和空间范围内形成自然供给不足或过量,造成干旱或洪涝灾害,人类不能对其实行完全有效的控制。这显然是一种经济负效应，不仅其自身的主体与载体功能发挥不出来，而且还会对其他经济资源带来破坏。

5.水资源的自然供给无弹性，需求呈刚性。水资源的自然供给与市场需求及价格无关，不随人们的主观意志而转移。然而人类生存离不开水，人类所食用的动植物都依赖水而生存。缺少水，矿产和生物资源的开发利用就要受到限制，人类的经济活动就会受阻。所以水资源的开发利用不仅仅是一个经济问题，而且还是一个社会和生态问题。水资源的这一特性要求人口数量、经济规模和农业生产必须考虑水的可供性，否则过大的无弹性需求会导致整个经济系统的崩溃。

二、中国水资源状况与面临的问题

中国水资源在时空分布上很不平衡。从时间分布看，中国大部分地区夏秋多雨，春冬少雨雪，年降水量的1/3到1/2集中在夏、秋之交，同时不同年份之间的降水量差别比较大，尤其是北方这种情况更加突出。从空间分布看，因受季风气候影响，各地降水量差距很大。东南沿海地区的年降水量达1 600毫米以上，西北内陆地区年降水量不足400毫米，有相当大一部分地区年降水量不足200毫米。此外，水资源分布与土地、耕地的分布也很不协调。南方四区（包括长江、华南诸河、东南诸河和西南诸河）水资源总量占全国的81%，而土地面积却只占全国的36.4%，耕地面积占35.9%；北方四区（包括东北诸河、海河、淮河和山东诸河、黄河）占全国土地面积的28.2%，耕地面积的58.3%，但水资源却只占14.4%。这种不协调的状况，对工农业的发展都带来了不利影响。受水资源的自然禀赋、经济社会规模与发展阶段以及全球气候变化等因素的影响，我国正面临着四大水资源问题。

（一）水资源供需矛盾突出

中国水资源条件先天不足，根据世界银行发表的《2013年世界发展指数》报告显示，2011年中国人均淡水资源量为2 093米^3，不足世界人均占有量的1/3，在水资源有统计的国家中排名120多位，位居后列。我国耕地面积大，亩均水资源量为1 440米^3，约为世界平均水平的1/2。我国水资源时空分布很不均匀，与耕地资源和其他经济要素匹配性不好，加上工程设施体系的不完善，华北、西北、西南以及沿海城市等地区水资源供需矛盾突出，正常年份全国缺水达500亿米^3。

（二）水环境污染严重

我国地表水体和地下水体污染十分严重，点源污染不断增加，非点源污染日渐突出，水污染加剧的态势尚未得到有效遏制。2010年全国水功能区达标率为46.0%，全国667个地表水集中式饮用水水源地中，合格率达100%的水源地占评价总数的53.1%，全年水质均不合格的水源地有37个，占评价总数的5.5%。全国763眼监测井中，水质为Ⅳ-Ⅴ类监测井占62.0%。目前我国水污染呈现出复合性、流域性和长期性，已经成为最严重和最突出的水资源问题。

（三）水生态系统退化

受经济社会用水快速增长和土地开发利用等因素的影响，我国水生态系统退化严重，江河断流、湖泊萎缩、湿地减少、水生物种减少和生态环境退化等问题突出，淡水生态系统功能整体呈现"局部改善、整体退化"的态势。北方地区地下水普遍严重超采，全国年均超采200多亿米^3，现已形成160多个地下水超采区，超采区面积达19万千米^2，引发了地面沉降和海水入侵等环境地质问题。

(四)极端事件频发

全球气候变化加剧了自然水循环的速率，增加了与气温、降水相关的暴雨、干旱、台风等极端气象事件发生增加的概率。近年来，我国洪旱灾害发生的频度增强，北方地区主要农业区的干旱面积呈现扩大趋势：1990年以来华北和东北地区干旱趋重；近年来，特大旱涝事件发生频繁，如2003年和2007年淮河大水，2005年珠江流域大水，2006年川渝大旱，2008年新疆大旱，2009年北方大旱，2010年西南地区特大干旱，2011年北方干旱等；此外，人为的突发性水污染事件、城市供水系统故障事件发生的频率也在增加。

三、水资源的合理配置与利用

水既是一种重要的自然资源，又是一种重要的经济资源。水资源的配置和利用不仅关系到农业的可持续发展，而且还关系到工业化和城市化以及人民生活水平的提高。因此，单纯任何一种措施都难以全面解决水资源的配置和利用问题，必须考虑建立多种运行机制，采取综合治理的办法。

(一)建立水资源配置和利用的市场机制

水资源既然是一种重要的经济资源，就应该在水资源配置和利用过程中让市场机制发挥基础性的作用。自然界中的水是没有价值的，因为水中没有凝结人类的劳动。一旦水要达到人们可利用的程度，就要修建一系列的设施，购置各种各样的设备，还要投入大量的活劳动，这些都构成水的供给成本。因此，水的供给价格必须考虑它的生产成本，一方面，低价或无偿的水供给，要么是政府财政不堪重负，要么是供水企业难以为继，水的供给减少；另一方面，低价或无偿的水供给，降低了生产者的生产成本和居民的生活费用，这必然会使人们增大对水的需求或浪费。然而，水市场的建立，在地区和产业之间必须有所区别。随着城市化和工业化水平的提高，城市居民和非农产业对水的需求必然大量增加。中国已达到了工业化的中期阶段，城市居民的生活也达到了小康水平，水的供给价格应该参照供给成本加平均利润加以核定，使非农产业和城市居民真实地感受到水的商品性，通过价格机制来调节非农产业和城市居民对水的需求。然而在农村和农业中，完整意义上的水市场还难以建成。如果农村居民的生活用水来自集中供给，水的市场就可以建立。但是中国绝大多数农村居民的生活用水是自我抽取地下水或担取河水，这样，水的市场就无法建立。至于农业生产中的用水情况也比较复杂。有些农民采集的是天然降水，这就形不成市场，并且政府在财力和技术上还要给予一定的支持；有些农民抽取地下水和河水，这些水属于公共资源，也不能够形成市场，但可考虑通过政府收取水费的办法，来调节农业上的用水量。要改变现在按耕地面积收取水费，而按用水量来收费；有些农民的灌溉用水来自灌区供水，就要让农民承担部分供水成本。对农业用水收费将产生巨大的管理成本，但不收费必将造成农业用水的巨大浪费。水费的收取必将增加农业生产成本，降低农民收入。从农业可持续发展的角度来考虑，对农业的某些用水收取费用，将有利于节约用水。收取的水费应用于补贴节水灌溉的设施和设备，从而使节水农业变为现实。

(二)建立水资源配置和利用的利益调节或补偿机制

中国水资源在地区和季节的分布上都表现为严重的不均,要充分地利用水资源,就要对水资源进行拦蓄和输送,这种水资源的重新配置,造成了不同地区之间经济利益的得失不同。一般来说,水资源的重新调配,收益多发生在用水区,许多成本则发生在水源区。如果没有合理的经济利益调节或补偿机制,很可能得不到成本承受人和地区的主动配合。其结果一是影响工程效应的充分发挥;二是部分人和地区利益受到伤害。这都有悖于市场经济条件下资源配置的原则要求。从国民经济总体上看,从用水区的收益角度出发,水资源的跨流域或跨地区调配是符合效益原则和有利于经济发展的。但从水源区的经济利益出发,调水可能会引起可计量的或不可计量的损失。水资源所有权属于国家,但其自然使用者也拥有使用权。因此,从理论上讲,水资源租金的一部分应偿付给自然使用者。可见,不论是成本补偿还是资源租金分享,水源区的利益都应得到保障。建立水资源重新配置的利益调节或补偿机制,有利于实现农业的可持续发展。

(三)建立水资源配置和利用的国家宏观调控机制

水资源、特别是大江大河的水资源是一种典型的公共资源。单纯的市场机制可能会造成水资源配置的失灵。例如,黄河上中游由于缺乏统筹规划,一些地方从自身需要出发,大量修渠引水。20 世纪 90 年代,黄河年均引水量达 320 亿米^3,是 1949 年的 4 倍多。上游一些地方引用黄河水后,采用大水漫灌、串灌方式,造成水资源的大量浪费。黄河上游的宁蒙灌区灌溉定额高达 12 300～17 100 米^3/公顷,是下游引黄灌区的 4～6 倍。上游盲目引水,使得下游水量急剧减少,在 1972—1997 年的 26 年中,黄河在山东境内有 19 年出现断流。后来经过国家对黄河水的统一调度,情况才有所缓解。很显然,在市场经济条件下要合理地配置水资源,国家还必须进行适度的宏观调控,如规定各地区的用水配额,根据用水量收取一定的费用,以促使用水单位节约用水和水资源的均衡利用。水资源又不同于其他商品,其市场配置受到空间位移的限制。包括调水工程在内的水利建设都具有公共产品或准公共产品的特性。从客观上讲,供求的市场力量常常不足以跨越空间障碍完成市场交割,特别是大型的引水工程,投资量大,涉及的区域多,令单个的供给者和需求者望而生畏。只有政府和公共财力才有可能满足工程建设的要求。因而即使是在市场经济条件下的资源配置,也需要政府的宏观调控。

(四)建立水资源配置和利用的技术创新和推广机制

由于水资源的有限性或稀缺性,使得农业可持续发展必须走节水农业的道路。而要发展节水农业,除了经济、行政和法律的措施以外,还必须有节水的技术措施。节水农业技术创新和推广的动力来自两个方面,一个来自市场,另一个来自政府的行政推动。如果农业节水技术能够形成有形的商品,则市场力量会推动这类技术的进步。这类技术进步多触角、多方位、反应快、周期短、效益好,如喷灌、滴灌和微灌设备等。如果农业节水技术不能够形成有形的商品,农业节水技术就难以商品化,则推动这类技术进步的力量将主要来自政府。这类技术进步是非市场经济的产物,往往反应慢、时间滞后、周期长,科研投资不能直接收回,但社会效益或生态效益较大,许多农业节水技术具有这类性质。因此,农业节水技术进步离不开市场和政府的共同推进,特别是离不开政府的推进。

本章小结

土地是农业最基本的生产资料，农业发展的关键是使土地得到充分合理地利用。为此，不仅要认识土地的自然特性，而且更要深刻领会土地的经济特性。中国是一个人均土地资源非常稀缺的国家，不断增长的农产品需求决定了必须走农业集约经营的道路，但由于土地报酬递减规律的作用，必须实行土地适度规模经营。合理的土地制度和土地产权安排有助于土地的合理利用，中国实行土地公有制，农村中主要是在土地集体所有的前提下，实行家庭承包制。保护农村土地经营权，并在平等、自愿、有偿的原则下推进土地经营权的流转，是实现土地适度规模经营的要求。水是农业的命脉，也是中国农业非常稀缺的生产要素。水的自然经济特性使得农业中水资源的合理利用更为复杂，为此不仅要建立市场机制，而且还要建立利益补偿或调节机制、国家宏观调控机制、技术创新和推广机制等。

复习思考题

1. 什么是土地？土地的自然特性和经济特性有哪些？
2. 土地报酬递减规律的含义是什么？试分析土地报酬的三个阶段。
3. 什么是土地粗放经营与集约经营？土地集约经营的类型有哪些？
4. 土地适度规模经营的含义是什么？影响土地适度规模经营的主要因素有哪些？
5. 何谓土地制度？它有哪些特点？
6. 产权的含义是什么？它有哪些特征与功能？
7. 土地产权的含义是什么？土地产权的权能有哪些，各自的含义是什么？
8. 中国现行的农村土地基本制度有哪些？
9. 如何理解“三权分置”？
10. 农村土地经营权流转的方式、原则有哪些？
11. 水资源的含义是什么？水资源具有哪些经济学特点？
12. 在中国该如何构建农业水资源科学合理利用和配置的机制？

参考文献

[1] 雷利·巴洛维. 土地资源经济学——不动产经济学. 谷树忠，等译. 北京：北京农业大学出版社，1989.

[2] World Bank. World Development Report. Washington, D. C.: The World Bank, 2008.

[3] 毕宝德. 土地经济学. 7 版. 4 版. 北京：中国人民大学出版社，2016.

[4] 毕宝德. 土地经济学. 北京：中国人民大学出版社，2001.

[5] 胡继连，葛颜祥，周玉玺. 水权市场与农用水资源配置研究. 北京：中国农业出版社，2005.

[6] 雷海章. 现代农业经济学. 北京：中国农业出版社，2003.

[7] 李伟伟，张云华. 土地经营权流转的根本属性与权能演变. 改革，2015(7):91-97.

[8] 李文明，罗丹，陈洁，等. 农业适度规模经营：规模效益、产出水平与生产成本——基于

1552个水稻种植户的调查数据. 中国农村经济,2015(3):4-17.

[9] 罗伊·普罗斯特曼,李平,曼汉·斯达德. 中国农业的规模经营:政策适当吗? 中国农村观察,1996(6):17-29.

[10] 钱忠好. 中国农村土地制度变迁和创新研究. 北京:中国农业出版社,1999.

[11] 曲福田. 土地经济学. 3版. 北京:中国农业出版社,2011.

[12] 王浩,王建华. 中国水资源与可持续发展. 中国科学院院刊,2012,27(3):352-358.

[13] 许庆,尹荣梁,章辉. 规模经济、规模报酬与农业适度规模经营. 经济研究,2011(3):59-71.

[14] 姚洋. 发展经济学. 北京:北京大学出版社,2013.

[15] 伊黎,魏尔万. 土地经济学. 李树青,译. 商务印书馆,1943.

[16] 翟虎渠. 中国粮食安全的战略研究. 北京:中国农业科技出版社,2011.

[17] 张曙光. 土地流转与农业现代化. 管理世界,2010(7):66-85.

[18] 赵维清,姬亚岚,马锦生,等. 农业经济学. 2版. 北京:清华大学出版社,2018.

[19] 朱道华. 农业经济学. 4版. 北京:中国农业出版社,2000.

第六章 农业劳动力

本章学习要点

- 农业劳动力的供给与需求
- 农业劳动力的转移
- 农业劳动生产率

第一节 农业劳动力的供给与需求

一、农业劳动力的概念与农业劳动的特殊性

(一)农业劳动力的概念

劳动力有狭义和广义之分。狭义的劳动力是指人的劳动能力，是人的体力与智力的总和。广义的劳动力是指具有劳动能力的人口或劳动资源，是一定区域内具有劳动能力的人的数量和质量。

农业劳动力一般是指能参加农业劳动的劳动力的数量和质量。农业劳动力的数量，是指农村中符合劳动年龄并有劳动能力的人的数量和不到劳动年龄或已超过劳动年龄但实际参加农业劳动的人的数量。农业劳动力的质量是指农业劳动力的体力强弱、技术熟练程度和科学、文化水平的高低。农业劳动力的数量和质量因受自然、社会、经济、文化教育等各种因素的影响而处于不断变化之中。

(二)农业劳动的特殊性

劳动力只有投入使用，才能发挥作用。农业劳动力主要是投入农业生产，由于农业生产有不同于其他生产部门的特殊性，因而便产生了农业劳动力的使用——农业劳动的特殊性。

1. 农业劳动在时间上具有强烈的季节性。由于农业生产的根本特点是自然再生产与经济再生产相互交织，人们的劳动必须遵循生物的生长发育规律。在生物的不同生长发育阶段，对人类劳动的需要量不同，人们要按照生产对象本身自然生长规律的要求，在不同的阶段及时投入劳动，否则就会贻误农时，影响生产。这就造成了不同季节农业劳动的项目、劳动量、劳动的紧张程度的巨大差异，产生了农业劳动季节性的特点。

2.农业劳动在空间上具有较大的分散性和地域性。农业生产深受自然条件的制约,不同地域由于自然条件不同,往往只能经营适合当地自然条件的生产项目。由于适宜条件的这种地域差异以及空间上的位置固定性,使得农业劳动不得不在广大空间上分散进行,呈现出较大的分散性和地域性。

3.农业劳动内容的多样性。农业劳动不像工业生产那样分工细致,不可能由一个劳动者常年固定在同一农活上进行同一种劳动。农业发展应走专业化生产与多种经营相结合的道路。农业生产包括众多的生产部门和项目,即使同一生产项目,在整个生产周期中的不同阶段,也需要采用不同的技术措施和作业方式,使农业劳动具有多样性。

4.农业劳动成果的最后决定性及不稳定性。农业生产的周期比较长,每个生产周期有许多间断的劳动过程组成。各个劳动过程一般不直接形成最终产品,而要等整个生产周期结束以后,农业劳动的最终成果才能体现出来。但各个农业劳动过程却相互关联,上一个劳动过程的质量对下一个劳动过程的质量或效果都有很大的影响,以致影响最终的生产成果,甚至给下一个生产周期带来影响。加上农业生产对外界自然条件的依赖性很强,从而使农业劳动的最终成果或效益具有不稳定性。

农业劳动的特点将随着农业科学技术的进步,以及农业生产社会化程度的不断提高而发生变化。充分合理地利用农业劳动力资源,必须适应农业劳动的特点,以利于确定正确的途径,采取相应的措施,不断提高农业劳动力利用率和农业劳动生产率,发展农业生产。

二、农业劳动力的供给

农业劳动力供给是指在一定时间内劳动力进行农业劳动供给的数量及质量。

(一)农业劳动力供给的基本特点

农业劳动力的供给资源主要来自农村人口资源。人口资源的状况是由社会、经济、文化和历史传统等综合状况决定的。农村社会的综合状况与城市状况相比,存在着极为鲜明的差异,促使农业劳动力的供给有其自身明显的特点。

1.农业劳动力供给的增长具有较强的经济推动力。农户不仅是一个生活消费单位,更重要的是一个生产运行单位。农户自身就是一个农产品再生产和农业劳动力再生产相统一的独立运行的社会经济单位。在科技水平相对稳定或提高相对缓慢的时期,农户为了维持生产的顺利进行和获得较高的经济收益,客观上需要一个较大的家庭人口规模。因为在以畜力、手工劳动为主的传统农业中,一个简单的农业劳动力所创造的农户经济收益,并不比一个经过教育培训的复杂农业劳动力所创造的收益低。这样农业扩大再生产主要是依靠外延扩大再生产的手段来实现,而且这种外延扩大再生产的手段就是依靠多投入简单农业劳动力的数量。所以,农户愿意以多生儿女的方式增加简单农业劳动力的投入,来扩大农户的生产规模,以获取更多的经济收益。但随着传统农业向现代农业的转变,农业劳动生产率逐步提高,使得农业对劳动力数量的依赖逐渐下降,促进农业劳动力供给增长的经济推动力也在减弱。

2.农业劳动力的供给具有较强的弹性。农业劳动力供给资源主要是来自农村人口资源,所以,农村人口资源的状况直接决定着农业劳动力供给的状况。在农村人口资源中,劳动力与非劳动力之间的界限并不十分明显,农业劳动力与非农业劳动力之间的界限也不十分严格。第一,在农村人口资源中,60岁以上的老人和16岁以下的儿童,从法律角度和经济理论来讲,都不能划入农业劳动力供给资源，但是，这两部分人口都有可能积极参与农业劳动，并且这两部分人口供给的劳动量还相当大。第二，在农户中，那些长期在外从事非农业的劳动力，在农忙季节也可能回来参加农业生产活动。第三，农业自然资源对农业劳动的承受力有一定的弹性，不像在非农产业中，资金和设备吸纳劳动力具有明显的界限，只是由于农业生产的直接收益和比较收益较低，农户才不把全部时间投入到农业生产领域中去。因此，促成农业劳动力供给具有很大的收缩性，或者说具有很强的弹性。

3. 农业劳动力总供给量过大，而有效供给又严重不足。在以畜力和手工工具为主的传统农业中，农业劳动力的生产劳动技能主要是从生产劳动实践中获得，因此，一般农户对子女的学校教育重视不够，致使农业劳动力供给资源的总体素质偏低。随着社会经济的发展，传统农业向现代农业的过渡进程在加快，要求农业劳动力具有较高的科学文化素质。但是，在传统农业生产方式中形成的农业劳动力供给资源，却不能适应现代农业发展的要求。在传统农业向现代农业转变过程中，发生了农业劳动力供给资源过大，而有效供给又严重不足的社会经济现象。

(二)农业劳动力供给的决定因素

研究农业劳动力供给必须考虑决定农业劳动力供给的决定因素及其各个因素的地位和作用。农业劳动力供给的决定因素，主要有农村人口规模及其结构、农业劳动的经济收益、农业劳动力的素质等。

1. 农村人口规模和构成，直接决定着农业劳动力的供给资源的规模和构成。农业劳动力资源基本上是由农村人口资源适宜劳动的人口资源构成的，农村人口就业也主要是在农业部门。因此，农村人口资源的规模与农业劳动力供给资源的规模呈正相关关系。农村人口的年龄构成对于农业劳动力供给的影响更加直接，农村人口各年龄组人口数量的分布状况决定着农业劳动力的变动趋势。

2. 农业部门经济效益的高低决定着农业劳动力实际供给的多少。劳动是人们谋生的手段，为了谋生和提高生活质量的需要，人们在就业选择中就偏爱那些劳动报酬高的产业部门，而不愿意到劳动报酬较低的部门就业。因此，农业部门劳动所得经济收益的高低，就决定着农业劳动力供给的多少。

3. 农业劳动力供给资源的素质状况决定着农业劳动力有效供给的多少。社会经济发展实践证明，最基本、最重要的社会生产力是人，最基本、最重要的社会经济资源是劳动力资源，尤其是掌握了一定文化知识和科学技术的劳动力资源。随着农业科学技术水平的提高和推广，以及农业生产工具的升级换代，迫切要求农业劳动力供给资源素质的提高，以适应现代科技进步和农村市场经济发展的需要。在现实情况下，农村的经济、文化、营养和教育水准要比城市低。因此，农业劳动力供给资源的素质较低，难以适应农业市场经济发展的要求。在农业现代化的过程中，身体素质和文化素质不高的农村适龄人口，就成为农业劳动力的供给资源。加之具有较高素质的农业劳动力向非农产业的转移，更加剧了农业劳动力有效供给的不足。所以在科技发展速度迅猛的时代，农业劳动力供给资源的素质状况，决定着农业劳动力有效供给的多少。

4. 农业劳动时间供给量的多少，同样是决定农业劳动力供给状况的重要因素。农业劳动时间供给有两个来源：一是参加农业劳动的每个农业劳动力每天的农业劳动时间和全年农业劳动时间的总和；二是非农业劳动力在农忙季节或其他时间参与农业劳动的时间。非农业劳动力包括未达到或超过法定农业劳动力年龄的农村人口，还包括农村社区中主要从事非农产业的劳动力在农忙季节参与农业劳动的农村人口，也包括在城市从事非农产业的劳动力在农忙季节返乡参与农业劳动的农业转移人口。农业劳动力每个工日的长短、全年劳动工日的多少，受农业气候、农业劳动对象、农业劳动手段、农业劳动力供给规模和国家法律等因素的限制。不到农业劳动力年龄的农村人口在农业部门劳动，是经济、文化落后的一种表现，是与人权的道德价值和法律规定相违背的，但在贫困落后的农村又是一种生存需要，应该在农村经济发展过程中逐渐得到克服。主要从事非农产业劳动的人口，在农忙季节参与农业劳动，是城市化、工业化和农业现代过程中的一种正常经济现象，但会随着社会经济发展水平特别是社会化服务水平的提高而逐渐减少。

三、农业劳动力的需求

农业劳动力的需求包括对农业劳动力的数量需求和质量需求两个方面。农业劳动力的数量需求是指农业部门维持再生产所必需的农业劳动力达到的一定数量；农业劳动力的质量需求是指农业部门维持再生产对农业劳动力文化、技能及健康等素质要达到一定的水平。从农业生产经营单位和国家或地区两个层面，对农业劳动力的需求分为微观需求和宏观需求。农业劳动力的微观需求是指农业生产经营单位为了维持农业生产的顺利进行和再生产，对农业劳动力的数量与质量需求；农业劳动力的宏观需求是指在现存的农业自然资源状况和生产力水平条件下，为了保证经济发展和社会对农产品日益增长的需要，整个社会对农业劳动力总量和质量的整体需求。

（一）农业劳动力需求的基本特点

1.农业劳动力需求具有数量和劳动时间的季节性。农业生产的基本特点是自然再生产和经济再生产交织在一起。在农业生产的整个过程中，不同的生产季节或不同的生产时期，对农业劳动力的数量需求和劳动时间长短的需求，存在着相当大的差异。在农作物播种季节、收获季节或出现自然灾害时期，农业生产对农业劳动力的需求非常大，对劳动时间需求很长，而且对时间的限制性相当严格；在农业生产的日常管理期间，对于农业劳动力的数量需求和劳动时间长度的需求，相对要少得多、短得多，甚至农业劳动力在一年中有很长的时间无农活可做。农业劳动力需求有数量和劳动时间季节性的特点，在很大程度上决定了农业劳动力的基本利用形式。

2.农业劳动力的需求具有技能上的复杂性。农业内部各行业对于农业劳动力生产技能的要求极不相同，即使在一种行业内部，不同品种或同一品种的不同生产时期，对于农业劳动力生产技能的要求也存在着极大的差异。因此，农业部门对农业劳动力的需求具有技能上的复杂性。由于农业部门对农业劳动力生产技能需求复杂性的特点，培养训练出一个合格的、掌握多种生产技能的农业劳动力会比培养训练出一个专业化的工业劳动力还要难得多。为了提高农业劳动力的整体素质，以满足农业部门对劳动力的需求，需要农户和社会各个方面都要付出艰辛的努力才能够做到。

3.农业劳动力需求的质量在提高、数量在减少。在农业自然资源有限的前提下，农产品社会总需求量的扩大，要求农产品商品率和农业劳动生产率都有与之相协调的增长速度。所以，农业劳动力需求的核心，是需求质量的提高，而不是数量上的扩大。然而，事与愿违，高素质的农业劳动力供不应求，低素质的农业劳动力供过于求。

（二）农业劳动力需求的决定因素

1.农业自然资源的状况决定着农业劳动力潜在需求的大小。在农业生产过程中，农业自然资源既是农业的劳动对象，又是不可替代的劳动手段。在社会对农产品整体需求相对稳定、农业劳动力素质水平和农业生产力水平变化不大的条件下，农业自然资源数量越多，农业劳动力需求的数量也越多；农业自然资源数量越少，对农业劳动力的需求数量也越少。农业自然资源质量越高，如土地肥沃、气候适宜、雨量适中，对农业劳动力的需求数量越少；反之，农业自然资源质量越低，如土地贫瘠、灾害性天气频繁，对农业劳动力的需求数量也就越多。农业自然资源的质量与农业劳动力的需求量成反比。然而，农业自然资源的最明显也是最重要的特点就是数量上的有限性，有限的农业自然资源对农业劳动力的吸纳也是有限的。因此，无论社会对农产品需求状况如何，在客观自然规律的支配下，农业自然资源的数量和质量状况，决定着农业劳动力的需求数量和质量。社会可利用的农业自然资源的最终数量也就是农业劳动力需求的潜在极限。

2.社会人口和经济状况决定着农业劳动力的宏观需求状况。①人口状况是决定农业劳动力宏观需求的基本因素。首先，总人口的规模越大，社会对农产品的需求也就越多，相应地对农业劳动力的需求也就越多；反之越少。总人口的增长速度对于农业劳动力宏观需求的变动具有巨大的影响力。其次，人们的食物构成对于农业劳动力的宏观需求也存在着较明显的影响力。现代畜牧业一般以种植业产品为能量转换来源。由于畜牧业生产比种植业生产多一次生产转化，并且能量的转化效率仅在10%左右，所以生产畜牧业产品比生产种植业产品所需要的农业劳动力数量要大得多。如果人们的食物构成以植物产品为主，则对农业劳动力的宏观需求就少；如果人们的食物构成以动物产品为主，则对农业劳动力的宏观需求量就多。②社会经济状况是决定农业劳动力宏观需求的根本因素。社会的产业结构不同，决定着社会对农业劳动力的需求量也不同。在非农产业部门中，有的部门直接以农产品为生产原料，另一些部门则无须以农产品为原料。因此，非农产业构成状况，对农业劳动力的宏观需求有很大的影响。如果在非农产业构成中以纺织、食品、造纸工业为主，由于这些工业部门必须以农产品为原料，其发展必然刺激对农产品需求量的扩大，则对农业劳动力的宏观需求也就越多；如果社会非农产业构成中，以汽车、钢铁和电子信息工业为主，则对农业劳动力的宏观需求就少。社会经济发展水平的高低，对于农业劳动力的宏观需求具有至关重要的影响力。社会经济发展水平高，意味着科学、教育、非农产业部门发达，则工农业劳动力素质好，资本有机构成高，工业劳动生产率高，对于农业劳动力的宏观需求就少；反之就多。

3.政府政策对于农业劳动力的需求状况也是一个重要的决定因素。①政府的人口政策对于农业劳动力需求状况的影响。如果一个国家的人口增长速度比较缓慢，政府可能采取鼓励人口增长的政策，人口资源的规模就会逐渐扩大，对农产品的需求也就会增加，社会对农业劳动力的需求也就会随之扩大；如果一个国家的人口增长速度过快，政府便可以采取限制生育的政策，人口的增长速度也就会减缓，社会对农业劳动力需求的增长速度也就会随之减缓，甚至可以达到农业劳动力需求的零增长。②政府的教育政策对于农业劳动力需求状况的影响。如果政府重视教育事业，全社会的科学文化素质就高，劳动力的资源素质状况就比较好，人口规模就会以正常的速度发展，全社会对于农业劳动力的需求也就会在合理的环境中适宜变动。同时，全社会的科学文化素质较高，特别是农业人口的文化素质较高，由于素质高的劳动力资源的形成，社会对农业劳动力的数量需求也就会自然降低。如果政府忽视了教育事业，全社会的科学文化素质就会低下，社会就要以劳动力的数量来弥补质量的不足，很多家庭就会盲目生育，社会对于农业劳动力的需求数量也就会扩大。

四、中国农业劳动力的供求特点

(一)农业劳动力数量大质量低

据中国统计年鉴数据显示，截至2018年年底，中国共有人口13.95亿人，其中劳动年龄人口8.97亿人，就业人口7.8亿人。乡村人口5.64亿人，占总人口比重40.4%，其中乡村就业人员数3.42亿人，第一产业就业人数2.03亿人，占乡村就业人员的59.3%。新中国成立以来，随着农村教育的发展和通过开展扫盲活动，农民的文化水平有了较大提高，但总体上仍普遍偏低。根据2016年年底全国第三次农业普查数据显示，农业生产经营人员中，未上过学占6.4%，小学占37.0%，初中占48.4%，高中或中专占7.1%，大专及以上占1.2%。中国农村劳动力不仅文化程度低，而且大多数农民缺乏现代农业知识与技术以及市场经济观念，影响了中国农业现代化的进程。

(二)农业劳动力老龄化兼业化

改革开放后，伴随着工业化、城镇化的进程，大量青壮年农业劳动力流入非农产业，农业劳动力出现老龄化现象，留在农村从事农业生产的劳动力平均年龄在50岁以上，55岁以上的劳动力数量占到33.6%(第三次全国农业普查数据)。农民不再以农业收入为主，2016年87.3%的农户农业收入占家庭总收入的比例不足50%(农业农村部全国农村固定观察点数据)。而2018年全国农民工总量已达2.88亿人，外出农民工总量为1.73亿人，打工收入成为多数农村家庭的主要收入来源，非外出农民工基本采取兼业形式兼顾农业生产和打工，这是由农业劳动时间不均衡的季节性特征造成的。农民老龄化和兼业化直接导致农业生产效率与耕地利用率的下降。

(三)农业劳动力供求矛盾突出

按照劳动力合理负担耕地面积来计算种植业所需劳动力约为1.13亿人，根据经济发展情况计算林牧渔业所需劳动力约为0.6亿人，2011年我国农业劳动力为2.70亿人，农业劳动力供求相抵，剩余劳动力仍达近1亿人。今后在一个相当长的时期内，随着农业劳动生产率的不断提高，土地资源有限，加上农村人口仍在继续增长，农业劳动力还会剩余出来，农业劳动力供大于求的问题仍会继续。

(四)农业劳动力供求状况在地区间差异较大

如果某一时期在一个地区人口聚集过多，人口密度过大，每个农业劳动力可利用的土地资源过少，就会出现农业劳动力供给过剩，需求不足；反之，如果某一时期在某一地区人口聚集过少，人口密度过小，每个农业劳动力可利用的土地等自然资源过多，就会造成农业劳动力供给不足，不能充分利用土地等自然资源。中国各地的人口密度相差悬殊，由此导致了中国农业劳动力供求状况在地区间存在着很大差异。中国东南部地区，尤其是珠江、长江三角洲人口密度较大，劳动力平均负担耕地两三亩，农村劳动力供过于求的矛盾十分突出；西北地区人烟稀少，农村劳动力相对不足，影响了自然资源的充分合理利用。

第二节　农业劳动力转移

一、农业劳动力转移的一般规律

农业劳动力转移是指农业劳动力从农业中向非农产业或城市的流动。农业劳动力转移的方式主要有两种：一是部门转移，即农业劳动力由农业部门向非农产业部门的流动。二是空间转移，即农业劳动力由农村向城市的流动。农业劳动力转移的一般规律是：

1. 随着国民经济的发展，农业劳动力会逐步向非农产业或城市转移，农业劳动力占整个社会劳动力的比重逐步下降。具体讲有以下规律：①人均 GNP 在 300 美元以下，农业劳动力占社会劳动力的比重缓慢下降，农业劳动力占社会劳动力的比重一般为 2/3 以上；②人均 GNP 为 800～2 500 美元，农业劳动力占社会劳动力的比重为 2/3～1/2；③人均 GNP 为 2 500～5 000 美元，农业劳动力占社会劳动力的比重为 1/3～1/10；③人均 GNP 在 5 000 美元以上，农业劳动力占社会劳动力的比重在 10%以下。

2. 农业劳动力向非农产业转移速度的快慢，从根本上讲取决于农业相对非农产业劳动生产率的差距。即如果差距扩大，转移的拉力就强，转移的速度就快；反之，如果差距缩小，转移的拉力就会减弱，转移速度就慢。

3. 农业劳动力向非农产业或城市转移呈现出两个阶段的变化趋势：第一阶段是农业劳动力绝对数量增加，相对比重（占社会总劳动力的比重）下降；第二阶段是农业劳动力的绝对数量与相对比重同时下降。

二、农业劳动力转移对就业市场影响的理论分析

大规模农业劳动力转移到城镇后，将会改变城镇就业市场的人力资源数量和质量构成，势必对本地劳动力的就业造成影响。从理论上看，首先，假设农业转移劳动力与本地劳动力是完全替代品，即农业转移劳动力与本地劳动力有相同类型的技能，并竞争相同类型的工作。图 6-1 给出了农业转移劳动力对劳动力市场的短期影响——假设资本不变。当农业转移劳动力进入本地市场时，劳动力供给曲线外移导致就业总人数从 N_0 升至 E_1 而工资减少（w_0 下降到 w_1）。这时由于很少有本地劳动力愿意接受如此低的工资，所以本地劳动力的就业从 N_0 下降到 N_1。从某种意义上，农业转移劳动力通过压低本地劳动力的工资使得部分本地劳动力不再认为工作值当，从而“抢走了工作”。

可见，当农业转移劳动力与本地劳动力是完全替代品时，只要劳动力需求曲线向下倾斜且工资不变，增加的劳动力将会使得劳动力市场均衡沿着需求曲线下移，降低本地劳动力的工资与就业。

当然，农业转移劳动力与本地劳动力是完全替代品的假说通常不成立，即农业转移劳动力与本地劳动力竞争的不是同类工作。比如，农业转移劳动力可能擅长某些劳动密集型的工作，

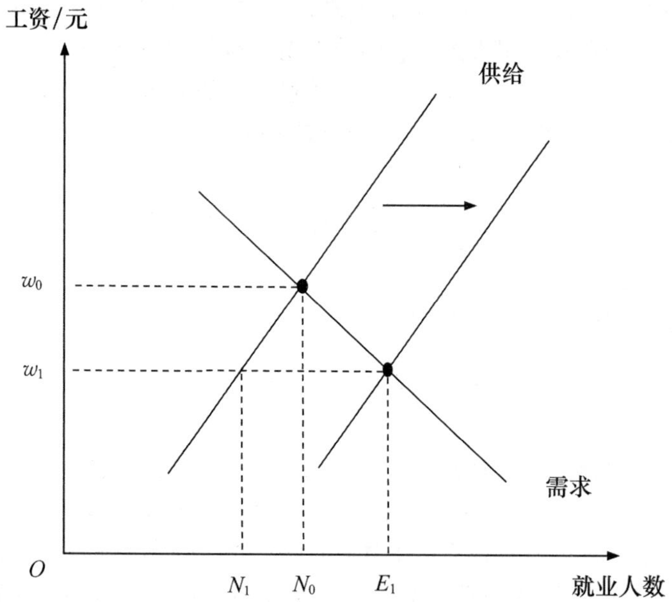

图 6-1 当本地劳动力和农业转移劳动力为完全替代品时，农业劳动力转移的短期影响
（乔治·J. 鲍哈斯，2018）.

这可以使得那些比农业转移劳动力的技能更高的本地劳动力从劳动密集型工作中转移出来，从事那些可以更好利用人力资本的工作。在这种情况下，农业劳动力转移到城镇就能提高本地劳动力的生产率，此时，本地劳动力与农业转移劳动力在劳动力市场上具有互补性。

当农业转移劳动力与本地劳动力是互补品时，大规模农业劳动力转移到城镇会提高本地劳动力的边际产品，导致本地劳动力的需求曲线上升。如图 6-2 所示，本地劳动力生产率的提高导致其工资从 w_0 提高到 w_1。此外，那些之前觉得工作不值当的本地劳动力看到市场工资上升也会有动机进入劳动力市场，因此本地就业也从 N_0 增加到 N_1。

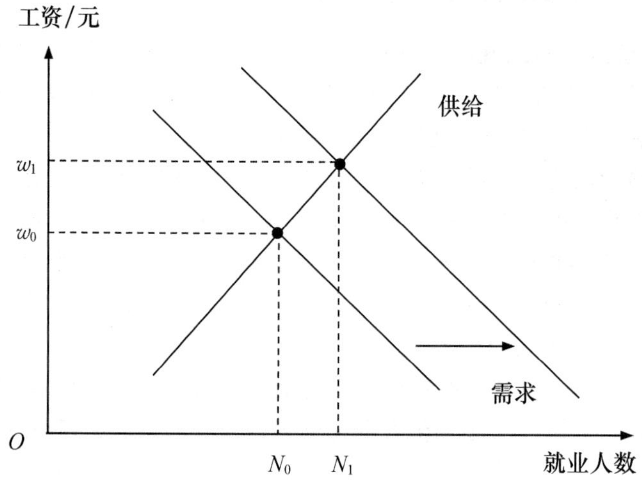

图 6-2 当本地劳动力与农业转移劳动力是完全互补品时，农业劳动力转移的短期影响（乔治·J. 鲍哈斯，2018）.

上述理论分析为短期影响，且假设资本不变，实际上，无论两类人群是替代品还是互补品，因为存在工资下降或上升，都会随着时间的推移，导致资本流入或资本撤离市场，从而削弱劳动力供给冲击所带来的短期影响。从长期均衡来看，只要生产函数是规模效益不变的，农业劳动力转移对本地劳动力就业的影响在理论上就会消失。

三、农业劳动力转移的理论模型

在二元经济结构向发达的一元经济结构转变的过程中，农业劳动力由传统农业部门向现代工业部门转移，或者由农村向城市转移，是一个必然发生的共生现象。对此，发展经济学家进行了大量的研究，提出了许多著名的理论模型。中国正处在由二元经济结构向一元经济结构的转变之中，学习和掌握发展经济学家提出的农业劳动力转移的理论模型是十分必要的。

（一）刘易斯模型

1954 年，著名发展经济学家刘易斯（W. A. Lewis）在《曼彻斯特学派经济和社会研究》上发表了一篇著名的论文，题为“无限劳动供给下的经济发展”，提出了发展经济学关于劳动力流动的第一个理论模型。其基本含义为：

1. 发展中国家一般存在着二元经济结构。一元是能够维持最低生活水平的以落后方式进行生产的含有大量剩余劳动力的农业部门，这一部门生产率低、劳动报酬低；另一元是以现代化方法进行生产的城市工业部门，它的劳动生产率和工资水平比农业部门的劳动生产率和工资水平高。

2. 传统农业部门的最大特点是剩余劳动力的存在。所谓剩余劳动力是直接对于土地资源而言，一些劳动力虽然出工出力，但是并不增加产量，其边际产量很低，低到接近零甚至负数。

3. 由于工农业之间的收入水平存在着明显的差距，农业剩余劳动力必然有一种向工业部门流动的趋势。只要农业剩余劳动力继续存在而又无人为的障碍，农业剩余劳动力将由农村源源不断地流入城市，城市现代工业部门在现行固定工资水平上能够得到所需要的任何数量的劳动力，其劳动力供给具有完全的弹性，这就是无限的劳动供给。

4. 城市现代工业部门吸收农业剩余劳动力的结果是扩大了生产，取得了更多的生产剩余，积累了更多的利润。在追求最大利润的动机下，积累的利润被转化为资本，从而吸收更多的农业剩余劳动力，再扩大生产，再取得更多的生产剩余。积累更多的利润，进一步扩大资本，如此循环往复，直到农业剩余劳动力消失，工业部门的劳动力供给不再是无限为止。

5. 在上述往复过程中，城市工业部门不断扩大生产，农业剩余劳动力不断向工业部门转移，农村人口不断进入城市，从而实现了工业化和城市化。在传统农业部门中，伴随农业剩余劳动力的不断流出，劳动边际生产率将逐步提高，农业劳动报酬的水平将逐步与工业工资水平接近，农民生活水平逐步提高，农业部门逐步进步，使传统农业部门得到了改造，二元经济结构的痕迹慢慢消失。

刘易斯模型对经济发展理论、劳动力转移理论有重大影响，在刘易斯建立这一模型的初期，受到了许多发展经济学家的赞扬，因为刘易斯的二元结构无限劳动供给模型，对许多发展中国家来说，基本上是适用的。①二元结构在由殖民地、半殖民地脱胎而来的发展中国家是一个普遍的客观存在；②在人口众多、土地有限的发展中国家、农业剩余劳动力确实大量存在，发展中国家为了谋求经济发展，必须改造二元结构使其一元化，必须鼓励农业剩余劳动力向外流动。

但是,该模型在许多方面也有不足之处:①仅强调现代工业部门的扩张,而忽视了农业的发展。按照这个模型,只要存在着现行收入低于工业工资水平的劳动力,现代工业部门的扩张就可以持续进行下去,而不管农业是否发展。事实上,农业的停滞肯定会阻碍制造业的扩张。②假定农业剩余劳动力的流入和城市工业部门就业机会的增加,在速度上是与工业部门资本积累的扩大成正比例的,现代工业部门的劳动与资本比例始终是不变的,资本积累越多,工业部门扩大越快,新的就业机会就越多,从而农业剩余劳动力可以畅通无阻地流入工业部门。然而,事实上,工业部门在扩大再生产时,往往倾向于资本密集型技术的采用,以至就业机会增加的速度会落后于资本积累的速度,从而流入城市的农业剩余劳动力的一部分将不可能得到在工业部门就业的机会。③在假定农村存在剩余劳动力的同时,城市不存在失业。显然这一假定与发展中国家的实际不符,发展中国家的城市有着大量失业人口。④把不变的工资水平作为分析的基础。事实上,随着现代工业部门的扩张,城市工资必然会相应地上升。

(二)拉尼斯-费景汉模型

1961 年,美国经济学家拉尼斯(G. Ranis)和费景汉(J. C. H. Fei)针对刘易斯模型的不足进行修正和扩展,在合作的论文《经济发展理论》中提出了拉尼斯-费景汉人口流动模型,1964 年又在《劳动力剩余经济的发展》中对此进行系统的阐述。两人认为刘易斯模型存在两个缺点:一是没有足够重视农业在促进工业增长中的重要作用,二是忽视了农业劳动生产率的提高是农业劳动力向工业流动的重要条件。为此,他们根据农业和工业两部门发展的对应关系把农业劳动力转移过程分为三个阶段:

第一阶段,是劳动边际生产率等于零的阶段。在传统农业部门存在大量显性失业人口,劳动力供给弹性无限大,他们可以由农业部门流入城市工业部门,不会影响农业生产,而且由于他们的流出,使农业部门形成的剩余农产品,正好成为流入工业部门就业人口的粮食供应(假定农业部门实行制度工资,按最低水平分配农产品)。

第二阶段,是劳动边际生产率大于零但小于不变制度工资的阶段。在农业部门存在隐蔽性失业的过剩劳动力,这部分劳动力继续流入城市工业部门,而农业总产量却不能与工业部门的劳动力同步增长。粮食的短缺必然引起农产品价格的相对上涨,因此,工业部门不得不提高工资。由第一阶段进入第二阶段的转变点被称为"粮食短缺点"。

第三阶段,是劳动边际生产率大于不变制度工资的阶段。农业部门已不存在剩余劳动力,农业部门劳动力收入不再取决于制度工资,而是按照分配原则取得收入,这意味着传统农业已转化为商业化农业,因此,第二阶段向第三阶段的转变点被称之为"商业化点",由此开始进入稳定增长的发达经济,二元结构特征消失。

在拉尼斯-费景汉模型中,第二阶段至关重要,在劳动力流动过程中,提高农业劳动生产率,促使农业发展与工业发展平衡进行,是劳动力流动进入商业化第三阶段的前提条件之一。然而,仅仅是工业和农业两部门生产率同步增长还不能保证二元经济顺利进入商业化阶段。拉尼斯和费景汉认为,在发展中国家,人口必然伴随着经济增长而增长。折旧增大了剩余劳动力的规模,从而加重了劳动力流动的负担,在人口增长的情况下,试图摆脱经济二元性,达到转折点(指农业生产率增加时,粮食短缺点与商业化点的重合点),必须使劳动力移动速度快于人口增长速度。

拉尼斯-费景汉模型存在着一些缺陷。首先，它与刘易斯模型一样，假定农业部门存在剩余劳动力，而工业部门不存在失业，并且工业工资水平是不变的，显然这与实际情况不符。其次，还假定农业劳动者的工资水平不会因农业劳动生产率变化而变化，这一点也是不合理的。

(三)乔根森二元结构模型

1967年，美国经济学家乔根森(D. W. Jorgenson)在《过剩农业劳动力和两重经济发展》一文中依据新古典主义的分析方法提出农业产量的盈余对经济增长具有决定性作用，创立乔根森模型。他从农业剩余的独特视角，通过建立“人口增长与农业剩余”“农业剩余与工业扩张”等数学模型，来分析和论证农业劳动力向城市工业部门转移的条件和过程。乔根森理论模型的主要观点是：

1. 农业剩余的产生是农业人口向城市工业部门转移的充要条件，而不存在边际生产率为零的剩余劳动力。农业剩余是农产品供农业人口消费后还剩余的那部分产品，农业剩余是农业部门产品的增长快于人口增长，即农业人均粮食供给增长率大于人口增长率的结果。只有当农业剩余出现后，才有工业部门的产生和增长，才可能出现农业人口向城市工业部门转移，因而农业剩余的出现是农业人口向城市工业部门转移的充要条件。

2. 农业人口向城市工业部门转移的根本原因在于消费结构的变化，而不是因为工业和农业部门劳动生产率之间的差距及其变化。人们的消费结构在恩格尔定律作用下必然发生变化，表现为随着收入增长和生活水平的提高，人们对粮食的需求相对减少，而对工业品的需求无论是品种、质量还是数量，均在不断增长。消费结构的这一变化，一方面使工业扩张，不仅催生了新的工业部门，而且产生了强烈的劳动力需求；另一方面农业剩余的出现，具备了农业劳动力转移出去的条件，致使农业劳动力持续向城市工业部门转移。

3. 在农业劳动力向城市工业部门转移过程中，工资水平不是固定不变，而是不断提高的，农业与工业两个部门的工资水平都决定于技术进步率和资本积累率，由于技术进步率和资本积累率总是提高的，因此工资水平是上升的。工业部门为吸引农业劳动力转移要提供高于农业部门的工资水平，随着农业部门劳动生产率的提高，农业部门的工资水平也是在不断上升的。

乔根森模型强调农业发展和技术进步，重视市场机制在劳动力转移过程中的作用，但他假设在存在农业剩余时，粮食需求收入弹性为零，这显然与事实不符。

(四)托达罗模型

1969年，美国经济学家托达罗(M. P. Todaro)发表《人口流动、失业和发展、两部门的分析》，阐述了乡村—城市劳动力转移模型。归结起来，托达罗劳动力流动模型的基本含义是：

1. 促使劳动力流动的基本力量，是比较收益与成本的理性经济考虑，这种考虑包括心理因素。

2. 使人们做出流入城市决策的，是预期的而不是现实的城乡收入差异。所谓预期的收入差异，包含两个因素：一是收入水平，二是就业概率。如果城市收入高于农村收入的1倍，只要城市失业率不超过50%，人口就会不断向城市流动。

3. 农业劳动力获得城市工作机会的概率，与城市失业率成反比。

4. 人口流动率超过城市工作机会的增长率不仅是可能的，而且是合理的。在城乡预期收入差异很大的条件下，情况必然是如此。在许多发展中国家，城市高失业率是城乡经济发展不平衡和经济机会不均等的必然结果。

托达罗模型也存在一些缺陷。其一，“个人理性”假设。尽管托达罗模型考虑到城市失业因素，但其基本假设仍离不开个体理性假设，即“经济人”假设。但是，事实上，城乡劳动力流动的微观基础是家庭理性经济决策行为，这种决策是在保证家庭基本生活和获得最大化收入之间的一种风险——收益组合，而不是单纯的个人理性决策。其二，没有考虑“非经济”因素影响。托达罗模型将劳动力流动视为一种受比较利益驱使的理性经济行为，实际上没有考虑“非经济”因素对劳动力流动的影响。其三，没有考虑劳动力流动制度障碍和市场分割问题。该模型暗含实施迁移行为的劳动者永远居住在城市，这与一些国家的现实不相符。

(五)拉文斯坦的推拉理论

早在19世纪末，英国经济学家拉文斯坦(E. G. Ravenstein)等最早提出了人口迁移的诸多有利和不利因素，指出经济因素是人口迁移的主要原因，20世纪50年代唐纳德·博格在拉文斯坦等研究基础上系统提出人口迁移的“推-拉理论”。他认为，人口迁移是两种力量相互作用的结果：一种力量是原住地的推动力或称排斥力，如迁出地自然资源枯竭、生存环境恶化、生产成本增加、农作物收成不好、社会关系不和以及交通、教育、医疗卫生等公共资源匮乏等因素都属于推力；另一种力量是迁入地的拉力或称吸引力，如公共设施较好、就业机会多、较高的工资收入、较好的居住环境、便捷的交通、较好的教育、医疗卫生的公共资源供给等，则是拉力。人口迁移是“推”“拉”力量作用的结果。

推拉理论隐含两个假设：①人的迁移行为是理性选择；②迁移对迁出和迁入地的信息有较完整的掌握。该理论还认为，农村并非只有促进人口迁出的推力因素，也有留住人口的拉力因素，比如迁移可能带来人际关系资源的流失，家庭分居的痛苦，陌生地过高的生活费用，以及激烈竞争难以忍受的压力等。但总的来说，迁出地的推力大于拉力，推力占主导地位，而迁入地的拉力大于推力，拉力占主导地位。农村人口向城镇迁移的根本原因是城市发展快于农村，农民收入远低于城市。

(六)斯塔克的新迁移理论

20世纪80年代，斯塔克(O. Stark)等不同意托达罗模型中关于人口迁移行为主体理性决策行为的假设，即迁移者纯粹根据个人城乡就业的预期收入差异做出迁移与否的决策，而提出新迁移理论。该理论认为，是否迁移的决策不是由相互孤立的个人单独做出的，而是由相互关联的人所构成的较大的单位——比较典型的是家庭做出的。在这种单位里，人们集体行动寻求的不仅是最大化预期收入，而且是其风险最小化，缓解与消除劳动力市场之外的各种各样的市场失败相关联的各种约束。除这一主要观点外，新迁移理论还有其他一些主要论点，如工资差异不是导致城乡迁移发生的必要条件；当地的经济发展一般会降低迁移压力，但当一个家庭在当地进行投资面临着较大资本和风险约束时，就会倾向迁移；即便地区间不存在工资差异，但只要迁出地的要素、产品市场处于不完善、不均衡的状态，则向外迁移的动机就不会消失；政府的劳动力市场的政策措施、保险市场和资本市场的政策措施、收入分配政策等，均可影响迁移动机。

迄今为止，尽管新迁移经济学尚未形成系统的理论模型，但其若干假设和观点为研究发展中国家劳动力转移问题提供了崭新的思路，也导致了一系列颇为不同的政策建议。

(七)吉佛的引力理论

美国社会学家吉佛(G. K. Zipf)的引力理论探讨了人口迁移量与迁入地与迁出地两个地域的人口规模和距离有明显的联系，迁移量与两地人口数的乘积成正比，与其距离成反比。这一理论的实质是：人口迁移的方向是从低工资到高工资的地方，从劳动力过剩的地方到劳动力不足的地方。城乡人口迁移的动机决定于城乡预期收入的差异，差异越大，流入城市的人口就越多；距离越短，流入的量就越大。

(八)舒尔茨和夏斯达的成本收益理论

舒尔茨(T. W. Schultz)和夏斯达(L. A. Sjasstael)则从迁移的成本和收益出发来解释人们的迁移行为。人口迁移的成本收益理论将收益定义为迁移者预期到迁入地会取得比现在多的收益。成本包括货币成本和非货币成本，货币成本是交通、住宅、食物等方面增加的支出，非货币成本主要指心理成本等。只有迁移的预期收益大于迁移成本时，人们在产业间或地区间的迁移才会发生。

数字资源 6-1
中国农业剩余劳动力转移与农业劳动力转移的三阶段模型

四、中国农业剩余劳动力的转移

(一)农业剩余劳动力的概念与类型

1. 农业剩余劳动力的概念。农业剩余劳动力是指在一定的生产力水平下，农业劳动力的供给大于农业生产经营合理需求的那一部分劳动力，这部分劳动力投入农业生产经营的边际产量为零或负数。即使这部分劳动力分离出来，农业的产出量也不会减少，也不影响农业的发展。农业剩余劳动力是一个相对的概念，随着农业生产力、生产资料、生产结构等条件的变化，农业劳动力的需求量和供给量也将发生变动。

2. 农业剩余劳动力的类型。按照农业剩余劳动力产生的原因可将剩余劳动力分成以下几种类型。

(1)积累型剩余。积累型剩余是指由于农业人口和农业劳动力增长过快，超过非农产业吸收量，以及农业劳动力与农业生产资料过量结合，其超出部分逐渐积累的一种剩余劳动力类型。产生这种类型的原因有以下两种：①农村劳动力自然增长量大于转移量，沉淀在农业部门的劳动力逐渐增多。②农村劳动力迅速增加，农业资源不断减少，农业劳动力不断地被农业资源排挤出来，积累在农业部门。

(2)结构型剩余。结构型剩余是指由于宏观经济结构，如城乡、产业、农业劳动力素质等结构不合理所造成的农业劳动力剩余的一种类型。①产业结构倾斜所造成的农业剩余劳动力。如中国在改革开放之前，只注重第二产业的发展，忽视农业和第三产业的发展。由于第二产业资本有机构成很高，不利于对劳动力的吸收。而容纳劳动力较多的第三产业却发展受阻，也不利于吸收农业剩余劳动力。在工业内部轻重工业结构中，向重工业倾斜，而重工业的资本有机构成更高，吸纳劳动力更少。长期优先发展重工业的结果，使城乡产生了大量的剩余劳动力。②城乡结构不合理所造成的农业劳动力剩余。由于城乡分割，通过户籍等制度来封闭城门，阻挡农业劳动力进城就业，将巨量的农业剩余劳动力封闭在农村。③农业劳动力素质低下所造成的农业劳动力剩余。尽管农业劳动力有巨量的剩余，但真正符合非农产业要求的高素质的劳动力却比较少。很大一部分农业剩余劳动力因不符合要求而不能转移到非农产业中去，继续滞留在农业中。

(3)替代型剩余。农业劳动力替代型剩余主要是由两个原因造成的：一是对农业投入大量的农业机械、技术和能源，从而置换出农业劳动力，替代下来的农业劳动力如不能及时转移出去，便形成了替代型剩余。据国际标准推算，农业每增加1个马力的农业机械能够替代4个农业劳动力。新的农业科学技术的推广和应用，如化学除草剂、滴灌技术、飞机播种和无人机防治病虫害等都能节约大量农业劳动力。二是工业部门用工业合成方法生产农产品的代用品，等于用工业劳动力替代了农业劳动力，被替代下来的农业劳动力不能及时转出农业，积存在农业部门，形成了替代型剩余。随着科学技术的发展，高分子化工产品在国民经济生产和人民生活中得到广泛的应用。如合成橡胶和化学纤维等，在相当程度上替代了天然橡胶和植物纤维。目前，世界化纤总产量已占到纤维总产量的70%以上。

(4)季节性剩余。农业由于有农忙和农闲强烈的季节性差异，在农忙季节，即使农业劳动力充分利用起来，有时还感到缺乏。到农闲季节又有大量农业劳动力闲置起来得不到充分利用，从而形成季节性剩余。其他几种类型的剩余劳动力转出农业并不会引起农业总产量的下降，而农业生产季节性制约着超过农业全年需求量的超额劳动力，不能游离出农业生产本身，也就是说不能离开土地常年另谋他业。在寻找不到非农业就业机会时，这部分季节性剩余劳动力是以闲暇的方式流失掉了。在寻找到就业机会时，大多以兼业方式或以季节性转移方式利用这部分剩余劳动力。

(二)中国农业剩余劳动力形成的原因

1. 以往人口政策的失误，导致农业人口数量增长过快，规模过大。1950年中国人口已达5.5亿人，数量庞大，之后又出现三次人口生育高峰，分别是1953—1957年，人口出生率与自然增长率平均分别达34.7‰和24.1‰，年平均绝对增加人数达1 400万人；1962—1973年，人口出生率与自然增长率高达33.8‰与25.6‰，年平均绝对增加人数达2 300万人；此时中国开始实行计划生育，但由于适龄生育人口过大，1982—1996年又出现了第三次人口生育高峰，人口年平均出生率在21‰左右，人口年平均自然增长率在15‰左右，年净增人口数达1 500多万人。此后由于计划生育政策的长期实施，以及养育子女成本的不断攀升，中国人口出生率与自然增长率开始大幅度下降。据国家统计局数据显示，2019年全年出生人口1 465万人，人口出生率仅为10.48‰，人口自然增长率为3.34‰，创历史新低。但由于人口基数大，农业剩余劳动力一直长期存在。

2. 农业劳动生产率的提高。中国的农业劳动生产率在实行家庭承包责任制之前很低，但实行家庭承包责任制后调动了农民的积极性，农业劳动生产率有了明显提高，无效劳动时间减少，使农业劳动力实际需要量减少；同时，农业物质技术装备水平有了很大提高，农业劳动者借助于农业机械、电力等，提高了农业劳动生产率，节省了一些劳动力。

3. 农村二、三产业不发达，吸纳劳动力少。自实行改革开放政策以来，中国农村二、三产业有了长足发展，但总体上发展不稳定不均衡，吸纳劳动力的数量有限，还不能够满足吸纳大量剩余农业劳动力的需要。

4.城乡分割的二元经济结构,阻碍了农村劳动力向城市及其二、三产业的转移。多年以来中国一直实行严格的户籍制度,使得农村户口的农业劳动力转成拥有城镇户口的市民基本没有可能。进入20世纪90年代后,许多农村剩余劳动力涌入城市,从事二、三产业,但由于受到已有二元社会保障制度及相关福利待遇的影响,使得农业转移劳动力转为城市市民困难重重。近年来,尽管一些城市落户政策放松,但高企的房价和不稳定的就业机会阻碍了进城务工的农业劳动力退出农村,真正在城市落户。

(三)农业剩余劳动力数量

对农业剩余劳动力的测度方法很多,从20世纪90年代开始,学者们就通过基准法、经验法和劳动定额法来对农业剩余劳动力进行估算。在经过多年的理论探索和实践后,又根据实际,形成工日折算法、生产函数法、耕地劳动比例法、劳均播种面积推算法、产值比例法、比较劳动力生产率推算法、国际比较法等多种方法。不同估算方法考虑的角度和侧重点各有不同,导致测算结果也有较大的差异。简单的测算方法虽然思路逻辑通俗易懂,但过于笼统,缺乏科学性和系统性;而一些复杂测算方法的原理晦涩难懂,并且在数据获取方面也存在较大的困难。因此,仅从近期有一定代表性文章的测度结果来反映中国农业剩余劳动力数量的变动情况及规律。

从表6-1可见,总体上看,随着时间的推移,我国第一产业就业人数递减,剩余农业劳动力存量呈现先升后降的趋势,而剩余率总体上呈现上升态势。这表明第一产业现代化进程加快,使得从业劳动力人数快速下降,但预测的劳动力转移速度慢于第一产业就业人数下降速度,使得剩余率上升。可以预见,未来中国农业仍然有一定数量的剩余劳动力待转移,但总体上剩余劳动力数量呈下降趋势,这种农业劳动力供给规模减少和供给结构性短缺将可能长期存在。因此,需要政府各部门及早做出统筹规划,加快农业剩余劳动力转移,妥善解决农业劳动力老龄化、农业劳动力有效供给不足等人力资本短缺问题。

表6-1 中国农业剩余劳动力数量变动

年份	效用工日折算模型[①]			比较劳动生产率推算法改进[②]		
	第一产业就业人员/万人	剩余劳动力/万人	剩余比例/%	第一产业就业人员/万人	剩余劳动力/万人	剩余比例/%
1990	38 914.0	9 518.51	24.460	38 914.0	21 356.5	54.881
1995	35 530.0	10 262.32	28.884	35 530.0	21 942.7	61.758
2000	36 042.5	11 893.88	33.000	36 042.5	25 184.3	69.874
2006	31 940.6	11 894.65	37.240	31 940.6	23 608.0	73.912
2010	27 930.5	11 446.71	40.983	27 930.5	20 247.6	72.493
2016	23 990.99	11 250.58	46.895	22 242.15	15 495.0	69.665
2020	21 329.89	10 935.52	51.268	19 935.51	13 511.4	67.776
2026	17 318.44	9 797.10	56.570	17 266.87	11 551.3	66.899
2030	14 630.90	8 278.39	56.582	15 893.90	10 534.1	66.278

注:①赵卫军,焦斌龙,韩媛媛.1984—2050年中国农业剩余劳动力存量估算和预测.人口研究,2018,42(02):54-69.
②徐晓华,朱振,苏伟峰.2014—2030年我国农业剩余劳动力转移趋势预测与管理.管理评论,2018,30(01):221-229.

(四)农业剩余劳动力转移的阶段及特点

农业剩余劳动力转移,通常是指农业劳动力从事非农产业达到6个月以上,短期(6个月以内)从事非农产业的农村劳动力由于不具有稳定性,不能界定为农业剩余劳动力转移。

中国农业剩余劳动力转移可以归纳为几个阶段:1984年以前,中国农业劳动力转移速度相对缓慢;1984—1985年是第一个高峰期,两年内转移农村劳动力由2 101万人增至4 531万人;1986年以后农村劳动力转移进入相对稳定期;1993—1995年,进入第二个高峰期,1995年年底已转移劳动力达10 525万人,期间的两次高峰得益于乡镇企业的异军突起;2001—2002年,中国加入世贸组织后推动出现了第三个高峰期。之后,随着经济全球化趋势加强,城市劳务需求加剧,且国际劳务流动进一步增强,中国农业剩余劳动力转移率持续增加,逐步平稳并有所下降,国家统计局的调查数据显示,中国农业劳动力外出务工人数的年度平均增长率从2007—2012年的3.6%下降到2012—2017年的1.0%。近几年来,随着我国劳动力成本不断上升,制造业比较优势相对下降,一部分制造企业将产业转移至劳动力成本更低的国家,加之经济放缓,建筑业等对农业劳动力的吸纳能力下降,城市务工对劳动力的素质要求越来越高,加之一部分之前进入城市务工的老一代劳动力进入老龄化,出现部分劳动力回流返乡现象,但总体上,我国农业劳动力仍处于流出状态。

总体上看,我国农业剩余劳动力的转移呈现以下特点①:

1.农业剩余劳动力转移增速减缓,新生代农业转移劳动力过半。从2012年起,我国劳动年龄人口总量开始下降,导致农村劳动力数量减少,农业转移人口数量递减。2018年农业剩余劳动力转移总量为28 836万人,增量比上年减少297万人,增速仅0.6%,创历史新低。随着人口老龄化,转移劳动力的平均年龄也逐步增大,2015年平均年龄为38.6岁,到2018年已经达到40.2岁。50岁以上农业转移劳动力所占比重为22.4%,近5年逐年提高。1980年及以后出生的新生代农业转移劳动力占总量的51.5%。一般而言,外出务工劳动力比留在农村本地的劳动力要年轻,年龄差距接近10岁。

2.农业剩余劳动力向中西部地区转移趋势明显。随着我国大力倡导产业结构转型,着重发展高技术、高附加值的产业和产品,东部地区产业转型升级,制造业向中西部转移。原本以中低端产业出口为主的珠三角地区,随着人力成本的提高,在家具、家电及电子产品装配等领域的低成本优势已经开始减弱。从输出地看,西部地区输出农业劳动力人数增加最多,东部地区输出劳动力略有减少;从输入地看,2017—2018年东部地区吸纳的农业剩余劳动力数量在减少,而中西部地区则在增加。可见,农业剩余劳动力转移的区域选择已经由原来的东部地区开始向中部和西部地区转移。

3.农业剩余劳动力转移就业从第二产业流向第三产业。以往制造业是农业剩余劳动力非农就业的重要领域,随着中国经济的转型,剩余劳动力从第二产业流向第三产业就业的比例逐年增加,2018年从事第三产业的农业转移劳动力比重过半,一是从事传统服务业的转移劳动力继续增加;二是脱贫攻坚开发了大量公益岗位,在公共管理、社会保障和社会组织行业中就业的农业转移劳动力比重增加。

4.农业转移劳动力收入提高,但不同行业及地区存在差异。我国不同地区不同行业经济

① 本部分数据来自国家统计局发布的《2018年农民工监测调查报告》,2019.4.29.

的差异仍然在拉大。2018 年，农业转移劳动力月均收入 3 721 元，比 2017 年增加 236 元，增长 6.8%，增速比上年提高 0.4 个百分点。其中，在东部地区转移劳动力月均收入 3 955 元，增长 7.6%，增速最快。分行业看，制造业、建筑业、交通运输仓储和邮政业收入增速分别比上年提高 1.9 个百分点、1.1 个百分点和 0.1 个百分点；居民服务、修理和其他服务业收入增速与 2017 年持平；批发和零售业、住宿和餐饮业收入增速分别比上年回落 0.4 个百分点和 0.8 个百分点。

5. 农业转移劳动力相关保障增强。在收入提高的同时，相关保障也进一步得到增强。以居住情况为例，农业转移劳动力人均居住面积逐步提高，享受保障性住房比例提高，居住设施不断改善。随迁儿童教育情况有所改善，3～5 岁随迁儿童入园率提高，义务教育阶段随迁儿童在政府支持的民办学校就读比例提高。进城农业劳动力组织化程度提高，26.5%参加过所在社区组织的活动，比上年提高 0.9 个百分点。

6. 农业转移劳动力回流，家乡就业意愿变强。一系列统计数据显示，近年来，在省内流动和本地(本乡镇)务工的农业转移劳动力的增长量和增长速度都快于农业转移劳动力的跨省流动。自从民工潮形成以来，农业转移劳动力回流一直在发生，但 2008 年金融危机爆发之后，出现了农业外出务工劳动力在较短时间内大规模回流的情况。农业劳动力大量回流到家乡，主要是因为一、二线城市的生活成本逐年增加，而适用于普通劳动力的工作机会又逐步减少。随着各地经济的发展，越来越多的农业劳动力趋向于本地化，选择跨省务工的农业转移劳动力数量减少。2018 年，在乡内就地就近就业的本地农业劳动力 11 570 万人，比上年增加 103 万人；进城农业劳动力 13 506 万人，比上年减少 204 万人。

7. 多数农业转移劳动力城市融入程度偏低。进城务工劳动力城镇归属感偏低，超过一半的农业转移劳动力认为自己仍是农村人，城市规模越大，归属感越低。2018 年的调查显示，在 500 万人以上大城市中，认为自己是城镇“本地人”的比例仅为 16.8%。多数农业转移劳动力在城市打工的目的是赚钱，他们在务工地开销很少，并将一部分收入寄回老家，一项对 31 个省 2 009 名在城市务工的农业劳动力的调查显示，他们平均每年往家乡汇款额为 4 538 元，占其打工收入的 40%。近年来，随着新生代农业劳动力长大进入工作岗位，农业转移劳动力的城市融入程度也在逐年提高。

(五)加快农业剩余劳动力转移的措施

1. 改革户籍制度及其相关联的各项制度，消除阻滞农村劳动力流动的历史遗留的与现实生成的各种制度性和政策性障碍，这是加快剩余劳动力转移的关键措施。进一步开放面向农村劳动力的就业市场，提供居住、子女上学等方面相关待遇，支持和加快农业剩余劳动力向城市转移。城市作为吸纳剩余劳动力的主阵地，具有规模优势和聚集效应，有利于企业降低生产成本和交易成本，提升企业的技术进步和产品质量，更为重要的是聚集带动了第三产业的发展，为农业剩余劳动力提供了广阔的就业空间。

2. 择优扶持与引导有规模优势和区域优势的乡镇企业的发展，提高其就业容量。目前乡镇企业大部分资本有机构成较低，多属于劳动密集型，并且很多与农业有着十分密切的关系。与在城市就业相比，农民在乡镇企业就业不仅可降低生活成本，而且可以兼顾农业和家庭生活。因此，在中国的东部发达地区和大城市郊区，乡镇企业成为农民非农业就业的主渠道。为此，国家应择优对乡镇企业在财政、税收、信贷及其公共物品的供给等方面给予优惠，加快农业剩余劳动力的就地就近转移。

3. 支持和加强对待转移和已转移农民的职业技术培训。农业劳动力到非农业就业不仅要求具有一定的文化水平,而且还要求具备一定的职业技术技能。对此,大部分农业劳动力满足不了这样的要求,仅靠市场机制绝大部分农民无力支付高昂的教育费用。因此,各级政府应对职业教育进行财政补贴,扶持农业转移劳动力尽快掌握城市务工所需技能,使其尽快实现稳定就业稳定居住,尽快融入城市,才能加快市民化进程,推进中国的城市化进程。

第三节　农业劳动生产率

一、农业劳动生产率概念与指标计算

(一)农业劳动生产率概念

农业劳动生产率是指农业劳动者在单位劳动时间内生产的农产品数量,或者生产单位农产品所消耗的劳动时间。提高农业劳动生产率,意味着在单位劳动时间内能生产出更多的农产品,或者单位农产品所包含的劳动量减少。

(二)农业劳动生产率指标的计算

1. 农业产品数量与劳动时间的计算。根据农业劳动生产率的概念,可得出其理论公式为:

$$\text{农业劳动生产率}=\frac{\text{农业产品数量}}{\text{农业劳动时间}} \tag{6-1}$$

式(6-1)中“产品数量”的实质是劳动成果,它可以具体化为总产量、商品产量等实物量,也可具体化为总产值、净产值、利润等价值量,还可具体化为作业量,如机耕队等单位完成的耕地、耙地、播种等各项作业的数量。

“劳动时间”在理论上应该是生产单位产品所花费的物化劳动时间和活劳动时间的总和,此外,还应包括为农业生产活动服务的间接参加农业生产的劳动者的劳动。但在实际工作中不计算物化劳动时间和间接参加生产的劳动者的劳动时间,也可以基本上反映劳动生产率的状况和变化趋势,所以在实践中,可以按直接花费的劳动时间来计算“劳动时间”。对于劳动时间,一般采用“人年”(即每个劳动力一年)、“人工日”(即每个劳动力一天)、“人工时”(即每个劳动力一小时)等不同长度的时间来计算。

2. 衡量农业劳动生产率水平的指标。由于计算“劳动时间”和“产品数量”的具体标准很多,也就形成了许多不同的农业劳动生产率指标。衡量农业劳动生产率水平的指标可分为直接指标与间接指标。

(1)直接指标。按照计算“产品数量”的标准不同,可分为实物指标和价值指标。衡量农业劳动生产率的实物指标主要有:①平均每个农业劳动力在一年中生产的农产品量,简称“人年”农业劳动生产率。②平均每个农业劳动者每个工作日生产的农产品量,简称“人日”农业劳动生产率。③平均每个劳动者每个小时生产的农产品量,简称“人时”农业劳动生产率。后边两个指标能准确反映出农业劳动生产率的情况,但因农业生产周期长,不容易取得准确的资料。

一般说来，考察单项农产品的劳动生产率时常用实物指标。衡量农业劳动生产率的价值指标主要有：①平均每个劳动力全年（或一天、一小时）创造的产值。②平均每个劳动力全年（或一天、一小时）创造的净产值。③平均每个劳动力全年（或一天、一小时）创造的利润。一般来说，在综合考察一个部门、地区或企业的劳动生产率时常用价值指标。

（2）间接指标。间接衡量农业劳动生产率水平的指标主要有：①农业劳动效率。即单位农业劳动时间完成的农业工作量。由于农业生产周期比较长，一般要在生产过程终了时才能取得农产品，为了及时了解农业劳动效果，也就有必要通过劳动效率来了解劳动生产率。一般说来，在符合一定质量的要求下，劳动效率越高，则单位产品所包含的劳动量越少，单位劳动时间内生产的产品就越多。采用这一指标可及时了解劳动生产率的变化趋势。②每一个农业劳动力负担的人口数、耕地数。它们都从不同角度反映出农业劳动生产率的状况。

数字资源 6-2
农业劳动生产率的构成分解与提高路径选择

总之，农业劳动生产率的不同计算方法，具有不同的作用与意义，应根据不同的目的，选择使用不同的指标，以便更好地管理与指导农业生产。

二、提高农业劳动生产率的重要意义

农业劳动生产率的不断提高是历史发展的必然。科学技术的不断发展为农业劳动生产率的不断提高奠定了基础，资源的限制和社会经济的不断发展必然要求人们不断提高农业劳动生产率。一个社会的进步与落后，最终要表现为劳动生产率的高低。具体来讲，提高农业劳动生产率具有如下重要意义：

（一）提高农业劳动生产率是发展农业生产的根本途径

通过提高农业劳动生产率，可以在不增加，甚至减少农业劳动力的条件下生产出更多的农产品；在增加活劳动和物化劳动的条件下，可使其产生更大的效果。增加农产品的基本途径有二：一是增加劳动者数量和工作时间，即增加社会劳动时间；二是提高劳动生产率，节约单位产品上所消耗的劳动时间。前者会受到劳动力供给数量和人的生理因素的制约，是有限度的，且减少劳动时间也是人类的需要；而后者则是无止境的。

（二）提高农业劳动生产率是增加积累和提高农民物质文化生活水平的决定条件

只有提高农业劳动生产率，才能降低单位农产品的成本，增加利润，提高积累；才能为农民物质文化生活水平的提高奠定物质基础；才能使广大农民群众腾出更多的时间学习科技和文化，以及从事体育、娱乐活动，从而提高广大农民群众的科技文化素质。

（三）农业劳动生产率是衡量农业现代化水平的根本标志

衡量农业现代化水平的指标有许多，但根本的标志则是农业劳动生产率。农业劳动生产率的高低同产量与劳动耗费直接关联。农业劳动生产率高，意味着农业科学技术水平、农业机械化、水利化等水平、农业经营管理水平以及农民的科技文化素质就高，农业现代化的程度就高。

(四)提高农业劳动生产率是加快国民经济发展的重要保证

提高农业劳动生产率,一方面可以使农业劳动者提供更多更优质的剩余农产品,更好地满足国民经济其他部分的生产需求,以及人们对食物的需要;另一方面可从农业中解放出大量劳动力,满足国民经济其他部门对劳动力的需要。

三、中国农业劳动生产率增长基本情况

(一)农业劳动生产率增长阶段

1.波动与停滞阶段。这一时期为中华人民共和国成立后到1978年前。期间,“一五”时期农业劳动生产率年均增长0.9%,“二五”期间则出现了先大幅度增长后下跌的局面,到“二五”时期末,农业劳动生产率只是与“一五”初期的水平相当,之后的3年调整时期,农业劳动生产率基本恢复到了正常增长的水平。“三五”“四五”直到改革开放前,整个农业生产处于一种徘徊增长的状态,在此期的12年中,农业劳动生产率负增长的年份有5个,正增长的年份有7个,此时期的农业劳动生产率处在一种徘徊与停滞的状态。

2.增长与平稳阶段。这一时期为1978—2003年。1978—1984年,农业劳动生产率显著提高,环比增长的平均幅度为12.86%;1985—1991年是农业劳动生产率高速增长中的平稳阶段,年均递增8.92%;1992—1996年,农业劳动生产率连续高速增长,环比增长的平均幅度为24.51%;1996—2003年,农业劳动生产率环比增速全面放慢,年均递增率2.35%。

3.快速攀升阶段。这一时期为2003年之后。2003年是农业发展历程中较为重要的时间节点,2003年之前农业增长持续低迷,农业劳动生产率长期徘徊在4 000元/人以下(1995年价格),增长基本陷入停滞。2003年开始,农业劳动生产率开始攀升,2003年农业劳动生产率的环比增速为6.99%,2003—2009年中国农业劳动生产率增长的提速达4.28%,到2012年时已经超过10 000元/人(1995年价格)。这一时期增长动力发生了一些改变,主要是源于实物投入密度提高和其他要素贡献的提高。

(二)中国农业劳动生产率增长特点

1.阶梯状变迁。1952—1986年,称为农业劳动生产率的百元级阶段,农业劳动生产率在1 000元以内,年均增长率4.73%;1987年之后,农业劳动生产率突破了千元级水平,年均增长率为10.29%。2003年之后农业劳动生产率迅速攀升,2012年时已经超过10 000元/人。

2.稳定增长趋势。1977年前中国农业劳动生产率的负增长的年份有9年,振荡幅度在−18.06%～−0.83%;1978—2003年的负增长只有1年,而且振荡幅度为−2.2%;2003年之后则稳中有升。中国农业劳动生产率的增长整体上趋于平稳。

3.政策反应灵敏。中国农业劳动生产率的变化对政策反应是敏感的。典型的有1958年的大跃进,3年的调整时期,1978年中国农业政策的调整,邓小平同志1991年南方谈话等,都使得农业劳动生产率发生大幅度下降或上升。2003年之后中央政府高度重视农业增长,连续发布系列农业相关政策文件,之后中国农业劳动生产率的增长速度明显加快。

（三）国际比较

一项以世界银行的 WDI 数据库和联合国国际劳工组织的 LABORSTA 数据库为数据来源的研究表明，在 2005—2014 年，中国农业劳动生产率从发展趋势上实现了逐步增长；从绝对值上，中国农业劳动生产率从 2005 年的 526 美元/年增长到 2014 年 791 美元/年（以 2005 年不变价美元计算）。从与发达国家的比较来看，在此 10 年间，德国、日本和美国的农业劳动生产率都实现了快速增长，中国的农业劳动生产率增长速度虽然不及日本和德国，但比美国等发达国家更快，然而，中国农业的劳动生产率基础较为薄弱，与发达国家相比的差距仍然十分巨大，仅为发达国家的农业劳动生产率的 2%左右。从与发展中国家的比较来看，在这 10 年中，中国的农业劳动力生产率的增长速度与俄罗斯、南非和巴西等国相似，都在 30%～60%。虽然增长速度相当，但是截至 2014 年，中国农业劳动生产率仅达到这些国家的 8%～10%。

总的来说，与其他国家相比，中国农业劳动生产率的增长速度较快，但是基础较薄弱，在国际比较中仍处于很低的位置，人均农业产出不高，使得农产品在国际市场上缺乏竞争力。这说明中国的农业劳动生产率还存在较大的提升空间，因此迅速提高农业劳动生产率是中国农业发展面临的一个根本性问题。

本章小结

劳动力作为社会生产力重要的、唯一能动的要素，对农业生产经营具有十分重要的作用。我们不仅要理解农业劳动力的概念，而且要把握农业劳动力的特殊性。农业劳动力供给与需求都有其各自的特点与决定因素，了解和把握这些特点与决定因素对于农业劳动力的供需平衡具有重要作用。农业劳动力转移的理论模式具有启发性和指导性，在此基础之上，要掌握和深刻理解农业剩余劳动力的含义、类型及产生的原因，认清中国农业剩余劳动转移的特点及加快转移进程的措施。提高农业劳动生产率具有重要意义，要理解什么是农业劳动生产率，要知晓农业劳动生产率增长的阶段及特点，认清中国农业劳动生产率与世界先进国家的巨大差距。

复习思考题

1. 何谓农业劳动力？农业劳动有哪些特殊性？
2. 农业劳动力的供给与需求有哪些基本特点与决定因素？
3. 农业劳动力转移的一般规律是什么？
4. 农业劳动力转移的主要理论模型有哪些？其主要内容是什么？
5. 什么是农业剩余劳动力？其主要类型有哪些？
6. 农业剩余劳动力转移的特点有哪些？
7. 应如何加快农业剩余劳动力的转移？
8. 什么是农业劳动生产率？提高农业劳动生产率的意义有哪些？
9. 中国农业劳动生产率的增长有哪些特点？

参考文献

[1] Y. Hayami & V. W. Ruttan. Agricultural Development-An International Perspective. The Johns Hopkins University Press，1985.

［2］巴曙松，何师元，朱伟豪．中国三次产业劳动生产率与单位劳动成本的国际比较研究．当代经济管理，2019，41（02）：1-8．

［3］蔡昉．农业劳动力转移潜力耗尽了吗？中国农村经济，2018（09）：2-13．

［4］胡枫，史宇鹏．农民工汇款与输出地经济发展——基于农民工汇款用途的影响因素分析．世界经济文汇，2013（02）：80-95．

［5］雷海章．现代农业经济学．北京：中国农业出版社，2003．

［6］马春文，张东辉．发展经济学．北京：高等教育出版社，2010．

［7］毛隽．中国农村劳动力转移研究——基于制度变迁视角．上海：复旦大学，2011：29-36．

［8］毛育刚．中国农业演变之探索．北京：社会科学文献出版社，2001．

［9］乔治·J．鲍哈斯，劳动经济学．7 版．沈凯玲，译．北京：中国人民大学出版社，2018．

［10］申鹏．农村劳动力转移的制度创新．北京：社会科学文献出版社，2012．

［11］汪小平．中国农业劳动生产率增长的特点与路径分析．数量经济技术经济研究，2007（4）：14-25，64．

［12］徐晓华，朱振，苏伟峰．2014—2030 年我国农业剩余劳动力转移趋势预测与管理．管理评论，2018，30（01）：221-229．

［13］张忠根．农业经济学．杭州：浙江大学出版社，2010．

［14］赵卫军，焦斌龙，韩媛媛．1984—2050 年中国农业剩余劳动力存量估算和预测．人口研究，2018，42（02）：54-69．

［15］朱道华．农业经济学．4 版．北京：中国农业出版社，2000．

第七章　农业技术进步

本章学习要点

- 农业技术进步的内涵、特点、内容与作用
- 诱导性技术进步理论
- 农业技术进步的动力机制
- 农业技术进步道路

第一节　农业技术进步概述

一、农业技术进步的内涵与特点

(一)农业技术进步的内涵

农业技术进步是指在农业经济发展中,不断用生产效率更高的先进农业技术来代替生产效率低下的落后农业技术。

农业技术进步有广义和狭义之分。广义的农业技术进步,既包括农业生产技术(即自然科学技术)的进步,也包括农业经济管理(即社会科学技术)的进步;狭义的农业技术进步仅包括农业生产技术的进步。狭义的农业技术进步考虑的主要是物化形态的技术,因而又叫硬技术进步。广义的农业技术进步,除了要考虑硬技术进步外,还要考虑管理水平、决策水平等软技术的进步。软技术进步包括:采用新的方针政策,推行新的经济体制,改善和采用新的决策方法,采用能长期激发人积极性的分配体制和政策,改善生产资源的合理配置,用新的理论与方法去激发人们的生产经营积极性,采用电子计算机等先进的管理手段。

按农业技术进步的程度不同,可分为技术进化与技术革命两类。当农业技术进步表现为对原有技术或技术体系的改革创新,或在原有技术原理或组织原则的范围内发展创造新技术和新的技术体系时,这种技术称为技术进化。如新品种的育成和应用、配合肥料和配合饲料的研制和推广、施肥方法的改进、喷灌、滴灌等。当农业技术进步表现为技术或技术体系发生质的变革时,就称其为技术革命。如第一次技术革命时蒸汽机的出现,第二次技术革命时电能的应用,第三次技术革命时以计算机为代表的信息技术的应用等,其结果往往是原来的社会、经济结构发生巨大变革,劳动生产率获得极大提高。拖拉机的出现,化学肥料的应用,可以分别看作是农业技术进步中的一次技术革命。

技术进步与科学发展有着密切的关系。科学研究是技术进步的理论基础，促进着技术的不断进步。而技术进步则是科学研究的发展和物化，并促进着科学研究的发展与完善。科学与技术是两个概念。科学的根本职能是认识自然规律，着重回答“是什么”“为什么”；技术的职能在于利用自然、控制自然，协调人与自然的关系，着重回答“做什么”“怎么做”。技术要比科学产生早得多。但20世纪以来，特别是20世纪30年代以后，在绝大多数领域里科学已走在了技术的前面，科学与技术的发展日益一体化。因此，科学技术往往组成一个概念，科学技术与技术进步几乎成了同义语。

(二)农业技术进步的特点

1.渐进性。大量的农业技术进步是以渐进形式出现的，即在技术原理基本不变的情况下，通过无数大小不等的改进使技术本身不断完善带来经济效益提高的技术进步。这种微小技术变化积累的效果，往往比重大的技术变化所产生的作用还要大。这要求人们在推进农业技术进步中，不仅要重视重大技术的进步，更要重视渐进性的技术进步。

2.系统性。农业技术进步与整个科技、经济、社会、生态的协调发展、农村经济运行机制、多种技术的综合配套，以及其他相关投入因素的支撑有着紧密的联系，某一项科技的进步，可以向其他领域推广转移和渗透扩散，促进其他产业技术的发展，逐步形成新的农业技术体系，推动产业结构出现更加协调和全新的局面。因此，任何一项农业技术进步，都不可能单独存在，必须与其他一系列技术及相关因素相互依存，结成一个有机联系的整体系统，共同发挥作用。

3.外生性。农业技术进步的压力和动力主要是外生的。如工业及城镇的不断崛起，就要求农业提供更多的优质农产品和原材料；农业体系以外的大经济系统和整个社会科学技术的发展，给予农业的支援和刺激越来越大，其结果就会不断促进农业的技术进步。

4.复杂性。农业技术的复杂性表现为：①由于经济、社会、科技和生态与环境的协调发展程度难以控制、调节，不可能持续地保持农业技术进步的最佳环境。因此，只能在特定的经济社会生态系统内，实现科技进步由低级到高级的转化。②农业技术进步内容的复杂性。只有各种科技进步内容的有效组合，才能形成较大的社会生产力。③农业技术结构的复杂性。只有发挥农业技术的综合效应，才能推动农业技术进步。④各类农业技术成果的推广应用，必须有与之相适应的自然条件和社会经济条件。因此，必须坚持农业技术应用的生产可行性、先进实用性和经济合理性的标准，注重农业技术的连锁效应，因地制宜地选择农业技术进步体系。

5.周期性。农业技术进步的周期性包括两个方面：其一是指一种技术体系从生成到应用，再到新技术出现而使其淘汰的时间过程；其二是指科学技术转化为生产力并产生经济效益的过程。当代社会，由于市场竞争能力的提高，使人们增强了开发、创新的意识，从而加速了科学技术转化为现实生产力的过程。科学技术的迅猛发展，必然促使农业技术更新速度加快，这样便推动了农业技术进步。而农业技术进步又促进农业经济发展速度加快，且周而复始形成周期。农业经济发展的大量事实证明，当代科技不仅转化为生产力的周期越来越短，而且淘汰的时间也越来越短，即农业技术进步的周期显著缩短。

二、农业技术进步的内容与对农业发展的作用

(一)农业技术进步的内容

1.农业生产技术措施的进步。包括良种选育技术的进步、农作物耕作栽培技术的进步、土壤改良技术的进步、化肥和平衡施肥技术的进步、动植物病虫害防治技术的进步、畜禽饲养技术的进步、水产养殖技术的进步等。

2.农业生产条件方面的技术进步。包括农业机械技术的进步、农用能源技术的进步、农业基础设施技术的进步等。

3.农业管理技术的进步。包括运用现代化的管理手段和管理方法,特别是运用电子计算机和互联网等现代信息技术,来代替传统的管理手段等。

4.农业生产劳动者与管理者的技术进步。包括农业生产劳动者与管理者科学技术知识的丰富、劳动技能的提高及管理技能的进步等。

农业技术的发展,经历了由传统农业技术的形成,到逐步向现代农业技术转化的漫长历史过程。现代农业技术的发展日新月异,因而农业技术进步的内容也会随之而不断丰富。

(二)农业技术进步对农业发展的重要作用

1.提供先进的农业技术装备,不断提高劳动生产率。农业技术进步,可不断地为农业提供大量先进的各类农具、农业机械、运输工具、生产性建筑设施等,从而改善和提高现有农业生产技术装备水平,提高劳动生产率,实现规模经济,成本降低,提高投入产出比率。据联合国粮农组织的调查,用手工操作的农业生产效率与机械化程度高的生产效率相比,1950 年为 1∶30,2000 年则达到 1∶500。

2.提高土地生产率和农产品质量。农业技术进步,一是可以为农业不断开发和提供高质量的生产资料,如化肥、农药、除草剂、地膜等,提高生产效率;二是可以为农业培育和提供动植物新品种,提高投入、产出比;三是可以为农业提供先进适用的耕作技术、栽培技术、病虫害防治技术、灌溉技术、施肥技术、生物技术、农产品储运加工技术等,改善和提高各种农艺技术水平。这类农业技术的进步可以大大地提高土地生产率或投入产出比率,改善和提高农产品的质量。

3.充分合理地利用资源,提高农业经济效益。农业技术进步,可以扩大农业资源的利用范围,提高农业资源的质量和单位资源的利用效率,使有限的农业资源发挥更大的经济效用;农业技术进步,还可以促进生物因素与环境因素的统一和协调,按照因地制宜的原则优化农业资源的配置,以充分发挥农业生产的地域优势,从而提高农业的经济效益。

4.改善和提高宏观经济管理与微观经营管理水平。广义的农业技术进步包括国家的宏观经济管理与企业和农户的微观经营管理。国家通过有效的宏观调控,可以更好地弥补市场机制出现的失灵,并促进农业市场机制充分发挥作用;企业和农户通过掌握现代经营管理知识,提高农业生产单位的经营管理水平,帮助企业和农户取得更好的经济效益。

5.改变农民的生产方式和生活方式,促进农村的全面发展。农业技术进步,可以使农民的劳动条件不断改善,劳动强度不断降低,收入水平和生活质量不断提高,从而调动农民推进技

术进步的积极性,使农民努力学习与掌握科学文化知识和劳动技能。先进的农业技术一旦被农民掌握运用,必将引起农民思想行为的一系列变化,改变传统的价值观念、生产方式和生活习惯,这些变化最终会给农业以至整个农村带来全面发展。

三、诱导性技术进步理论

诱导性技术进步的概念最早是由希克斯提出来的,其理论发展分为两个分支:一个是希克斯-速水-拉坦-宾斯旺格假说,强调要素的相对稀缺性;另一个是施莫克勒-格里克斯假说,强调市场需求。这两种假说是内在统一的,而且被运用到特定的时间、地点和领域时有所发展。

(一)要素稀缺诱导的技术进步

1. 国民经济中要素稀缺诱导的技术进步。希克斯 1932 年在《工资理论》一书当中讨论"经济进程的分配效应"时,首先引入了诱导性技术进步(Induced Invention)的概念。他认为经济进步受四种力量的推动——人口增长、工作意愿增强、资本增加和技术创新。一种创新只有当他的最终效果能够带来国民收入的增加时,才会被有力地采用,这是竞争条件下的必然结果。如果一种发明能够降低生产成本——以更少的资源生产同样多的产品,就能够增加企业家的利润(这是必要的,但不一定充分)。如果对该种产品的需求是有弹性的,由此释放出来的资源可以用来增加原有产品的供给;如果对该种产品的需求缺乏弹性,也可以用来增加其他产品的供给。

在谈到技术创新时,希克斯提出:"生产要素价格的变化本身就能刺激发明,并且是引起一种特殊类型的发明——用以直接节约变得相对昂贵的要素使用。欧洲经济在过去几个世纪中资本比劳动增加更为迅速的总趋势无疑地促进了劳动节约型发明。"希克斯第一次对诱致性技术进步进行了描述并进一步给出了其定义,"因此,如果我们希望恰当地认识发明在经济前行中的地位,则需要区别两种类型的发明。必须把其中由要素相对价格变化所引起的发明分离出来,我们可以将之称为诱导性发明,至于其他的,我们可以将其称为自发性发明。"

希克斯进一步在只考虑资本和劳动的情况下将技术进步进行了分类。如果资本边际产出的增加大于劳动的边际产出,则称为"节约劳动"的技术创新;如果劳动边际产出的增加大于资本的边际产出,则称为"节约资本"的技术创新;如果劳动和资本边际产出同比例,则是"中性"的技术创新。这里所说的劳动或资本节约是相对意义上的,虽然对劳动或资本的需求相对比例减少,但对劳动或资本需求的绝对数量可能会增加。希克斯认为技术创新是偏向劳动还是偏向资本,取决于劳动与资本的相对价格。而在竞争条件下,要素相对价格反映其相对稀缺程度。相对稀缺的要素成为企业生产以至经济发展的瓶颈,具有更高的边际产出,而对该要素的节约或释放会带来更多的利润和国民收入。由此定义要素稀缺性诱导的技术进步。

希克斯虽然提出了诱致性创新概念的雏形,但是并没有对"如何诱致"这一机制进行理论阐述。因而在相当长一段时期,这一概念没有引起人们的重视。直到 20 世纪 60 年代,经济学家们才开始对这一问题逐渐产生兴趣。许多经济学家构建了不同的数学模型对其进行解释。其中宾斯旺格(Binswanger)构造了简易诱致性技术变革模型,把厂商条件下的相对要素价格对要素节约倾向的影响以及产品需求对技术变革速度的影响综合在一起,给出了一个简单的数学模型,为理解该理论提供了更为便利的方式,这是其最主要的贡献。

2.农业经济中要素稀缺诱导的技术进步。速水和拉坦针对农业领域技术进步的内生化问题做了深入的理论研究和实证检验。他们指出,“希克斯-宾斯旺格”诱致性技术创新理论是从厂商理论中发展出来的,因而也是主要关注私人厂商的创新行为,而公共部门的创新行为被大大地忽视了。在这一缺憾的基础上,他们以农业发展中的技术变革为基础,提出了一个四要素的诱致性农业技术创新模型,该模型与私人厂商和公共机构的资源配置过程相一致,并且包括了生物和机械技术进步相联系的要素替代性和互补性的特点。

与希克斯一样,他们认为,一个经济中技术的发展是为了用相对丰富因而廉价的要素来替代相对稀缺因而昂贵的要素。在农业生产中,技术进步集中体现为两类:一类是农业机械化技术,用于节约相对稀缺并缺乏供给弹性的劳动力资源。通过农业机械设备的发展,提高人均耕地的经营面积,使人均农产品的产量不断提高,劳动生产率的提高是农业机械化的主要特征,也是农业增长的主要来源。另一类是生物化学技术,用于节约相对稀缺并非常缺乏弹性的土地资源。生物化学技术的主要代表是土壤肥料技术、植物保护技术、育种技术,生物化学技术的意义在于用化肥、农药、良种等现代投入品来提高单位面积的作物产量,土地生产率的提高是生物化学技术的主要特征,也是农业产出增长的主要来源。当然,并非所有的农业机械创新都是以节约劳动为目标的,也并非所有的生物技术革新都是以节约土地为目标的。随着农业生产的发展与技术进步的深入,最初以节约某一种要素为特征的技术道路选择,又有逐渐趋同的现象。这是因为在一个动态的竞争经济中,较为缺乏的要素诱发较多的该种要素的技术进步,从而缓解其相对稀缺程度;较为丰富的要素则由于大量使用而变得不太富裕。

图 7-1 和图 7-2 说明了与机械和生物技术进步相联系的要素替代性和互补性的特征。图 7-1 代表了机械技术的进步过程,以劳动节约型技术——农业机械的技术进步为例,I_0^* 表示了一系列较无弹性的单位等产量曲线的包络线,即为零期的变革可能性曲线(Innovation Possibility Curve,简称 IPC)。例如,当机械与劳动价格比率为 BB 时,发明了某种技术(如一种收割机)I_0,相应地,最小成本均衡点为 P,此点表示土地、劳动、机械动力达到了最优组合。一般来说,能够使每个劳动者耕种更大面积土地的技术要求劳动者有着更高的非人力动力,包括畜力和机械动力。因此土地和机械动力之间表现为互补关系,在图 7-1 中用一条直线表示,描述土地和机械动力的某种组合$[N,M]$。当假定劳动相对于土地来说,从零期到第一期变得更加稀缺,I_1^* 为第一期的变革可能性曲线,此时相对价格比率从 BB 下降到 CC,这种价格变化会引发出了新的技术发明(如联合收割机)I_1,这就意味着新技术使得每个劳动者能够使用更大数量的机械动力耕种更大面积的土地。因此,随着新技术的不断更新,土地、劳动、机械动力的最优组合也会发生变化,最小成本均衡点也由 P 变为 Q。同理,图 7-2 代表了生物技术的进步过程。其中 I_0^* 为零期的变革可能性曲线,表示了一系列较无弹性的土地-化肥等产量曲线的包络线,当相对价格比率从零期的 bb 下降到第一期的 cc,化肥、土地、基础设施之间的最优组合也由 P 变为 Q。这时沿着 I_1^* 被开发出来的新技术 I_1 体现为进一步促进化肥替代土地,而这种新技术一般需要更好地对水和土地的进行控制管理,因此化肥和土地的基础设施(如排灌系统)之间表现为互补关系,如线性关系$[T,B]$,在图 7-2 中同样用一条直线表示。

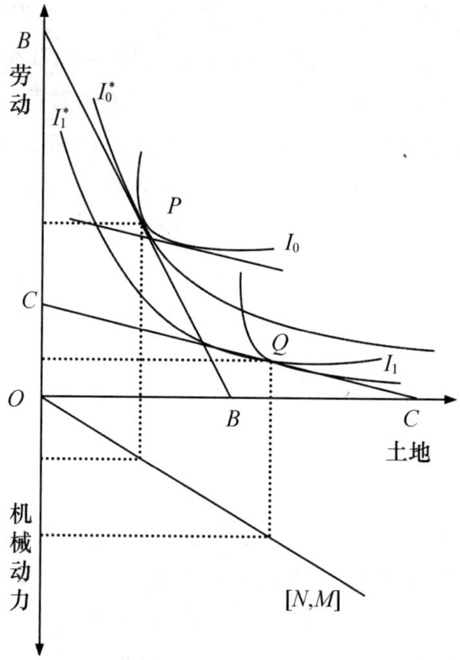

图 7-1　农业诱导性技术进步示意图一(何爱,2009)

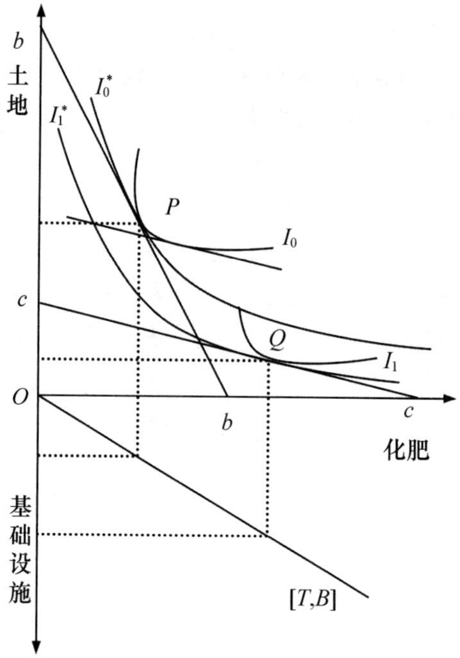

图 7-2　农业诱导性技术进步示意图二(何爱,2009)

(二)市场需求诱导的技术进步

1.工业经济中市场需求诱导的技术进步。施莫克勒在《发明和经济增长》一书中提出了市场需求诱导的技术进步理论,并对工业领域进行了实证研究。长期经济增长取决于技术知识的积累,技术进步包括过程创新和产品创新。与习惯认识相反,重要的科学发现和发明并不构成技术发明的主要激励,而对成本问题的解决和营利机会的把握却成为技术发明的关键;另一种流行的看法是,重要的技术发明推动未来的技术发明,但实证研究的结果却是相反或模棱两可;再有一种学说类似于产品生命周期假定,认为在给定领域内技术发明的数量先增加后减少,但是,与其说是由于技术发明的成本递增,不如说是市场需求的递减。实证研究在否定上述论断的基础上,验证了不同产业资本品的发明数量与产品销售额密切相关,由此引申出三个命题:①技术发明是一种经济活动,它与其他经济行为一样,追求预期收益;②预期收益取决于该项发明产品的预期销售额;③而采用发明后的预期销售额很大程度上取决于该产品目前的市场销售额。总之,是市场需求决定了创新努力的有效配置。技术发明是为解决经济问题或把握经济机会,这一点具有深远的意义。很多人都把技术进步看成是外生的——不是由经济变量所控制,甚至是自发的。现在看来,技术发明从一种业余的、非常规的经济活动,逐渐变成一种连续的、规范的、企业化的经济行为。

2.农业经济中市场需求诱导的技术进步。格里克斯在对杂交玉米的推广和使用中,指出市场营利性是一个主要的影响因素,从而较早地提出了关于农业技术进步的市场需求诱导假说。玉米杂交方法的发展和由此培育出来的新品种,增加了玉米生产的供给量。他认为技术创新过程的收益是与农业研究有关的外部效应——生产者剩余和消费者剩余的增加,其成本是杂交玉米研究经费的累计数,他估计杂交玉米研究的内部收益率为35%～40%。格里克斯也注意到杂交玉米技术成果推广的经济效益,他指出研究成果的地区分布和新品种的推广率受到经济利益的支配。

(三)要素稀缺与市场需求假说的互补性质

在确立了要素稀缺性和市场需求诱导的技术进步假说之后,经济学家们试图证明二者是内在统一的。

1.要素稀缺和市场需求诱导并不是两种独立的假说,而是互相补充的技术进步理论。节约一种或几种要素的技术创新,如果不落实到某一种产品上,就无法被技术需求的微观主体所采用。因为生产者需要把相关的技术创新投入到产品的生产过程中去,才能获得节约要素所带来的利润增加,而对该产品一定规模的市场需求是这种利润得以实现的市场条件;反过来说,针对某一种产品的技术发明,如果不能够相对地节约一种或几种生产要素,也不会被技术需求的微观主体所采用,因为在一定的市场需求和要素供给条件下,生产者已经实现了要素投入的最优配置,只有节约最为稀缺因而昂贵的要素,才能使生产者的利润获得最大限度的提高。因此,微观主体的利润最大化行为是要素稀缺和市场需求两种假说内在统一的基础和纽带。

2.要素稀缺和市场需求两种互相补充的诱导性技术进步理论在农业经济中的运用。各种农作物的不同市场需求规模会诱导不同数量的技术发明,但这些发明必须以节约某种要素为特征；各国农业中的土地和劳动要素禀赋是不同的，所以无论是农业技术整体还是针对某种农产品的技术创新，都将节约相对缺乏的生产要素；反过来，节约某种生产要素的农业技术也必须落实到某种农产品上。农民作为技术创新的采用者，出于利润最大化的动机，会被引导到采用节约较为缺乏而昂贵要素的技术；而研究单位作为技术创新的供给者，也要考虑那种技术具有更大的市场潜力。总之，农业技术进步的要素稀缺和市场需求假说是互相补充的、内在一致的。

（四）对诱导性技术进步理论的验证

诱导性技术进步理论有一个关键的隐含假设，即完全的市场经济。只有在完全的、不受限制的要素市场上，供求均衡才能保证要素的相对价格比等于要素的边际产出之比，即要素的相对稀缺程度能够在市场价格上面得到体现；同样，只有在完全的、不受限制的产品市场上，产品价格的高低和需求数量的大小才能真实反映市场需求的强度，从而使技术创新在市场需求方面的预期收益得到清晰的衡量。

大量的实证研究证明，在西方国家完全的市场经济条件下，两种诱导性技术进步是普遍成立的。需要研究的问题是在市场不完备的发展中国家或市场受到限制的国家，诱导性技术进步假说是否成立。

林毅夫通过对中国农业的研究，证明了在产品和要素市场受到限制的情况下，技术进步仍然是诱导性的，进一步发展了诱导性技术进步理论。① 这一发展具有很强的理论价值和政策含义。放松诱导性技术进步关于市场完全的假设，不仅把这一假说扩大到市场机制不完善的发展中国家和非市场经济国家，而且覆盖了漫长的前资本主义时期。只要技术发展的采用者和提供者是利益最大化的主体，而无论要素市场和产品市场是否完备，诱导性假设总是成立的。

（五）诱导性技术进步理论与公共农业科研体系的构建

要素稀缺和市场需求的诱导性假说为促进农业科学技术的进步提供了一个有效的基本原则，但这并不意味着应该由完全放任自由的市场竞争机制来支配农业科研活动。因为农业科研的大多数成果，尤其是生物和农艺研究，是以信息形式表现出来的新品种、新配方、新工艺等，它们具有明显的公共产品性质，具有使用上的非排他性和收益上的非独占性或外溢性，难以避免搭便车等问题的困扰。农民对一种新的知识信息的使用，并不减少他人所能利用的信息数量；而信息使用的扩大也不会增加其研究成本的补偿。社会利益最大化要求知识产品一旦被生产出来，应该是让所有潜在的使用者没有任何代价地加以利用。在这种情况下，除非政府政策提供了适当的制度环境，否则一个潜在的创新者（企业和个人）就不可能有生产新知识

① 相关研究可以自行查收林毅夫相关论文。“An economic theory of institutional change: Induced and imposed change”（1989，中文译为：《关于制度变迁的经济学理论：诱致性变迁与强制性变迁》）、“Collectivization and China's agricultural crisis in 1959—1961”（1990，中文译为：《集体化与中国 1959—1961 年的农业危机》）、“Prohibition of factor market exchanges and technological choice in Chinese agriculture”（1991 年，中文译为：《中国农业在要素市场受到禁止下的技术选择》）、“Rural reforms and agricultural growth in China”（1992 年，中文译为：《中国的农村改革及农业增长》）、《制度、技术和中国农业发展》（1992 年）.

的激励。一种解决办法是建立专利法和许可证制度，以保护科学技术发明的产权。但是法律的实施是有成本的，在法律制度极不健全的发展中国家，专利制度的交易成本可能会超过知识产权保护的收益。此外，即使专利和许可证制度能够完全实施，但要赋予发明者一定年限的垄断使用权，也会妨碍技术发明的社会最优利用。一般来说，能够物化成商品的农业科技成果可以通过市场机制得到解决，而具有基础性、公益性或公共产品性的科研和推广则应由政府通过公共资金来支持。还由于农业的特殊性地位，对于营利性单位的农业科研活动也应该给予支持。

事实证明，在那些农业技术进步速度很快而且十分成功的大多数国家，农业科学技术研究一般是由那些受公共基金资助的非营利研究机构进行的。

由于农业生产对气候、气温、降雨量、湿度、无霜期、土壤类型及病虫灾害的细微变化十分敏感，适于一个地区的农业技术并不一定适于另一个地区，所以除了要素稀缺性和市场需求外，公共部门的研究机构在决定他们的研究方向时，还必须考虑地区差别。因此，建立分散的研究机构体系是更为可取的做法，这对于我国这样一个生态条件差异较大的大国尤其如此。

数字资源 7-1　农业技术进步率测定方法

第二节　农业技术进步的动力机制

一、农业技术进步的内部动力

在市场经济条件下，作为市场经济主体的农户与企业在进行农业生产经营活动时，不仅要遵循自然规律，而且还要遵循市场经济规律，通过不断进行农业技术创新与应用来提高农产品的数量与质量，降低产品成本，提高其产品的竞争力与经济效益。因此，市场机制就成为农业技术进步的内在动力机制。

（一）产量目标的追求需要技术进步

农业生产的目的就是要最大限度地满足国民经济发展和人民生活水平提高对农产品的需要。在市场经济条件下，也只有根据国民经济各部门发展和人民生活提高对农产品的需要来决定生产活动，才能保证农产品的畅销和收入的增加。因此，农户与企业仍将农产品产量作为追求目标之一。要提高农产品产量，增加农产品供给，不仅要不断追加各种要素，更需要应用先进的农业科学技术。特别是农业中报酬递减规律的作用，当要素投入所带来的边际收益达到极限（边际收益等于边际成本）时，产量增加却带来纯收益的减少。只有技术的变革才使得生产曲线不断扩张，即在技术变革的情况下，同样的投入才能带来更大的产量。

（二）质量目标的追求需要技术进步

随着经济的发展和人们收入的增加，市场对农产品的需求出现了优质化、多样化、健康化的发展趋势。只有保证农产品的质量，才能实现农产品的有效供给，确保农产品良好的销路。因此，对农产品质量的追求是农户与企业自发的追求。农产品质量的提高，主要是靠运用先进的良种技术、栽培或养殖技术、产品加工、包装、储藏技术等。同时，正是农业技术的不断创新、开发，才使得农产品的品种不断增多，实现了产品的多样化。

(三)利润目标的追求需要技术进步

在市场经济条件下，对农户与企业来说最重要的是利润目标的追求，对产品的数量和质量的追求，不过是增加利润的手段。由于边际报酬递减规律的作用，只有通过技术变革，才使得边际收益与边际成本的均衡点不断外移，生产要素投入规模不断扩大，利润水平得到提高。同时，技术的改进和新技术的采用往往会带来劳动生产率的提高，使单位产品成本下降，利润得以增加。那些率先采用新技术的农户与企业，往往能获得暂时的超额利润。在农业不断向产业化经营方向发展的情况下，更需要采用新技术，提高产品的附加值，进而提高农产品的总利润水平。

(四)提高农产品竞争力的目标追求需要技术进步

在市场经济条件下，农户与企业要想实现利润目标，一个重要的前提条件是使其农产品能够进入市场，有竞争力。而要想有竞争力，就要依靠科技进步，使产品质量得到提高，实现以质取胜；同时使产品成本降低，使产品在价格竞争中有较强的优势；通过组织化水平的提高，塑造农产品品牌，延长农业产业链，通过农产食品品种花样以及功能的创新，来提高竞争力。

二、农业技术进步的外部动力

在市场经济条件下，农业技术进步的外在动力源于国民经济发展和人民生活水平提高对农业发展的需求，或者说是国民经济发展和人民生活水平提高的需要拉动了农业技术进步。

(一)农村产业结构变革推动农业技术进步

农村产业结构的变革是农业专业化与商品化的结果。随着农村产业结构的不断优化，农村二、三产业的发展加快，对农产品的需求趋向多样化、优质化、高效化，这就促使有更新的农业技术的推广应用。

(二)城镇化发展推动农业技术进步

一方面，随着城镇化进程的加快，大量人口向城镇聚集，这些非农人口的增加及生活水平的提高都要求农业提供更多的优质农产品；另一方面，随着工业与城镇的崛起，也要求农业为其提供更多的优质原材料。两方面共同作用的结果，就会推动农业技术的不断进步。

(三)农业产业化经营推动农业技术进步

农业产业化经营不仅表现为企业化、规模化、社会化水平的提高，而且还表现为农业产业链的延长，因此农业技术进步远远超出了生产领域，向前延伸到农用生产资料的生产，向后延伸到农产品的加工与运销。农业需要不断地吸纳相关领域的科技成果才能够满足社会经济发展的需要。

(四)农产品国际贸易推动农业技术进步

中国加入世贸组织以来，由于削减关税、扩大市场准入等进口促进措施的实施，以及某些国内农产品绝对优势和比较优势的丧失所引起的生产增长缓慢或下降，特别是对农产品需求的迅速增长，极大地改变了我国农产品的国际贸易格局。由于进口快速增加而出口增长缓慢，2004年我国农产品国际贸易首次出现逆差，之后出现了逐年扩大的趋势。我国农产品出口面临的主要问题是非关税技术性壁垒，要增加农产品出口主要靠提质增效；不断增加的进口农产品质优价廉，迫使国内的农业生产要采取以标准化为代表的农业技术措施来提高竞争力。

(五)农业现代化建设直接引发了农业技术进步

农业技术进步是农业现代化建设的核心内容。为了保证农业现代化建设目标的实现，必然要注重先进农业技术的推广应用。随着社会经济的发展，农业现代化建设不断增加新的内涵，如农业标准化、农业信息化在当代的农业现代化建设中变得越来越重要，而农业标准化与信息化需要更为广泛的技术进步。农业现代化的最高理念或指导原则是可持续发展，而要实现可持续发展不仅需要自然科学的技术进步，还包括社会科学的技术进步。

第三节 农业技术进步道路

一、农业技术的经济类型

为了正确选择农业技术进步的道路，有必要首先了解农业技术的经济类型。根据各种农业技术在生产中所起的主要经济作用的不同，可把农业技术归纳为以下三种经济类型。

(一)劳动节约型技术

劳动节约型技术是指主要通过先进实用的农业技术装备来提高劳动效率，从而使活劳动消耗大量节约的技术。劳动节约型技术的优点是：①可大量节约活劳动消耗，大幅度地提高劳动生产率；可帮助某些国家或地区解决农业劳动力不足的问题，为农业劳动力向生产的深度和广度进军及向非农产业转移创造条件。②还可带动相关行业的发展，如农业机械技术的应用可带动机械、钢铁、燃料等产业和维修服务业的发展。在资金不足和劳动力大量剩余地区推行劳动节约型技术将受到制约，因为在此条件下推行劳动节约型技术，不仅会使资金更加短缺，而且会加剧劳动力过剩程度。此外，推行劳动节约型技术还要受到劳动者本身素质的制约，因为劳动节约型技术在减少活劳动投入数量的同时，要求劳动者要具有更高的素质。

(二)资源节约型技术

资源节约型技术是指能使活劳动以外的其他经济资源的生产效率明显提高，从而节约资源的技术。精耕细作、使用良种、配方施肥、节水灌溉、使用现代生物技术是资源节约型技术的典型代表。资源节约型技术的优点是：可大大提高单位资源的生产能力，解决某些国家或地区农业资源不足的矛盾；使有限的资源为更多的劳动力提供就业机会，减轻就业的社会压力。因此，资源节约型技术较适宜于在资源少而劳动力丰富的地区推广应用。资源节约型技术的不足是：劳动生产率一般相对较低，社会资本存量和经济实力的积累和增长较慢，容易使大量农业劳动力滞留在土地上。

（三）中性技术

中性技术是指使劳动节约型技术和资源节约型技术密切结合、取长补短、综合运用的技术。中性技术综合了劳动节约型和资源节约型技术的优点，它的进步可以使劳动生产率和资源生产率同时得到提高。但这类技术的创新应用需要较好的社会经济条件，尤其需要较多的投资，并要求劳动者具有较高的素质。

二、发达国家农业技术进步道路

世界各国的国情不同，农业技术进步所走的道路也不尽相同。从已实现农业现代化的发达国家看，农业技术进步的成功道路可分为以下三种。

（一）先以劳动节约型技术为主，后以资源节约型技术为主的道路

走这种农业技术进步道路的国家以美国为代表。美国土地广阔，人均占有耕地多，工业化水平高，但因大批劳动力转入城市，农业劳动力缺乏。为此，美国农业的发展首先抓了劳动节约型技术的推广应用。从19世纪中期开始广泛使用半机械化农具，到1940年已基本实现农业机械化。由于农业机械化程度不断提高，大大地降低了农业劳动力消耗，1940—1970年全国活劳动消耗指数降低了66%；到1989年，农业劳动力占全国总劳动力的比重下降到2.9%。第二次世界大战后，随着工业的迅速发展和经济开发程度的提高，对土地的需要量增加，美国的地价不断上涨，于是产生了对资源节约型技术的需求，加速了生物化学技术的进步。1950—1970年，美国在农机动力投入增长22.3%的同时，农用化学物质的投入增加3.2倍，并大面积推广使用良种，使土地生产率不断提高，实现了对土地的节约。

（二）先以资源节约型技术为主，后以劳动节约型技术为主的道路

走这种农业技术进步道路的国家以日本为代表。日本在20世纪50年代以前，由于农业人口多，农业劳动力资源充足，人均耕地少，自然资源缺乏，且工业基础不雄厚，因而农业现代化一开始就高度重视资源节约型技术，首先狠抓生物技术和化学技术，通过大幅度提高土地生产率来减轻土地资源不足的压力，并发挥农业劳动力丰富的优势。1985年日本平均每公顷耕地化肥使用量已达430.4千克（同期美国仅为93.7千克），加上良种的推广，使日本的土地生产率逐年提高。但从20世纪50年代后期开始，随着日本经济的迅速发展，农村劳动力大量向工业等非农产业转移，农业劳动力逐步由过去的丰足而转为相对不足，这就诱发了劳动节约型技术的推广应用。50年代后期掀起了耕耘机和中小型拖拉机的普及热潮，1970年前后又展开收获过程的机械化和大型拖拉机化，使70年代以后的农业劳动生产率出现了高速增长。70年代日本的劳动生产率增长速度为60年代的4.4倍。

(三)中性技术进步的道路

中性技术进步的道路亦即劳动节约型技术与资源节约型技术同时并举的道路。走这种农业技术进步道路的是西欧国家,其代表有英国、法国、德国、意大利等。这些西欧发达国家既缺乏农业劳动力,人均耕地也不充裕,但工业比较发达。因此,把机械化、水利化、化学化、良种化等放在同等重要的地位,密切结合,同时发展,使农业劳动生产率和土地生产率同时提高。例如法国,农业劳动力不足和耕地不足同时并存。一方面,从 19 世纪开始,由于非农产业高收入的吸引,农业劳动力从农业中大量外流,使农业劳动力日趋紧张,以至不得不从国外雇用劳动力。从 20 世纪初开始使用农业机械,取得了比从国外雇用劳动力更好的效益。从此,节约劳动的农业机械技术在全国获得迅速发展。到 1985 年,仅有 1 760 万亩耕地的法国,拥有拖拉机达 152.6 万台,联合收割机 15 万台。另一方面,法国的农用地,尤其是人均耕地资源稀少,这就要求推广生物技术和化学技术等资源节约型技术,以提高土地生产率。早在 19 世纪中叶法国就开始使用化肥,化肥使用量逐年增加,1886 年为 8.8 万吨,1900 年为 24.3 万吨,1938 年增到 110.8 万吨,平均每公顷施化肥 60 千克。之后,化肥使用水平进一步提高,到 1985 年平均每公顷化肥施用量已达 300.9 千克。

三、中国农业技术进步道路

(一)中国未来农业技术进步道路的选择

根据中国人多地少的基本国情,中国未来的农业技术进步道路,大致可划分为两个相互联系的阶段:第一阶段应以资源节约型技术为主、以劳动节约型技术为辅。对于中国农村经济的中等发达地区与欠发达地区来说,农业技术的进步在 21 世纪的前 20～30 年里应以采用生物、化学技术等资源节约型技术为主,以充分合理地利用农业资源,努力提高资源的生产率,使有限的资源生产出更多的农产品;同时,有步骤、有选择地发展劳动节约型技术,逐步提高农业劳动生产率。对于农村经济较发达的地区来说,在采用资源节约型技术的同时,可积极发展劳动节约型技术,不断提高农业劳动生产率。第二阶段应是资源节约型与劳动节约型技术全面发展和有机结合。21 世纪 20～30 年以后,农业技术的经济类型开始由资源节约型技术为主转向资源节约型技术与劳动节约型技术并举,并使二者有机结合起来,共同发展,以不断提高土地生产率和劳动生产率。当然中国地域辽阔,各地自然条件和社会经济发展水平各不相同,因而在选择农业技术进步的道路上应因地制宜,切不可搞“一刀切”。

(二)中国未来农业技术的发展方向

根据我国农业发展的任务和趋势,今后一段时间里我国农业技术的主要发展方向如下。

1. 大力加强农业基础研究,增强农业领域的原始创新能力。要加强农业基础研究长期稳定支持力度,重点开展农业生物基因调控及分子育种、农林动植物抗逆机理、农田资源高效利用、农林生态修复、有害生物控制、生物安全、农产品安全及农业应对全球气候变化等相关领域重大基础研究,突破一批重大基础理论和方法。

2. 加快推进农业前沿技术研究，提高农业高新技术的引领能力。要进一步加大农业高新技术的投入，以农业生物技术、信息技术、新材料技术、先进制造技术和精准农业技术为重点，突破一批前沿高技术，开发一批具有自主知识产权的农业新品种、新制剂、新装备等重大技术产品，抢占现代农业科技制高点。

3. 着力突破农业共性关键技术，提升农业科技的集成创新能力。要进一步加大农业共性关键技术支持力度，重点在良种培育、节本降耗、节水灌溉、农机装备、新型肥药、疫病防控、加工贮运、循环农业、海洋农业、生态环境等方面取得一批重大实用技术成果，突破制约农业发展的重大技术瓶颈，强化技术集成与应用。

4. 持续强化产业核心技术研发，提升农业科技产业带动能力。要加快涉农新兴产业科技创新步伐，重点加强生物种业、生物质能源、生物基材料、食品制造、农业生物制品和农业信息服务等新兴产业技术研发，带动现代农业产业快速发展。

5. 建立健全农业科技服务体系，提高农业科技创新创业能力。强化基层公益性农技推广服务，提升农业技术推广能力。培育和支持新型农业社会化服务组织，大力支持社会化创业体系和多元化社会服务体系建设。建立农业科技成果转化长效机制，加强科技成果转化应用与技术转移。推进科技富民强县、科技兴县(市)、科技扶贫等相关工作，切实提高基层科技服务能力和水平。

数字资源 7-2 “十三五”农业科技发展规划

本章小结

农业技术进步包括硬技术和软技术进步两个方面，渗透到农业相关的各个领域。农业技术进步具有自己的特点，在农业发展中起着至关重要的作用。要素稀缺和市场需求诱导的技术进步理论以及关于农业公共科研体系的理论为中国农业技术进步提供了理论依据。农业技术进步的动力机制包括内部和外部动力两个方面。我们既要注意借鉴世界上一些发达国家农业技术进步的经验，又要从中国的基本国情出发，走出一条中国式的农业技术进步道路。

复习思考题

1. 农业技术进步的内涵、特点及重要作用是什么？
2. 什么是要素稀缺与市场需求诱导的技术进步理论？两种理论的关系如何？
3. 如何理解农业技术进步的动力机制？
4. 农业技术进步的类型有哪些？各有什么特点？
5. 你认为中国应该选择什么样的农业技术进步道路？

参考文献

[1] 陈宗胜. 发展经济学. 上海：复旦大学出版社，2000.
[2] 雷海章. 现代农业经济学. 北京：中国农业出版社，2003.
[3] 张忠根. 农业经济学. 杭州：浙江大学出版社，2010.

[4] 农业部软科学委员会课题组.中国农业发展新阶段.北京:中国农业出版社,2000.

[5] 全国农业技术推广服务中心.国外农业推广.北京:中国农业出版社,2001.

[6] 张应禄,邢鹂,袁开智,等.农业科技进步的内涵与测定.中国农业科技导报,2009,11(2):44-48.

[7] 何爱.诱致性技术、制度创新与战后菲律宾农业发展.厦门:厦门大学,2009.

第八章　农业资金

本章学习要点

- 农业资金的概念与特殊性
- 农业财政资金
- 农业信贷资金
- 农户资金

第一节　农业资金的含义、运动规律与特点

一、农业资金的含义与分类

(一)农业资金的含义

农业资金有广义和狭义之分。广义的农业资金是指国家、农户或社会其他部门投入农业领域的各种货币资金、实物资本和无形资产,以及在农业生产经营过程中形成的各种流动资产、固定资产和其他资产的总和。广义的农业资金实际上也就是用于农业生产经营的各种财物和资源的总和,并且总是以一定的货币、财产或其他权利的形式存在。在既定的农业资金条件下,农业生产经营者可以根据技术条件和各种资金要素的相对价格,以成本最小或利润最大化为目标,选择最优的生产要素和产品组合进行生产。在所有的资金形式中,最为重要的是货币资金。在市场经济中,货币资金高流动性的特点可以使其很容易转化任何其他形式的资金,因此,货币资金成为农业资金研究的重点。这也就引出狭义的农业资金,即农业资金是指社会各投资主体可以投入农业的各种货币资金,主要包括现金和银行存款。广义农业资金实际上已经涉及农业管理的全过程,而目前制约农业发展最关键的资金问题是狭义农业资金的投入问题。

(二)农业资金的分类

1. 按农业资金存在的形态划分,可分为货币形态的资金和实物形态的资金。货币形态的资金主要指现金、存款等;实物形态的资金主要指农业生产中占用的各种生产资料、在产品和产成品等。

2. 按农业资金的所有权划分,可分为农业生产单位的自有资金和借入资金。自有资金指

农业生产单位自身所有，不需归还别人的资金。它包括农业生产单位筹集的股本资金和自己积累的资金。国家无偿支援的资金也可以视同自有资金。借入资金指生产单位用各种方式取得的必须到期归还他人的资金，例如向信贷机构借入的贷款、向社会发行的债券、从民间借入的资金等。

3. 按农业资金在再生产过程中所处的阶段，可分为生产领域的资金和流通领域的资金。前者主要指各种生产资料和在产品所占用的资金；后者主要指各种产成品占用的资金和在流通领域中的现金、存款、应收款所占用的资金。

4. 按农业资金的价值转移方式，可分为固定资金和流动资金。固定资金的特点是整体多次参加农业生产过程，但每次只将整体价值的一部分（具体表现为采取折旧的方式）转移到新产品当中去，如房屋、设备、农机具、水利设施、果树林木、役畜、种畜等劳动手段。流动资金是指参加一次农业生产过程之后就被消耗掉，其价值一次性转移到新产品中去，如种子、饲料、化肥、农药、各种原材料等劳动对象，以及用于支付雇工工资等劳动报酬和其他费用的资金。

5. 按农业资金投入领域的产品性质，分为用于农业私人产品的资金和用于农业公共产品的资金。用于农业私人产品的资金是指农业投资主体投入具有排他性和竞争性的农产品生产的资金。由于私人产品投资的竞争性和排他性，在市场经济中完全可以由经营者个人来提供，并由经营者按照市场情况和自身条件进行最优配置。用于农业公共产品的资金是指农业投资主体投入具有非排他性和（或）非竞争性的农业基础设施、农业公共服务等领域的资金。由于公共产品的特点会造成其私人供给的低效率或无效率，因此，一般用于农业公共产品的资金应当由政府提供。

二、农业资金的运动规律与特点

（一）农业资金的运动规律

随着农业生产和再生产过程的不断进行，农业中的资金像工业生产中的资金一样，不断变换着其自身的形态，进行周而复始的循环周转运动。这种运动包括三个阶段：第一阶段，即在每一个生产过程开始之前，资金处于贮备阶段，其表现形态为各种生产资料和一定的现金和存款。第二阶段，即生产过程开始之后，资金即进入生产阶段，此时原处于贮备形态的资金即转化为在生产中起作用的固定资产和流动资产，并借助劳动将其价值向新产品转移，形成价值更大的在产品和产成品形态的资金。第三阶段，即在生产过程结束之后，资金进入流通阶段或销售阶段，此时资金主要表现为两种不同的形态：①由产品出售而变成的货币形态的资金；②再次转化成农业经营者生产资料和生活资料实物形态的资金。这些都将形成下一个生产周期的储备阶段的资金。

农业中资金运动的快慢决定了农业生产中资金利用的经济效益的高低。一般来说，资金运动得越快，即周转得越快，占用的时间越短，其经济效益就会越高；反之，经济效益就越低。因此，加速资金的循环和周转，即尽可能缩短资金周转所占用时间和增加资金周转次数，就成为提高农业生产经济效益的主要途径。

（二）农业资金的运动特点

1. 农业中资金的周转期长，周转速度慢。由于农业生产受动植物生长发育的自然规律的限制，不能像在工业中那样，可以比较容易地按照人们的愿望来缩短生产周期。因而在一般情况下，农业中资金的周转速度要比工业中资金的周转速度慢得多。

2.农业中资金的运动具有很强的季节性。由于农业生产一般都有很强的季节性，因而农业中资金的运动也具有很强的季节性。必须按季节贮备资金和投入生产，并且也只有到季节才能使资金回收。农业资金在投放和回收的时间上很不平衡，而且投放与回收时间不一致。

3.农业中资金利用的效益有很大的不稳定性。农业生产不仅受市场变化的影响，还受自然条件变化和年成丰歉的影响。因而农业资金利用的效益与工业中资金利用的效益相比，有较大的不稳定性和风险性。

4.农业资金在循环周转过程中不完全通过流通过程。农产品既是农业生产过程的最终产品，又是重新加入再生产过程的生产资料，并且有生活资料和生产资料的双重用途。如一部分饲料、种子、农家肥、后备母畜等由农业生产经营者自身提供，而无须购买。同时，部分农产品可能留作农业生产经营者自身消费，而不经过流通转化为货币。这与工业资金的周转，有着显著的差别。

5.农业资金的低收益性和效益的外部性。随着经济的发展和产业结构的升级，农业贸易条件有恶化的倾向，农业的比较效益逐渐下降。同时农业具有多功能性，对农业的投资不仅会产生经济效益，还会产生社会和生态效益。经济效益可以通过市场和价格机制转变为投资者所有，而社会和生态效益却具有外部性，对此市场和价格机制失灵。正的外部性会使整个社会的福利增加，负的外部性却要由社会来承担成本。

三、农业资金在农业经济发展中的作用与趋势

(一)农业资金的作用

1.农业资金具有支付手段和流通工具的职能。作为购买生产资料的手段，农业资金是农业生产经营的前提；作为流通的工具，农业资金在流通过程中的体现是交换手段，使生产成果的社会价值得以实现，使商品农产品在价值形式和实物形式方面都能得到补偿，从而使农业再生产过程得以周而复始地持续进行。

2.农业资金对其他农业生产要素具有一定的替代作用。农业投资中流动资金投入包括良种、化肥、农药、农膜等可以提高土地生产率进而提高农业产出，可以缓解土地等自然资源的稀缺性，进而可以对土地产生一定的替代作用。农业固定资金投入机械、设备及运输工具等可以节约劳动时间、降低劳动强度、提高农业劳动生产率，可起到替代农业劳动力的作用。而农业科研、教育、技术推广投资则是农业流动资金、固定资金投资发挥作用的基本条件。

3.农业资金投向的变化，可以导致农业生产结构的改变。农业生产结构的改变很大程度上取决于农业资金投放的多少，如果农业资金更多地投向某一产业，那么这一产业就会得到较快的发展。

4.农业资金具有核算手段职能。通过对农业生产经营者的资金使用效益的核算，不仅可以反映其经济效益的状况，而且可以发现其生产经营中存在的问题和解决途径。

(二)农业资金在农业经济发展中的历史趋势

1.在工业化的过程中农业资金基本处于强制外流态势。整个社会生产最初是由农业构成

的，在农业发展的基础上，第二、第三产业才逐步发展起来。在经济发展过程中，一般来说，农业承担着为工业化提供资本原始积累的重任。虽然各国让农业为工业化提供资本原始积累的形式或具体的政策手段有所不同，但都造成了农业经济利益的外流。这使得农业的自我积累能力严重不足，农业资金长期处于短缺状态。

2. 在工业化基本完成以后，农业完成了资本原始积累的重任，农业虽然自我积累能力提高，但农业的资金供给仍然不足，农业的发展需要财政资金的注入。当社会经济发展进入到工业化的较高级阶段以后，不仅非农产业具有了自我发展和积累的能力，而且农业的比较优势不断下降，资本逐利的需要使得一部分农业资金通过自我投资和金融等渠道转移到非农产业当中去。在整个社会对农产品需求不断增加的情况下，土地和水等农业自然资源却在逐步减少和恶化，这迫使农业必须走集约化发展的道路，农业资本有机构成①不断提高是一个历史性的趋势。相对于现代农业可持续发展的要求来说，农业的资金供给不足。解决这一问题的关键是需要国家动用一定的政策手段使一部分工业剩余转移到农业当中去。

3. 随着农业现代化的推进，农业需要越来越多的资金投入。提高农业劳动生产率需要投入更多更好的机械设备，提高土地生产率需要更多的基础设施建设和良种、水肥等的投入，提高信息化水平需要更多的计算机、互联网、物联网等信息化设施设备的投入，提高农业的标准化水平需要以技术进步为前提的各类设施设备与物质的投入，提高农业技术进步水平不仅需要加速农业技术的推广，更要注重农业科学的基础研发，农业现代化必须依靠高素质劳动力，需要更多的人力资本投资。这些投资的增加既有来自私人资本，也有来自公共资本，并且随着农业现代化的推进，需要公共资本以比私人资本更快的增长速度投资于公共产品或公共服务，以解决农业外部性和比较利益不断下降等问题。

第二节 农业财政资金

一、农业财政资金的含义与投资的理论依据

(一)农业财政资金的含义

农业财政资金是指国家财政预算中用于农业的各项支出。农业财政资金既包括中央财政预算的农业资金，也包括地方财政预算的农业资金。在内容上，农业财政资金既包括国家农业项目投入的农业资金，也包括用于农业的各种补贴、事业费等支出。从目前中国财政统计的口径来说，农业财政资金大致包括：①支援农林生产支出；②农林水气等部门的事业费；③农业综合开发支出；④农业基本建设支出；⑤农业科技三项费用；⑥农村救济费；⑦其他农业财政支出。

(二)农业财政投资的理论依据

1. 农业公共产品需要财政投资来提供。在农业生产中除了私人投资和私人产品之外，还存在大量的农业公共产品，比如农业公共设施(如乡村通路、水电线路、通信设施、灌溉设施等)

① 资本有机构成是指由资本技术构成决定并反映资本技术构成的资本价值构成，用公式表示就是 $C:V$，其中 C 指的是不变资本，V 指的是可变资本。随着生产力的发展，科学技术的进步，对生产资料的投入不断增加，而劳动力的需要量在减少，所以资本有机构成会不断提高。

和公共服务(如公共管理、公共技术服务、公共信息服务、公共气象服务等)都是属于公共产品或准公共产品的范畴,具有一定的非排他性和非竞争性。在市场条件下,由于农业生产者的“搭便车”(Free Ride)行为,会造成农业公共产品供给的低效率或无效率。政府是公共利益的代表,也应当是公共产品的供给者。由政府财政投资,来生产农业发展所需的公共产品是一种有效的供给方式。

2.农业基础地位决定财政投资应给予扶持。农业是国民经济的基础,是其他部门赖以生存和发展的基础,在国民经济中居于基础性地位。首先,农业是国家安全的基础,对稳定社会和经济发展具有重大意义。在任何条件下,农产品尤其是大宗农产品的供给都会对国家经济发展和社会稳定产生巨大影响,财政资金理应支持农业,维护安全。其次,农业是国民经济其他部门进一步发展的基础。农业生产力水平和农业劳动生产率的高低,决定了农业为其他部门提供剩余农产品和劳动力的数量,只有农业发展了,国民经济其他部门才能进一步发展。

3.农业生产的外部性需要财政投资来校正。农业是关系国计民生的基础产业,又具有较强的生态效益和社会效益,农业生产往往具有正的外部性,即农业生产的边际社会收益会大于农业生产的边际私人收益。农业生产的外部性会导致农业生产者按照私人边际成本和私人边际收益的均衡点来生产农业产品,结果造成实际的农业生产量小于社会最优的农业生产量的市场失灵。对这种市场失灵的校正就需要政府投资来弥补农业生产所产生的外部性,给农业生产者一定的财政补贴,以使农业生产量达到社会有效水平。

4.农业的持续发展需要财政投资来支持与保护。在现代经济中,农业与其他产业相比表现为一定的弱质性,高风险与低收益并存。并且在工业化的过程中,一般都依赖汲取农业剩余来完成原始资本积累,在工农业不平等的贸易条件下,造成农业资本大量外流。在工业化的中后期,必须通过政府财政向农业投资,使经济利益向农业转移,为农业的长期发展提供资金支持。另外,在如今激烈的国际竞争中,世界各国都在通过财政的大规模农业投资或各种农业补贴来对农业实施保护政策,以提高本国农业的国际竞争力,促进本国农业的长期可持续发展。

二、农业财政资金投入的原则与政策取向

(一)农业财政资金投入的原则

1.效率原则。所谓效率原则是指财政部门对农业财政资金支出进行有效配置,使既定的资金产生最大的产出或效益。农业财政支出在本质上是政府的经济政策行为。农业财政资金支出的配置是财政部门的主观行为,监督成本较高,往往存在对财政资金使用上的低效或无效的可能性。但应当看到,讲求效率是公共财政建设的基本要求,所以我们把效率优先看作是农业财政资金必须遵循的首要原则。另外,农业财政资金的经济效率原则要求政府合理使用总量稀缺的国家资金,不但农业财政支出本身讲求经济效率,并且要求该资金的使用能够改善市场经济条件下农业投入的外部环境,提高社会资金在农业中的使用效率,保证良好的社会效果和生态效果,达到社会资源的有效配置。

2.公平原则。农业财政资金投入作为政府的一项经济活动,在性质上具有供给无偿性、需求无限性的特点。为反映农村社区全体居民的利益,政府在农业财政资金的投向和数量上应做到统筹兼顾,协调好发达地区和欠发达地区的利益。为使政府在资源配置上做得更好、更公平,应建立一种良好的机制反映社区居民的真实需要,使人们有机会充分显示其真实的偏好,

由公众选择他们需要的公共产品，以减少公共产品生产的浪费，避免公共产品分配不公平。需要指出的是，公平原则并不是要求对财政资金进行平均分配，而是要运用财政资金对市场机制所造成的地域或人群上的不公平状况进行矫正，以实现真正的公平。

3. 稳定原则。这里的稳定原则包括两层含义：一是农业财政资金投入本身要根据农业发展的要求保持一个稳定的增长率，不能忽高忽低，从而造成农业经济增长的波动。二是要求农业财政资金成为农业经济波动的稳定器。市场机制虽然能够很好地提供经济激励、提高资源配置的效率，但由于农户个体经济行为的自发性和分散性以及农业生产容易受到自然因素和人为因素影响的特性，单靠市场的力量不能很好地实现农业经济稳定增长，即便实现也将是一个漫长的动态调整过程。因此，需要政府对经济生活进行适度的干预，使分散的微观经济活动收敛于政府宏观经济目标。通过政府财政收支变化，以实现农村充分就业，保证农村物价稳定，促进农业稳定增长。

4. 持续原则。持续原则首先要求农业财政资金投入要保证农业的可持续发展。农业财政资金投入区别于农户和其他社会团体农业投入的一个重要特点是：农业财政资金支出不仅注重经济效率的提高，更具有公益性、超前性的特点，它兼顾近期目标和中长期目标，注重投入的社会、生态效果。持续原则还要求农业财政支出要可持续。这就要求政府资金的使用要考虑到通过提供公共产品，促进农业增长，培养税源，实现财政收入的持续增长，进而实现农业财政支出的持续增长。

另外，在 WTO 的框架下，政府各种农业财政资金的支出还必须遵守 WTO 农业协议的有关规则和国际惯例。

(二)农业财政资金的政策取向

1. 农业公共性财政资金。农业公共性财政资金是指国家财政对农业公共设施、公共服务等公共产品生产、管理和维护方面的投入。把农业私人产品投入和公共产品投入区分开来，反映了效率原则的要求。农业私人产品主要由农业的生产经营者自己投入，国家只是给予引导和帮助，根据公共财政的原则，应当逐步退出竞争性的农业私人产品供给领域，把农业财政资金主要集中在农业公共产品的生产和管理上，集中财力向农业公共资本性项目投资，提高公共资源配置的效率。

农业公共性财政资金投入的政策取向是：由中央和地方政府财政全额无偿支付农业公共产品的支出，主要包括农业公共设施费支付政策和农业公共事业服务费支付政策。这一部分的财政支出在长期中应当是相对稳定的。要合理确定农业公共事业部门的事业费、农业公共设施的维护费、每年新增的公共设施费和公共服务支出等，在保持稳定的基础上，根据农业发展需要，保持一定幅度的增长。对于农业公共产品的支出，中央和地方以及地方各级政府之间要明确划分事权，并建立完善的政府间财政转移支付制度，以保证不同经济发展水平的各个地方的农业公共产品供给达到一般水平。

2. 农业调控性财政资金。农业调控性财政支出是指用于农业结构调整、引导农户行为、缓冲市场冲击等农业宏观调控方面的财政支出。和其他产业一样，在市场经济条件下，对农业进行宏观调控是经济发展的一般要求，它体现了稳定原则。农业宏观调控性财政支出的政策取向是采用财政补贴或设立稳定基金。

市场经济条件下的宏观调控是政府在市场机制配置资源的决定性作用基础上进行的一种

调控，政府通过运用一定数量的财政资金，利用其乘数效应来影响和干预私人部门的行为，从而调动大量的经济资源按照预定的目标进行配置，以保持经济总量平衡、价格稳定和收入持续增长。这一过程的一个显著特点是用少量的资金来带动大量资金的转移。要达到这个效果，采用财政全额支付的方式是不理想的，一是国家财政资金数量有限，二是这一方式并不能改变被调控对象的边际成本或边际收益，所以无法带动大量经济资源的流动。而采用财政补贴却正好能达到这一目的。另外，在市场受到外界冲击时，通过建立稳定基金来稳定市场是一种有效的方式。稳定基金的资金来源可以国家财政资金为主体，通过发行债券或其他有价证券的方式建立投资基金，由专门的基金管理部门对基金的使用和投资进行管理，在农业生产受到外界冲击或农产品市场受到冲击时，可以动用基金对农业生产进行投资或对农产品市场进行反向干预，以达到稳定农业的目的。

农业的财政补贴政策包括：①农业自然资源使用导向补贴；②农业生产结构调整补贴；③农产品结构调整补贴；④农户生产技术引导补贴；⑤对农业生产和购销信贷的政策性贴息；⑥区域发展援助计划等。农业稳定基金包括：①主要农产品供给安全储备基金；②国内粮食援助基金；③农业自然灾害救济基金等。

农业调控性资金投入总量和时机应根据农业发展的目标和农业市场扰动态势进行相机抉择。政府应当对农业的发展情况、自然灾害和市场供求结构状况进行实时监测，并对可能的波动进行预测。最有效的办法是利用现代化的设备和信息网络，建立完备的农业生产和农产品市场的预警系统，对农业生产和市场状况进行监测并对可能的波动进行报警，从而对农业生产的扰动因素进行反向调节，以达到农业稳定、持续、快速发展的目标。

3.农业保护性财政资金。农业保护性财政资金是指用于对农业产业进行支持和保护的财政支出，它体现了公平的原则。对农业进行支持和保护是由农业本身的特性决定的。农业产业的外部性和弱质性的特点要求政府通过把农业巨大的正外部性内部化，来弥补市场失灵的不足，以实现国民经济的协调发展，达到整个社会利益的最优化。一方面，由于农业产业的正外部性(如提供良好的生态景观、优美的自然环境等)，农业投入不仅由投入者本身受益，而且其效益要外溢到其他地区、部门和产业等受益对象。在产权难以界定的情况下，由于无法对外溢的利益进行收费和补偿，从而降低了私人部门对农业投入的激励。如果采用农业保护性补贴来矫正这种市场失灵的情况，则可以使农业发展水平达到社会最优的水平。另一方面，由于农业的弱质性和高风险的特点，使得农业的一般营利水平低于其他产业，这也造成农业的私人投入水平和发展水平可能低于社会发展的最优水平。这也就需要通过财政补贴来激励农业的私人投入，并提高农业投资者的收益。

通过财政手段对农业进行支持与保护是世界各国的通行做法。在WTO框架中，允许政府对农业发展实施一定的保护和支持政策，主要包括对农民的一部分直接支付，收入保险和收入安全网计划中的政府补贴，环境保护计划下的支付以及区域发展援助计划下的支付等，还可以使用微量支持标准对农业进行支持。

农业保护性投入的政策取向是对农业进行保护性补贴和一定数额的转移支付。农业保护补贴政策包括：①农业资源及生态保护补助资金；②农业生产保护补贴；③农业生产救灾及特大防汛抗旱补助资金；④农业保险保费补贴；⑤动物防疫等补助经费等。农业的转移支付主要包括重点生态功能区转移支付、开发扶贫财政支出、区域性农业发展扶持财政支出、农村综合改革转移支付等。

农业保护性财政支出应当根据国家保护农业的长期目标，确定农业保护补贴水平，推算出各期的农业保护补贴投入额。对区域开发和扶贫性的农业转移支付应当依据长期的开发和扶贫战略，瞄准贫困人口，根据经济景气实行弹性的转移支付制度。

数字资源 8-1
农业生产发展资金管理办法

数字资源 8-2
社会资本投资农业农村指引

第三节　农业信贷资金

一、农业信贷资金的含义、理论依据与分类

(一)农业信贷资金的含义

农业信贷资金有广义和狭义之分，广义的农业信贷资金是指各种金融机构和个体信贷供给者投入农业各个环节的各种信贷资金。这里各种金融机构既包括正式的金融组织(商业性金融机构、政策性金融机构、合作性金融机构以及外资金融机构等)，也包括非正式的民间金融组织和个体信贷供给者。这里的农业是一个广义的概念，既包括农业的生产环节，也包括为农业服务的产前、产后行业和有关部门(如农业生产要素服务部门，农产品流通、加工和销售部门，农业科技服务部门等)。这里的信贷资金既包括商业性农业贷款，也包括政策性信贷以及民间借贷。农业信贷资金的使用一般是有偿的，到期偿还本金并支付一定的利息。信贷资金的最大特点是按期还本付息。

狭义的农业信贷资金是指各种金融机构和个体信贷供给者投入农业生产领域中的信贷资金。这里农业信贷提供的对象主要包括种植业、林业、牧业、渔业等农业生产行业的农业生产者，既包括农户，也包括农业生产企业。

(二)农业信贷资金的分类

1. 商业性农业信贷资金。商业性农业信贷资金是指由商业性农业信贷机构所提供的农业信贷资金。商业性的农业信贷机构是依法注册成立的以营利为目的的金融中介组织。这种金融中介组织不仅吸收存款而且提供贷款，贷款的利率高于存款利率，以赚取贷款与存款之间的利差，营利是这类金融组织的主要目标，其提供贷款的资金来源主要来自吸收的存款和自有资本。商业性农业信贷资金的利率一般会较高，而且常常应用于营利性较强的农业项目。就中国目前的情况来说，中国农业银行、农村商业银行、邮政储蓄银行等提供的农业信贷资金大部分属于商业性的农业信贷资金。

2. 合作性农业信贷资金。合作性农业信贷资金是由农业合作信贷组织提供的农业信贷资

金。合作性农业信贷组织一般是由农业信贷的需求者按照合作制原则组建的信贷组织。一些有农业信贷需求的农业经营者共同出资组成信贷资本金，一般只在合作组织内部提供信贷服务，相互融通资金，以营利性与服务性为双重目标的一种合作金融组织。合作性农业信贷资金的优点在于通过农业合作性信贷组织使得农业资金的需求者之间相互融通，提高农业资金的使用效率，并且降低了农业信贷的交易成本。合作银行、农信社、农村资金互助组织所提供的农业信贷资金大致具有这种合作性质。

3. 政策性农业信贷资金。政策性农业信贷资金是指由政府的农业政策性信贷机构提供的农业信贷资金。农业政策性信贷机构是由政府出资成立并经营，专门为农业提供政策性信贷的金融机构。农业政策性信贷机构一般不直接吸收存款，其信贷资金来自政府提供的信贷资本金及其公积金，提供的农业贷款一般按照优惠的利率提供给农业信贷的需求者，并且不以营利为主要经营目标。由于农业信贷的特殊性(低收益、高风险、高交易成本等)使得在完全的市场条件下会出现农业信贷私人供给的低效率，因此通过农业政策性信贷为农业发展提供资金是纠正农业信贷市场失灵、调整和引导农业发展的一种政策工具。目前中国农业发展银行提供的农业信贷资金属于农业政策性信贷资金。

4. 民间农业信贷资金。民间农业信贷资金是指由民间个人农业信贷供给者利用其自有资金提供的农业信贷资金。民间的农业借款情况较为复杂，但大致上可以分为两种：一种是在亲朋邻里之间进行的“友情借贷”，一般不收取利息，借贷的范围仅仅限于相互了解、相互信任的亲戚、朋友或邻里之间，借款的用途可以是用于农业生产投资，也可以是用于突发性大额消费项目。这种贷款人的动机主要是出于人情[①]，获得的收益也主要是人情。另一种是以营利为目的由个人发放的贷款，民间借贷者将其自有资金贷给他人使用，获取利息收益。这里的民间农业信贷实际是一种风险投资，并且获取资金的风险报酬，即利率一般高于正规金融机构。

5. 国外农业信贷资金。国外的农业信贷资金通常通过委托国内金融机构以长期农业贷款的方式进行投资，如世界银行的农业贷款等；也有小部分国外基金以小额信贷的方式进行投资。因此，国外的农业资金也是构成农业信贷资金的一个组成部分。

二、农业信贷资金对农业发展的作用

农业信贷资金是一种金融资本，是现代农业发展必需的一种生产要素。伴随着传统农业向现代农业的转变和农业生产的社会化、专业化、市场化，利用农业信贷资金来推动农业技术改造，并投资于机械设备、温室、灌溉、良种、农药等现代农业生产要素，这些资金一般依靠农户自身的积累很难完成。除了国家财政对公共产品的投资以外，大量的投资还主要依赖信贷市场的融资。因此，农业信贷资金已经与现代农业的发展密不可分。

在现代农业要素投入中，资金是一种必不可少的要素，农业信贷资金是农业资金要素中的重要组成部分。在市场经济中，农业信贷资金作为一种货币资本很容易转化为其他实物资本，因此农业信贷资金成为现代农业生产经营中一种方便灵活而稀缺的资本形态。现代农业发展所依赖的农业技术进步、农业公共投资以及大规模的农业私人生产投资都离不开农业信贷资金的支持。

① “人情”在这里可以用经济学术语描述为人与人之间感情交流的一种感情投资或感情收益。

(一)农业信贷资金与农业技术进步

传统农业向现代农业的转变最典型的特征是大量农业新技术的采用和农业技术的不断进步。现代农业技术一类是可分的,一是可以独立于大规模的资本投资而存在;二是这种技术本身具有可分割性。比如先进的耕作方式、新品种采用的高产技术等可以独立于大规模的资本投资,并且技术采用本身是可以分割的,可以进行分散的投资。对于这种可分的农业技术进步不完全依赖于农业信贷①。另一类农业技术是不可分的,一般是内含在一定的资本投资当中。比如农业的机械技术、温室技术、水利灌溉设施与技术、自动化管理设备与技术等,这些现代农业技术都是内含在一定的大规模投资当中,并且这种技术具有整体性和不可分割性,如果投资没有达到规定的最低限额就不能达到技术的功能。比如投资一个温室一般需要几万元到几十万元,已经超出一般农户的自我资本积累能力。在这种情况下,农业信贷资金成为农业技术进步的必要条件之一。农业信贷资金可以使得农业生产者在较短的时间内完成资本积累,进行大规模投资而获取现代农业技术,从而降低生产成本,获取超额利润。因此,农业信贷资金与农业技术进步的联系在于农业信贷资金为不可分农业技术进步提供可能,促进农业技术革新,推动农业发展的现代化。

(二)农业信贷资金与农业公共投资

在农业生产当中,除了农业生产者进行的私人投资外,还需要大量的农业公共产品。由于公共产品的非排他性、外部性和投资的不可分割性,并且一般的农业公共产品投资规模比较大。例如,在农业生产中必需的交通设施、水利排灌设施、气象、通信、农业技术推广、病虫害防治等公共产品和服务都需要大规模的投资。除了纯公共产品在政府财力范围内由政府财政投资来完成外,多数区域性的、社区性公共投资,或者准公共产品的投资,或者在发展中国家由于贫困的财政状况而无力完成的公共产品投资一般都不能得到政府财政的全部支持。在这种情况下,农业公共产品的投资也需要民间融资或正式农业信贷资金的支持。通过信贷的方式为农业公共产品的供给提供有偿服务的资金,不仅解决了农业公共产品政府供给不足的问题,同时又会提高资金的使用效率。

(三)农业信贷资金与农业大规模私人投资

农业生产的专业化、规模化、市场化是现代农业的典型特征。农户进行农业生产的目的不再是自给自足的传统小农经济,而是利用土地、人力等自然资源和现代农业技术相结合,以市场需求为导向,选择适当的农业生产种类进行农业生产分工,进行规模化投资和经营,以获取经济利益为目的。在中国这样土地相对稀缺的国家,农业现代化主要是以土地节约型为技术路线,在农业劳动力不断减少的情况下,对农业产出的增加主要依赖于资本投资。因此,现代农业生产总是伴随着大规模的资本需求。对于一个现代农业经营的理性农户,其一,进行大规模的农业投资可能已经超出了农户本身自有资金的积累能力;其二,农户总是寻求更多更低成

---

① J. D. 冯匹斯克指出,许多农业信贷计划的基础是假设农民需要正规贷款以采用新技术。传统观点认为金融是不可少的农业投入要素之一。但许多新技术是可分的,正规贷款并不是农业创新的必要条件。绝大多数的农业创新并不是依靠正规信贷。创新和信贷之间的联系并不明显,部分的原因是信贷倾向于支持大规模的投资,而不是支持分散的投资。参见 J. D. 冯匹斯克. 发展中经济的农村金融. 汤世生译,北京:中国金融出版社,1990.

本的资金来进行投资。农业信贷资金正好可以迎合农户对大规模、低成本的农业投资资金的需求,对农业规模化、专业化、市场化经营具有促进作用。

三、农业信贷资金风险与控制

(一)农业信贷资金风险

1. 系统性风险。系统风险又称不可分散风险,是指影响所有资产、不能通过资产组合而消除的风险,这部分风险由那些影响整个市场的风险因素所引起,因而也称为市场风险。就农业信贷资金而言,系统性风险主要有自然灾害风险、农业周期性波动风险、利率风险等。自然灾害对农业生产经营影响非常大,农业受自然环境和自然影响因素大,抵抗自然灾害风险能力较弱,特别是种植业和养殖业易受自然灾害、植物病虫害、动物疫病等影响,加之自然灾害是难以预测的,一旦发生,农业基本没有能力进行对抗;农业生产存在周期性波动,农产品价格波动比较大,导致农业生产者的经营收入不稳定,也就是说最终的农业经营成果无法准确确定;另外,借贷机构、组织或个人更倾向对短期内能够迅速获得收益的产业发放贷款,但是农作物、畜禽等生长周期长,在其生长、发育的过程中没有收益。同时种植业和畜牧业均具有季节性、地域性,对于信贷结构或个人来说,贷款投入后需要较长时间才能获得回报,故需要承担更大的风险。利率风险是农业信贷资金使用者需承担的风险,当利率发生变化时,如商业银行贷款利率在每年年初执行新的利息率及民间借贷利息率的不确定性,无论是长期贷款还是短期流动资金贷款,利率的提高将加大农业生产经营者的利率负担及成本支出。

2. 非系统性风险。非系统风险又称可分散风险,与系统风险相对应,是由农业生产经营者的特殊个别因素引起的,可以通过分散农业生产经营者投资、管理等手段来消除,因而也称为特有风险。农业信贷资金所面临的非系统风险主要有财务风险、信用风险、经营风险等。财务风险可能来自两个方面:一方面是农户、农业合作社是农业生产的主要组织形式,但资金信贷机构或个人无法评估其生产经营情况和资金需求量,银行等金融部门也没有足够的分析资料,导致放贷难度加大;另一方面是有贷款需求的农业生产经营者尤其是农户对金融机构的贷款业务不了解,认为贷款业务是非常难办理的,自身的条件达不到贷款要求,因而不会主动上门咨询贷款业务,往往通过民间借贷甚至是高利贷解决资金需求。信用风险是指农业生产经营者因为种种原因,致使贷款合同违约。信用风险既有主观原因也有客观原因,主观原因是农业生产经营者的信用意识薄弱,还款意愿不强,客观原因则是一系列不可抗力的破坏因素。但无论是哪种信用风险,对借贷资金机构或个人而言都是贷款逾期,导致其在筛选借款人的时候,对农业生产经营者尤其谨慎。经营风险是借款人在农业生产经营活动过程中因自己原因的影响,使其资金运动迟滞或亏损,从而产生的借贷风险。

(二)农业信贷资金控制

农业信贷资金属于借入资金,是需要到期偿还的资金。首先,要控制农业信贷资金系统性风险。其一,由于农业生产经营活动受自然因素影响大,其自身有很多不确定性,因此要做好农业自然灾害的预警工作,加强农业基础设施建设,提高防御和抵抗自然灾害的能力;其二,推进农业信息化,加强政府的宏观调控,防止农产品价格剧烈波动,减缓对农业生产经营活动的周期性影响;其三,稳定和规范贷款利率利息率水平,控制农业信贷资金系统风险的发生。其次，要控制农业信贷资金非系统性风险。由于我国分散、小规模的家庭承包为主的农业生产经营组织方式，加之农业的弱质性，导致其风险控制难度非常大。其一，必须结合不同地区农业的差异和自身的特点，实施差异化的农业信贷资金政策；其二，要创新农业信贷担保方式，在我国除房屋等常规抵押担保外，根据土地“三权分置”原则，尝试土地经营权等新型担保方式，另外还可以实施联户担保等方式，丰富和完善农业信贷信用体系；其三，发挥信贷资金导向作用，跟踪贷款资金流向，做好贷后管理等，控制农业信贷资金的非系统性风险。

数字资源 8-3
银行贷款的还款方式

第四节　农 户 资 金

一、农户资金的含义、来源与投资范围

(一)农户资金的含义

农户资金是指农户农业生产经营所得或其他收入中可以用于农业投资的现金、银行存款等资金。农户资金是农业资金的重要组成部分，也是农业私人投资的主体。农户是目前最主要的农业微观经济组织形式，农业生产经营所需的大量资金也主要依赖农户的个体投资。因此农户可以用于农业生产经营的资金规模直接影响农业的整体投资水平，进而影响农业的产出水平。农户资金的投资方向也决定了农业生产结构的调整方向和农业发展的长期趋势。政府的财政资金和政策性信贷资金对农户资金是一种引导、促进、补充的作用，而不是对农户资金的替代。

(二)农户资金的来源

1. 农业生产经营性收入。农业生产经营所得是农户资金最主要的来源。农业生产经营所得主要包括农户从事种植业、畜牧业、林业、渔业等农业生产、销售、初级农产品加工等经营业务所取得的收入。农户一般是以农业生产经营为主，因此农业生产经营性收入是农户资金的重要来源。

2. 非农业生产经营性收入。农户的兼业行为大量存在，农户从事非农业生产经营所得也是农户资金的一个重要来源。农户的非农业生产经营所得主要包括农户从事商业、建筑业、交通运输业、餐饮等服务业所取得的收入。随着农村的非农化、城市化过程，农户的非农业经营所得占其可支配收入的比重将呈现上升的趋势。

3. 工资性收入。外出务工是农业剩余劳动力转移的重要途径。农业劳动力外出打工所取得的工资性收入也构成一部分农户资金。特别是在外出务工比例较高的地区，工资性收入已占到农民可支配收入的 50%以上，并呈现逐年提高的趋势。

4. 财产性收入。财产性收入是指农民出租土地承包经营权、房屋、机械等所获得的租金收入，购买股票、债券、存款所获得的股息、利息收入，来自农村集体企业、公司和合作社的股权分红收入。财产性收入目前所占的比重很小，但随着经济发展水平的提高，农户的财产性收入会呈现上升趋势。

5.转移性收入。转移性收入是农户取得的政府补贴、家庭和社会捐赠等收入。转移性收入所占的比重比较小,但转移性收入可以为农户提供直接的资金来源。对于农村的弱势群体,通过政府的财政转移支付、扶贫等政策,可以为贫困农户提供直接的帮助,并为其脱贫致富创造良性循环的起点。

(三)农户资金的投资范围

农户资金在农业上的投资范围主要是农业的私人投资领域。具体包括与农业生产经营相关的各种费用支出以及长期投资支出。

1.农业生产费用支出。包括购买的种子、化肥、农药、农膜、仔畜、饲料等农业生产资料支出,以及农业生产过程中支付的电力、运输、灌溉费用,种植、耕作、收获的机械费用等。

2.农产品存储、销售费用支出。包括为农产品的存储而购买的存储设备,为农产品销售所支付的运输费用等。

3.农业生产工具、机械设备购买支出。包括为农业生产购买各种工具、农业生产用各种机械、动力和电器设备。

4.农业设施建造支出。包括农田改造支出、温室、塑料大棚、农业灌溉设施(非公共部分)、养殖所用的棚圈、鱼塘等农业设施投资。

二、农户农业投资的行为

(一)农户是市场中的一个理性主体

农户是市场中的理性主体,其农业投资行为主要取决于农业生产的收益性和交易成本的大小。农户在农业内部不同行业的投资选择取决于各行业的营利水平、生产条件、生产技术以及农户进入该行业最低投资限度的程度。农户在同一农业行业(比如种植业)内部不同品种上的投资选择取决于市场价格水平、投资收益、农业技术、农业政策(主要是各种补贴的多少)等。总之,农户总是在市场中寻求最佳的投资机会,使农户资金得到可能条件下的最大收益。

(二)农户资金在生活和生产上的分配

一个农户首先是一个家庭,是由家庭成员组成的生活资料(生活消费品)的消费团体,农户的消费行为是追求在一定预算约束下的消费效用最大化。同时,农户又是一个生产团体,因此其生产行为又是为了追求生产利润的最大化。农户资金存在一个在农户生活消费和生产投资之间的一个均衡或最优化分配。

(三)农户自有资金和外部资金的均衡

农户进行生产过程中,不仅使用自有资金,而且有时还有借入的信贷资金、取得财政补贴等外部资金。混合使用自有资金和外部资金是农户进行生产的一般情形。自有资金来自农户自身的积累,可以直接或间接地用于农业生产投资。农户自有资金的成本包括自有资金的机会成本和将自有资金转化为农业生产要素的交易成本。农户取得外部资金的成本主要包括取得成本、支付的利息以及将其转化为生产投资的交易成本。农户的农业投资是使用自有资金还是使用外部资金,取决于农户对自有资金和外部资金成本以及其转化为农业投资的可能性。

农户的农业投资是在农户自有资金和外部资金之间寻求在技术上可行条件下的整体资金成本最低的组合。

(四)农户资金在农业和非农业之间的分配

农户资金是投资于农业还是非农业也存在一个收益的比较。如果技术上的可能性、生产所需的自然条件、最小投资规模等没有对农户资金投资造成障碍,那么农业与非农业投资收益的相对水平决定农户资金在农业和非农产业之间的分配。理性的农户应当是在技术等条件允许的情况下,寻求农户资金在农业和非农业投资上的最大收益投资组合。

三、农户农业投资效益提升

农业生产经营者要提高资金的使用效益,关键是加速资金周转。固定资金与流通资金的周转具有不同的特点,所以加速资金周转的途径和措施也不同。

(一)加快农业固定资金周转的途径

1. 防止购置不必要的固定资产。固定资产是技术进步的物质基础,随着农业现代化的推进,固定资产的数量必然会大量增加,但也要避免购置不必要的固定资产。闲置的固定资产不在生产中发挥作用,就会造成资金的积压浪费。因此,购置固定资产要从实际出发,权衡轻重缓急,购置必需的、使用率高的固定资产。同时,在购置固定资产时,还要使购置的设备与生产规模相适应。总之,要在购买固定资产和购买服务之间做好权衡选择。另外,对不再需要的固定资产要及时处理,尽量变现。

2. 尽可能提高固定资产的利用率。在一定时间里,固定资产投入生产的时间越多,在生产中发挥的作用就越大,其价值转移也就越快,周转的时间也就越短。农业生产具有强烈的季节性,农业中固定资产的利用率一般受季节的限制。但对可移动使用的农机具,可以通过向外提供作业服务等办法提高利用率,既帮助别的生产经营者解决农机具不足的问题,也能为自己增加收入。

3. 合理安排生产性固定资产和非生产性固定资产的比例。非生产性固定资产指用于生产管理和生活的设施,它们虽然也十分必要,但是由于其不直接参与生产过程,不创造价值,因此,必须适当控制,以满足需要为原则。

(二)加快农业流动资金周转的途径

1. 尽可能缩短生产周期。缩短生产周期意味着加快农业流动资金的周转速度,单位农产品占用的流动资金减少,流动资金的经济效益提高。为此,农业生产者应尽可能采用生产期短的优良品种。

2. 合理储备。为了保证农业生产的顺利进行,储备合理数量的种子、化肥等生产资料是必要的。但是储备的数量必须合理,过多的储备会使流动资金积压在仓库里,不仅降低资金的周转速度,而且会增加保管的费用和损耗。因此,要根据生产资料采购的难易程度和价格变化趋势等因素进行合理的采购和储备。

3. 合理安排生产结构。专业化生产有利于扩大生产规模,有利于提高生产技术水平。但农业生产周期长,又有强烈的季节性,专业化生产会使资金收支产生集中的弊端。因此,适当地开展多种经营，可以使资金的收支在全年均衡分布，提高流动资金的使用率。

4. 重视产品销售。根据市场需要生产适销对路的产品，设法加快产品销售，缩短产品的流通时间，可以提高流动资金的周转速度。

农业生产经营者的资金周转速度是由流动资金的周转速度和固定资金的周转速度共同决定的，而流动资金的周转速度又明显快于固定资金，因此，保持充足的流动资金是加速资金周转的重要条件。有些农业生产经营者在资金的使用上过多地增置固定资产，造成流动资金不足，常常成为资金周转速度降低的重要原因。因此，要使固定资金和流动资金保持合适的比例，实现资金的合理运用。

本章小结

在市场经济条件下，资金是农业经济活动中一个非常重要的生产要素，随着农业现代化的推进，农业中的资本构成不断提高，资本不断地对劳动力进行替代，科学技术的运用也需要资金的支撑。因此，市场化程度越高，各种农业生产要素的投入就越来越依赖于资金，资金已经成为市场经济条件下现代农业增长的核心要素。农业资金的来源不同，其功能和所追求的目标也有所不同。农业财政性资金的投入要坚持公平、效率、稳定和可持续原则，主要解决市场失灵等方面的问题。而信贷资金又有商业、合作和政策性之分，它们的运行原则又有所不同，加之有偿性，强化农业信贷资金风险防范与控制显得非常重要。农户投入农业或非农产业追求的是利润最大化，在扩大农户资金来源的同时，要注重提高农业资金的利用效果。政府的职责是如何用好财政资金，并将信贷资金和农户手中的资金引导到农业当中去，以增加农民收入，满足社会对农产品的需求，进一步发挥农业的多功能性。

复习思考题

1. 农业资金的内涵与特性是什么？
2. 何谓农业财政资金？农业财政资金投入的理论依据与原则是什么？
3. 按功能性来划分，农业财政资金有哪些类别？
4. 何谓农业信贷资金？试论述农业信贷资金在农业发展中的重要作用。
5. 试分析在市场经济条件下，商业性农业信贷、合作性农业信贷与政策性农业信贷之间的关系。
6. 试分析农业信贷资金风险与控制。
7. 试分析农户在农业投资中的行为方式。
8. 试述农户农业资金加快周转的途径和措施。

参考文献

[1] H. G. 哈尔克劳. 美国农业经济学. 周诚，林莉，徐更生，等译. 北京：农业出版社，1987.
[2] 秋野正胜，等. 现代农业经济学. 肖鸿麟，刘宗鹤合译. 北京：农业出版社，1981.
[3] 郭翔宇. 农业经济管理学. 北京：中国农业出版社，2011.
[4] 何广文. 合作金融发展模式及运行机制研究. 北京：中国金融出版社，2001.
[5] 赖瑞华. 中国农业资金问题研究. 北京：中国人民大学出版社，1991.
[6] 黎翠梅. 中国农村资金供给的区域差异. 北京：经济科学出版社，2010.

[7] 农业部软科学委员会.农村金融与信贷政策.北京:中国农业出版社,2001.
[8] 农业部软科学委员会.农业投入与财税政策.北京:中国农业出版社,2001.
[9] 谭向勇,辛贤.农业经济学.太原:山西经济出版社,2005.
[10] 唐启国,曾向东.现代农业财政支持体系研究.南京:东南大学出版社,2013.
[11] 佟光霖.农业政策学.北京:科学出版社,2017.
[12] 王雅鹏.现代农业经济学.北京:中国农业出版社,2015.
[13] 中国人民银行农村金融服务研究小组.中国农村金融服务报告2018.北京:中国金融出版社,2019.
[14] 钟甫宁.农业政策学.北京:中国农业出版社,2017.

第九章　农业信息

本章学习要点

- 农业信息、农业信息技术与农业信息化的内涵
- 农业信息资源开发
- 农业信息商品与市场

第一节　农业信息、农业信息技术与农业信息化的内涵

一、农业信息的内涵

农业信息是指以农业生产经营和农业科学为表征对象，以有意义的形式加以排列和处理的数据，并通过一定的物质载体反映出来。它包括农业资源信息（自然资源、社会资源、农业区划等）、农业政策信息（国家法律法规和各级政府对农业的优惠扶持政策等）、农业生产信息、农业教育信息、农产品市场信息、农业经济信息、农业人才信息、农业推广管理信息等诸多方面。

农业信息是现代农业更为重要的生产要素，它的作用范围远远大于传统的农业生产要素，而且具有一系列自身的生产、传播机制。在现代农业中，农业信息是核心和关键，农业信息驱动着农业生产的全过程，调节着农业的能量流和物质流的方向、数量、速度、目标，从而把农业生产诸多环节的运作协调起来。

二、农业信息技术内涵与内容

（一）农业信息技术的内涵

农业信息技术就是对农业系统中的信息进行获取、存储、处理、传输、发布和应用的电子技术。计算机技术、遥感技术和通信技术是农业信息技术应用的基础。农业信息技术研究的对象是一切可能产生信息效应的农业系统。研究的目标是充分利用农业系统内部和外部环境中静态和动态、定性和定量、确定和模糊的各类信息，使农业系统的能量转化和物质环境循环过程能够得到合理而有效的控制。

（二）农业信息技术的内容

农业信息技术包括农业数据库技术、农业管理信息系统技术、农业决策信息系统、动植物

模拟模型系统技术、人工智能与农业专家系统技术、农业辅助决策支持系统技术、3S 技术、农业自动控制技术、农业多媒体技术、农业信息网络技术等。

1. 农业数据库技术。农业数据库技术是对农业生产和科学活动过程中的数据进行有效组织、管理和利用的电子技术，是信息技术在农业领域中应用最早也是最基础的一项技术。在农业生产实践和科学研究中产生了大量的数据，而且随着社会的不断进步和发展，产生的数据会越来越多。面对大量的数据，如果不能及时地将它们集合在一起，随时快速地提供各种统计、查询和分析利用，就会造成极大的浪费。数据库技术就是在计算机技术不断发展的基础上发展起来的一种有效地解决数据管理的先进技术。农业数据库技术随着信息技术的发展而不断发展，应用也越来越广泛。

2. 农业管理信息系统技术。管理信息系统是收集和加工系统管理过程中有关的信息，为管理决策过程提供帮助的一种信息处理系统，是根据管理目的而建立的、有大容量数据库支持的、以数据处理为基础的计算机应用系统，可以支持数据处理、信息服务和辅助管理决策。管理信息系统的建立和运行需要多种学科的成就，包括计算机科学、统计学、经济学、运筹学、控制论和系统工程等。管理信息系统在农业领域的应用是农业信息技术应用的基础之一，为农业管理带来了高效率、高质量和高效益。

3. 动植物模拟模型系统技术。动植物生长模拟模型是利用计算机技术借助数学模型对在一定的土壤、肥料、饲料、大气系统中动植物的生长发育及其产量形成与外界环境的系统组成与变化进行动态仿真的过程。模拟模型是研究复杂系统的重要方法，是一项新的农业信息技术。它结合了系统分析和计算机技术、综合动植物生理、生态、农业气象、土壤学、农学、动物科学等学科的研究成果，把动植物生长过程的各种生态和生理机制概括为数学表达方式，进而对动植物生长发育过程进行简化表示。

4. 人工智能与农业专家系统技术。人工智能是研究人类智能活动的规律，构造具有一定智能行为的人工系统，以实现脑力劳动部分自动化的综合性学科，是计算机科学的一个分支。如用计算机进行产品设计和工程设计、自动化管理、翻译、自动情报检索、自动程序设计、动植物疫病诊断、机器人控制等。农业专家系统来源于人工智能，是人工智能面向实际应用的一个分支，也是人工智能研究发展的结果。它是以农业知识为基础，在农业的特定领域内能像专家那样解决复杂现实问题的计算机系统。它主要是利用计算机模拟农业专家或专家群体在解决某个任务时所具有的技能本领，对某些农业问题给予高水平的解答。

5. 农业辅助决策支持系统技术。计算机辅助决策系统又称决策支持系统，是综合运用数据库、数学模型、专家系统和计算机网络等技术，对农业数据进行加工和分析，协助解决多样化和不确定性问题以进行辅助决策的软件系统。用它可以对政策、计划、规划、生产等各方面进行分析、预测和评价，帮助管理人员科学地决策。农业系统是由生态系统、经济系统和技术系统在特定的时间和空间上组合而成的复杂大系统，它是一个多因素、多层次、多功能、多目标、关系纵横交叉的人工-自然复合系统。农业系统的复杂性、动态性和模糊性的特点，是其他系统无法比拟的，也决定了广泛应用辅助决策支持技术的必要性。

6. 3S 技术。遥感（Remote Sensing，简称 RS）、地理信息系统（Geography Information System，简称 GSI）和全球定位系统（Global Positioning System，简称 GPS）合称为 3S 技术，是空间技术、遥感技术、人造卫星测量定位技术与 3C 技术（Computer，Communication，Consum-

er Electronic)相互渗透、相互推动而发展起来的。3S技术是现代技术的先导,对全世界的科技进步有着举足轻重的作用,在农业领域也有着极其广阔的应用天地。其中遥感就是根据"地球上每一个物体都在不停地吸收、发射和反射信息与能量"这个原理来探测地表物体对电磁波的反射和其发射的电磁波,从而提取这些物体的信息,完成远距离识别物体的任务。农业遥感技术主要应用于快速清查各类农业资源、对有限的农业资源进行有效的监测、预测农作物的产量、实时收集各类农业资源信息、农业灾害监测和灾害后损失评估等。地理信息系统是计算机科学、地理学、测量学、地图学等多门学科综合的技术。是采集、存储、检索、操作、分析和显示地理数据的系统。利用地理信息系统,可以建立气象、土壤、水利设施、土壤水分和养分、作物产量、播种面积等一系列农业因子数据库,以备查询分析。全球定位系统是具有海、陆、空全方位实时三维导航与定位能力的新一代卫星导航与定位系统。该系统被广泛应用于农场基本网格定标、指挥农机行走、指挥农机作业、周边环境不定期监测的定位等方面。

7.农业自动控制技术。计算机和信息技术与各种农业设施、农业机械技术相结合产生了农业自动控制技术。农业自动控制技术的发展是农业信息化的基本特征,是农业信息技术的核心之一。该技术广泛应用于大型温室、农场的畜禽生产管理、农田灌溉、农机管理、农产品加工、农业科研等方面。例如,温室环境计算机测控,就是主要采用了人工智能技术,利用智能控制温室内的各种环境因子,包括温度、光照、湿度、二氧化碳、施肥等,进行自动调节,根据作物的生长习性和市场需要,部分地甚至完全摆脱自然环境的约束,人为创造适宜作物生长的最佳环境,生产出高品质、高产量的农产品,以满足不同消费群体的需要。

8.农业多媒体技术。所谓媒体是指信息的标识、存储和传播所需的载体。日常所见的文字、声音、图形、图像都是多媒体。多媒体技术就是利用计算机技术把文字、声音、图形、图像等多种媒体综合一体化,使之建立逻辑联系,并能进行加工处理的技术。它是计算机技术、影像技术和通信技术高度结合的产物,是计算机技术的一个重要发展方向。它的广泛应用为农业信息的传播提供了更为广阔的空间。

9.农业网络技术。计算机网络技术是指以共享资源为目的,利用现代通信手段将地域上分散的多个独立的计算机系统、终端数据设备与中心服务器、控制系统连接起来,对网上信息进行开发、获取、传播、加工、再生和利用的综合设备体系。它是计算机技术和通信技术相结合的产物。该项技术的功能主要是实现农业资源共享和农业数据传输与信息服务。

三、农业信息化的内涵与作用

(一)农业信息化的内涵

农业信息化是指利用现代信息技术和信息系统为农业产供销及相关的管理和服务提供有效的信息支持,并提高农业综合生产力和经营管理效率的农业现代化过程。农业信息化即在农业领域全面地发展和应用现代信息技术,使之渗透到农业生产、市场、消费以及农村社会、经济、技术等各个具体环节,加速传统农业改造,大幅度地提高农业生产效率和农业生产力水平,促进农业持续、稳定、高效发展的过程。农业信息化的程度如何,成为农业现代化的标志和关键。农业信息化主要表现在以下几个方面:

1.农业资源和环境信息化。农业资源与环境包括土地、土壤、气候、水、农业生物品种等。

中国地域辽阔，农业资源与环境从南到北，自西向东，类型很多，差别很大。并且如土地及耕地面积、水资源，以及农业环境的污染情况等随时间的变化很快，都需要依靠农业信息化加以及时而正确地掌握。遥感、航测、地理信息系统、全球定位系统，各种监测农业资源的设施与仪器等，都是农业资源、环境信息化的重要手段，都需要建立农业资源、环境信息网络，以便正确而及时地掌握农业资源、环境的变化，从而制定政策与对策。

2.农业生产和农业管理信息化。农业生产迫切需要信息化设备。农作物品种与栽培每年都有变化，特别是气象、水文与病虫情况，每时每刻都在变化。因此，在全国范围内，建立以计算机联网为基础的农业信息网络，是中国农业的当务之急。农业管理的信息化，将使农业行政、生产、科技、农业企业管理提高到一个新水平，解决管理效率低、调控不及时等问题，促进管理合理化和科学化。

3.农用生产资料及农产品市场信息化。在农用生产资料市场和农产品市场上都存在着较为严重的信息不对称，通过农业信息化，有助于增加农用生产资料市场和农产品市场在价格、质量等方面的透明度，进而降低交易成本，提高交易效率。

4.农业科技教育信息化。全国每年都取得大量的农业科技成果，但是由于信息交流不畅，农业生产迫切需要的农业技术又得不到满足，形成了农业科研与生产活动相互脱节、割裂的局面。因此，加快农业科技信息化，建立全国性的农业科技信息网络，则可以加强农业科研和生产活动的信息沟通，加快农业新技术成果的交流和扩散。同时农业教育将呈现新的面貌，农业教育手段和方式也将发生根本性的变化。农民、农业技术员可以在家中、在当地的农业技术推广站或农业学校，通过计算机、多媒体学习各种农业知识。农业教育信息化将大大加快农业知识传播和农业科学技术的普及，加速农民提高科技和文化水平的进程。

5.农业政策法规信息化。过去的农业政策与法规主要以纸质载体通过各级政府来传播，这种传播方式由于受到各级政府官员自身水平和各自经济利益以及政治利益的限制，对农业政策法规常常有不同的理解和解释，造成中央政府的农业政策传达和贯彻到农村基层以后，往往发生各种各样的扭曲。通过农业政策法规的信息化，使农民、农产品消费者、各级政府官员都能够及时了解中央政府农业政策法规的准确含义，将会使科学的农业政策更好地发挥作用。

(二)农业信息化的作用

农业信息化对于农业的发展和农业现代化具有十分重要的意义。它可以降低农业生产的投入、提高农产品的生产数量和质量、减轻自然灾害的影响、加速农产品的流通、引导农产品的生产和消费，是建设标准化农业和精准农业的基础。

1.农业信息化是提高农业生产经营效益的有效措施。利用计算机技术进行计算、模拟试验和数据分析，可以降低农业科研的成本，缩短农业科研的时间，提高农业科研部门的分析能力和准确程度；利用计算机技术进行农业生产过程的设计、农业投入产出结构的优化、农产品市场状况和应用前景的分析，可以提高农业生产的精度，以最少的投入实现最佳的产出；利用计算机技术进行遥感预测，可以增强农业抵御自然灾害的能力，避免不应有的损失；利用计算机网络技术，可以较快捷、低成本的方式把农业生产技术、农业新品种信息、农业新技术信息、农业人才信息、农产品供求信息和农业农村经济政策等信息传递给农业生产者、经营者和消费者，从而实现农业生产技术、农业科技成果的迅速普及推广，实现农产品的高效流转和农业农村经济政策的宣传。因此，农业信息化是提高农业生产经营效益的有效措施。

2.农业信息化是实现资源高效配置的重要手段。通过农业信息化可以实现农村与城市、国内与国外的互联互通，从而农业发展可以充分利用国内和国外两种资源、国内和国际两个市场，优化资源配置，扩大农产品市场；农村富余劳动力可以根据各地的需求信息实现顺畅有序的流动，从而加速城镇化进程，为农业现代化提供有利条件；农业科研机构和院校可以为自己的科研成果找到理想的应用场所，农业科技人才也可以根据各地对人才的不同需求确定理想的流向。因此，农业信息化可以优化资源的配置，提高资源配置的效率。

3.农业信息化是提高中国农业国际竞争力的必要手段。在农产品贸易自由化的背景下，中国农业面对着更为激烈的国际竞争。但由于中国农业经营规模小而分散，农业生产成本高且质量难以有效控制。在这种情况下，要提高农产品的国际竞争力，就必须实现农业的标准化生产、精准化投入、科学化筛选贮藏和加工，而要实现这一点就必须加速农业信息化进程。

4.农业信息化是促进农业现代化的必然途径。农业现代化要求运用具有高科技含量的现代农业技术和设备武装农业生产的各个方面，而农业信息化是保证农业科学技术快速武装到农业各个领域的必然途径。农业现代化的建设需要软件和硬件两个方面的支撑，其实现要以农业信息化和农业信息技术为重要依托。农业信息技术作为软支撑部分，将通过收集、加工、传递应用各类信息，使硬支撑部分的潜力充分发挥。农业信息化将使农业产业经营者更快得到新的知识，加速科学技术的应用速度，促进农业实用技术的全面普及和推广；避免农业管理决策部门决策时由于信息不全或信息迟缓造成的偏差，不断提高农业科学管理和决策水平；并通过网络进行远程技术培训和教育，促进农民文化素质的提高和科技意识的增强，全面推动现代信息技术在整个农业领域的渗透和应用，从而推进农业现代化进程。

第二节　农业信息资源开发

一、农业信息资源的内涵与经济特征

(一)农业信息资源的内涵

对于农业信息资源的内涵人们有广义和狭义两种解释：广义的农业信息资源包括农业信息内容、信息技术、信息设备、信息人员与信息机构；狭义的农业信息资源一般仅指信息内容本身。人们通常把狭义的农业信息资源同物质资源、能量资源相提并论，认为它们共同构成农业赖以存在和发展的基础。农业信息无处不在，无时不有，但杂乱无章的农业信息不能构成资源，必须经过开发、组织，将农业信息有序化，这样的信息集合才能成为农业信息资源，即农业信息资源是指人类社会中经过加工处理的大量有序化信息的集合。

(二)农业信息资源的经济特征

1.有用农业信息资源的相对稀缺性。不同于自然资源的可耗竭性，农业信息资源在客观上可以不断丰富。随着技术的发展，社会分工的深化与人类知识的不断丰富，经过组织化的农业信息越来越多，因此，农业信息资源存在着不断丰富的趋势。但是相对于农业发展和社会的

需求来说，特定的农业信息总是存在于某一特定的时空点上。对于特定的农业信息需求者来说，由于所处的农业信息环境的局限以及获取手段的限制，它所需求的农业信息与它所能获得农业信息之间总是存在着差距，因此，相对于人们的需求来说，有用的农业信息资源总是稀缺的。无论信息技术如何进步，农业信息的不对称与不完全总是存在的。农业有用信息资源的相对稀缺性还表现为信息的无限膨胀趋势与人们处理信息的有限能力之间的矛盾。过多的信息造成人脑的疲劳和种种心理压力，反而影响了人脑创造力的发挥和决策的科学性。人的有限理性使得他不可能充分注意到所有的可得信息，有用信息淹没在大量的无用信息当中。正是因为农业有用信息资源的相对稀缺性，才提出了开发的必要性。

2.农业信息资源在主体和地域之间分布的不均衡性。无论是农业信息技术还是信息内容，在不同国家、不同地区、不同农业企业和农户之间都存在着不平衡发展的特点，这种不平衡还会自我强化，使得农业信息资源的贫富差距越来越大，形成数字鸿沟，产生农业信息化的马太效应。其原因在于，农业信息资源来源于农业及相关的活动，与人类之间有着更大的互动性。农业生产经营者及相关主体不仅是农业信息资源的受体，同时也是供体，他们的经济活动水平和技术水平决定着特定时期、地区和个人的农业信息资源的量与质，影响着农业信息资源的丰度与集聚度。在科研、教育和农业发达的国家和地区，农业信息资源更加丰富；农业生产经营者科技文化素质越高，其获得农业信息资源的数量也就多、质量也就越高，也就越能够对农业资源做出更有效的配置。

3.农业信息资源开发利用的竞争性。在传统的农业社会，农业竞争主要表现为土地等自然资源与劳动力的竞争；随着经济的发展，投资和农业技术在农业竞争力中所表现出来的作用越来越大；进入知识经济时代以后，农业信息资源对农业可持续发展起到了越来越大的作用。对此，发达国家和地区、农业科研院所、农业相关的跨国公司和大型的农业企业为了保护本国农业、提升农业竞争力和获得更多的发展机会，都力争提供和获取更多更好的农业信息资源，把农业信息化作为农业现代化的基础和条件，农业竞争进一步表现为所提供和所掌握的农业信息资源数量多少和质量高低的竞争。

4.农业信息资源的商业性与公益性并存。农业本身的多功能性和农业信息产品的特性，使得农业信息资源表现为商业性和公益性不同的类型。商业性农业信息资源是指与农业生产经营者及相关主体息息相关，在辅助他们做出相应决策过程中，直接影响决策者经济效益的农业信息资源，其价值可以通过供求状况在市场上得到较充分体现。这些商业性农业信息资源一般具有个体性和微观性，市场对这类信息有较好的配置效果。因此，由相关企业提供信息源，可以缩短信息传递链条，提高信息的准确性，促进信息源与信息使用者的即时互动，保证需求导向型信息及时有效地传递。公益型农业信息资源是指具有很强正外部性的农业信息资源。这类农业信息资源往往与降低农业经营风险和部分自然风险以及改善农业整体生产力水平密切相关，它直接关系到国家、社会和广大农民的利益，社会价值远远大于个别价值。如农业气象信息、病虫害防治信息、公益性的农业技术推广信息等。这些公益性信息资源一般企业不愿或无力开发，政府应该承担开发和供给的责任。

二、农业信息资源开发与其质量差别的影响因素

(一)农业信息资源开发

1.农业信息资源开发的内涵。从广义上说,农业信息资源开发包括信息内容开发、信息技术研究、信息系统建设、信息设备制造以及信息机构建立、信息规则设定、信息环境维护、信息人员培训等活动。这种定义系统考虑了以农业信息资源为核心的开发活动及其联系紧密的其他社会行为,能够揭示农业信息资源开发过程的系统性、复杂性和交叉性。从狭义上说,农业信息资源开发是指利用现代信息技术采集、处理、存储、交换、共享、服务和应用农业信息资源。通过这些环节不仅增加了农业信息资源的数量和类型,更重要的是提升了信息资源的质量,完善了信息服务,方便了信息资源利用。它挖掘了信息资源的潜在价值和显在价值。农业信息资源开发在实现信息资源自身的经济价值(信息服务和信息商品的价值)的同时,也为降低其他资源的消耗,提高农业资源的整体配置效率奠定了基础。本节所讨论的农业信息资源开发主要就狭义而言。

2.农业信息资源开发所要解决的主要问题。农业信息资源开发过程,表现为可支配信息资源在开发者手中有效聚集、形成各种信息产品,并不断提供给最终用户的连续性过程;从信息到信息资源,再到信息产品(以及信息服务)形成了连续不断的运动过程,信息资源成为中间连接环节;信息产品的生产者和消费者位于信息资源开发过程的两极,通过信息环境相互联系。这样,农业信息资源的有效开发至少应解决三方面的问题:一是可支配资源的形成,包括信息内容的收集、存储与组织等,它们是信息服务者的“资本”;二是信息的提供,包括信息产品的生产,建立有效的信息交流渠道等,它们是信息资源有效聚集的前提;三是信息环境,它们是信息产品的生产者与消费者发生关系的场所和社会条件。

3.农业信息资源开发的主要环节。农业信息资源开发主要包括信息内容的积聚与资源形成、信息渠道的建设与用户培育、组织与市场信息环境的改善三个相互关联的环节。

(1)农业信息内容的积聚与资源形成。其具体目标就是要广泛利用数据库和数据仓库技术,建立各种农业信息的制高点,规划和收集有用的数据,把这些数据有效地保存起来,有效地存储到数据库和数据仓库中,根据用户使用的要求把它们组织起来,使其能为农业用户服务。

(2)农业信息渠道建设与用户培育。一是要了解农业信息用户的分布,分析和熟悉他们利用信息进行决策的特点;二是完善通信渠道,使信息流畅通;三是进行必要的知识开发,能够向他们提供信息产品和信息服务。

(3)组织与市场信息环境的改善。组织与市场信息环境的改善是上述两项工作能够顺利实现的保证。它包括有效的政府管理机制,相应的市场管理规范,企业和信息服务内部组织管理环境的改进,市场主体关系的协调等。

(二)影响农业信息资源内在质量差别的因素

1.农业信息资源内容本身。农业信息内容的准确性、完整性、细度等是影响内在质量差异的常见因素。细度不够和细度过高的数据都不能很好地满足用户的决策需要。所谓细度就是数据的详尽程度,提供信息的密度、精度。

2. 农业信息资源的时效性和针对性。农业信息资源比其他任何资源都更具有时效性，一条及时的信息可能价值连城，一条过时的信息则可能分文不值；缺乏针对性的农业信息资源不仅难以作为政府和农户农业决策的依据，而且还可能误导信息使用者的决策行为。

3. 农业信息资源的集成水平和数据相关程度。因为信息源的收集是需要投资的，其容量也是有限的，信息的集成水平会影响到这种内在的质量差别。农业信息资源是一个非常特殊的领域，是以内容取胜、以服务取胜的领域。

总而言之，农业信息资源开发的效果应当实现四个“适宜”，即将适宜的信息(Right Information)，在适宜的时间(At Right Time)，用适宜的形式(In Right Form)，提供给适宜的决策者(To Right Decision Maker)。

第三节　农业信息商品与市场

一、农业信息商品的内涵与特性

(一)农业信息商品的内涵

按照马克思主义政治经济学的观点，商品是用来交换且能够满足人们某种需要的劳动产品。因此，作为商品必须同时满足三个条件：第一，必须是劳动产品；第二，必须能满足人们的某种需要；第三，必须是用来交换的劳动产品。

依此条件，当人们通过感官或仪器，花费一定的时间、精力，对感知的东西进行分析整理，形成信息资源，当这些信息资源有助于人们对农业及相关问题理解、认识、生产和经营决策，并能与他人交换时，该信息资源就具备了上述三个条件，成为农业信息商品。

但是作为交换的商品还具有两个显著特征：即该商品具有独占性或专有权，以及具有可获得性或使用价值。商品的本质是私有的，其原因在于商品是通过这种私有关系而获得交换价值。用于交换的农业信息具有这样两个特点：首先，农业市场参加者总能够获得某些其他市场参加者没有获得的私人信息，因而市场参加者可以对该信息采取垄断或独占行为；其次，农业信息之所以能够作为一种特殊的商品而存在，在于信息使农业生产经营的不确定性减少了，农业经济活动的效率提高了。农业信息商品的市场价值来源于信息在农业宏观管理和生产经营决策中具有效用。

为了进一步理解农业信息商品的内涵，还应该从以下几个方面加深认识：

1. 从历史角度看，农业信息商品脱胎于物质商品，并伴随着农业商品经济的发展，逐步演变为独立的商品形态，成为继物质、能量之后的第三大资源。实质上，无论是物质商品(如农机具)还是能量商品(如化肥、柴油)，本身都包含某些特定的信息成分，因而一种商品究竟是作为物质商品还是作为信息商品进入市场，很难有一个明确的界定。例如纸张作为记录文字符号的载体进入市场进行交换则是一种物质商品，但作为记录了农业生产设计方案而进入市场交换，则价值远远高于纸本身而成为信息商品。因此，农业信息商品并非现代社会所特有，而是伴随着商品农产品的出现就已经存在，只不过当时的商品农产品中所包含的信息成分比重较小，未曾引起人们的关注而已。例如，在19世纪以前所销售的农产品主要是以实物形式存在，所表达和附加的信息非常有限。而进入21世纪以后，很多国家特别是发达国家的农产品都实行了可追溯制度，通过可追溯体系，可以获得许多重要的生产经营信息。实行了可追溯体系的农产品可以较为顺畅地开展国际贸易，进入高端市场，并获得较高的市场价值，农业信息商品化了。

2. 农业信息产品成为商品并发挥作用，在历史上晚于商品农产品是一种正常现象。因为从人类发展来看，生存是第一位的，如果食不果腹、衣不遮体，其他都无从谈起。因此，物质资料的生产就成为人类社会发展早期的基本保障，而这一时期人类的经济活动也是紧紧围绕物质商品的生产、交换、分配和消费。随着人类社会的进步，社会分工的加剧，脑力劳动和体力劳动逐渐分离，才出现了专门从事信息开发和利用的行业，使物化于物质商品中的信息成分凸现出来，逐渐在许多情况下超过了物质成分。信息科学技术的发展，不仅改变了商品农产品中物质成分的比重，而且创造出一种全新的商品形态——农业信息商品，使它不再是商品农产品的附属部分，而成为独立的商品存在于生产流通领域。

3. 农业知识产权及其专利制度的确立是农业信息商品正式得到社会承认的标志。信息具有公共品的性质，具有非竞争性与非排他性，而信息成为商品的条件之一是信息所有者拥有私有产权。为了使信息商品像物质商品那样能够在更大的范围内进行交换，扩大信息的供给，保护信息生产者的积极性，需要建立保护其私有产权的制度，这就是知识产权制度。农业知识产权及相关专利制度建立以后，农业科学技术情报的交流就开始以法律形式确定它们的经济价值。按照专利法有关规定，创造发明类的科技信息必须通过交换的方式进行交流。这样，以交换为目的的农业信息商品生产开始出现，并逐渐增多，各种类型的农业信息生产和咨询服务公司不断涌现。

(二)农业信息商品的特性

农业信息作为商品，同其他用于交换的商品一样，具有一般商品的共性，即具有价值和使用价值。但农业信息商品作为非物质产品，具有一系列与物质产品不同的特征。

1. 农业信息商品是一种体验商品。所谓体验商品，是指在使用之前无法确切知道其价值的大小，只有在使用之后才能得到验证。农业信息作为体验商品，其生产商的难题在于，人们在使用之前由于不知道其价值大小而无法确定其支付价格，但是在使用之后似乎不必再购买了。因此，作为体验商品，农业信息商品的定价就比其他商品的定价更加困难。商家可以利用体验商品的特点开展农业信息商品的营销，如某些软件或专家咨询系统的免费试用就是如此。另外，有些媒体生产者通过品牌或信誉来克服体验商品的难题，依靠高质量的内容来吸引消费者为其付费。

2. 农业信息商品的生产具有高固定成本与低复制成本的特点。农业信息商品的生产主要依靠人力资本与技术资本，在研发环节需要投入大量的资金，包括昂贵的人力资本、大量的技术知识积累、必要的生产设备投资以及市场风险等，因此需要很高的固定成本。但是农业信息商品的复制却是非常低廉的，刻一张光盘只需大约1元钱，用移动硬盘拷贝一条农业信息的成本几乎为零。这意味着一旦一项农业信息商品被生产出来以后，其边际生产成本几乎为零。这一特点决定了农业信息商品是一种具有规模报酬的商品，生产规模越大，平均成本越低，利润率越高。

3. 农业信息商品的时效性。农业信息商品的使用价值具有时效性，包括内容的时效性与传递过程的时效性。内容的时效性是指农业信息商品的内容对于特定的使用者来说，只在特定的时间内有效。例如一项新的农业技术的实施或一条新信息的运用可能会给企业带来很高的利润，具有极高的使用价值。但随着时间的推移，更新、更先进的农业技术或信息的出现，原有的技术或信息会变得毫无价值。传递过程的时效性是说信息在传递过程中具有时间成本，传递时间越长，时间成本越大。例如上网速度的快慢或从网上下载一个软件的时间长短甚至会影响人们的使用兴趣。对不同的人来说，农业信息商品时效性的作用是不同的。例如对过去 10 年农产品价格变动，一般的农民很少关注，他们更为关注未来农产品的价格走势，而对于研究农产品价格波动的农业经济专家来说却是十分宝贵的资料。

4.农业信息商品价值发挥的使用者依赖性。物质商品的使用价值通常由具体的物质形态直接表现出来，根据这些外在表现即可以判断其效用；而农业信息商品是复杂脑力劳动的结晶，与外在的物质载体没有直接的关系，因而其使用价值是潜在的。农业信息商品潜在使用价值的发挥程度必须依赖于购买方的素质及其运用程度，依赖于信息本身和相关硬件和软件的结合程度，有些还需要进行二次开发。因此，衡量农业信息商品的使用价值要比具体物质形态的商品复杂得多。农业信息商品的使用者特别是农民，由于素质和生产方式不同，使用某项农业信息商品可能产生不同的效益。

5.农业信息商品的易扩散性。良种的拥有者可以通过扩大种子的出售而获得更多的收入，而一般的农业技术信息的拥有者却不一定能够通过扩大该技术信息的销售而使收入增加，他或许只有一次销售机会，由于农业技术信息的共享性，一旦该信息卖给了第一个人，其他的人便可无偿得到，也就永远不会有第二次购买。在当今互联网时代，一项农业信息可以在瞬间花费极小成本的情况下传遍全世界。

6.农业信息商品的外部性。农业信息商品的外部性分为对他人有利的正外部性和对他人不利的负外部性两种。比如葡萄的栽培技术不仅可以花钱购买，而且这种技术的应用是公开展示的，跟着别人做也基本能够掌握，这就是正外部性。对某些"致富门路"的宣传会导致人们一哄而起，价格下跌，走向信息悖论，这就是负外部性。信息经济学家布鲁斯分析指出，这种外部性既不是产品生产者的目标，也不是消费者所愿意接受的对象，它的存在会使信息产品的交易偏离社会边际成本和边际收益的平衡点，导致产品生产量偏离需求量。这也说明，对一些外部性很强的农业信息产品仅靠市场机制的作用是不够的，需要加强政府的扶持和干预，否则就很可能出现有益的信息产品生产不足，而有潜在危害的产品超量生产的局面。像灾害性天气预报、重要农产品的价格预测等都是外部性很强的信息，其发布或交易需要有特定的规则。

二、农业信息市场的主体及其作用

(一)农业信息的使用者

农业信息用户群往往不是自然而然形成的。在农业信息服务领域，用户的成长和用户群的培育是非常重要的任务。如果用户的信息应用水平不高，他们的信息需求上不去，他们作为信息市场主体的行为就不能很好地履行。而这个主体的数量、素质、能量、行为等，会直接影响到信息产品的价值、价格判定、产品交易过程、产品使用后果等，影响面非常宽。农业信息用户，特别是农民用户，由于受到文化水平、收入水平和农业产业本身发展的限制，相对于其他产业的用户来说，信息有效需求不足，对农业信息的运用水平较低，需要商家和社会给予精心的培育。

(二)农业信息的生产者

农业信息生产者的主要任务是开发信息资源，生产使用者所需要的农业信息产品，提供信息服务，比如各种网络信息服务商或信息中心便可以归类于信息生产者的角色。作为农业信息的生产者所生产的产品必须从用户的角度出发。例如，为了适应农业结构调整和市场需求不断变动的需要，仅有一般、全局、笼统的信息很难对农业信息用户提供有力的支持，他们需要更多的差异性信息，比如单纯的小麦产量或总量信息明显单薄，不同品种的小麦差异很大，不同质量、不同收获时间、不同地区、不同种植条件等都是差异信息，还有跟生产相配套的价格、地区、销售渠道的差异信息，各种各样的差异信息与总量信息相配套，才能满足农民合理安排种植计划的要求。

(三)具有多种角色的政府

数字资源 9-1
"十三五"全国农业农村信息化发展规划

在农业信息市场中，政府的角色定位比较复杂，除了可以作信息用户、信息生产者、信息中间商之外，它还有一个重要的角色，即调节者的角色。政府所收集和提供的信息应该是别人无力收集或不愿收集的公益性信息。政府所提供的农业信息不应追求利润最大化，而应以社会利益最大化为宗旨。由于受农民、农业、农村自身发展条件的限制，单纯的市场行为可能使农业商品信息供给严重不足，因此政府应该为农业信息的生产商提供相应的补贴。同时政府还承担着农业信息用户，特别是对农户的培训责任。

本章小结

农业信息是现代农业更为重要的生产要素，它的作用范围远远大于传统的农业生产要素，而且具有一系列自身的生产、传播机制。在现代农业中，农业信息是核心和关键，农业信息驱动着农业生产的全过程，调节着农业的能量流和物质流的方向、数量、速度、目标，从而把农业生产诸多环节的运作协调起来。农业信息化即在农业领域全面地发展和应用现代信息技术，使之渗透到农业生产、市场、消费以及农村社会、经济、技术等各个具体环节，加速传统农业改造，大幅度地提高农业生产效率和农业生产力水平，促进农业持续、稳定、高效发展的过程。农业信息资源是指人类社会中经过加工处理的大量有序化信息的集合。农业信息资源的经济特性表现在有用农业信息资源的相对稀缺性、在主体和地域之间分布的不均衡性、开发利用的竞争性、商业与公益并存性。农业信息资源开发的效果应当实现将适宜的信息在适宜的时间，用适宜的形式，提供给适宜的决策者。农业信息商品是一种体验商品，它具有高固定成本与低复制成本性、价值发挥的使用者依赖性、易扩散性、外部性等特征。

复习思考题

1. 农业信息、农业信息技术、农业信息化的基本内涵是什么？农业信息化的作用体现在哪些方面？

2. 农业信息资源的内涵与经济特征是什么？

3. 农业信息资源开发的内涵与所要解决的主要问题和主要环节是什么？

4. 影响农业信息资源内在质量差别的因素有哪些？

5. 农业信息商品的内涵与特性有哪些？

6. 试分析农业信息市场的主体及其作用。

参考文献

[1] 卡尔·夏皮罗，哈尔·瓦里安. 信息规则. 张帆，译. 北京：中国人民大学出版社，2000.

[2] 赖茂生，王芳. 信息经济学. 北京：北京大学出版社，2006.

[3] 骆正山. 信息经济学. 北京：机械工业出版社，2007.

[4] 萨尔坦·科马里. 信息时代的经济学. 姚坤，何卫红，译. 南京：江苏人民出版社，2000.

第三篇

农业微观经济组织

第十章 农业家庭经营

本章学习要点

- 农业家庭经营的争论、历史演变与国际经验
- 家庭经营作为农业主要经营形式的理论分析
- 农业家庭经营的兼业化
- 中国农业家庭承包经营

第一节 农业家庭经营的争论、历史演变与国际经验

一、农业家庭经营的含义

所谓农业家庭经营，就是指以农民家庭为相对独立的生产经营单位，以家庭劳动力为主所从事的农业生产经营活动，因此又称其为农户经营或家庭农场经营。

它突出了主要经营对象的产业特征，即农业，而不是其他产业；经营主体是农民家庭，主要实行的是家长制或户主制管理，不存在管理分层的内部治理结构；它强调以使用家庭劳动力为主，而不是以雇工经营为主。

二、关于农业经营方式的争论

关于农业经营方式的争论由来已久。自亚当·斯密以来，一些经济学家一直坚信自由竞争的市场经济制度加上在利润最大化驱使下资本主义农场的合理经营，才可以实现农业的商品化和现代化。马克思主义经典作家也都认为，在资本主义制度下，农业中的大生产优于小生产，并将排挤和取代小生产。马克思曾经指出："我们所具有的科学知识，我们所拥有的进行专业化的技术手段，如机器等，只有在大规模耕种土地时才能有效地加以利用。"而私有制的小农，"既排斥生产资料积聚，也排斥协作，排斥同一生产过程内部的分工，排斥社会对自然的统治和支配，排斥社会生产力的自由发展。"并预言，"大工业在农业领域内所起的最革命的作用，是消灭旧社会的堡垒——农民，并代之以雇用工人。""资本主义生产（从而商品生产）只有在直接的农业生产者也是雇用工人的时候，才充分地表现出来。"在无产阶级夺取政权以后，必须建立公有制的、大规模的、集体共耕的生产来代替资本主义的大地产和中小地产，以及私有制的小农家庭生产。

19 世纪后期，西欧大陆各国的资本主义在农业中发展起来。对农业问题的研究也受到德

国社会民主党人的注意。在农业大生产与小生产问题上，在19—20世纪之交时，德国社会民主党的领导者发生了根本分歧。一方面是以考茨基为代表的大农论，另一方面是以大卫为代表的小农论。

卡尔·考茨基在1899年发表的《土地问题》一书中系统地论证了农业大生产的优越性，也论证了农业小生产的地位和前途。书中指出，农村经济越带有资本主义性质，就越扩大了大生产与小生产在技术上的质的差异，就越表现出大生产优越：大面积土地的地界少，土地利用充分；可节省农具以及厩舍、谷仓等建筑；可以有分工与协作；可以使用专门人才，实行科学管理；规模增大的同时使管理人员相对减少；可以更有效地使用灌溉排水等大型设施；尤其是在市场上，大生产最有利，这是大生产最主要的优越性；还有使用银行贷款上，大生产周转快。

考茨基也论证了农业小生产，指出小生产是浪费时间和农具，为抵抗大经营的排挤而过度劳动和压低自己消费。小农以增加劳动时间为手段去进行竞争，常常阻碍提高技术。小农超强的勤劳和消费不足表明的是小农的落后性，也是经济发展的障碍，不能把这种勤劳和节俭看成是小生产的优点。考茨基还论述了小农的前途：在资本主义制度下的农民无产阶级化，小农在家庭经济内是土地私有者，而在市场上则是劳动力的出卖者，小农成为无产者家庭经济的一种形式，这种小农数量的增加可以与资本主义大经营并进。只有社会主义的合作才是小农的出路。

爱德华·大卫在1903年发表了《社会主义和农业》一书，从农业的特性出发论证了农业小生产优于大生产。他把农业生产同工业生产相比较，认为工业是机械性生产，每个工人都是前一道工序的监督者，从而保证了产品质量。所以，工业生产适合于大经营。而农业是生物有机性生产，农业经营要考虑到不同生物适宜于不同的土地和气候条件；农业生产受自然条件限制，生产有季节性，不能缩短生产时间，因此农业生产不能像工业那样有连续性，农业劳动者也不能像工业那样循环做同一种作业，而是要求一个劳动者要做多种作业，以致监督劳动质量不能像工业那样做。而小农独立经营无须监督，小农个人可以独立判断农业生产对土地气候等自然条件的适合情形。

当时俄国的民粹派布可加柯夫等也认为小土地所有制表现出料想不到的"生产力"和优越性。大卫和俄国民粹派的观点遭到了列宁的批判。列宁认为，小生产(小农)是注定要灭亡的，资本主义大生产优于并排挤小生产，这一原理对农业同样适用。列宁说，在"自然经济制度下靠双手劳动谋生的宗法制农民，是注定要灭亡的。"在"现代资本主义国家的习惯中，小农的自然经济只能混一天算一天，慢慢地被折磨死，绝对不会有什么繁荣。"不过列宁认为，大生产优于并排挤小生产是有条件的，就是在工业中，大生产具有优越性的规律，也绝不像人们有时想象的那样绝对，那么简单，在工业中，也只能当"其他条件相同时(这在现实生活中绝不是常有的)，才能保证这个规律完全适用。在关系复杂和多样的农业中，要使大生产具有优越性的规律充分适用，就要受到更加严格的条件的限制。""农业大生产只能在一定的限度内具有优越性，这些限度在各种农业部门中以及在各种社会经济条件下都各不相同。"至于在无产阶级夺取政权以后，农业家庭经营的命运问题，列宁在十月革命胜利初期基本上继承了马克思、恩格斯观点，即逐步用共耕制的大农场来代替小农家庭经营。

内战开始后，列宁曾试图以共耕制来摆脱粮食供给的困难，加速了共耕制的实施步伐，但结果却不如人意。在1920年年底以后，列宁认为进行集体耕作的试验是"做了许多蠢事"，而主张通过走合作化的道路，"在经济上把千百万小农联合起来，引起他们经营的兴趣，把他们联系起来，把他们引到更高的阶段：在生产中用多种形式联系和联合起来"，并且强调了农业合作化是一个较长的历史过程。列宁虽然承认农业家庭经营有一定的合理性，但却主张对小农家庭经营的改造应通过合作化的道路。

列宁逝世以后，斯大林在实施列宁的农业合作社计划时，却违背了列宁的原则。在1926年以前，斯大林基本上是遵循列宁《论合作制》一文的观点，承认家庭经营有一定的合理性，主张对小农家庭经营的改造应通过合作化道路，先发展流通方面的合作，然后再发展到生产上的合作。然而，1927年以后，斯大林却违背了列宁的原则，认为苏联社会主义农业的出路就在于把分散的小农转变为以公共耕种制为基础的联系起来的大农庄，就在于转变到高度的新技术为基础的集体共耕制，并开始以行政强制的方式进行集体化，发展大规模的共耕制集体农庄和国营农场，消灭家庭经营。

当时以著名农业经济学家恰亚诺夫为代表的一些人不同意斯大林的观点和主张，认为采取合作组织的形式实行横向集中即将生产同样产品的农户合并是无效的，许多农业部门(畜牧业、精耕细作的各种作物)只有在小农经济的范围内才能组织得合理，俄国小农经济改造应采取的方式不是斯大林的集体化也不是资本主义的自由市场生产，而是在不改变家庭所有的框架和家庭独立生产者地位的条件下，由农民自愿地组成基层小型合作社。

为扫清集体化的障碍，斯大林发表了许多讲话和文章，公开批判德国民主党的大卫和苏联恰亚诺夫等的观点，指责他们宣扬的是"小农经济稳固论"。实践证明，斯大林的一大二公、集中劳动、统一分配的农业集体化模式给苏联农业乃至整个国民经济带来了惨重的后果。

农业大生产与小生产的核心问题是如何对待小农经济。因为大农论或者认为资本主义雇工经营的大农场优越，或者认为集体农业优越，而资本主义大农场要扩大经营规模必须兼并小农的土地，其雇工也来自小农，集体农业是把小农的土地和财产转归集体，所以两者都有如何处理小农的关系问题。至少小农论者本来就关心小农经营，而小农又占农民的多数，所以农业大生产与小生产争论的最后落脚点实际是农民问题，主要是小农问题。

农业大生产与小生产孰优孰劣之争常与农业经营规模大小优劣混在一起。因为经营土地面积多少通常是衡量农业经营规模的标志，也是判断农业大生产与小生产的量化指标，但二者有根本的区别。

农业经营规模问题研究的目的是为确定农场最佳规模、为农场选择土地面积和投资数量提供依据，这种比较是同质比较。比较农业大生产与小生产孰优孰劣固然要用规模大小来区分，用经济效益来衡量，但农业大生产与小生产研究的目的是要来说明农业生产组织形式的优劣。

大农论与小农论之争的实质在于农业生产应采取哪种社会经济形式，用来作为农业政策选择的依据，或为农业政策进行理论辩护，而不是纯粹的学术理论之争。

资本主义国家的农业经济学界关于小农场与大农场的规模绩效之争，也就是对于家庭农场与雇工的大农场优劣之争。争论双方在实质上代表着这两种农场的利益，涉及政府的政策选择是支持小农场或是支持大农场，使政府的政策有利于农民家庭经营或有利于雇工的农场主。理论之争的背后是某个社会群体利益，而争论的表现却是农场规模的经济效益的比较。

社会主义国家的农业生产大小之争的实质则表现得比较明白。尤其在以政策推动农业集体化的时候，小农论者被视为反对集体化的右倾机会主义者，往往涉及政治路线斗争。有的学者，如恰亚诺夫仅仅研究了小农经营的内在动力，就成为小农经济稳固论者，因此丢了性命。

在这种形势下，所有的文章都论证集体经济的优越性。是政策造成思潮，思潮形成观点，观点推动研究。当政策改变时，思潮也就改变，从而观点也就改变了。在社会主义国家，是用大小、优劣的观点来支持规模经济效益的研究，毫不掩盖所要证明的政策正确性（丁泽霁，2002）。

三、农业家庭经营的历史演变

作为社会经济单位的家庭，在漫长的历史时期中经历了许多变化，其农业的家庭经营也在各个历史阶段中多次改变其发展条件和经营内容，表现出不同的特点。

在原始社会初期，生产力水平极其低下，采集和渔猎是人们谋取生活资料的主要方式。进入新石器时代以后，才开始有了原始的农业和畜牧业。与这种极其低下的生产力状况相适应，是以原始共同体、氏族公社为单位的公有制。因此，家庭本身就是原始共同体，就是当时社会的一个基本经济组织单位。在这种情况下，家庭经营以家庭占有生产资料和家庭成员共同劳动、共同消费为特征。由于原始手工业的重大发展，导致了手工业逐渐从农业中分离出来，成为独立的生产部门，实现了人类社会的第二次大分工，进一步提高了劳动生产率，人们的劳动产品除了维持自己的生存以外还有剩余，于是产品交换也就开始了，私有制就渐渐出现了。在这一时期，父权时代的一夫一妻制小家庭经营开始从属于氏族公社的公有制，以氏族公社经济为主，小家庭经济为辅。随着私有财产的增多，小家庭经营活动也逐渐增多。

在奴隶社会里，起初是家长奴隶制，家庭生产经营首先表现为作为奴隶主的家长支配着全部家产，支配着妻子、儿女和奴隶，家长自己也参加生产劳动。随后是社会范围内的奴隶制，即奴隶主大规模地使用奴隶进行生产劳动成为一种普遍现象。由于社会生产力的提高和奴隶的反抗，奴隶制趋于瓦解，封建社会生产关系逐渐产生。

进入封建社会以后，以个体家庭为单位进行的生产有了巨大发展，成为社会范围内普遍的生产形式。较之奴隶社会来说，在封建社会里，劳动者家庭普遍有了自己的家庭经济和经营权力。但由于封建生产方式的统治，所谓劳动者自己的家庭经济和经营权，仍然是十分有限的。因为封建制度下的自耕农，是同封建的土地占有制度相联系的，尽管他们是生产资料的个体所有者，但仍然受到封建地主阶级和封建国家的剥削和压迫。此外，多数农民的家庭经营并不是完全占有生产资料，耕种的土地大部分不属于自己，产品也不能完全归自己支配。他们和地主之间除了单纯的租佃关系以外，还保持着宗法式的主仆关系。总的来说，这时的农业家庭经营是自给自足的，农民在土地上的收获除向地主纳租以外，余下来的主要是供家庭消费。

进入资本主义社会以后，农业家庭经营的更高级形式——家庭农场开始在欧美出现。家庭农场是以家庭为单位经营，是一种农民拥有生产资料的所有权或使用权，能自行决策，人身不依附于地主的独立经营的经济组织。它是独立自营的农民所经营的农场，农场主既是所有者、经营者，又是劳动者；主要依靠家庭劳动力，雇工一般不超过总劳动量的一半。虽然在英国等国出现了以雇工经营为主的资本主义大农场，但随着生产力的发展，实行雇工经营、工厂化劳动的资本主义大农场并没有像资本主义工商业那样得到发展。在第二次世界大战以后，实行雇工经营的农场不但没有增加，反而出现了一种逐渐减少的趋势。

社会主义制度在苏联诞生以后，苏联首先在农村普遍建立了集体农庄，中国等其他社会主义国家也纷纷效仿，试图以农业的合作化、集体化、国有化来代替家庭经营、消灭家庭经营，结果经济效率普遍低下，农产品的供给长期难以满足日益增长的社会需要。各国不得不纷纷进行改革，以寻求农业发展的新出路。中国政府在20世纪70年代末开始在农村实行家庭联产承包责任制，其在土地集体所有的前提下，使农户获得土地的使用权，使土地的所有权与使用权相分离，采取集体统一经营与农民分散经营相结合的双层经营体制。由于农民有了经营自主权，农业家庭经营在中国农村有了长足的发展，农产品的产量、质量迅速提高，品种不断增多，就全国来说，中国已经告别了农产品的短缺时代，农产品从总体上来说已经从供给不足转变为供给有余。中国也成为所有经济转型国家中农业改革绩效最好的国家。

历史和现实都说明，家庭经营在农业中具有巨大的潜力、广泛的适应性和旺盛的生命力。农业家庭经营是一种弹性很大的经营方式，可与不同的所有制、不同的物质技术条件相适应，可以与不同的生产力水平相适应。

四、农业家庭经营演变的国际经验

发达国家农业发展的历史表明，一方面，大量的旧式小农被消灭，剩下一些也不起主导作用；另一方面，农民并没有被农业工人所取代，农业中占大多数的依然是主要依靠家庭劳动力的家庭农场，而这些家庭农场无论是在生产技术水平，还是在商品化、专业化和社会化方面都取得了长足的发展。

英国是最早进入资本主义时代的国家，也是马克思主义经典作家用以考察资本主义制度发展演变规律的主要对象。16 世纪开始的“圈地运动”消灭了大量的自耕农，而代之以资本主义雇工农场经营。但是随着 19 世纪中叶英国谷物法的废除，农业经营组织演变出现了新的特点，雇工经营的农场逐渐减少，自有自营的农场比例不断增加。以前自有自营的农场仅占 10%，到 1951 年已上升到 32%，1960 年上升到 54%，1977 年达到 62%。1983 年，英国农场拥有 70.2 万农业劳动者，其中 42.1 万人(即 60%)是农场主、合伙者、农场主的配偶或其他的农业劳动力，有 3/4 以上的英国农场靠其家庭成员全日劳动而没有雇用工人，10%多一点的农场只雇用一个工人，雇用一个工人以上的家庭大农场已从 1960 年的 21%下降到 12%(刘运梓，1990)。

19 世纪末，美国工业开始引进大规模生产组织形式。当时，人们预计农业也会跟工业一样走大规模雇工经营的公司化道路。随着大型商品化农场的建立，尤其是加利福尼亚州和中部大平原地区公司农场的发展，更强化了人们对公司农场的信心，认为公司农场是最有效的农业组织形式。然而，在美国农场演变的半个多世纪里，虽然农场的数目减少了，其中许多变成了兼业农场，但大多数商品化农场是由家庭经营的，立足于全家人的劳动，不雇工或在农忙季节少量雇工(不超过 1.5 人/年)。从 1949—1964 年，美国商品农产品的 2/3 是由家庭农场供应的(拉南·魏茨，1990)。对这种情况，美国的爱斐逊在《农场原理》一书中指出：“从 1900 年到 1950 年，美国多数的大规模、大型农场都成为比家庭农场更无效率的大规模组织，它已被家庭型经营所分割”。1982 年，《纽约时报》发表文章认为，由农场主及其家人，至多再加上一名工人经营的农场，是最有效率的生产单位。时至今日，家庭农场在发达国家的农场总数构成中占 90%以上，占有绝对优势，并且是最具有竞争力的农场形式。罗森布姆在《二十世纪农业》一书中认为，到 21 世纪，90%以上的美国农场仍将是家庭所有，因为农业投资利润率低，真正的公司农业或集团农业一直亏损。美国许多雇工大农场是依靠政府的各种补贴(停耕补贴、差额补贴、灾害补贴等)才得以生存和发展的。1986 年政府补贴的 40%～45%落入了大农场主的腰包，如取消补贴，许多公司农场难以生存(阮文彪，2005)。

在联邦德国，农场数由 1969 年的 116 万家，减少到 1995 年的 52.3 万家。许多农民转入工业和服务业就业，农业经营规模日益扩大，农场的平均农地面积从 1949 年的 8.1 公顷上升到 1993 年的 20.7 公顷，但至今仍是以中小家庭农场为主。在两德合并之前，德意志民主共和国(简称民主德国)拥有较大规模的农业生产合作社 4 700 多个。统一后，经过私有化的土地所有制改革，至 1995 年成立了 3 万多个不同形式的农场，其中约 90％是家庭农场或合伙农场，约 10％是经过注册的农业合作社和公司制农场。

法国农业的基本经营单位是家庭农场。第二次世界大战以后，法国家庭农场的规模经历了一个由小到大、数量由多到少的演变过程。1955 年法国家庭农场总数为 226 万个，20 世纪 60 年代以后不断减少。1967 年为 168 万个，1975 年为 133 万个，1989 年为 102 万个，1995 年减少到 74 万个。40 年间家庭农场数量减少 152 万个，下降 67.3％，平均每年减少 3.8 万个家庭农场，进而使得家庭农场的经营规模不断扩大。随着农用土地归并集中，经营不足 5 公顷土地的家庭农场以平均每年 5％的速度减少，而经营 100 公顷以上的农场迅速增加。1988 年平均每个家庭农场的经营面积为 28 公顷，1995 年经营面积达到 36 公顷。50 公顷以上家庭农场的数量 1995 年为 19.8 万个，占农场总数的 27％，但耕种法国 71％的土地。法国农场经营规模的扩大，并没有改变家庭农场占主导地位的格局，公司制农场为农场总数的 10％左右。

战后的日本，由于人多地少和土改后分田到农户，普遍采取一家一户的小规模经营，每户平均土地规模只有 1 公顷多。1950 年共有农户 617.6 万户，1965 年下降到 566.5 万户，1975 年为 495.3 万户，1986 年为 433.1 万户，1991 年再下降到 378.9 万户。农业人口由 1950 年的 3 767 万人，降到 1993 年的 652.9 万人。但由于农业机械化水平的提高，雇工经营反而减少。1985 年，常年雇用劳动力的农户有 7 500 户，占农户(437.6 万)的 1.7％，临时雇用劳动的农户只有 53.4 万户，占总农户的 12.2％(朱道华，1999)。部分上层农户扩大经营规模走向专业化，发展成为专业农户；大多数中下层农户在市场竞争当中难以只靠农业维持生活，在农业外部寻找职业转化为兼业农户，而专业农户仍然主要依靠家庭劳动力进行耕作，并没有转化为以雇用劳动为主的资本主义大农业。

原实行计划经济体制的国家由于受到苏联模式的影响，在革命胜利以后，除南斯拉夫和波兰外，在一段较长的时期内实行了农业的集体化或合作化，但经济效益普遍不佳。在经济体制由计划经济向市场经济转轨前后，都恢复了农业以家庭经营为主的经营格局。

对集体农业抑或超家庭经营的其他组织形式的传统信条并没有得到多少实证研究的支持。几乎所有的文献都清楚地显示，家庭农场的效率高于并且优越于按其他劳动组合模式建立的农业生产组织。目前，集体农场在世界耕地面积中所占的比例很小，在所有工业化国家几乎不存在，就那些在非市场经济国家中存在的集体农场而言，它们的建立常常是非自愿的，而且其生存也往往取决于政府的各种补贴。罗伊·普罗斯特曼等针对集体化农业的生产效率所做的一项广泛调查表明，集体农场的全要素生产率低下。就以色列、埃塞俄比亚、尼加拉瓜、古巴、秘鲁、中国和越南的集体农场状况所做的研究得出的三个主要结论是：第一，把小型农场纳入集体轨道总会带来生产效率的损失；第二，由于大型农场的瓦解而形成的合作化生产组织也没有什么生产效率；第三，从集体农场转向个体经营可以带来生产上的发展和效率改进。对 1950—1986 年 9 个社会主义国家(捷克斯洛伐克、保加利亚、民主德国、匈牙利、波兰、罗马尼亚、苏联、南斯拉夫和中国)的农业生产率的一项研究表明，尽管 9 个国家的土地生产率和劳动生产率都一直在增长，但除了捷克斯洛伐克和民主德国之外，所有其他国家的全要素生产率在这一期间呈负增长趋势，其中，中国农业劳动生产率几乎翻了一番，但全要素生产率却下降了 84％。

第二节　家庭经营作为农业主要经营形式的理论分析

一、农业的产业特点与农业家庭经营

农业生产过程是人们通过有生命力的动植物利用阳光、空气、水分、风力和各种养分来生产动植物产品的过程。在这个过程中，生物对环境所表现出来的主动的选择性反应不同于非生命体所表现出来的那种被动的、直接的反应。机械的、物理的、化学的反应是由外部提供的物质和能量所决定，而生物体的反应则是取决于生物体内部的机能状况，并且是在自身调控机制作用下进行的。随着科学技术的进步，人类可以局部改变生物内部的构造和生物所需的外部环境，但人类绝不可能否定生命运动的特性，也无法完全改变生物所需的外部环境。这就决定了农业生产具有这样的特点：

1. 农产品是不可间断的生命连续生长过程的结果，各个生产环节只有继起性，不可能像工业那样具有并列性。在工业中，生产的产品是无生命的东西，从投料到出成品，可以按人的意志来设计，其程序可变更，其作业可交叉，可以多条流水线同时作业。其劳动工具和劳动对象可以集中在一起，可以在一个单位时间内集中很多劳动力和生产资料，生产出大量产品，并取得很高的效率。在农业生产中，各种作物的生长有各自的季节和周期，生长的各个阶段有比较严格的间隔和时限，只能由一个阶段到另一个阶段依次而不间断地进行。

2. 农业生产活动有严格的季节性和地域性，农业的生产时间和劳动时间不一致，复杂交错，因此农业劳动支出具有不均衡性。在农业劳动时间以外，动植物还要有一段时间来吸收养分和生长过程，因此劳动时间要比生产时间短得多。各种农产品都有它们最适宜的自然生长条件，这样可以更好地发挥自然的优势，生产出更多更好的农产品，提高土地生产率和劳动生产率。因此农产品生产必须因地制宜，不能随意地改变生产地点。

3. 在光照条件下，农业生产一般不可叠加，具有广阔的地域性。农业生产特别是种植业生产需要进行光合作用，因而一般情况下不能够叠加。而工业生产却可以叠加，可以在厂房中集中大量的劳动力和生产资料，进行相当集约的规模化生产。

这些特点使得农业生产区别于工业生产。近现代以来，农业科学技术取得了惊人的进步。第一类成果是大规模地把以机器为中心的工程技术引进到农业中，似乎使农业生产方式向工业靠拢。但事实并非如此，机器的运用缩短了农业劳动时间，但任何农业机器的运用都不能直接加速动植物的生长过程，更不能中断、更改和叠加生物发育的顺序。第二类成果是各种新型化肥，开拓了农业利用自然力的空间，但这也不能改变生物生长过程。第三类成果是生物技术的发展，开发出各种新型生物品种，改变了生物发育的性能，但这也要遵循生命生长过程的基本规律。因此，农业科学技术的进步并不能改变农业生产的基本特性。

农业劳动采取什么样的组织形式，这是一个有争议的问题，如果不考虑内部激励和监督问题，雇用劳动、集体劳动这些农业工厂化劳动可能也会有效率，因为它们比家庭劳动更容易实现规模效率，更容易采用先进技术，这是原社会主义国家发展集体农场或农业生产合作社的根本动因。但是如果把内部激励和监督问题考虑进来，情况就不一样了。要解决激励问题，首先要准确计量劳动者劳动的质与量，并与报酬联系起来。但农业生产，地域辽阔，自然条件千差万别，其劳动很少有中间产品，成果大多表现在最终产品上，劳动者在生产过程中各环节的劳

动支出状况，只能在最终产品上表现出来。这就决定了在农业劳动中，各个劳动者在每时每地的劳动支出时，其对最终产品的有效作用程度是难以计量的。只有将农业生产者在生产过程中的各项劳动与最终的劳动成果及其分配直接挂起钩来，才能充分调动劳动者的生产积极性，而这只有在家庭经营的条件下才能更好地做到。如果经济组织的计量能力很差，报酬和生产率之间只有松散的联系，生产率将较低，但如果经济组织的计量能力很强，生产率就较高。美国前农业部长弗里曼说："当劳动者的利益直接取决于他的工作时，便产生了刺激，这种刺激是大农场——不管是私有的、公有的、合作经营的，还是国有的——所不能产生的。"农业自然环境的复杂多变性和不可控制性，要求农业的经营管理要具有灵活性、及时性和具体性。种植决策、生产决策、经营决策都要因时、因地、因条件制宜，要准、要快、要活。要做到这一点，只有将农业生产经营管理的决策权分散到直接生产者，即将劳动者和经营管理者结合起来，才能取得好的效益。从某种意义上说，农业劳动和经营管理有较强的分散性，其成果有很大的差异性。农民的劳动成果，在很大程度上要靠各个农民对生产经营进行合理的安排，靠其对全过程细心地作业和管理，以及对市场的准确预测。这些特点决定了家庭经营是农业生产的一种较为合适的组织形式。

人们也考虑是否可以通过劳动力市场，让潜在的劳动者与在职的劳动者竞争，解雇不符合要求的劳动者，让新的劳动者来替代旧有的劳动者，来解决农业雇用劳动的激励问题。但是，既然计量和监督劳动是一个根本难题，因此新的劳动者代替旧有的劳动者以后仍然会产生同样的问题。

二、分工协作与农业家庭经营

工业的发展经历了从简单协作到分工协作，再到机械化生产的过程。所谓协作，是指许多人在同一生产过程中，或在不同的但互相联系的生产过程中，有计划地一起协同劳动。劳动者之间没有固定分工的协作称为简单协作。劳动者之间有比较固定分工的协作称为分工协作。分工协作使劳动者积累了经验，改进了劳动技能，提高了劳动强度；生产工具更能够发挥作用，提高了劳动生产率；劳动更加具有连续性、划一性、规划性、秩序性。但农业中的分工协作并没像工业中那样高度发展，这是由农业生产自身的性质所决定的。

从协作的第一种方式来看，即把不同专长的劳动者集中在一起共同生产一种产品。在工业中，例如生产一辆马车要有车匠、锁匠、漆匠、描金匠等，这些工匠协力完成一辆马车，可以提高劳动生产率。但对于农业生产来说，农业劳动对象生长发育的规律，决定了农业生产过程中协作的简单性和稀少性。作物生长的季节性、周期性、生产过程的有序性，决定了农业生产只能按自然界的时间，即受季节约束的生长过程依次进行各种作业。农业一般固定在土地上，不宜移动，不能像工业生产那样把非常大量的生产条件进行集结，采取多种和大量作业同步并进的办法。在农业生产过程中，同一时期的作业比较单一，不同时期的不同作业多数又往往可以由同一劳动者连续完成。

从协作的第二种方式来看，即把具有相同专长的劳动集中在一起，生产相同的产品。农业生产过程中的协作多是简单协作。简单协作在许多人手同时共同完成同一不可分割的操作时优于独立劳动，例如播种、抢收、抗灾、兴修水利设施等生产活动，通过协作，可以及时完成作业，不误农时，做到丰产丰收。但超过此范围，至多不过是单个劳动者力量的机械总和。在管理水平不高的情况下，甚至往往还不如单个劳动者力量的总和。因为这既要增加监督成本，又可能产生偷懒行为，还可能造成窝工浪费。因此，对农业的协作方式，一定要进行具体的分析，不能将工业中的协作方式生搬硬套到农业中。由于农业生产的大部分作业不能实行严格的分工协作，甚至一些简单的协作也不能取得明显的效果，因此农业生产不适合采用工厂化劳动，而更适合采取家庭经营的方式。

三、农业技术进步与农业家庭经营

农业现代化过程中所采用的农业技术主要分为两类：一类是机械技术，包括各种机械设备，使生产过程机械化、自动化。农业机械技术的本质是以物力代替人畜力，扩大每个劳动力生产和经营的范围和数量，通过提高劳动生产率来增加经济效益。另一类是生物、化学技术，包括种子、化肥、农药、生长激素和配合饲料等，这类技术主要是直接改变生物本身，为动植物创造良好的生长环境，通过提高土地生产率和动物的生产率来增加经济效益。从研究和推广的角度来看，农业技术和工业技术一样，需要众多科研工作者的集体协作才能完成。但在应用上，农业技术与工业技术要求的条件有所不同。

1.多数农业技术的运用可以由单个人进行。农业生物、化学技术一般可以由单个人来完成，多数农业机械也是可以由单个人操作。工业技术则不完全是这样，许多机械设备必须由多个人或众多人通力协作，否则就无法正常运作。农业机械可以由单个人使用，在很大程度上要归功于农业机械技术的进步。农业机械的小型化，并且由于社会劳动生产率的提高而大幅度地降低了价格，小农户既用得了，也用得起。农业机械的小型化与农业生产本身的性质有很大的关系。农业机械的性能要服从于生物生长的需要，特别是种植业机械，其作业不仅要服从于生物的生长规律，而且还要在广阔的田野上分散流动作业，在作物间穿行。这些特点决定了农业机械不可能像工业机械那样形成大型化的生产线，只能小型化才便于在农业生产中使用。

2.不同类型的农业技术关联性较小。在农业现代化过程中，地广人稀的国家首先选择了农业机械化技术，通过扩大耕地面积，实现了农业总产量的增加；人多地少的国家则首先选择了生物和化学技术，通过提高单产，也实现了农业总产量的增加。农业机械技术、生物和化学技术虽然都作用于同一生物，但并不一定同时使用。即使是农业机械技术，其关联性也比较弱。就农业生产过程来说，可以在某一作业环节使用农业机械，而在另一作业环节不使用农业机械。例如，在播种、收割和运输时使用农业机械，而在中耕、除草时不使用农业机械。农业生物与化学技术运用的关联性就更小。因此，农业技术进步与农业生产组织之间的关系具有很大的弹性。

3.许多农业技术的运用可以不受家庭经营规模的限制。即使有的农业技术的运用要求有最低的作业规模，但是通过社会化服务体系可以突破单个家庭经营规模的限制。通过合作社或专业公司实行社会化服务，也可以实现某些农业技术运用的外部规模化经营。如农民联合购买或共同拥有或共同使用由合作社或专业公司所经营的大型播种机、联合收割机，农民家庭也可以实现农业机械技术的进步。至于生物、化学技术具有较强的可分性，基本不受农场经营规模的限制(林善浪，1999)。

四、家庭的社会经济特性与农业家庭经营

1.家庭成员具有利益目标的认同感，使得农业家庭经营的管理成本最小，劳动激励多样。

家庭既不是单纯的经济组织，也不是单纯的文化或政治组织，维系家庭存在的绝不限于经济利益这根纽带，还有血缘、感情、心理、伦理和文化等一系列超经济的纽带。这就使家庭成员可以从许多方面对家庭的整体目标和利益认同，即把家庭其他成员的要求、利益和价值取向，比较自愿地当成自己的要求、利益和价值取向。多半是这种互补机制的存在，使得家庭无须靠纯经济利益的激励，就能够保持对其自身的目标和利益的基本一致性。由于家庭的婚姻、血缘关系，使得家庭经营组织具有较持久的稳定性，上一代对下一代的多方面寄托所形成的继承机制，使得家庭经营一般具有较长的预期，并能为实现这种预期而长时间自愿地协作。这使得农业家庭经营表现出其他经济组织都不具有的激励规则。家庭成员努力工作，无须以家庭内部精密的劳动计量并同报酬挂钩来激发。因此，农业的家庭经营一般无须监督，管理成本差不多是最小的。

2. 家庭成员在性别、年龄、体质、技能上的差别有利于分工和劳动力的充分利用。农业实行家庭经营，家庭劳动者及其家庭成员合理分工，在时间上和劳动力的充分利用上都达到了较好的水平。传统社会的“男耕女织”使家庭成为一个“小而全”的生产单位，在当代这种分工协作的功能仍然存在。在劳动安排上，平时一人为主，忙时全家齐上阵，必要时还可雇工，农闲时除照管人员以外，其余均可外出兼业。在劳动时间被分割得相当细碎的农业活动中，一些闲散和辅助劳动力也得到了充分利用。这在严格分工的企业组织中往往难以做到，而家庭的自然分工却能较好地满足这种要求。

第三节　农业家庭经营的兼业化

一、国际上兼业农户类型的划分

兼业农户是与专业农户相对而言的，它是指有相当时间从事非农工作或者依靠经营农业以外的其他事业取得相当收入的农户，这类农户一般多为规模中小的家庭经营。

各国关于兼业农户的划分标准有所不同，有的国家是依据农业外部收入的大小或者比率来划分，有的国家是依据农业和农业外部劳动日数的分配来划分的。

在德国，非农业收入不超过总收入的 10%的农户称为专业农户；非农业收入超过总收入的 10%，但不到总收入 50%的农户成为第一兼业农户；非农业收入超过总收入 50%的农户称为第二兼业农户。

在日本，专业农户是指家庭成员全部从事农业生产，以务农为主的农户；家庭成员中有一个以上的劳动力从事农业以外工作的称为兼业农户。其中，从农业中挣得的纯收入高于非农业总收入的兼业农户叫第一兼业农户；而非农业总收入超过农业纯收入的叫第二兼业农户。

美国 1969 年把兼业农场定义为每年从事非农业劳动 100 天以上的商业性农场主。除了年销售额不到 2 500 美元的农场以外，只要非农业劳动在 100 天以上者，不论农场的大小，都算是兼业农场。

中国把农户分为纯农户、农业兼业户、非农业兼业户和非农户。纯农户是指家庭纯收入的 95%以上来源于农业；农业兼业户是指家庭纯收入的 50%～95%来源于农业；非农业兼业户是指家庭纯收入的 50%～95%来源于非农业；非农户是指家庭纯收入的 95%以上来源于非农业。

从以上情况可以看出，各国关于兼业农户的划分标准是不同的，所以很难进行直接的国际比较。

二、农户兼业化的原因

1.农业强烈的季节性、生产周期长以及劳动过程和生产过程的不一致是农户兼业经营的客观基础。农业生产的对象是有生命的动植物，生物必须被动地适应外界环境，当不利于生物生长的季节来临时，一般的农业生产活动就停止了，这就是农闲季节。即使是在农作物的生长季节，也因劳动投入过程与农作物生产过程交错进行，也使农业劳动力和农业生产工具使用具有阶段性和间歇性。农业的这些特点给单纯经营农业的农户带来三个不利的影响：一是带来农业劳动力和生产工具在使用上的忙闲不均，出现了农闲季节劳动力季节性剩余和生产工具的季节性闲置；二是由于农业生产周期特别长，资金周转缓慢，且收入不均衡，只有农产品收获后才有一次性收入，平时只有投入、没有收入；三是农业容易受到各种自然灾害的侵袭，单一经营农业风险很大。农户为了充分地利用剩余的劳动力和闲置的生产工具，加速资金周转，取得均衡收入，提高抗灾能力，必然寻求农业兼业化的发展道路。

2.农业贸易条件的恶化及比较利益的下降使得农户兼业化成为必然的选择。农业是提供人们生活必需品的产业部门，依据恩格尔定律，人们的收入越增加，恩格尔系数就越下降，进而人们对农产品的需求就相对减少；而随着科学技术的进步和农业劳动生产率的提高，农产品的供给却不断增加。这使得农产品的贸易条件必然不断恶化，使得农业所实现的国民收入趋于下降，农业的比较利益降低，务工经商的收入一般要高于农业收入。农民为了追求收入最大化，必然向兼业化方向发展。

3.对农户来说，保有土地是一种较为可靠的生活保障和一笔不断增加的财富。无论在何种社会制度下，农户都不肯轻易放弃土地。在市场经济条件下，农户自己经营非农产业或农户劳动力外出就业，在变幻莫测的经济环境中，难免存在着破产、失业的危险。当危机到来时，农户兼业的劳动力就可以回到土地上去经营农业。这样退可以攻，进可以守，进退自如，得心应手。在土地私有制的条件下，随着城市的扩展，非农产业发展对土地需求急剧增加，土地价格不断攀升，土地就成为价值不断扩大的财产，这样就增加了农民对土地的惜售心理，把土地当作宝贵的财富保存下来而不愿放弃。

4.农业外部条件的改善也使得农户的兼业成为可能。在非农产业就业，一般实行五天工作制，每周休息两天；农业机械化水平的提高，农业各种投入物质的丰富；农业科学技术的进步，社会化水平的提高，大大方便了农户的农业经营，务农的劳动强度降低，使得退休者、体弱的人和劳力不足的农户也可以经营农业。随着经济的发展，整个社会高度城市化，“城市病”开始出现，城市生活环境质量下降，随着交通工具、道路的现代化，城市人口开始向农村分散。农村环境优美、安静、空气新鲜，是居住的理想场所。这也为农户的兼业提供了生存和发展的条件。

三、农户兼业化的利弊得失与发展趋势

目前，农户兼业化是世界各国农业的普遍现象。然而，兼业农户在世界范围内急剧增长还是进入20世纪以后的事情。许多经济发达国家自20世纪60年代以来，兼业农户已占到总农

户的50%以上。国际上兼业农户的发展呈现出这样几个趋势：一是专业农户不断减少，兼业农户不断增加；二是在兼业农户中，以农业收入为主的第一兼业农户不断减少，以农业收入为辅的第二兼业农户不断增加；三是土地经营规模越小，兼业比重越大。

兼业农户的这种发展趋势，使得世界各国对兼业农户的认识有了很大转变。以前国际上大多数人认为，兼业农户是社会经济发展过程中的一种过渡现象，是社会经济不发达的一种表现，随着农业人口向非农业人口的大量转移会自动消失。因此，世界主要发达国家政府对兼业农户采取限制和漠不关心的态度，可是后来发现兼业农户的存在对社会经济发展有许多好处。

兼业农户与专业农户一样都能生产商品性农产品；兼业农户的出现和大量发展，为农业剩余劳动力的转移开辟了新的途径，对改善农民生活，缩小城乡差距有积极作用；它也为城市工商业、服务业的发展提供了廉价劳动力；兼业农户由于有多种收入来源，推动了整个农村经济的发展，并从资金、技术等方面帮助农业生产的发展；由于兼业农户大都住在农村，家中又有人在城市或非农产业就业，具有了双重身份，这对兼业农户在经济危机期间为自己提供就业和生活保障，缓解大量农民涌向城市，防止城市的过度膨胀，避免农村人口的过度萎缩和农村社会的衰落，都是有好处的。

但在兼业农户当中，也有许多是规模狭小、技术水平不高、资金短缺、商品率低、不适合农业现代化要求、不利于农业发展的农户。在它们当中，有的因规模过小，财力、物力不足，无力或者不宜于采用先进技术；有的则因青壮劳动力在外做工，剩下老人、妇女在家务农；有的平时主要时间外出，只是假日和业余闲暇时间回家种田。许多农户收入主要不靠农业，无心经营农业，缺乏务农的志向和热情，更谈不上精耕细作，因而这部分人经营的农业往往处于衰退荒废状态，缺乏市场竞争力。

在大生产排挤下，有许多兼业农户会被淘汰和消失。它们的命运可能有三种：一是被大农场、大企业吞并或收买；二是将土地租给专业农户或大型农场；三是某些小的农户自发地采取各种形式的联合，利用合作社和社会上的服务力量，完成各种作业，并且靠农业外的收入补贴等来获得生存。在今后相当长的时期内，农户兼业这种经济现象，还会占有相当大的比重，并且还会有所发展，至于发展速度的快慢，兼业化程度的高低，则取决于各国国内外的条件、社会经济技术的发展状况以及各国政府所采取的政策。

第四节　中国农业家庭承包经营

一、农业家庭承包经营体制的产生

实践证明，中国农村从合作化到集体化的演变，违背了社会经济发展规律，不符合农业的产业特点。实行“政社合一”“队为基础，三级所有”的农村人民公社制度，严重地阻碍了农业生产力的发展。农民没有经营自主权，市场不能发挥配置资源的基础性作用，结果农业不仅不能满足社会经济发展的需要，而且农民的自我生存也难以保障。到20世纪80年代初，大约有2.5亿的农民食不果腹、衣不遮体、房不避风雨，即处于绝对的贫困状态，其他的农民也并不富裕。在这种情况下，迫使农民进行了在当时的政治制度下所不允许的农业微观经济体制改革。

1.家庭承包经营的萌发阶段。1978年秋季到1980年9月是家庭承包经营的萌发阶段。1978年秋季安徽省部分地区率先恢复包产到组、包产到户责任制，揭开了中国农业体制改革的序幕。1978 年年底中国共产党十一届三中全会到 1979 年 9 月的十一届四中全会，围绕着农业生产责任制展开了赞成和反对两种思想的争论。理论的模糊与政策不明确并没有妨碍这种制度的推进，据统计，到 1980 年 3 月，全国实行不联产的各种包工责任制的核算单位，占到全国生产队总数的 55.7%，包产到组的占全国生产队总数的 28%。从安徽、四川、贵州、云南、广东几个省的试验发展到全国。

2.家庭承包经营的全面发展阶段。1980 年 9 月到 1981 年年底是家庭承包经营的全面发展阶段。1980 年 9 月中共中央下发了 75 号文件，即《关于进一步加强农业生产责任制的几个问题》，这是中央召开的省、市、自治区一把手座谈会的会议纪要，在包产到户问题上指出，在那些边远山区和贫困落后的地区……群众对集体丧失信心，因而要求包产到户的应当支持群众的要求，既可以包产到组，也可以包产到户。在一般地区，“以实行包产到户的，如群众不要求改变，就应允许继续实行”。纪要为包产到户正了名。全国各地又开始了一次巨大而深刻的变革，多种形式的联产责任制迅猛发展。据 1981 年 10 月统计，全国农村基本核算单位建立各种责任制形式已占 97.7%，其中包产到户占 10.9%，包干到户占 39.1%。

3.家庭承包经营的确立阶段。1982 年春季到 1984 年年初是家庭承包经营的确立阶段。1982 年 1 月中共中央 1 号文件出台了 1981 年年底全国农村工作会议通过的《全国农业工作会议纪要》，该文件指出，目前实行的各种责任制，包括包产到户，包干到组，都是社会主义集体经济的生产责任制。政策上的肯定，使得包产到户、包干到户在联产责任制中的比重在 1982 年年底达到 78.7%。1983 年 1 月中共中央在《当前农村经济政策的若干问题》的一号文件中进一步肯定了包产到户责任制，并宣布了对人民公社体制进行改革。1983 年 10 月中共中央发布了《关于实行政社分开建立乡政府的通知》。到 1983 年年底，全国实行联产承包的队数达到 586.3 万个，占生产队总数的 99.5%。中共中央在 1984 年的中央一号文件中提出了土地承包期应在 15 年以上，生产周期长的项目可以更长一些，解决了农民担心政策会变的心理。1984 年年底，家庭承包经营在全国全面铺开，农业生产也取得了前所未有的增长。

1992 年中国正式提出建立社会主义市场经济体制，1993 年全国人大常委会制定了农业法，在法律的层面上肯定了农业家庭承包经营。同年国家将这一经营制度写进了宪法：农村集体经济组织实行家庭承包为基础、统分结合的双层经营体制。到 1999 年年底，全国除了一轮承包尚未到期的外，基本上完成了承包工作，承包期至少为 30 年不变。2002 年全国人大常委会通过了农村土地承包法，对农业家庭承包中以农地为核心的一系列问题做出更为详细的法律规定。

二、农业家庭承包经营的绩效

农业家庭承包经营是在坚持土地等生产资料集体所有的前提下将土地承包给农户，确立了家庭经营的主体地位，赋予了农民充分的生产经营自主权。农民通过承包本集体的土地，得到的是对本集体土地的使用权，即土地承包经营权。农民的土地承包经营权集中体现在农民对所承包的土地有了经营自主权和收益权，农民可以根据市场的供求关系，选择效益好的农作物进行种植，打破了过去那种统一计划的经营模式。农业家庭承包经营激发了农民的生产积极性，使中国的农业生产和农民生活水平都有了极大的提高。据林毅夫(1994)测算，1978—1984 年中国农村种植业产值增长的 42.23%、产值增长的 46.89%可归因于由生产队转变为家庭经营制的改革。

要准确地测算制度安排的绩效是极其困难的，这不仅是因为制度功能的实现要受到其他制度的影响，而且将自然科学技术进步的贡献与制度的贡献分开也是困难的，因为技术变迁不仅受到制度变迁的影响，而且还受到其他因素的影响。中国农业实行家庭承包经营制度的绩效主要表现为以下几点：

1. 激励功能增强。在家庭承包经营制度下，农户成为独立的产权主体和利益主体，在完成规定的承包任务或遵守国家相关法律法规的情况下，拥有完全的剩余索取权和相应的处置权，并且由于允许农户拥有对非土地资产的私有产权，产权的排他性大大增强，即使考虑到家庭内部的“搭便车”问题，由于其成员规模大大减小，激励功能也会大大增强。其结果是，家庭责任制下的劳动者努力的激励最高，这不仅是因为他获得了自己努力的边际报酬率的全部份额，而且还因为他节约了监督费用。从生产队制度到家庭承包制的创新不仅节约了“评工记分、统一分配”的费用，而且在某种程度上避免了因劳动努力程度降低导致的产出损失以及集体资产的滥用和流失。

2. 资源配置效率的提高。由于家庭获得了相对独立的经营自主权和激励功能的增强，使得农业资源的配置效率提高，生产可能性边界右移。农户从对自身利益的关心出发，根据相对价格信号适时调整资源配置，以实现收益最大化。而在人民公社时期，资源配置是由生产队长、大队长甚至公社书记做出，由于这种决策不能与责任与利益挂起钩来，因而资源配置效率低下。

三、农业家庭承包经营的障碍

家庭承包经营已成为中国农业的基本组织形式，并以法律的形式确定下来。但随着社会经济的发展，农业家庭承包经营也遇到了一系列的障碍，主要表现在：

1. 产权障碍。农业家庭承包经营的实质是将集体土地的所有权与使用权相分离，集体土地的所有权不变，农民获得土地的使用权，这是中国农业取得骄人业绩的根本原因之所在。农民获得了土地使用权以后，可以根据市场供求和所拥有土地的具体情况来安排农业生产，从理论上来说不存在问题。但由于受传统计划经济思想的影响、乡村干部自我经济利益和政绩的驱使以及人们法制观念的淡薄，农民的经营自主权经常遭到侵犯，某些乡村随意频繁调整农民的农地使用权，使得农民对农地使用权缺乏稳定感，在生产与投资上产生短期行为和掠夺经营现象。

2. 规模障碍。中国农业所实行的家庭承包经营是在公平优先、兼顾效率的原则下，实行了耕者有其田的政策，土地按劳动力或人劳比例平均分配，具有明显的生活保障色彩，由此形成了每个农户承包的土地面积小、块数多的超小型经营规模。1984 年全国普遍实行家庭承包经营以后，农村劳均耕地面积约为 0.3 公顷，人均只有约 0.1 公顷土地。由于人地关系高度紧张，对农民而言，土地所承担的生存即社会保障功能重于生产功能，由此造成人口的变化引起了对耕地重新调整的强烈需求。虽然有中央所定的土地承包期 30 年不变的政策，但在实际的运作中，耕地的调整却是经常的。造成耕地平均化、细碎化，规模经营难以形成。据中央政策研究室和农业部 1997 年在全国农村固定观察点 20 267 个农户调查，平均每户耕地经营规模为 0.51 公顷，分为 6.1 块，平均每块 0.083 公顷。其中 0.33 公顷以下的农户占 54%，0.2 公顷以下的占 34%。在农村经济不发达的情况下，实行耕者有其田的政策有利于农村经济的稳定与发展。但随着农村经济的发展，许多发达地区的大量劳动力已脱离农业而进入二、三产业，农业实行规模经营已经具备了条件。然而由于法制滞后、土地市场发育不良和农村社会保障制度不完善，稳定的农业经营规模的扩大还难以实现。

3. 产业与市场障碍。随着农产品商品化程度的提高，农户在进入市场过程中遇到了诸多障碍，归纳起来主要表现在两个方面：一是农户在与农业产前、产后部门的市场竞争中处于不利地位。因为农户经营规模狭小且极为分散，掌握的市场信息既不充分又不准确，与农业产前、产后部门所掌握的市场信息在质与量方面严重不对称，因而在市场交换中，农业产前、产后部门往往处于垄断地位，致使农户常常承担的风险大而获利较少，使农户在市场竞争中处于弱势地位。二是农户在市场交换中，相互处于无序、过度竞争状态。由于农户缺乏自我组织能力和代表农民利益的合作经济组织，单个农民直接闯市场，不仅市场交易成本很高，而且占有的市场份额很少，许多农户同场竞争，相互压价，增产不能增收。

4. 管理障碍。相对于集体经济而言，农业家庭承包经营的管理效率和经济效率都有了很大提高，但很多家庭内部的经营管理还基本上是家长制，家庭成员之间按长幼排序，血缘亲情关系使成员自觉地服从家长的管理，因而家庭生产经营决策一般由家长做出，且在利益分配上排斥利己主义，推崇重义轻利的利他主义，常常实行按需分配。这样家庭经营的管理水平主要取决于家长的管理水平，特别是在很多地方越来越多的家庭男劳力尤其是青壮年男劳力外出打工的情况下，农业家庭承包经营的劳动力女性化和老年化的现象日益严重，造成家庭经营的企业化管理水平难以提高。

四、农业家庭承包经营的进一步发展与完善

1. 稳定农业家庭承包经营，正确处理农地产权关系，在有条件的地区促进农业规模经营的形成。国家农业法和农村土地承包法已经就农业家庭承包经营、特别是土地承包问题做出了较为明确的规定，依法进行家庭承包经营将会使这一最重要的农业微观经济组织发挥更大的作用。国内外的历史事实已经证明，家庭经营在农业中具有旺盛的生命力，这一点应该坚定不移。让农民依法进行家庭承包经营，不允许个别人以自己的主观偏好来干扰家庭承包经营。农业家庭承包经营的核心是农地产权关系的处理，农村土地承包法的贯彻与实施不仅有利于维护农民的经营自主权和稳定农业家庭承包经营，而且有利于农地二级市场的建立，有利于农地的有序流转，进而有利于农业规模经营的形成和农业国际竞争力的提高。在一些经济发达地区，农业增加值在社会的总产值中所占的比重已在5%以下，农业劳动力在整个社会中劳动力中所占的比重已在10%以下，农业具备了实行规模经营的条件。这就需要地方政府根据本地社会经济发展的具体情况，制定本地的政策法规，通过农地的依法流转，促进本地农业规模经营的形成。

2. 农业家庭承包经营组织化特别是产业关联程度的提升。随着农业现代化水平的提高，农业的社会化分工会越来越细，产业关联程度会越来越强。以新制度经济学的观点来看，当市场经济发展到一定程度，市场主体之间的关系不能单纯依赖市场交易来维持，社会经济的发展产生了用非市场组织代替市场交易的需求。为了解决农业家庭承包经营的分散性、不经济性，为了满足社会日益增长的农产食品的需求，需要在坚持家庭承包经营的基础上，通过合同制、专业合作经济组织、一体化经营等多种形式加强农户的组织化特别是产业关联程度。

3. 提高农业家庭承包经营自身的经营管理水平和社会化服务水平。目前中国绝大多数农户还是融生产和消费于一体，生产的农产品当中自我消费所占的比例还比较高，他们很少进行

严格的经济核算。但农业中的专业大户或企业不断涌现，各级政府应帮助他们建立自己的账簿，进行严格的经济核算，在此基础上开展科学的经营管理。完善和发展农业社会化服务体系，是农业家庭承包经营能够在社会化大生产中延续下来的关键因素。首先，社会化服务体系使家庭承包经营和工商业联系起来，改变了小农经济的孤立性和自给自足状态。其次，通过社会化服务体系，解决了单家独户难以解决的问题，克服了家庭小规模经营的局限性。最后，通过社会化服务体系，解决了农业技术推广、农业机械作业面积的最小规模限制等问题，改变了小农经济的技术落后状态。农业家庭承包经营的社会化有利于发挥分工协作的优势，使得各个农户、各个地区可以根据各自生产力要素的特点，发挥自己的优势，获得更大的经济效益；有利于打破农户和农业部门本身的限制，从农业外部输入更多的物质和能量；有利于打破自给、半自给的传统农业经营模式所难以克服的狭隘、保守、缺乏进取精神和不讲求经济效益的落后状况，使农户在市场竞争的压力下，按照市场需求进行商品农产品的生产。

本章小结

农业采取什么样的经营方式，一直是一个有争议的话题。各国农业发展的历史经验证明：家庭经营是农业微观经济组织形式中最重要和最基本的组织形式。农业家庭经营是指以农民家庭为相对独立的生产经营单位，以家庭劳动力为主所从事的农业生产经营活动。它是一种弹性很大的经营方式，可与不同的所有制、不同的物质技术条件相适应，可以与不同的生产力水平相适应。这是由农业的产业特点、农业分工协作、农业技术进步和家庭的社会经济特点所决定的，因而具有历史必然性。农户兼业化又成为现代农业的一个重要现象，这是由农业的内外部条件所决定的，是农户的一种理智选择，各有它的利弊得失。中国所实行的农业家庭承包经营对推动农业和农村经济发展做出了重要贡献，农业家庭承包经营已成为中国农业的基本经营制度。随着经济的发展，要正确处理农地产权关系，在有条件的地区促进农业规模经营的形成，提升农业家庭承包经营组织化特别是产业关联程度，提高农业家庭承包经营自身的经营管理水平和社会化服务水平。

数字资源 10-1　关于促进小农户和现代农业发展有机衔接的意见

复习思考题

1. 什么是农业的家庭经营？
2. 如何看待关于农业经营组织形式的争论？
3. 农业家庭经营演变的国际经验是什么？
4. 为什么在农业中家庭经营会大量广泛存在？
5. 农业家庭经营为什么会出现兼业化？
6. 农户兼业化各有哪些利弊得失？
7. 中国农业家庭承包经营中存在哪些问题？如何加以完善？

参考文献

[1] 丁泽霁. 农业经济学基本理论探索. 北京:中国农业出版社,2002.
[2] 拉南·魏茨. 从贫苦农民到现代化农民. 北京:中国展望出版社,1990.
[3] 林善浪. 中国土地制度与效率研究. 北京:经济科学出版社,1999.
[4] 林毅夫. 制度、技术与中国农业发展. 上海:上海三联书店,1994.
[5] 刘云梓. 资本主义国家农业经济概论. 北京:中国计划出版社,1991.
[6] 刘运梓. 农业组织与规模:理论、实践与比较研究. 北京:中国计划出版社,1990.
[7] 农业部软科学委员会办公室. 农业经营制度. 北京:中国农业出版社,2001.
[8] 阮文彪. 中国农业家庭经营制度. 北京:中国经济出版社,2005.
[9] 天间征. 农业经营学. 北京:农业出版社,1986.
[10] 曾令香. 农业微观经济基础的组织创新研究. 北京:中国农业出版社,2001.
[11] 朱道华. 外国农业经济. 北京:中国农业出版社,1999.

第十一章　农业合作社

本章学习要点

- 合作社思想的产生与发展
- 农业合作社的含义、原则与作用
- 农业合作社的运行机制

第一节　合作社思想的产生与发展

一、合作社思想的产生

(一)空想社会主义中的合作社思想萌芽

空想社会主义的奠基人、英国的托马斯·莫尔(Thomas More)目睹了英国“圈地运动”给广大劳动人民带来的痛苦和灾难,认识到资本主义和私有制是造成广大劳动人民贫困和不幸的根源,于1516年出版了《乌托邦》一书,对当时英国社会和国家制度作了辛辣的揭露和嘲讽,对资本原始积累给劳动人民带来的痛苦表示了深切的同情,并提出了一套改造社会的方案,设想了一个消灭私有制的理想社会——“乌托邦”。1623年,意大利的托马斯·康帕内拉(Tommas Campanella)出版了《太阳城》,在该书中阐述了他的空想社会主义思想,虚幻地描述了一个人们过着幸福生活的理想社会。合作社思想也就是在这些设想中孕育而生,并对后来合作社运动的发展产生了重要影响。早期空想社会主义的思想中隐含着的合作社思想,是资本主义生产不发达,资本主义基本矛盾还未充分暴露时期的产物,因而期间不可避免地存在着许多不科学的成分,还仅仅是合作社思想的萌芽阶段。

(二)空想社会主义的合作社思想

到19世纪初叶,空想社会主义学说进入了一个新的发展阶段,出现了三个伟大的空想社会主义者:法国克劳德·昂利·圣西门(Comte de Saint-Simon)、沙尔·傅立叶(Charles Fourier)和英国的罗伯特·欧文(Robert Owen)。他们继承了空想社会主义前辈对资本主义的批判精神和对未来社会探索的理想,而且在一定程度上接受了法国的唯物主义,以及黑格尔的辩证法思想,使他们的空想体系和内容更加完整、丰富,从而把空想社会主义推进到最高阶段。

如果说圣西门和傅立叶的空想社会主义还处于设想阶段，那么欧文对此却做出了一系列伟大的试验。

欧文继承并发展了空想社会主义的合作社思想萌芽，提出了建立合作公社的设想，并进行了大胆的试验，使空想社会主义的合作社思想系统化并变成了暂时的现实。欧文是空想社会主义合作社思想的集大成者，他把生产和消费的协调作为理想的社会原理，提出了以多数的统一合作村为单位的理想社会的构想。他主张建立新和谐村，并把失业者组织起来。每个合作村都购买或长期租用一方土地，其面积要视土壤条件和农业与工业的相互关系而定。各个合作村以经营农业为主，以工业为辅助和补充，组成独立的自给自足的经济单位。在这里，除消费品以外，没有私有财产，人们共同生产和分配，共同服务的精神支配每一个人的行动。生产的目的是为了直接满足全体成员的物质和文化生活需要。欧文不仅创建了系统的合作社理论，而且还是合作社的实践家。欧文把他的劳动公社方案看成是改造旧社会制度的一个重要途径和建立未来社会的组织形式，并进行了大胆的试验。虽然他的一系列试验都失败了，但他的思想却直接影响着后来的合作运动领导人。

二、近代合作社思想的演进

在近代合作社思想史上，争论主要集中在合作社的功能和目的上，这种争论实际上导源于在资本主义条件下是采取阶级斗争的方式还是走改良道路的争论。主张走改良道路的人，试图把合作社作为改革社会和进行经济斗争的形式，希望以此联合劳动人民，改善他们的地位，提高他们的素质，并逐步改造资本主义，因此，他们多主张流通领域内的各种合作。而主张阶级斗争或走社会主义道路的人，有的认为合作社在资本主义条件下不会起什么重要作用，有的虽然主张利用合作社，也只是将其作为达到消灭利润，以致消灭资本主义这种政治目的的一种手段。较注重其政治取向，这部分人更注重生产本身的合作。

(一)以蒲鲁东为代表的无政府合作社思想

蒲鲁东(Pierre-Joseph Proudhon)是一个无政府主义理论家。他虽然不是合作社运动的参加者和组织者，但他的一些理论思想对合作社运动有很大的影响。他认为作为政治的国家应该取消，它的任务只是评价经济关系公平合理。他主张要废除以特权和垄断造成的不平等，建立以劳动为根据的公平交换，使个人和家庭获得全部劳动果实。为此要建立交换银行，实行按生产产品的劳动时间进行以物易物的交换，在交换银行之下附设两个会，一个办理生产，一个办理消费，两会联合办公，一方面按照相互帮助的原则组织生产团体满足需求，一方面组织原料供应和制成品消费者。

(二)以路易·勃朗和斐迪南德·拉萨尔为代表的国家社会主义合作社思想

路易·勃朗是生产合作理论的奠基人。他著有《劳动组织论》，主张建立大规模的生产合作，他说这种生产合作组织是从资本家的压迫下救出劳动者的好办法。但劳动者虽有组织生产合作的能力，却没有与资本家对抗的财力，因而必须请求政府拨专款进行建设，所以也被称为国家社会主义合作派。斐迪南德·拉萨尔(Ferdinand Lassalle)曾被选为德意志劳工协会会长，他接受了勃朗的主张。他认为，只有组织生产合作社，使劳动者自身成为办社的企业家，才有助于劳动者的解放。

(三)以威廉·金为代表的基督教社会主义的合作社思想

英国的威廉·金(Willian King)是把基督教义和“社会主义”结合起来的基督教社会主义者的先驱。他认为合作社是推翻资本主义和破除工资制度的有力工具。他把劳动、资本和知识三者看作是合作社的三大要素。他主张拥有劳动力的劳动者阶级要团结起来,即劳动的成果为资本,组织起来办合作社。不然,劳动者就变成了资产阶级的奴隶。他立足于消费合作这一组织形式,曾亲自组织消费合作社。在他的影响和宣传下,在 19 世纪 30 年代组织起了 300 多个合作社。

(四)以季特为代表的尼姆学派的合作社思想

查理·季特是法国合作运动的先驱人物。尼姆是法国南部面临地中海的一个小城市,由于这里有一部分人倡导合作运动,其纲领和理论不但对法国有影响,也影响其他国家,因而称作尼姆学派,其领袖人物就是法国的知名经济学家季特。他认为,社会的改造,需要合作而无须革命。他主张建立消费合作社,他说消费是目的,一切经济组织目标全在消费,生产不过是手段。在组织完善的制度里,生产应该为消费服务。季特不主张废除私有财产制,但他反对资本主义经营方式。在农业方面,他主张耕者有其田;在工业方面,他主张生产工具、生产手段归工人所有,自己出资,自己办生产合作社,自己参加劳动。合作社里没有资本家,生产资料为集体所有,不属于哪个人,也就是借合作社力量把财产变成集团公有。

三、马克思、恩格斯、列宁的合作社理论

(一)马克思、恩格斯的一般合作社理论

马克思、恩格斯关于合作社的一般理论表现在以下几点:第一,国家政权对合作社性质的决定作用;第二,现代合作社产生的条件是资本主义的工厂制度和信用制度;第三,合作社应为公有制;第四,生产合作是合作制的主要形式;第五,合作制是向共产主义过渡的中间环节。

(二)马克思、恩格斯的农业合作社理论

马克思、恩格斯关于农业合作社的基本理论表现在以下几点:第一,对于小农首先是把他们的私人生产和私人占有变为合作社的生产和占有;第二,通过合作社改造小农应遵循的原则不是采用暴力,而是通过示范和为此提供社会帮助;第三,引导中农、大农入社,逐步消除雇工剥削;第四,剥夺大土地所有者的土地所有权。

(三)列宁的合作社理论

列宁的合作社理论集中地体现在他的著作《论合作制》一文中,其主要理论观点是:第一,合作社的性质取决于社会生产关系的性质;第二,合作社适合农民的特点;第三,使全体居民都加入合作社需要很长时间;第四,国家要从各个方面帮助合作社发展,在经济、财政、银行方面给合作社以种种优先权,单靠农民自身力量发展合作社是不够的;第五,完成合作化,要进行文化革命。

四、当代合作社思想的流派

当代合作社思想的流派极为繁杂，但大致可分为两大派系，即改革派和进化派（张晓山，1991）。

（一）改革派

改革派把合作社视为资本主义经济体系的改革，作为一种重新分配收入与财富，消除或协调劳动与经营、生产者与消费者之间利益冲突的手段，最终目标是改造资本主义，以另一种制度取而代之。他们往往对资本主义制度持不妥协的批判态度。主要的理论观点、思想倾向属于改革派的学派如下。

1. 社会主义学派。这一学派认为社会主义是合作社运动的最终目标，合作社仅仅是为达到这一目标的手段或准备阶段。他们所信奉的社会主义往往带有改良主义的色彩。这一学派的理论主要流行于西欧一些国家与社会党关系密切的合作组织之中。

2. 合作联邦学派。这一学派认为合作社应是社会中起支配作用的经济体制。它与社会主义学派的主要差异在于：第一，它把合作社运动的进程视作终结，合作社本身就是目的，而不是为达到另一种体制的手段或途径。第二，它把私有财产作为其经济结构的基础，认为其社会的弊端在于太多的人没有足够的私有财产，所以要把更多的财产分配给更多的人。第三，社会主义学派主张由国家或工厂来控制经济，而合作联邦学派则把对经济的控制权交给消费者，主张消费者至上。法国的尼姆学派和德国的汉堡学派，从主要理论倾向上看，都应划入这一大派别。这一学派的理论在西欧及北美都有一定的影响。

（二）进化派

进化派认为合作社是资本主义体系的一个有机组成部分，认为合作社是资本主义内部的一种进化发展，这一派的最终目标是完善资本主义制度。受这一派理论影响的合作社往往更注重于合作的经济方面，较少注重社会目标。理论观点属于进化派的主要学派如下。

1. 竞争尺度学派。这一学派以美国的艾德温·诺斯（E. G. Nourse）等为代表。他们以合作为尺度来衡量资本主义体系的功效，把合作社运动视为抑制资本主义阴暗面的手段。他们认为，合作社不可能成为资本主义社会中起支配作用的经济机制，只能起辅助作用。但资本主义过于强调主动性、竞争及逐利，不利于伸张社会正义和公平分配，因而，实践这些社会原则的经济企业（合作企业）就应迫使那些追逐利益的企业受到一定的约束，纠正资本主义制度的种种谬误之处，起个平衡轮的作用，改进资本主义经济体系的竞争机制，从而达到经济的均衡状态。这一学派注重经济伦理学的研究和结构分析，其理论实际上是制度经济学均衡理论的一部分。

2. 萨皮罗学派。在西方合作社运动中，唯独萨皮罗学派的思想是来源于农业实践活动，反过来指导农业经济活动的。20 世纪 20 年代，正当美国农业处于长期不景气时，年轻的律师艾伦·萨皮罗（Aaron Sapiro）提出了一个计划，中心是由合作社来控制某种农作物的较大销售比例，使其在市场上成为支配因素，达到合法垄断。即试图通过发展销售合作社来加强农场主的谈判地位。萨皮罗的合作社思想有以下几个要点：①合作社应按商品种类而不是按地域关系组织起来。他认为，一个合作社经营一种或几种类似的农产品的销售比较容易成功，生产者的利益较统一,也容易了解经营状况并加以控制,因而生产者就容易实现对某种农产品的合法垄断。②合作社成员应只限于农场主。他认为,成员的组成应力求单一,因为都是生产某种农作物的专业农户,利益往往一致。③民主管理。合作社遵循罗虚代尔原则,坚持在一人一票的基础上选举董事会。④与合作社签署长期的、带强制性条款合同的入社农户应达到相当的比例。他认为,合同期长才能使合作社的销售功能逐渐完善;签约人多,且承担义务向合作社交售某种农产品的全部,合法垄断才有可能实现。⑤使用专家从事经营管理活动。他主张,农场主集中精力从事农业生产,经营、销售等事务都聘任专家去干。⑥高度集中的管理结构。萨皮罗模式的合作社一般都省略了地方合作社这一级,农场主直接成为全国性或地区性合作社的成员。

3. 美国学派。尽管一些西方学者把诺斯的竞争尺度学派和萨皮罗学派都归在美国学派之内,但从目前接触到的资料来看,美国学派与二者,尤其是与竞争尺度学派,还是存在一定差别。美国学派声称,他们是以合作学者埃米里扬诺夫(Ivan Emelianoff)的合作社理论为思想基础的。他们几乎完全是从经济角度来看待合作社。他们认为,合作是一种市场现象,合作社是独立的经济主体间的不完全联合,合作这种形式仅合并了各个企业的一个或多个功能,但企业本身还是完全独立的。因而,合作社是一体化与分化、独立与合并间的中介,合作只是业务的联合,而不是人的联合。

西方现代合作社运动是向两个方面演进的,一方面,它越来越脱离其发展的政治目的,变得只注意合作的经济取向。在改良主义者那里还把合作社当作改造资本主义的手段,那么在当代合作社中则基本消除了这个因素。另一方面,合作社的发展重心由生活消费方面转向农业领域。如果说,合作社在近代的发展,主要是劳动者在不利的情况下联合起来,以加强自己的力量,从而是一种弱者的联合,并且他们多是以消费者的身份出现的,那么现在西方合作社更多的是农场主的合作,合作社被农民选择作为应付外部环境变迁的组织手段。这时,合作社成员主要是作为生产者出现的。农业合作社的建立,适应了市场经济的发展,它把家庭农场与整个市场经济联系起来,合作社形成了一个以流通领域的各专业合作社为主体,以生产领域的部分合作为辅的农业合作社系列。

第二节　农业合作社的含义、原则与作用

一、农业合作社的不同含义

在这里,我们把合作社、合作制与合作经济组织看成是同义的概念,而不加严格的区分。在合作社的历史发展过程中,由于思想渊源或学术流派以及政治立场不同,人们对合作社有各种各样的定义,但基本上可以分为以下两派。

(一)合作社的社会制度观点

德国经济学家李弗曼(R. Liefmann)认为合作社是以共同经营业务的方法,并以促进或改善社员家计或生产经济为目的的经济制度。这种说法是把合作社当作一种制度来看,包括的范围很广。

德国经济学家戈龙费尔德(E. Grunfeld)认为合作社是中小经营者基于自己意志的结合;

由于共同对私有经济利益的追求，以实现社会政策目标。这种制度，在其活动的范围内，排斥自由市场经济。他把合作社看成是一种在追求私人利益的同时，实现社会政策目标的经济制度。

马克思、列宁认为，合作社就是生产者联合劳动的制度，要以这种制度代替资本主义雇用劳动制度。可见他们把合作社看成是一种社会经济制度。

（二）合作社的企业观点

美国合作经济学家巴克尔(J. Baker)认为合作社是社员自有自享的团体，全体社员有平等的分配权，并以社员对合作社的利用额为依据分配其盈余，合作社是与私人企业、公司制企业不相同的一种事业。这个定义从微观的角度提出，接近于当前世界上的普遍看法。

国际合作社联盟对合作社的定义是，合作社是人们自愿联合、通过共同所有和民主管理的企业来满足他们共同的经济和社会需求的自治组织。这个概念首先确定了人们建立合作社是自愿的，不能强迫人们加入合作社，在合作社的目标和资源内，社员有加入或退出的自由；合作社是一个共同所有和民主管理的企业，这句话强调了合作社的所有权是在民主的基础上归全体社员，合作社是一个企业，并且是与股份制和政府管理的企业有区别的企业；合作社是自治组织，即尽可能地独立于政府部门和私营企业；合作社满足社员共同的经济和社会需求的规定，强调了合作社的经营目标是要为社员服务。

中国的《农民专业合作社法》规定，农民专业合作社是在农村家庭承包经营基础上，同类农产品的生产经营者或者同类农业生产经营服务的提供者、利用者，自愿联合、民主管理的互助性经济组织。农民专业合作社以其成员为主要服务对象，提供农业生产资料的购买，农产品的销售、加工、运输、贮藏以及与农业生产经营有关的技术、信息等服务。这一定义首先肯定了农民专业合作社是建立在家庭承包经营的基础之上，农民专业合作社的建立不是对家庭承包经营的否定；同类农产品的生产经营者或者同类农业生产经营的服务者由于有共同的利益诉求，更容易走到一起；自愿联合、民主管理突出强调了农民专业合作社建立和管理的基本原则；将农民专业合作社定义为是互助性的经济组织，等于说合作社是企业，在互助的基础上为社员提供服务，阐明了农民专业合作社是与股份制企业相区别的企业。

把农业合作社定义为企业，这在整个世界已取得基本共识。在市场经济条件下，人们已不把农业合作社的建立和发展与社会制度联系起来。在中国来说，农业合作社是指在农业家庭承包经营的基础上，按照自愿和民主管理的原则，遵守合作社的法律和规章制度，联合从事特定经济活动所组成的企业组织形式。

农业合作社是独立经营的企业，虽然它有教育社员、代表社员利益与政府对话、协助政府推行某种政策、法令的职能，但它不是政治组织、文化组织、社会组织或群众组织。农业合作社必须有共同经营的内容，自负盈亏，实行独立的经济核算。那些不以营利为目的、无经营内容、不实行严格独立核算的农民技术协会等则不属于合作社的范畴。

二、农业合作社的原则

（一）国际合作社联盟的合作社原则

合作社的发展在世界上已有 160 多年的历史。尽管世界各国合作社产生的背景、发展的环境及发展的类型各不相同，但就合作社作为市场经济发展的产物，合作社作为一种国际运动，各国合作社的发展却有一定的共性。国际合作社运动中有不同的合作学派，不同的理论观点，对合作社有不同的定义，因而所遵循的基本原则也有所差别。但当前大多数合作社及合作学者们仍信奉传统原则，即在1860年罗虚代尔公平先锋社提出的“行为规则与组织要点”12条原则的基础上，1966年国际合作社联盟提出了合作社入社自由、民主管理、资本报酬适度、盈余返回、合作社的教育与合作社之间的合作六项原则。1995年，国际合作社联盟在曼彻斯特大会上，经过修改后确定了合作社七项原则，前三项原则是各合作社内部所拥有的典型特征；后四项原则既影响合作社内部活动，又影响合作社与外部的关系。

1. 自愿与开放的社员。合作社是自愿的组织，对所有能利用合作社服务和愿意承担社员义务的人开放，无性别、社会、种族、政治和宗教信仰的限制。

2. 社员民主管理。合作社是由社员管理的民主的组织，合作社的方针和重大事项由社员积极参与决定。选举产生的代表，无论男女，都要对社员负责。在基层合作社，社员有平等的选举权（一人一票），其他层次的合作社也要实行民主管理。

3. 社员经济参与。社员要公平地入股并民主管理合作社的资金，但是入股只是作为社员身份的一个条件，若分红要受到限制。合作社盈余按以下某项或各项进行分配：用于不可分割的公积金，以进一步发展合作社；按社员与合作社的交易量分红；用于社员（代表）大会通过的其他活动。

4. 自主和自立。合作社是由社员管理的自主、自助的组织，合作社若与其他组织包括政府达成协议，或从其他渠道募集资金时，必须保证社员的民主管理，并保持合作社的自主性。

5. 教育、培训与信息。合作社要为社员、获选的代表、管理者和雇员提供教育和培训，以更好地推动合作社的发展。合作社要向公众特别是青年人和舆论名流宣传有关合作社的性质和益处。

6. 合作社间的合作。合作社通过地方的、全国的、区域的和世界的合作社间的合作，为社员提供最有效的服务，并促进合作社的发展。

7. 关注社会。合作社在满足社员需求的同时，有责任保护和促进其所在地区经济、社会、文化教育、环境等方面的可持续发展。

（二）中国农民专业合作社原则

中国《农民专业合作社法》规定，农民专业合作社应当遵循下列原则：

1. 成员以农民为主体。

2. 以服务成员为宗旨，谋求全体成员的共同利益。

3. 入社自愿、退社自由。

4. 成员地位平等，实行民主管理。

5. 盈余主要按照成员与农民专业合作社的交易量（额）比例返还。

该法所规定的合作社原则与国际合作社联盟所规定的合作社原则具有基本内容的一致性。

三、农业合作社的作用

(一)农业合作社有助于促进社会分工与生产专业化

社会分工是商品生产存在的基本条件之一,农业生产越专业化、商品化,就越要求进行各种形式的合作与联合,这说明社会分工和生产专业化是农业合作社产生的基本条件之一。一旦农民建立合作社以后,会进一步促进社会分工和生产专业化。这是由于农民建立合作社以后,一方面,可以将自己搞不好或搞不了的事情交给合作社来经营,按照合作社的要求自己专注于某项产品或某个生产环节的生产;另一方面,合作社可以为农民提供农业技术、农用生产资料、农业信息和农产品加工、储藏和销售等服务。这使得农业生产的社会化水平和专业化水平都提高了。

(二)农业合作社有助于减少农产品交易的不确定性

市场经济的发展,把众多的农户推向了市场,而市场则由价值法则这只看不见的手来诱导资源的配置,通过价格围绕价值上下波动来引导生产。分散的农户面对变化莫测的市场,风险陡增。农业合作社是对市场的某种替代,但这种替代并不是取消了市场,而是将外部市场内部化,由此形成合作社与社员之间的一个市场,农民的交易行为被内在化到合作社当中来进行。由于合作社是社员自己的企业,合作社和社员的利益具有高度的一致性,社员按照合作社的要求进行农产品的生产,并将符合要求的农产品交售给合作社,大大地降低了农产品交易的不确定性。

(三)农业合作社有助于减少农产品和农业专有资产的损失

大部分农产品具有易腐性,特别是蔬菜、水果、畜产品等,这些产品一旦成熟或采摘以后,如果不进行储藏或加工,就必须马上卖掉,否则就会腐烂,农民会因此遭受巨大损失。因而农民自然会有合作的愿望,以解决农产品不耐储藏这一令人头痛的问题。农业生产当中所购买或建设的许多资产带有专有性,如农民饲养畜禽所建的棚舍,养奶牛所购买的挤奶器,种蔬菜所盖的大棚等,都是带有专有性的资产。如果不用于所经营的种养业,将难有它用,处理这些资产的价值将非常低廉。为了减少由此所造成的损失,农民也在寻求长久的合作。农民加入合作社以后,建立了长久的合作关系,农产品有了可靠的销路,各种农业专有资产可以得到长期的充分利用。

(四)农业合作社有助于节约交易成本和寻求规模经济

一般来说,农户的经营规模狭小,单独采购生产资料难以获得价格优惠和运输上的经济,单独出售农产品也难以卖上好价钱,在生产中单独使用某种大型农业机械或采用某种先进农业生产技术也可能变得不经济。农民在激烈的市场竞争中,为了降低成本,提高盈利,就需要通过合作社联合起来,借助外部交易规模的扩大来节约交易成本,提高在市场竞争中的地位,形成某种程度的垄断,提高产品的售价;通过扩大外部经营规模来提高农业机械等设备的利用率,寻求规模经济。

(五)农业合作社有助于市场经济的完善

市场经济的发展是农业合作社发展的基础和前提条件,市场经济的扩张是农业合作社产生的土壤,而农业合作社是市场经济发展到一定阶段的产物,并为它的进一步协调发展起推动作用。农业合作社作为连接农民与市场的中介,对于推动市场经济的发展,维持农产品市场和农业要素市场的稳定与均衡,改善农民的社会与经济地位起到了极其重要的作用。

第三节　农业合作社的运行机制

一、农业合作社运行的基本特征

(一)经营目标的双重性,即服务性与营利性的相统一

农业合作社一方面要向各个社员提供生产经营服务,是一种互利关系;另一方面又要最大限度地追求利润,是一种互竞关系。在市场经济不断发展的情况下,农业家庭经营急需得到产前、产中、产后等诸环节的优质服务。农业合作社正是适应缩小生产经营风险,扩大生产经营规模,提高劳动生产率的需要而建立起来的,它必须为社员提供相应的服务,才具备存在的前提。当合作社与其社员发生经济往来时,不是以追求利润最大化为目标,它可以为社员提供有偿、低偿或无偿的服务,力求经营成本最小化。但当它与外部发生经济往来时,它必须以追求利润最大化为目标。只有如此,它才能够生存,才能够更好地为其社员提供优质的服务。因此,农业合作社是具有追求利润和为其社员提供服务双重目标的企业组织。

(二)经营结构的双层次性,即约定统一经营与分散经营相结合

以合作占有为核心,在个体制基础上形成合作制,主要是指在以家庭为基本生产经营单位的前提下,整个生产过程的一定环节由这些农民共同组成的合作社来完成,从而他们的合作关系,即通过完成这些经营环节的经济组织迂回地体现出来。在某个一定环节上,家庭经营为合作经营所替代,而在其他的环节上还基本保持着家庭经营的特性。凡适合于合作社生产、加工、储藏、营销和服务的项目,都由合作社统一经营;对某些生产要素的使用和某些生产环节的协调,也由合作社统一安排。当然,合作社并不是对家庭经营的否定,而是构筑在家庭经营的基础之上,并为其提供有效服务。在非合作的项目上,家庭经营仍保持其独立性。因而,合作社是约定统一经营与分散经营相结合,具有经营结构的双层次性。

(三)管理的民主性,即自主与自愿的有效结合

农业合作社必须按照自愿的原则,通过民主协商制定一系列切实可行的章程和制度,将有关问题以文字形式确定下来,具有一定的法律效力。农业合作社是完全建立在自愿组合的基础上,在没有外界干预的条件下,农民所做出的自主选择,联合各方彼此信任,需求基本一致。自愿避免了由于人为组合或行政撮合所带来的消极逆反心理,使全体社员始终保持应有的责任感和生产与合作热情,这是合作社具有旺盛生命力的重要原因。同时,由于自愿,联合对分离不具有排他性。社员在合作社经营过程中,拥有充分重新选择的权力。他既可以离开原有

的合作社，又可以是几个合作社的成员。这种自愿组合与自愿分离两种机制的交互作用，既催发了新企业的诞生，又加速了旧企业的强大或瓦解，从而形成了经济发展的强大推动力。

二、农业合作社的特殊性质与生存空间

（一）农业合作社既可以降低交易成本，又可以保持社员的积极主动性

从新古典的视角看，农业合作社是农民应对不对称的市场力量以及农产品流通和加工市场不充分竞争的产物；从交易成本经济学的视角看，农业合作社是在农业专业化生产过程中，农民应对由于契约的不完全性而产生机会主义行为的纵向一体化行动。因此，农业合作社的存在和发展不仅可以维护农民自己的利益，而且有助于节约交易费用。这是因为农业合作社与社员的纵向一体化是部分的、不完全的一体化，社员仍然是独立的生产者，他们和合作社之间的关系介于纯市场关系与科层关系之间。农业合作社一方面降低了将生产过程大规模延伸到农业生产领域需要花费的大量监督成本；另一方面通过农业合作社的经营增加了社员收益，仍然为社员提供了作为独立生产者的充分激励。

农业合作社作为一种有助于节约交易费用的制度安排，一般主要产生在与社员之间交易费用较高的领域。即农业合作社主要产生在资产专用性程度较高、信息不完全和非对称程度严重以及外部性影响较明显的领域。现代农业为了实现专业化生产，需要有不断增加的基础设施投资，这些农业基础设施一般与土地相结合，不具有移动性，变现会遭受巨大的损失；专业化生产的很多蔬菜、水果、肉蛋奶等易腐农产品不耐储藏，也带有专有资产的性质；大部分农产品作为经验品和信任品其质量安全信息在生产者、经营者和消费者之间具有很强的不对称性；森林、草原、湿地等具有很强的正外部性，而畜牧业的废弃物如果得不到妥善处理会产生很大的负外部性，通过农业合作社的组织方式可以使外部性内部化，使正的外部性产生经济效益，减低处理负外部性的成本并提高有效性，使废弃物资源化和无害化；通过农业合作社来利用农业机械、种畜和开展病虫害防治等可实现外部的规模经济。

（二）农业合作社在农业发展中的作用空间是有限的

不能把农业合作社作为解决所有农业发展问题的灵丹妙药。这是因为，第一，农业合作社是农业市场经济发展到一定阶段的产物，如果农业的专业化、商品化、规模化发展程度较低，农民就可能没有合作的需求。第二，农业合作社的发展与农业分支产业或产品的属性紧密相关，带有专有资产属性的农产品，需要形成紧密的协作关系才能保证质量并实现价值，例如在奶业、蔬菜、水果等产业采取合作社经营的形式就比较普遍。第三，在农业合作社中集体行动的困难增加了合作社内部的协调成本，保持凝聚力的努力也使得合作社成为内部组织成本较高的治理结构，比如农业合作社特殊的组织结构所产生的搭便车问题、投资组合问题、社员数量增加的协调问题、社员异质性所带来的管理问题等都会限制农业合作社的发展空间。

三、农业合作社按惠顾额所占比例分配与剩余索取权的演变

（一）经典农业合作社按惠顾额所占比例分配的经济合理性

经典农业合作社是基于业务而不是基于资本的联合，按社员与合作社惠顾额所占比例分

配则具有一定的经济合理性。实践证明，农产品生产由农户来完成是一种比较有效的制度安排，农户只是把自己不能够很好完成的业务交给了合作社。因此，农业合作社主要在农业的产前和产后领域，主要从事农用生产资料供销、农用资金信贷、农产品加工、储藏和运销等，股金作为社员入社的条件基本相同，但由于社员的经营规模不同，因而与合作社发生的惠顾额也就不同，惠顾额的大小对合作社的经营起到至关重要的作用，按惠顾额所占比例分配更能够体现社员的贡献，当然股金也会获得相应的报酬。在经典的农业合作社中，投资者、使用者和经营者是统一的，都是合作社的社员。因而这种分配制度能够较好地体现各自生产要素的贡献。

（二）农业合作社主要利益相关者分离所引起的剩余索取权的演变

农业合作社的主要利益相关者由投资者、惠顾者和经营者组成，合作社的所有权结构反映了三者在合作社中的相对重要性。随着农业合作社经营规模的扩大，其投资者、惠顾者和经营者可能发生分离。农业合作社为了适应激烈的市场竞争不得不延长产业链，涉足农产品深加工和分销领域，需要大量的资金投入，业务越来越变得资金密集型，合作社可能通过增资入股或吸引外部投资的方式来募集资金，因而出现了按股分红比例增大，甚至完全按股分红转变成股份制企业的现象。随着农业合作社业务的增多和复杂化，需要聘请外部的管理专家来领导和经营合作社，高级经营管理者在合作社的发展中变得越来越重要，他们也通过谈判等方式来增加工资和奖金，参与分享合作社的剩余。但无论如何，按惠顾额所占比例分配为主，仍然是合作社的基本分配方式。

四、农业合作社的产权界定

（一）农业合作社的产权特征

农业合作社的所有者——社员，不仅具有投资和投资收益权，同时还有与投资相联系的惠顾和从惠顾中获取收益的权利。如果把合作社看成是投资者和惠顾者的集合，则合作社同时需要界定所有者对其投资和惠顾行为的产权。但根据经典农业合作社的基本原则，还存在着未清晰界定的产权。

1. 存在较大范围的共有产权。由于合作社实行自愿和开放的社员资格，为防止社员随意退出造成合作社资金的不稳定，规定合作社的公积金作为公共积累，除非合作社破产，否则单个社员对这些财产没有要求权。这部分资本是共有的，服从于集体决策。这些共有产权可能带来内部成员的过度使用，也会使新加入的社员无偿享用。因而我国的农民专业合作社法规定，提留的公积金要量化到每个社员的账户上。

2. 未清晰界定的投资收益权。要成为农业合作社的社员，必须等额认购股份，从而获得合作社的交易权，合作社的盈余按照惠顾额的比例进行分配。因此，农业合作社中投资者的收益权必须与投资者对合作社的惠顾相联系，通过按惠顾额返利间接体现。应当说投资和惠顾都能够给合作社带来收益，如果投资收益权不能直接体现，社员就会倾向于在投资额既定的情况下扩大与合作社的交易，或者在交易额既定的情况下尽量减少对合作社的投资。这既可能带来农业合作社销售规模不适当的扩大，也可能使社员缺乏对合作社投资的积极性。

3. 残缺的产权降低了投资股权的价值。农业合作社投资的收益权与社员对合作社的惠顾联系在一起，就股金本身来说，除非合作社解散或者合并、分立，否则社员并没有对股金增值部分的要求权。合作社的股份不能够买卖和转让,也就失去了增值的可能性,降低了社员对合作社投资的积极性,出现了免费搭车、不关注合作社长远发展等问题。

(二)农业合作社需要清晰界定产权的原因

1.社员异质性程度提高。经典农业合作社的社员一般是均质的,他们的经营规模大小相近、生产技术平相当、生产产品相同。在这样的条件下,将投资收益权和惠顾收益权联系在一起是一种成本较低的产权界定方式。但当农业合作社的发展越来越需要不同资源的所有者联合在一起的时候,就需要更为复杂的治理结构和更为清晰的产权界定。当社员异质性导致投资者和惠顾者错位或分离,单方面强调惠顾者的权利就会弱化社员投资者的积极性,此时就需要分别确定两种资源的权利,即采用新的规则将二者更好地统一起来。如像北美新一代合作社那样采取将社员的投资额和惠顾额统一起来并按股分红的方式。

2.农业合作社积累不断扩大带来的经济价值的提高。随着合作社的发展,公共积累不断增加,给社员所带来的经济利益可能不断增大,这时明确公共积累的产权就变得十分必要。建立封闭的社员资格,防止新加入社员搭便车是一种选择;将公共积累量化到社员账户上,明确公共积累给社员所带来的经济利益增加也是一种选择。

五、农业合作社的委托代理关系

(一)农业合作社委托代理问题的产生

农业合作社所有者和经营者的分离产生了委托代理问题。农业合作社在运行的初始阶段一般可能由社员自己充当管理者,但当合作社经营规模扩大以后,社员作为合作社的管理者可能难以胜任,聘任外部的企业家来管理成为很多合作社的选择,即合作社的所有者与经营者发生分离,因而产生了委托代理问题。解决委托代理问题可以从外部市场竞争、激励手段设计和合作社内部监督三个方面来考虑。一般来讲,合作社选择代理人的范围有限,因而降低了经理人市场竞争的压力;由于合作社的股金不能转让,因而对经理人的激励主要来自工资和奖金制度的设计;由于合作社的社员人数较少,并且社员之间相互熟悉,从而增强了社员监督合作社经理人的积极性和责任感,所以强化内部监督成为合作社降低代理成本的重要途径。

(二)农业合作社双重委托代理问题的产生

随着农业合作社的发展,不仅社员的数量在增加,而且社员的异质性在增强,监督代理人的责任落到了合作社骨干社员头上,中小社员成为搭便车者。我国的农民专业合作社主要由某些事业单位、公司制企业、种养大户领办,因而出现了十分普遍的少数人控制局面。在这种情况下,合作社的委托代理关系演变成双重的委托代理关系,即一个层次是全体社员与经营者之间的委托代理关系,另一个层次是中小社员与骨干社员之间的委托代理关系。双重委托代理问题的产生可能使骨干社员出于利己的目的损害中小社员的利益,解决这个问题的关键是,一方面在法律和章程中对骨干社员的权力做出限制,另一方面是允许骨干社员获得相应的权力和利益。

数字资源 11-1　中华人民共和国农民专业合作社法

数字资源 11-2　农民专业合作社登记管理条例

本章小结

农业合作社的思想源远流长，形成了不同的流派和学说，但把农业合作社定位于具有特殊性质的企业已取得基本共识。农业合作社的建立和管理必须坚持其法律所确定的基本原则，并且要认识到农业合作社具有经营目标的双重性、经营结构的双层次性、管理的民主性等特征。在市场经济条件下，农业合作社有助于促进社会分工与生产专业化，有助于减少农产品交易的不确定性，有助于减少农产品和农业专有资产的损失，有助于节约交易成本和寻求规模经济，有助于市场经济的完善。掌握农业合作社的运行特征，认清农业合作社的特殊性质与生存空间，把握农业合作社按惠顾额所占比例分配与剩余索取权的演变，科学界定农业合作社的产权，处理好农业合作社的委托代理关系，是促进农业合作社健康发展的关键。

复习思考题

1. 了解空想社会主义代表人物的合作社思想萌芽和观点。
2. 了解近代合作社思想的代表人物及基本观点。
3. 理解和分析马克思、恩格斯、列宁的合作社理论和主要观点。
4. 掌握当代合作社思想的流派和主要观点。
5. 了解人们对合作社的不同理解和定义。掌握国际合作社联盟对合作社的定义和中国队农民专业合作社的定义。
6. 你认为农业合作社在农业和农村经济发展中会发挥哪些作用？
7. 农业合作社的基本特征是什么？
8. 怎样理解农业合作社的特殊性质与生存空间？
9. 为什么农业合作社要按惠顾额所占比例分配？剩余索取权会发生什么样的演变？
10. 怎样科学界定农业合作社的产权？
11. 如何处理好农业合作社的委托代理关系？

参考文献

[1] 冯开文. 合作制度变迁与创新研究. 北京：中国农业出版社，2003.

[2] 管爱国，符纯华. 现代世界合作社经济. 北京：中国农业出版社，2000.

[3] 洪远朋. 合作经济的理论与实践. 上海：复旦大学出版社，1996.

[4] 马尔堡促进自助咨询社. 合作社式的自助与社会结构变革. 马尔堡：马尔堡促进自助咨询合作社，1995.

[5] 马彦丽. 我国农民专业合作社的制度解析. 北京：中国社会科学出版社，2007.

[6] 米鸿才,邸文祥,陈乾梓. 合作社发展简史. 北京:中共中央党校出版社,1988.
[7] 杨坚白. 合作经济学概论. 北京:中国社会科学出版社,1989.
[8] 俞家宝. 农村合作经济学. 北京:北京农业大学出版社,1994.
[9] 张晓山,苑鹏. 合作经济理论与实践. 北京:中国城市出版社,1991.
[10] 赵继新. 中国农民合作经济组织发展研究. 北京:中国市场出版社,2004.

第十二章　农业产业化经营

本章学习要点

- 农业产业化经营的内涵、特征与产生的原因
- 农业产业化经营组织模式的契约关系
- 农产品交易费用、交易特性与农业产业化经营组织形式
- 农产品交易的市场环境条件、主客体特性与农业产业化经营组织形式

第一节　农业产业化经营内涵、产生的原因及其契约关系

一、农业产业化经营的内涵与特征

(一)农业产业化经营的内涵

中国的农业产业化经营,缘起于20世纪90年代初,是中国的一种独特叫法。对于什么是农业产业化经营,是否叫农业产业化经营,在国内农业经济学界存在着很大的争议。发展到现在,已经基本达成的共识是:农业产业化经营是以市场为导向,以农户经营为基础,以"龙头"组织为依托,以经济效益为中心,以系列化服务为手段,通过实行种养加、产供销、农工商一体化经营,将农业再生产过程的产前、产中、产后诸环节联结为一个完整的产业系统,是引导分散的农户小生产转变为社会化大生产的组织形式,是多方参与主体自愿结成的经济利益共同体,是市场农业的基本经营方式(牛若峰,2000)。在中国,农业产业化经营的基本组织形式有三种:农产品市场+农户、农业龙头企业+农户和完全一体化经营[①]。

(二)农业产业化经营的特征

1.生产专业化。围绕主导产品或支柱产业进行专业化生产,把农业生产的产前、产中、产

① 农业一体化有广义和狭义两种不同的划分:广义的农业一体化是指通过市场、合同和企业完全一体化等组织方式,使农业的产供销等不同的生产环节和链条更为紧密地连接起来;而狭义的农业一体化是指将某种或某类农产品的生产、加工和销售等完全纳入一个大型企业,由一个企业来完成一系列的生产经营活动。

后作为一个系统来运行，做到每个环节的专业化与产业一体化协同相结合。农业生产专业化是农业商品经济发展到一定阶段的产物，从农业分工与协作原理来分析，农业专业化是农业产业化经营的重要成因之一，从实践经验角度考察，农业生产专业化又是农业产业化经营的主要特征之一。由农业生产专业化带动形成的区域经济、支柱产业群、农产品商品基地，为农业产业化经营奠定了稳固的基础。

2.企业规模化。农业生产专业化的效率是通过大生产的优越性表现出来的，因为农业生产经营规模的扩大，有利于采用先进的农业科学技术，降低农业生产成本，为农产品的批量生产、加工、销售奠定条件。企业规模化虽然包含有生产经营规模扩大的意思，但更重要的是指农产品生产、加工和运销的农户和企业其生产要素的组成比例要匹配，要避免或减少某种生产要素的不足或浪费，为农业产业化经营的高效运行奠定基础。

3.经营一体化。通过多种形式的联合与合作，形成市场牵龙头、龙头带基地、基地连农户的贸工农一体化经营体制，使外部经济内部化，从而降低交易成本，提高农业的比较利益。在实践中有不同形式的经营一体化，例如产销一体化、产加销一体化和资产经营一体化。

4.服务社会化。它一般表现为通过合同稳定内部一系列非市场安排，并且无论是公司还是合作社，都在使农业服务向规范化、综合化方向发展，即将产前、产中和产后各环节服务统一起来，形成综合生产经营服务体系，农业生产者一般只从事一项或几项农业生产作业，而其他工作均由综合体提供的服务来完成，使得农业的微观效益和宏观效益都得到了提高。

二、农业产业化经营产生与发展的原因

在现代农业的发展过程中，农业逐步采取合同制和一体化经营的方式，使农业的专业化、企业化、规模化和社会化水平不断提高，即形成了所谓的农业产业化经营，其产生和不断发展的原因主要在于以下几个方面。

（一）适应消费者对食品消费需求变化的需要

随着社会经济的发展，社会人口结构发生了很大的变化，越来越多的妇女参加了工作，无论是男性还是女性在外工作的时间不断延长，工作节奏不断加快，人们对方便食品和已加工食品的需求不断提高，这使得食品加工业得到了更快的发展，而食品加工企业一般经营规模较大，为了保证农产品等加工原料的稳定供应，就需要与农产品的生产者建立稳定的联系。同时，随着收入水平的提高，人们对生活质量特别是食品质量提出了更高的要求，消费者越来越关注食品的品质和质量安全，不仅对新鲜、低能量、低脂肪等特点的健康食品需求提高，而且要求消费的食品质量安全是有保障的。这就要求食品加工企业必须有专门的农产品原料生产基地，同时能对农产品整个生产过程中的质量进行有效的控制。要做到这一点，必须提高农业的组织化程度，整合农业的相关产业链条。这是农业产业化经营水平不断提高的外部推动力。

（二）缓解农产品生产季节性和消费常年性矛盾的需要

农产品生产周期较长，不仅具有明显的季节性，而且具有鲜活易腐性。但农产品的消费却具有常年性，并呈现出一定的刚性，需求价格弹性较小。要解决农产品生产季节性和消费常年性的矛盾，就必须通过农产品的储藏、加工、运销等措施，延长农产品的保质期，使其更容易远距离运输。农产品生产和消费的这一根本性矛盾是农业产业化经营产生和发展的内在原因。

(三)降低经营风险的需要

随着农户经营规模的扩大和专业化水平的提高,不仅要面临自然风险,而且要面临更大的市场价格波动风险。而农业龙头企业要面临三类风险:一是作为中间投入品的农产品和产成品的市场价格波动风险;二是作为中间投入品的农产品由于数量不稳定而引起的设备利用率不高的风险;三是由于不安全食品对人的健康危害及在生产加工过程中对水、空气和土壤等造成污染所面临的被惩罚风险。这说明农户和涉农企业都面临着风险,降低经营风险的共同愿望促使他们有可能结成更为稳定的交易或合作关系。

(四)降低市场交易费用的需要

从流通环节或者农户与市场的关系来看,无论是产前的生产资料购买,还是产后的产品销售,单靠农户自己去交涉,交易费用相当高。农户在购入种子、饲料、农药等生产资料时,有关质量方面的信息明显偏向供给者一方,农户缺乏影响供给的能力,他们往往是价格的接受者。在农产品销售方面,农户同样处于不利地位,面对变化莫测的市场,农户的预见能力和信息收集能力很弱,因此只能将交易局限在比较近的市场,并接受购买者的种种限制。在农用生产资料购买和农产品销售两个方面农户都处于不利地位,农户为此要支付大量的交易费用,以至于这种交易费用过高,使交易难以发生,出现了"市场失灵"。对农业龙头企业来说,交易费用的节约主要是减少了在种子、饲料销售和农产品购买等方面寻找、评价、质量检测和签订契约等方面的费用。建立农业产业化经营组织以后,农户和农业龙头企业都可以节约交易费用。

(五)解决农产品质量信息不对称的需要

在农产品加工过程中,由于农产品的提供者和加工者对农产品的质量存在信息不对称,即农产品的生产者或提供者对农产品的质量如何有充分的信息,而加工者很难全面了解其质量信息,要想清楚地掌握需要付出很高的检测成本。如果农产品的生产者或提供者与加工者仅在市场发生交易关系,那么加工者就很难保证获得符合质量要求的农产品。通过合同或一体化方式,可以在一定程度上实现对农产品及其生产过程的监督和控制,从而有助于以较低的成本获得符合加工质量要求的农产品。

三、农业产业化经营组织形式的契约关系

(一)契约与契约关系的类型

1. 契约。在市场经济中,只要有市场就会有交易,市场是各种不同交易的集合,而契约则是连接各种交易的媒介。只要形成某种交易关系,就存在某种契约安排,这种契约安排可以是口头的或文字的,明示的或默许的,复杂的或简单的,自愿的或强制的。因而现代经济学已经大大拓宽了契约的内涵和外延,比法律中的契约概念意义更为广泛,不仅指法律上可执行的契约,也包括一些隐性契约和自我履行契约。这实际上是将所有的市场交易(长期或短期的、显性的或隐性的)都看作是某种契约关系。交易正是借着这些千差万别、丰富多样的契约安排来进行的。契约在交易中具有重要意义。从实践角度说,契约产生于交易和合作的需要,反映有关各方的意愿和许诺。契约代表了交易活动各方之间的关系、交易的性质和内容。从理论角

度说，契约是财产权利和责任的确定和延伸，关系到所有权及其转移的保障和规则，关系到维护自愿合作和自由竞争的制度基础。

2. 契约关系的类型。契约是分析组织的基本工具。契约一词包含了不同类型的联结关系（纵向或者横向）。威廉姆森（1979）根据麦克内尔的划分将契约分为三种类型：古典契约关系、新古典契约关系和关系型契约关系。

（1）古典契约关系：无论在法律意义上还是在经济学意义上这都是一种理想化的契约关系，它意味着契约条件在缔约时就得到明确详细的界定，并且界定的当事人的各种权利和义务都能得到准确的度量；契约各方不关心契约关系的长期维持，只关心违约的惩罚和索赔；当事人的人格化身份特征并不重要，因为交易是一次性的，交易完成后各方"形同路人"。在古典契约条件下，契约各方通过市场交换实现协调。

（2）新古典契约关系：这是一种长期契约关系，它意味着当事人关心契约关系的持续，并且认识到契约的不完全和日后调整的必要；如果发生纠纷，当事人首先谋求内部协商解决，如果解决不了再诉诸法律；所以强调建立一种包括第三方裁决在内的规制结构。如麦克内尔所说：新古典长期契约有两个共同特征，一是契约策划时即留有余地；二是无论是留有余地还是力求严格筹划，契约筹划者所使用的程序和技术本身可变范围就很大，导致契约具有灵活性。在新古典契约条件下，契约各方通过协商和独立的第三方实现协调。

（3）关系型契约关系：它强调专业化合作及其长期关系的维持，因此契约当事人都愿意建立一种规制结构来对契约关系进行适应性调整。在关系型契约条件下，各方通过契约及背后的权威规定各自的行为规范，实现一定的利益规制和行为协调。

不同的契约关系对应着不同的交易。以上三种契约类型代表了三个不同阶段的显著特征。古典契约和新古典契约都是商品契约，而关系型契约已经不纯粹是商品契约，它涉及更为复杂的要素产权关系，所以从新古典契约变化到关系型契约之间不是连续的（在图 12-1 中用折线表示）。公开市场上的交易对应着古典契约，市场上层交易对应着新古典契约，而关系型契约将会走向完全一体化。

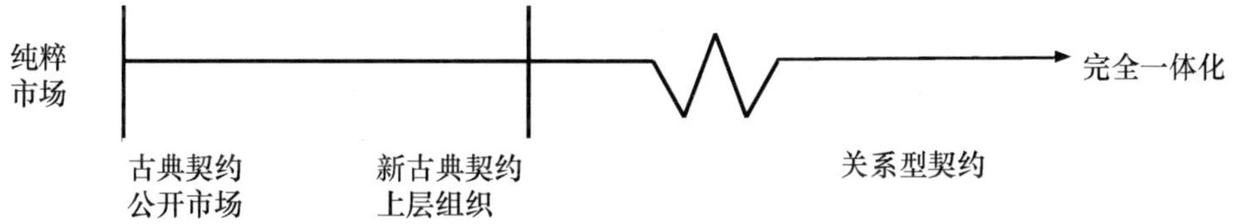

图 12-1 契约关系类型

（二）农业产业化经营组织形式的契约关系类型与特征

1. 公开市场与古典契约关系。在农业产业化经营的公开市场即"市场＋农户"的组织形式中，农户与其他交易主体之间的关系大多属于古典契约关系，农业古典契约交易的发展突出地表现在集市贸易与专业批发市场的发展上。在公开市场上，农产品交易是匿名的，在交易完成之后，各方当事人权利义务关系一次完结。古典契约交易的优点在于它的开放性，农产品交易者能够以较低的成本进入或退出，市场交易不要求他们具有太多的专业知识。在公开市场上汇集了大量的供求信息，大大节约了供求双方的搜寻成本。但古典契约交易也有弊端：首先，公开市场上农产品价格波动幅度大，影响了农户收入的稳定。其次，在公开市场上，分散生产的农户对农产品的分类极其粗糙，产后处理和加工程度较低，农产品难以实现价值增值。最后，公开市场的交易半径受到限制。

2. 上层组织与新古典契约关系。这里所说的上层组织是指"公司＋农户"这种农业产业化经营组织形式，公司与农户订有农产品契约。农户按照契约规定生产某种品种、规格的农产品，公司按照契约规定收购、加工、销售农产品并提供相应的服务。公司和农户之间的这种契约属于新古典式契约。契约为未来的不确定性留下了一定的余地。双方根据未来经济生活中发生的新情况相互调整，以维持既有的合作。在协调困难时，不排除引进第三方进行调解。契约各方的合作比较长久。这种组织形式即新古典契约关系的发展，有效地降低了市场价格波动，既稳定了农户收入，又确保了公司的原料来源。

3. 完全一体化与关系型契约关系。完全一体化是指农产品的生产、加工、销售等在一个大型企业或企业集团中完成，由于产权构造方式、管理方式和分配方式不同，农业一体化可分为合作社一体化和股份公司一体化。从契约的本质来看，合作社通过关系型契约把农户的分散生产联结为一体化的生产，合作社与农户形成长期的契约关系，这种契约不仅关系到农产品，而且还关系到生产要素。依据法律和章程确定了合作社与社员的权利与义务，在保持农户经济独立的基础上，农户将一部分生产经营职能交给合作社来履行。农户不仅能从合作社获得一系列的服务，而且还能获得利润的返还。农业完全一体化更为典型的形式是股份制，将农产品的生产、加工和销售纳入一个更为严格意义上的股份制企业当中来进行，企业能够更为严格地控制产品的生产，商品契约已被要素契约及关系型契约所代替。

农业产业化经营组织形式的契约关系类型与特征可以在表 12-1 中得到更好的反映。

表 12-1　农业产业化经营组织形式的契约关系类型与特征

性质	古典契约	新古典契约	关系型契约
组织形式	市场＋农户	公司＋农户	合作制＋农户、股份制＋农户股东
交易方式	买卖交易，交易对象随机	买卖交易，交易对象相对固定	管理交易，交易对象固定
契约类型	短期通用性商品契约	长期专用性商品契约	长期专用性契约，人力资本与非人力资本契约
博弈次数	一次性博弈	重复博弈	长期重复博弈
定价方式	直接定价	直接定价和间接定价结合	间接定价
配置方式	价格机制	价格机制	权威机制
市场形态	外部、商品与公共市场	外部、商品和私人市场	内部市场、要素市场

（三）农户与农业龙头企业的契约关系

在实践中出现了各种各样的农业产业化经营组织形式，它们之间的契约联结方式和紧密程度有很大的差异。但农户与农业龙头企业之间契约关系的内容可以概括为两者之间产品、资金、信息的流动和激励、治理关系。在市场瞬时交易中，两者之间仅仅表现为产品、资金和信息的简单交换。在较复杂的契约交易中，农户和企业之间的关系除表现为产品、资金和信息的多次交换外，还表现为两者之间的激励和治理关系。这与农业产业化经营所生产的农产品对价格以外的产品维度的要求更加严格有关。在经典经济学中，以粮食为代表的农产品市场被假设为是完全竞争市场，同一种农产品之间只有很小的差异，它们只需进行一些简单的产品等级划分，所以农产品的生产与交换就以公开市场为主。但随着人们生活水平的提高，消费者对农产品的需求发生了变化，更加注重对产品品种、质量、获得的时间、地点等方面的要求。为了满足消费者的特定需求，企业需要对农产品的生产过程进行直接或间接的控制，这就使得企业和农户之间不仅仅表现为市场交易关系，而且在契约中还需要规定特定的激励和治理机制。

1. 古典和新古典契约中农户与农业龙头企业的关系。古典契约和新古典契约都属于商品契约，农户与企业之间的关系归根结底是买卖关系。在自由交易条件下，双方达成交易契约，从经济学基本原理看，交易对双方都是有利的。但是交易的这种互利性并不能掩盖交易双方利益此消彼长的矛盾关系。市场交易中存在着很大的不确定性，交易契约就是双方对收益和风险的划分。在商品契约交易下，农户和企业仍是独立的经营主体，双方要对自己的契约选择行为负责。企业所采取的一些优惠农民的措施，其实是稳定与农户契约关系的一种经营策略，并没有改变企业与农户之间的契约交易关系。尽管在商品契约条件下，企业对生产过程有特定要求，有时可以进行干预，但这不能改变买卖关系的本质。

2. 关系型契约中农户与农业龙头企业的关系。在关系型契约中，农户与企业的关系已由产品契约转变为要素契约的关系，农户已将某些生产要素的使用权或某些生产环节交给了企业，农户丧失了某些生产经营自主权，企业经营管理者根据需要配置生产要素、组织生产和销售，节约了市场交易费用，有利于规模经济效益的发挥。农户可以作为合作社的社员或股份公司的股东参与重大事项的决策，因而这些企业是农户自己的企业。然而在关系型契约中，企业在节约交易费用的同时，由于经营规模的扩大也会带来经营管理效率的降低、信息传递失真、生产要素不匹配和资金占用过多等问题，即企业内部的经营管理费用也会增加。当企业内部经营管理费用的增加大于市场交易费用的节约时，关系型契约关系就可能解体。这也是严格意义上的农业一体化组织形式较少的重要原因之一。

第二节 影响农业产业化经营组织形式的主要因素

如果从交易费用经济学来理解，农业产业化经营究竟是采取公开市场交易、合同交易还是完全一体化，主要应考虑交易费用问题。从已有的研究成果来看（郭红东，2005），交易费用主要由交易特性（有限理性、机会主义、资产专用性、不确定性和交易频率）来决定，交易特性又与交易环境、农产品特性、农户与农业龙头企业经营特征等联系在一起，这些因素共同决定了农业产业化经营的组织形式安排。

一、农产品交易费用、交易特性与农业产业化经营组织形式

（一）农产品交易费用与农业产业化经营组织形式

1. 交易费用的含义与企业对市场的替代。最先在经济学中引入交易费用概念的是美国经济学家科斯（K. R. Coase），他在其成名作《企业的性质》中分析企业代替市场的原因时指出，使用价格体系组织生产是有成本的，这种成本就是交易费用。所谓交易费用，就是使用价格体

系时所发生的发现相对价格、进行谈判、签订契约、实施监督、设立解决纠纷的安排等费用。正是由于交易费用的存在,才产生了一些用于降低这些费用的不同制度安排和组织。

企业组织的产生和发展是受市场交易费用的推力和企业组织成本的阻力这两种相反力量共同作用的。通过市场机制进行交易时,不确定性越高,市场交易费用也就越高,企业组织产生和发展的推力也就越大,这可以称为"市场失灵"。由于经营者能力有限,很难把所有的复杂活动都放在同一企业内部进行,或者由于管理效率低下,企业内部组织成本过高,导致企业运作的低效率,这可以称为"企业失灵"。市场失灵时促使人们通过建立企业来降低交易费用,而企业失灵时则促使人们通过市场交易来降低经营成本。企业的建立和发展就取决于上述两种力量的平衡。

2.农产品交易费用对农业产业化经营组织形式的影响。农产品从生产、加工到消费,需要经过多个中间环节,这些环节既可以由社会分工或专业化方式通过市场交易来完成,也可以通过农业合同制或完全一体化来完成。对这两类可替代组织方式的选择标准,就是交易费用,即农业龙头企业是自己组织生产还是从市场上购买,哪一种方式更便宜。

不同的农业产业化经营组织形式,其形成与否主要看内部组织费用和市场交易费用的比较。对纵向一体化的组织形式来说,其形成的条件主要看纵向一体化内部的组织费用和市场交易费用的比较关系。如果组织费用低于交易费用,那么纵向一体化组织就会得以产生和发展;反之,如果组织费用高于交易费用,那么一体化组织就会萎缩解体或难以产生与发展。对于合同制的组织形式来说,其形成与发展则主要取决于该组织的参与者对合同制的交易费用与市场交易费用的比较,如果合同制的内部管理制度和利益协调机制足以促使它的运行费用小于市场交易费用,那么合同制的经营组织形式就会得以产生和发展;反之,合同制的组织方式就会消失或难以产生,而被纯粹的市场交换方式所取代。

(二)农产品交易特性与农业产业化经营组织形式

1.有限理性。威廉姆森认为有限理性是指人类的行为常处于合理欲望和有限制的条件之间,人们在收集、储存和加工处理更为准确地达到目的所需要的大量信息方面,其能力受到严重限制。但人们在这种能力受到限制时,却仍以逻辑的连续方式继续追求自己的目的。当有限理性与不确定性或复杂的环境相结合时,就会使交易费用大大增加。

在农业产业化经营中,农户的有限理性表现得十分突出。由于受到自身素质的限制,农户对农产品生产的技术和质量要求、对农产品市场的运行规则及其价格变动规律、对国家的农业政策法规都缺乏准确的认识和把握,这使得农户如果单独进行农产品的生产和经营会遇到一系列的风险和难题。农业龙头企业的理性会高于农户,但也是有限的。农业龙头企业由于人力资本的优势,对农产品加工、储藏、营销等的认识可能高于农户。因此,通过合同制或一体化经营,借助农业龙头企业可以减少农户有限理性的约束,但由于农业龙头企业的有限理性所导致的经营失败也会株连到农户。

2.机会主义。威廉姆森认为机会主义是指人们借助于不正当的手段牟取自身利益的行为倾向。这个假设强调了人们追求自身利益的动机是强烈而复杂的,他会随机应变,投机取巧。一方面是有目的、有策略地利用信息,按个人目标加以筛选和扭曲,如说谎、欺骗等;另一方面是违背对未来行动的承诺。机会主义又可分为事前的机会主义和事后的机会主义。机会主义是以有限理性为前提的,由于人的理性有限,他不可能对复杂的、不确定的环境一览无余。

在农业市场经济当中机会主义行为是经常发生的。如种子公司隐瞒了种子质量的真实情况，将假种子卖给了农户，致使农户遭受了巨大损失。还比如公司将种鸵鸟以很高的价格（例如每对 50 万元）出售，并向农户承诺将来也会以较高的价格收购，可是公司将种鸵鸟卖出以后却携款潜逃。农户也可能将有较高兽药残留的猪、鸡卖给公司，公司加工以后致使产品质量检测不合格，不仅公司的全部产品被销毁，而且公司可能因此而倒闭。市场经济当中机会主义的盛行使农户和企业都有通过合同或一体化等组织形式来减少或避免机会主义行为的强烈愿望。

3. 资产专用性。按照威廉姆森的说法，当一项耐久性的投资被用于支持某种特定的交易时，这部分资产就具有专用性。如果专用性资产已经投入而交易被终止，所投入的资产将全部或部分因无法改作他用而损失。资产专用性主要有场地专用性、物质专用性、人力资本专用性和专项资产。它们共同的特征是，一旦形成便很难转作他用。在资产专用性强的情况下，交易双方契约关系的连续性意义特别重大，因为交易双方有一方投入了专用性资产，而另一方一旦采取机会主义行为提前终止交易或要挟，投资一方可能蒙受重大损失。显然，资产专用性越强，交易双方维持交易的持续性愿望也就越强，客观上要求建立起某种保障双方继续维持交易的组织机制。资产专用性的差异，导致了对交易关系持续性和组织机制的需求程度不同。因此，资产专用性实际上是测量某一资产对交易的依赖性。为了保证这类交易顺畅地进行，各种合同制和一体化组织形式就会出现。

从农户的角度来看，其资产的专用性可能表现为农地使用时间专用性、某种农产品专用性、农业机械与设施专用性、人力资本专用性等。农业龙头企业与其他工业企业相比资产专用性要高，这表现在：一方面，农产品一般都不耐储藏，远距离的运输费用高，因而多数农产品加工企业都建在远离城市的农产品生产区，从而使厂房和设备搬迁成本高，专用性大。另一方面，农产品生产季节性与加工需求长年性的矛盾使得企业的仓储投资大，而且为了保证原料的供应，企业布局往往比较分散，难以形成集聚效应，许多基础设施需要企业单独投资建设，这些设施的专用性都很强。此外，农产品加工设备也具有较高的专用性。

4. 不确定性。在农产品交易过程中，交易双方既要面临来自环境或市场的不确定性，还要面临来自交易双方行为的不确定性，即交易的不确定性来自外部和内部两个方面。在不同交易中，不确定性所起的作用和约束交易的程度是不同的。一般来说，一次性交易，不确定性影响小；而长期交易，不确定性的影响较大。如果在农产品交易过程中不确定性（如农产品未来的市场价格、农产品质量、双方的机会主义行为）足够的大，人们就要考虑采用合同制或一体化来减少或避免不确定性。

5. 交易发生的频率。交易发生的频率是指交易发生的次数。它对农业产业化经营组织形式选择的影响，主要体现在设立某种农业产业化经营组织形式的费用能否得到补偿。因为一种组织形式的确立和运转是有成本的，这些成本在多大程度上能被所带来的收益所抵消，取决于这种组织形式中所发生的交易频率。多次发生的交易，较之于一次发生的交易，更容易使新采用的组织形式的费用得到抵消。

二、农产品交易的市场环境条件、主客体特性与农业产业化经营组织形式

(一)农产品交易的市场环境条件与农业产业化经营组织形式

1.农产品交易的市场设施条件。随着社会经济的发展,田间地头式的农产品交易越来越少,越来越多的农产品是在设施完备的市场上进行交易。例如,在农产品批发市场上,需要有固定的场地、摊位、储藏、冷藏、分级、包装、称量、卫生检验、运输、银行、电信等一系列硬件设施。这些硬件设施越完备,交易也就越顺畅,农业龙头企业也就越容易在市场上购买到所需要的农产品。还例如在农产食品的零售市场上,市场的硬件条件有很大差别,在低级的农贸市场上,主要出售未加工或初加工的农产品,其经营组织形式主要以市场交易的方式来完成;而超级市场上,不仅市场的硬件环境条件好,而且对入市的产品有较高的要求,绝大多数农产食品是经过大型企业采取合同制或一体化加工营销来完成的。因此,在不同的市场上,对农业产业化经营组织形式的影响可能会有所不同。

2.农产品交易的法律法规条件。要使农产品交易能够顺畅地进行,必须软件、硬件齐备,并且在某种程度上来说,软件比硬件更重要。这些软件就是保证农产品交易的法律法规,这些法律法规越完善,交易也就越顺畅,交易成本也就越低。如合同法、农产品质量安全法、食品质量安全法、农产食品质量标准、食品可追溯制度、信用制度等。但要达到这些法律的要求,仅靠市场交易还是不够的,还需要经营组织形式的创新。

3.农产品交易的其他环境条件。首先是农产品国际贸易的自由化程度。WTO成立以后,农业的“黄箱”政策被削减或受到限制,国内外市场机制在增强,技术性贸易壁垒凸显,企业及其战略在农业国际竞争当中的作用变得越来越重要。在这种情况下,农户难以直接参与农产品国际贸易,必须通过某种形式的企业连接,提高农民的组织化程度。其次是国家对农业实行的保护政策,特别是国家对农业产业化经营所实行的扶持政策。如果一个国家的农业发展主要是构建在市场机制发挥作用的基础上,实施一系列的“绿箱”农业政策,就有利于公平市场竞争环境的形成。最后是经济技术的发展水平。经济发展水平提高以后,人们对农产品需求提出了更高的要求。技术水平提高以后,一方面可能使农产品的差异性增大;另一方面使企业运用新技术对农产品进行更深更精的加工成为可能。

(二)农产品交易的主客体特性与农业产业化经营组织形式

1.农产品特性。从农产品特性来看,农产品的生产属性、自然属性、质量属性和消费特性等对交易特性有非常大的影响。农产品的生产属性主要指农产品在生产过程中对技术和生产投入品要求的高低以及农产品的生产周期长短。一些在生产过程中对技术和生产投入品要求较高的农产品,如种子、种畜,具有专门功能的水果、蔬菜等,一般需要一定的设施投入和专门的人力资本及技术的投入,从而使交易过程中的资产专用性提高,需要提高农业产业化经营的组织化程度。农产品生产周期的长短也会对交易的不确定性产生影响,农产品生产周期越长,不确定性越大,为了减少不确定性,人们可能考虑采用合同制或一体化经营等组织形式。

农产品的自然属性主要指农产品体积的大小、易腐性和易损性。如果农产品的体积很大,则运输成本增加,销售半径缩小,销售的不确定性扩大;如果农产品如牛奶、新鲜蔬菜和水果等容易腐烂变质,那么就需要及时销售和处理,就需要在加工、包装、储藏和运输过程中投入专门

的设施和技术，这样就会出现较高的交易频率、质量的不确定性和资产的专用性。

农产品的自然属性决定了农产品的质量属性。农产品的质量属性是指其质量的可考核程度。我们虽然可以对同种农产品的形状、大小、颜色等外部特征进行观察，但其他的质量标准如口感、营养成分、安全卫生程度等，就需要在食用之后才能知道，甚至在食用之后也无法知道。这说明农产品质量具有经验品和信任品的特性，市场机制会在一定程度上失灵。这一方面需要政府通过制订质量标准并加强监管职能，另一方面需要企业通过供应链管理和品牌塑造，减少农产品质量安全的信息不对称性，在一定程度上解决道德风险和逆向选择等问题。

农产品的消费属性主要指农产品能满足人们需要的程度。如果农产品的用途非常单一，其需求对象也非常单一，如果失去交易对象，就很难找到别的替代者。在这种情况下，如果没有稳定的交易关系，农户就会面临很大的交易风险。因此，用途比较单一的农产品，可能会采取合同制来减少交易风险。

2.农户与农业龙头企业经营特征。农户的经营特征会对农业产业化经营组织形式产生重要的影响。农户的经营特征主要表现为农户的经营规模、专业化和商品化程度。如果农户的经营规模较大，经营的专业化和商品化程度较高，那么不仅在生产过程中对资金、技术及其他生产要素投入的数量和质量要求较高，而且其农产品产出量也比较高，用于销售的农产品数量当然也就比较多。在市场上如果没有稳定的生产资料供应者和农产品的购买者，重新寻找新的买主和卖主需要花费较多的交易费用，交易的不确定性提高，生产过程中的专用性资产投入有可能变为沉淀成本。因此，专业化的经营大户更倾向于和农业龙头企业结成某种更为紧密的关系。

农业龙头企业的特征对其组织形式的形成更具有决定性的意义。农业龙头企业的经营特征主要指经营目标、经营规模、经营产品、产权结构等。股份制企业与合作社的经营目标有很大差别。股份制企业的经营目标是利润最大化，利润按股分红；合作社的经营目标具有双重性，即对外追求营利性，对内要为社员提供一系列的服务，利润按交易额所占比例分配为主。经营规模大的企业有更多的专用性资产投资，可能拥有更高的品牌价值，信用程度较高。企业加工经营的产品类别会对农业产业化经营组织模式产生重要影响，如加工粮棉的企业一般是在市场上大批量地采购原料，牛奶加工企业一般与农户签订原奶收购合同，蔬菜水果经销商可能牵头去组建合作社，而种子培育一般采取完全一体化经营。

数字资源 12-1
新制度经济学的主要理论及其逻辑关系

数字资源 12-2
全国农产品加工业与农村一二三产业融合发展规划(2016—2020年)

本章小结

农业产业化经营是中国农业微观经济组织当中的一种重要形式，它以生产专业化、企业规模化、经营一体化和服务社会化为特征。为了适应消费者对食品消费需求变化、缓解农产品生产季节性和消费常年性矛盾、降低经营风险和降低市场交易费用、解决农产品质量信息不对称等问题，是农业产业化经营产生的基本原因。农业产业化经营的各种形式都可以概括为契约关系，不同的契约关系对应着不同的交易。古典契约和新古典契约都是商品契约，而关系型契约已经不纯粹是商品契约，它涉及更为复杂的要素产权关系。如果从交易费用经济学来理解，农业产业化经营究竟是采取公开市场交易、合同交易还是完全一体化，主要应考虑交易费用问题。从已有的研究成果来看，交易费用主要由交易特性来决定，交易特性又与交易环境、农产品特性、农户与农业龙头企业经营特征等联系在一起，这些因素共同决定了农业产业化经营的组织形式安排。

复习思考题

1. 如何理解农业产业化经营的内涵和特征？
2. 请分析农业产业化经营产生和发展的原因。
3. 契约关系的类型有哪些？请分析农业产业化经营组织形式的契约关系类型和特征。
4. 试分析农产品交易费用、交易特性对农业产业化经营组织形式的影响。
5. 试分析农产品交易的市场环境条件、主客体特性对农业产业化经营组织形式的影响。

参考文献

[1] 奥立弗·E. 威廉姆森. 资本主义制度——论企业签约于市场签约. 段毅才，王伟，译. 北京：商务印书馆，2002.

[2] 郭红东. 农业龙头企业与农户订单安排及履约机制研究. 北京：中国农业出版社，2005.

[3] 科斯，哈特，斯蒂格利茨，等. 契约经济学. 李风圣，主译. 北京：经济科学出版社，1999.

[4] 牛若峰. 农业产业化经营的组织方式和运营机制. 北京：北京大学出版社，2000.

第四篇

农业保护与农业发展

第十三章　农业保护政策

本章学习要点

- 农业保护政策的含义
- 实施农业保护政策的理论依据
- 实施农业保护政策的判别标准
- 传统农业保护政策的发展与所造成的问题
- 农业保护政策的改革与发展的基本趋势

第一节　农业保护政策的含义、理论依据与判别标准

一、农业保护政策的含义

在市场经济条件下，所谓农业保护政策是指在国民经济运行过程中，政府为确保农业发挥基础作用，使农业的发展与国民经济其他产业的发展相适应，以便实现整个国民经济持续、协调、快速发展而采取的一系列保护与支持农业的政策措施的总和。农业保护政策主要由两方面的政策组成：一是为保护本国农业免受国际市场的冲击而采取的一系列贸易保护措施；二是为促进农业与其他产业协调发展而采取的一系列直接和间接支持农业的措施。由于农业保护是一种历史现象，它的出现及覆盖范围和保护力度都与一个国家的经济发展阶段和所处的国际环境有关，因此在讨论分析农业保护问题时必须在时间和空间上给出明确的界定（潘盛洲，1999）。

二、实施农业保护政策的理论依据

农业保护政策的制定与实施必须建立在一定的社会经济理论的基础之上，否则农业保护政策很容易偏离社会经济的发展方向，不仅难以达到原定的政策目标，而且还容易造成更大的效率损失，甚至出现更为棘手的社会经济问题。社会经济在发展，因而农业保护政策的理论依据也在发展与变化，没有一成不变的放之四海而皆准的农业保护政策理论。对于已出现的农业保护政策能否给出科学合理的理论解释，也成为农业保护政策向科学化发展的一个重要方面。对于为什么当一个国家经济发展到一定阶段以后，往往会采取农业保护政策，国内外的学者从不同的角度对此进行了深刻的阐述。

(一)从市场失灵的角度阐述实施农业保护政策的必要性

在市场经济条件下,政府对农业实施保护政策的理论依据主要在于,农业本身所具有的特征导致市场在某些方面失灵,依靠市场机制不能有效地解决这些问题,需要政府在市场配置资源的基础上,采取一定的政策手段加以宏观调控。

1.农业的外部性。所谓外部性,是指某种经济活动能使他人得到附带的利益或使他人受到损害,而受益人或受害人无须付出相应的报酬或无法得到赔偿的现象。农业的外部性有正有负,涉及许多方面。从农业对生态环境的外部性来看,正的外部性包括形成的农业景观、生物多样性保持、二氧化碳吸收、控制洪水等;负的外部性包括水土流失、水资源耗竭、地表水和地下水污染、野生动植物栖息地丧失、农业化学品污染等。从农业的经济外部性来看,包括经济缓冲作用、国土空间上平衡发展、确保农村活力等,从农业的社会外部性来看,包括社会的稳定作用、确保农业劳动力就业、社会福利替代等。在没有特定政策干预和特殊制度安排的情况下,经济活动主体既没有获得来自正外部性的经济补偿,也没有负担所应承担的相关费用,即市场及价格机制没有反映或没有全面反映这一经济活动的全部成本或收益,从整个社会来看,资源配置无法达到最佳状态,从而引起社会福利的下降。农业外部性的出现取决于多种因素,特别是农业的生态环境外部性取决于农业生产活动的类型、使用的农业技术、作物品种、集约水平、农业资源状况以及产权制度等多种因素。农业对于经济缓冲、扶贫、农业劳动力就业以及社会福利替代所具有的外部性,在很大程度上取决于经济发展水平。一般而言,发展中国家经济发展水平较低,农业人口比重较大,农村社会保障体系缺乏,农村贫困问题较严重,农业对于经济缓冲、扶贫、农业劳动力就业以及社会保障替代具有较大的正外部效应。

2.农业的公共产品性。所谓公共产品,是指具有非排他性和非竞争性的产品。所谓非排他性,是指即使某一经济主体没有支付相应的费用,也无法将它排除在对这一产品的消费之外;所谓非竞争性,是指它所具有的不会因某一主体的消费而减少其他主体对这一产品的消费量。同时具有非排他性和非竞争性的产品被称为纯公共产品,而只具备这两个特性中的一个的产品则被称为准公共产品。农业多功能性所提供的许多非商品产出具有不同程度的非排他性和非竞争性,即具有公共产品或准公共产品的部分特性。因为农业的非商品产出不同于商品产出,对其很难进行产权界定,它作为农业的溢出效应对生产者以外的其他人发生影响或使其受益,难以排除特定的人不支付报酬就不让他消费,因而在其作用范围内具有非排他性;由于其影响或受益范围因非商品产出的不同而不同,因而农业非商品产出在不同的范围内具有不同程度的非排他性。农业非商品产出的特点也决定了其具有不同程度的非竞争性,如粮食安全所带来的社会稳定,良好环境所带来的生活高质量,生物多样性所带来的选择价值和存在价值等。在一定程度上,一个人对这些非商品产出的消费不会影响其他人对它们的消费,即具有不同程度的非竞争性,因而社会不应该排除任何人消费该商品的权力。农业非商品产出的公共产品性,提出了政府实施农业保护政策的必要性。

3.农业的弱质性。在与其他产业的竞争中,农业处于相对不利的地位。随着经济的发展,城市和非农产业的用地不断增加,地价不断上涨,土地用于非农产业的报酬远远高于农业,使农地的流失不断增加;由于农业的比较利益低下,使得农业中的资金和较高素质的劳动力流向非农产业,造成农业的资金短缺和高素质劳动力的缺乏,导致农业发展后劲不足;相对于新兴的非农产业来说,农业科研周期较长,技术进步相对缓慢,农业剩余劳动力的转移又相对滞后于非农产业产值份额的提高，使得农业劳动生产率比较低；农产品的需求弹性较小，恩格尔定律的作用，农产品不耐储运等特点，使得农业的贸易条件不断恶化，农民收入增长乏力，农民与非农业就业者的收入差距拉大。这说明农业具有天生的弱质性，要解决这些问题必须依靠政府对农业的保护。

4.农业的不稳定性。首先，由于农业的自然再生产与经济再生产交织在一起，使得农业受自然条件影响很大，而自然条件是变化无常的，因此农业生产也相对不稳定；农业生产本身具有周期性，并且生产周期长，生产不易调整，也会导致农业的波动。其次，由于宏观经济环境的变化或不景气，对农业造成冲击。如加入世界贸易组织以后，农产品贸易趋于自由化，国内农业受到国际市场的冲击而出现较大的波动；经济不景气时，劳动力市场受到冲击，农业剩余劳动力转移困难，农民收入减少；而在经济景气时，又出现大量劳动力涌向非农产业，由于比较利益的驱使可能会出现耕地的撂荒。再次，由于土地等自然条件的限制和动植物本身生物学特性的制约，使得农产品的短期供给弹性比较小，但由于人们对农产品的刚性需求，价格对供给量的反应却非常敏感；同时农产品的需求弹性更小，难以实现农产品的市场供需均衡。当某些因素导致价格和产量一定程度的波动时，会产生蛛网效应。另外，农产品价格与供给间的互动关系还受动植物生理机能的影响，由于农业的生产周期较长，许多农民对价格的反应又具有滞后性，市场的自行调节难以使农产品的供给及时追随市场价格的变化，会造成农产品短缺和过剩效应的放大，使农业生产产生更大的波动。最后，农产品大多具有易腐性，不耐久藏，且储藏费用高，所以收获后应立即出售，即使市场价格低廉也必须出清；反之，产品稀少时，虽然市价高，但在本期内无多余库存供应市场，无法满足市场需求。因此，农产品一经产出，其供给即已确定。农业的不稳定性要求政府要建立农业保护政策。

(二)从农业的基础地位出发来论证实施农业保护政策的必然性

在经济增长即工业化的过程中，随着资本积累的加速，一般来说，工业生产中的资本密集程度要高于农业生产中的资本密集程度——这对早期工业化的国家来说是如此，对依靠引进工业技术而实现工业化的新兴工业国家来说更是如此。随着农业生产中资本增长和技术水平的提高，工业产品的生产成本不断下降，而农产品的生产成本则相对上升。这样，贸易中用相对成本来衡量的农产品的比较优势就随着工业劳动生产率的提高而逐渐丧失，并且工业增长越快，农业的比较优势也就丧失得越快。在这种情况下，不论是在国际市场上还是在国内市场上，如果仍坚持自由贸易的话，本国农民势必竞争不过其他生产成本较低的国家，也竞争不过本国其他行业的生产经营者，农民的收入即使不下降也跟不上其他行业的收入增长速度。这是农业开始需要保护的基本原因。但是，在经济发展过程中丧失比较优势的行业较多，并不只是农业。根据贸易理论，当一个行业不再具有比较优势时，就应该顺其自然，让其减少生产而增加进口，将其资源转移到其他行业中去。一个失去比较优势行业的衰落是有利于资源的有效配置和利用的。但为什么偏偏在农业失去比较优势后，大多数政府却采取各种保护和支持措施而不让其衰落呢？这里的根本原因是土地的不可转移性。即土地不像资本和劳动力等要素那样，可以比较便捷地在行业间自由地流动，绝大多数土地除了进行农业生产外基本别无他用，并且各国政府为了社会经济的可持续发展都对农业用地的非农化采取严格的控制措施。而当农民的收入全部或主要来自农业时，对农业的保护就不仅关系到整个国民经济的发展问题，而且还关系到农民的生存问题(潘盛洲，1999)。因此，作为政府，不管是从农业的基础地位考虑还是从对农民生存问题的关心考虑，都不得不对农业采取一定的保护措施。这是大多数发达国家和新兴工业化国家对农业采取保护和支持政策措施的根本原因。

（三）围绕农业的发展阶段来分析农业保护政策的产生

日本经济学家速水佑次郎在解剖日本农业保护问题时提出了三个发展阶段理论。他认为1900年以前或者直到第一次世界大战以前，日本经济还处在为“食品问题”所困扰的阶段；第一次世界大战后至20世纪60年代，日本经济所面对的是“农业贫困问题”阶段；自60年代以来，日本经济则进入了“农业结构调整问题”为主的阶段（速水佑次郎，1993）。

根据速水的分析，在第一个阶段，由于发展工业成为国家经济发展的首要目标，而农业作为经济的主要部分，其生产率的增长不仅是为了满足对食品和外汇增长的需要，而且也是工业化和各种现代化措施所需金融资本不可缺少的源泉。因此这期间农业政策的主要目标是保障国内食品的充足供给，以防止城市工人工资和生活费用的提高，防止进口工业资本品和技术所需外汇的严重枯竭。因而政策的重点是榨取农业剩余，提高农产品产量，增加食品的市场剩余，特别是作为城市工人最重要工资品的稻米的市场剩余，以保障城市工业发展的低劳动成本和高积累。推动农产品产量提高和农业劳动生产率提高的政策，有助于诱导出适合日本国情的农业技术创新道路，土地节约型技术的特色由此形成。

第一次世界大战以后，伴随着日本制造业的重心由轻工业转向重工业，制造业的资本密集程度显著提高，农业与制造业生产率之间的差距进一步扩大，进入“农业贫困问题”阶段。资本集中于大型工业导致“差别结构”产生。在这种结构里，大型工业工人的生产率和工资率均明显高于中小型工业。小型工业的工人与从事小买卖和其他非熟练技术的从业者一道形成了大工业的产业后备军，农业则是这种劳动后备军的主要来源。在这种经济结构里，农民的相对收入水平持续下降，农民人均收入占非农人口人均收入的比重由1900年以前的80%下降到20世纪30年代的不足40%，从而使农村贫困问题成为当时社会动荡和不稳定的一个重要根源。因此，如何在社会和政治稳定不失衡的情况下维持小农的收入和生计，便成为农业政策的主要问题。所以贫困问题便成为战时占主导地位的农业问题。但是，由于当时日本具有国际竞争力的产业主要是依赖劳动密集型技术和廉价劳动力的产业，在这种情况下如果把农业保护提高到一个很高的水平，无疑会危及日本工业化进程和整个国民经济的发展。因此，尽管城乡收入的差距在不断扩大，日本政府只是对农业提供了有限的保护。保护措施除了对农业实行一定的价格支持外，还制定了缓和农业危机的方案，包括政府出钱在农村地区进行基础设施建设，为农民提供赚取工资收入的机会；政府向那些因从私人借贷手中借贷而背上债务负担的农民发放低息贷款；组织村一级经济复兴运动，促进生产投入品和消费品的自给自足，减少农户的现金支出。政府还通过农业协会和合作社提供补贴，以加速这些方案的实施。

20世纪60年代以来，日本经济进入了“农业调整问题”为主的阶段。第二次世界大战后的日本农业增长非常迅速，粮食供给大大增加，终于在50年代中期使国内需求接近饱和点。在这种形势下，农民收入水平的增长又一次大大落后于城市居民，于是农业政策的主要目标便从增加食品生产转向缩小城乡收入差别。60年代初，国家颁布了《农业基本法》，宣布提高农业生产率从而缩小农业和非农业人口收入和福利差距是政府的职责，并提出要有选择地发展适应需求结构变化的农产品生产和扩大生产单位的规模。但是，尽管为结构调整付出了种种努力，但农业生产率的增长速度仍不足以阻止城乡收入差距的进一步扩大。于是，农民组织了院外政治活动以寻求政府对农产品价格的支持。而政府考虑到此时稻米作为工资品的作用已大大下降,产业工人特别是低收入体力工人的收入急剧增加,整个经济的比较优势已发生了变化,资本密集型产业已成为产业结构和出口结构的主导,生活费用和工资的增长在影响日本工业品国际竞争力的因素中已成为较次要的方面;同时,虽然在工业迅速发展过程中农业人口下降,但选区却几乎没有发生任何变化,农民选票的政治影响举足轻重,消费者和企业主对农业保护的抵制都不很强烈,因此,政府逐步加大对农业的保护力度。对农业保护的总体水平由"食品问题"阶段的负值变为"调整问题"阶段的正值。

(四)从政治经济学的角度来阐述实施农业保护政策的可能性

基姆·安德森和速水佑次郎(Kim Anderson and Hayami,1986)用政治市场来解释为什么发展中国家倾向于向农业征税而工业化国家倾向于支持农业。首先考虑贫困国家,对农业支持的需求很弱:这个部门有很多的生产者,这些生产者受教育程度低且交际不广泛,农民将收入的很大一部分花在食品上,当食品价格上涨时,他们的所得和所失几乎相抵。生活在城市里的少数精英们保护工业和廉价食品的需求几乎可以抵消农业中可能产生的任何需求。从政府的角度来看,农业保护政策是十分昂贵的,政府的其他税源较少,国家最主要的经济目标是工业化。农业保护政策从本质上来看是让生活在城市的少数人来支持生活在农村的大多数人,所以不会走得很远。

当国家实现了工业化以后,情况完全相反。对农业支持的需求很大:农业部门小,容易组织;物质投入多,这样农业有了工业同盟;产出价格上涨一个百分点时,农民的净收益将明显地以更大的百分比增加;供给弹性更高,价格的任何提高都会导致强烈的反应。保护的供给更高:农业有着文化上的价值;农业官僚对该部门感兴趣,食品支出在消费者支出中占有很小的比重,因此,消费者对价格上涨的抵制较少,农业支持是将资源从多数人手中转向少数人手中。因此,在多数人人均损失一个很少的数量时,少数人人均获得很大的收益。只有当预算成本太高时,工业化国家政府才开始抵制对支持的请求。这主要是因为,除了农业部以外,财政部也要参加进来。对农业政策制定者而言,最常见的外部政治压力和主要制约是公共预算。预算使部分农业干预的成本和再分配清晰可见,因此政客和官僚都倾向于选择那些只需很低的直接预算成本的政策。不幸的是,农场主对干预的反应常常是开始时廉价的政策后来成为预算需求巨大的政策。

奥尔森(1985)认为,在经济发展的早期阶段,多数劳动力在农业中就业。但是,由于大多数农业人口未受教育,他们零散地居住在交通运输设施和通信网络都十分落后的广大偏僻地区。他们不但对诸如出口税和高估汇率这样隐蔽剥夺政策的不利影响毫无所知,而且即使他们知道这一点,也会因为组织游说政府的成本太高和组织抵制集团行动的代价过于昂贵(由于人数众多,在集体行动中免费搭车问题比较突出)而无法实施。同时,在这种情况下,税收和分配的成本也比较高(包括腐败造成的损失),如果从占少数的非农产业者身上征税,付给每个农户一笔同等的补贴,则会出现较大的财政问题。此外,由于农民的组织化程度非常低,边远村庄的社会动乱和不稳定的概率较小(即使存在这种可能,也不构成对现行统治的直接威胁),政府领导人倾向于在他们的利润考虑中压低对农村居民的权重。与农村人口零散居住的情形相反,在经济发展的早期阶段中,现代产业中就业的人数虽然不多,但却集中居住在大中城市里。由于他们的收入仍然低下,恩格尔系数较高,因此城市中绝大部分居民的工资和生活与食品价格高度相关，这种相关性体现在食品价格在城市家庭预算中的重要性上：食品价格上涨意味着城市经济中工人(特别是非熟练工人)工资上涨的压力加大，而这必然遭到城市工商业者们的强烈反对。这些工商业者们虽然人数并不多，但其中大部分受过良好的教育和更懂得政治运作的机理，他们进行游说政府的能力要比农民强得多。同时，由于都居住在城市，他们游说的成本要比农民低得多，集体行动中遇到的免费搭车问题也要比农民采取同样的行动少得多。国内知识阶层虽然不完全同意损害农业或过度剥夺农业，但出于渴望自己的国家尽快通过工业的发展赶上先进国家的经济，也倾向于接受和支持能促进工业化的各种政策。而此时的工业制造业不论在生产、就业和消费结构中，所占的比重都很小，所以对工业保护很可能没有或很少有反对意见，从民族主义或防御的理由出发而产生的建立一个更“平衡”的、而不是更特殊的更工业化的经济愿望，甚至可能使工业保护政策得到广泛的支持(约翰，1965)。

随着经济的发展，政治市场上运作的各种力量的相对实力将会改变。例如工业化程度的提高，农业的产值份额和劳动力就业份额都会较大幅度地下降。在农业人口减少的同时，他们的教育水平却得到提高。整个农村地区的教育、通信和交通运输设施的质量与城市相差无几。农村居民对于在收入和生活上与城市居民相比较所处的地位，变得越来越敏感；同时，他们自己组织起来的成本也大大降低了，特别是由于人数减少利益趋同，使得免费搭车问题的严重性也减轻了。在这一条件下，如果农业的比较利益下降，农民的收入状况恶化，他们就会起来采取政治行动，以促进城乡平等关系的建立。在较发达的工业经济中，随着经济结构的高度化，在农业中就业的劳动力数量不仅相对下降而且绝对减少了，不久就会达到这样一个时点，即如果要使务农收入在现行价格下保持与非农产业的收入同步增长，一些农场就必须被另一些农场所吞并。随着这一时点的到来，对农业价格保护的支持政策的需求提高了，这是因为如果没有支持，日益增长的农民人数将面临人满为患、重新配置、再培训和寻找非农产业职位等问题，即农产品不能获得较高价格的机会成本会提高。所有这些因素，对政府领导人来说，都将大大提高农业保护的边际收益。

与此同时，由于国民收入的增加和恩格尔系数的下降，城市居民工资收入者的实际收入受食品价格的影响大大减少，对提高农产品价格的政策几乎不存在有组织的反对力量。随着人们对田园生活的怀旧情绪和对环境保护的兴趣日渐提高，他们对农业保护的高成本越来越能容忍，对在经济增长中受到损害而陷入困境的农民越来越同情。此外，由于非农利益集团的规模和数量都大大增加了，因而反对农业保护的集体行动的免费搭车者也增多了。如果一个国家在经济增长过程中变成了食品进口国，则可能采取进口控制这样较为隐蔽的手段来扶持农业；那些农业保持比较优势的国家，不得不采取直接补贴或提高国内消费者价格这样的手段来支持农业。此外，在食品自我生产不足的发达国家，如果存在着考虑本国食品安全的想法，就会降低农业保护的政治成本。

三、全面实施农业保护政策的判断标准

当经济发展到一定水平或一定阶段以后，各国政府都倾向于从农业当中转移经济利益转变为通过国家的一系列农业支持和保护政策，使工业剩余流向农业，这种带有规律的历史性变化引起了学术界和政府等各方面的广泛关注，许多学者对此开展了十分深入的研究。

（一）经济结构主义观点

美国学者西蒙·库兹涅茨（1985）等的研究表明，当20世纪30年代前期美国政府采取现代的农业保护政策时，美国经济发展所表现出来的基本特征是：农业在国内生产总值中的份额已降到12%以下，农业就业人数在社会总就业人数中的份额已降至25%以下，工业与农业的产值份额比例已升至80%∶20%左右，城市人口在总人口中的份额已超过50%，人均GNP按1967年的美元价格计算已超过1 800美元。

另据日本学者速水佑次郎和南亮进（1988）提供的资料显示，日本从20世纪50年代后期至60年代初期开始加大了对农业的保护力度，当时日本经济发展表现出以下基本特征：农业在国内生产总值中所占的比重已降至13%左右，农业就业人数占社会总就业人数的比重已降至30%左右，工业与农业的产值份额比例大约为76%∶24%，城市人口占全国人口的比重已达63%，人均实际国内生产总值按1980年美元价格计算已达2 600多美元。

按着这种结构主义的研究方法，学者（朱希刚，1992；冯海发，1995；程国强，1996）前后通过对英国、法国、德国、日本、韩国和中国台湾等地的研究也得出了大致相同或相近的结论。

（二）农业比较优势大小的观点

澳大利亚学者基姆·安德森等转变了上述学者对农业实施保护政策的经济结构主义的研究角度，利用计量经济学模型所做的定量分析表明，判别农业政策转向的最根本标准是农业比较优势的大小，也就是说，一个国家的农业保护水平的高低决定于该国的农业比较优势的大小。农业比较优势越大，其农业的保护水平就越低；反之，农业比较优势越小，农业保护水平就越高，即农业比较优势程度与农业保护水平之间存在负相关关系（潘盛洲，1999）。农业比较优势的变化不仅与农户的经营规模大小有关，即农户的经营规模越小，农业的比较优势也就越小，而且农业的比较优势还与一个国家的经济发展速度有关，即一个国家的经济发展速度越快，农业的比较优势下降的也就越快。这是由于在经济发展过程中，非农产业的技术进步一般总是快于农业部门，因此，非农产业部门的劳动生产率的增长快于农业劳动生产率的增长，比较利益也就不断地由农业向非农产业转移。在市场经济条件下，这种比较利益的变化会直接或间接地反映为各种价格信号，由此引起生产要素的不断流动和组合，导致农业的产值份额和劳动力就业份额相对地下降或绝对地下降。农业比较优势的下降导致农业的发展动力不足，农民与城镇居民收入差距的扩大，但由于人口的增加和收入水平的提高，人们不仅对商品农产品的需求在质与量两个方面都在提高，而且对农业的非商品产出的需求也变得越来越强烈，靠市场机制难以有效地解决农业的多功能性问题。因而当经济发展到一定阶段，农业政策出现转向就成为一种经济与社会协调发展的内在要求，即当经济发展到一定阶段以后，实施一定程度的农业保护政策就成为各国政府的必然选择。

数字资源13-1　农业保护水平的主要测定方法

第二节　农业保护政策的发展与演变

一、传统农业保护政策的发展与所造成的问题

(一)传统农业保护政策的发展

在乌拉圭回合之前,农业保护政策大致分为三个阶段。

1.农业保护政策的第一个阶段是在18世纪末至20世纪初。英国、法国、德国和美国等国的农业政策主要是通过立法设定较高的农产品进口关税,来保护本国农业和农民的利益。

2.农业保护政策的第二个阶段是在20世纪初至第二次世界大战前。各国为了适应新的外部竞争环境,纷纷调整内外贸政策,在维持对农产品高关税政策的基础上,有些国家开始制定并实施国内农业支持政策。特别是在20年代末30年代初世界经济大萧条到来之际,各国为了尽快走出危机,纷纷采取了各种措施对农业进行保护和支持,使农业保护主义不论是在形式还是在内容上、不论是在广度和深度上,都达到了一个新的水平。

3.农业保护政策的第三个阶段是在第二次世界大战之后至20世纪80年代。第二次世界大战结束之后,西欧各国的经济很快得到了恢复,工业和其他非农产业部门很快就进入了高速发展阶段。城市经济的高速发展,吸引了大量农业劳动力,结果造成了农业和农村发展的滞缓。为了扭转这种局面,各国先后制定了保护和支持农业发展的法律,并根据这些法律采取了一系列促进农业发展的政策。这些政策主要有农产品市场与价格政策、农业生产政策以及农业结构政策。采取这些政策的主要目标是要增加农产品的供给、提高农业生产率、促进农业结构改善和提高农民收入,使农业部门能够同其他国民经济部门协调发展。随着发达国家农业保护程度的提高,一系列社会经济矛盾变得尖锐起来。

(二)传统农业保护政策所造成的问题

1.农业保护政策作用的相互抵消和贸易摩擦加剧。虽然农业保护政策是一国范围内的事,但贸易的依存使不同国家的政策相互关联,因而造成了政策上的相互依赖性。一方面,这种相互依赖的政策涉及对农业保护作用的相互抵消,即发达国家的农业保护政策降低了农产品的国际市场价格,某一个国家所实施的农产品价格支持政策可能被用于抵消其他国家进行支持的影响。如罗宁根和迪克希特(Roningen and Dixit,1989)提出,在1986—1987年,美国对本国农民超过40%的支持仅能抵消其他工业化国家的支持政策给其造成的损失,尽管其抵消的支持份额要比日本和欧共体低得多。同样,某一国家的政策费用会受到别国保护政策的程度和形式的影响。如欧共体和美国分别对粮食出口进行补贴,提高了双方国家的支持费用预算。另一方面,美国对种植粮食的耕地进行限制,有利于减少欧共体的费用。总而言之,任何一个国家农业保护政策费用的变化都受到其他国家所采取的隔离措施和公共政策的影响。农产品价格支持政策保护高成本的生产和替代进口,在某种情况下,会破坏出口市场的秩序;一系列的政策手段分别用于限制进口、支持不太具有竞争力的出口。这就造成了农产品国际贸易的摩擦,使进口市场缩小,残存的出口市场竞争加剧。在乌拉圭回合协议达成之前的10年中,大量的欧美和日美贸易政策的争端都涉及农产品。

2. 农业保护政策的效率损失严重。农业保护政策的实施是为了追求公平，这必然会带来效率的损失。对农民的支持是以牺牲本国消费者和纳税人的利益为代价的。据美国罗宁根和迪克西特(Roningen and Dixit，1989)所做的研究，在 1986—1987 年，消费者和纳税人每向生产者转嫁 1 美元，就要损失掉大约 1.5 美元。农业保护政策的实施不仅给农产品的消费者和纳税人造成了重大损失，而且由于资源的错误配置，还给国民经济造成了局部损失。由于农民的收入是与生产数量相联系，农场规模越大，农场主从农业保护政策所得到的收入也就越多，所以人们经常指责农业保护政策是将经济利益由最贫穷的社会群体向那些较为富裕的社会群体转移，因为所有的人都必须以食物为主。有人估计，欧共体共同农业政策影响资源配置所造成的经济损失大约为国民生产总值的 0.3%。

3. 农产品贸易流向的扭曲、国际市场价格的疲软与波动。农业保护政策鼓励国内生产，而且一般都抑制国内对农产品的消费，以减少进口，促进出口。结果农产品贸易流向被扭曲或逆转，如欧共体在成立之初，许多国家还是净进口国。有补贴的出口压低了世界市场价格，鼓励国内自给自足的农业保护政策使农产品的国际市场价格进一步下降，使未受保护的生产者受损。据估计，凯恩斯集团的食品生产者每年会由于工业化国家的保护而损失大约 150 亿美元；另外，进口温带农产品的东方国家和欠发达国家，其消费者可以从世界市场较低的价格中受益，不过其受益程度要小于发达国家实施该项农业保护政策的成本(Tyers and Anderson，1988)。一个和多个国家国内市场的隔离增加了国际市场的不稳定性，也给这些国家本身的经济发展带来了风险和压力，而这些国家并不能真正摆脱世界市场的动荡和影响。隔离的结果，使世界市场变得越来越狭小和更加残缺。对于市场的动荡不得不进行更大幅度的调整，由此又使价格波动的幅度扩大(A. J. Rayner，1993)。从本质上讲，农业保护政策使农产品的国内市场价格与国际市场价格隔离，由于超额供给和需求变得更加缺乏弹性，从而使世界农产品市场变得不稳定。

4. 发达国家的农业保护政策严重地损害了发展中国家的利益。20 世纪 80 年代以前，发达国家对农业的保护，主要是制定较高的农产品保护价格，利用关税和非关税措施限制进口。然而 80 年代以后，由于农业保护政策加剧了农产品过剩，从而发达国家农业贸易保护的重点便从过去的“限入”转为“奖出”。随着世界农产品市场的恶化，发达国家的农产品保护也不断升级。发达国家农业保护政策的特点之一，就是一方面通过贸易保护维持国内市场的高价格，另一方面由于巨大的库存而向世界市场倾销剩余农产品，从而压低世界市场价格。这对于以农业作为主要外汇来源的发展中国家来说，农产品价格的疲软和出口量减少使其外汇收入下降，使绝大多数发展中国家发展农业生产遇到诸多困难。一些本应有能力实现粮食自给的国家，却在不断地增加粮食的进口，使本来短缺的外汇更加短缺。另外，在许多发展中国家，食品的低价格客观上还起到了刺激人口大量增长的负作用。

二、现代农业保护政策的改革方向与基本趋势

(一)农业保护政策主要目标的重要程度发生了重大变化

传统的农业保护政策以价格保护措施为核心，以提高农民收入和增加农产品供给为主要目标。以价格保护为核心的农业保护政策体系虽然在提高农产品供给方面效果非常显著，但在农产品自给以后所带来的最大问题是供给过剩，为了解决农产品供给过剩问题不仅政府要

增加财政支出，而且还必须采取限产措施，因而传统的农业保护政策在提高农民收入方面所起的作用十分有限。在发达国家农民收入水平的提高主要来自农业劳动力的转移、非农产业收入的增加以及农业经营规模的扩大。应该说在发达国家农民收入问题和农产品量的供给问题得到了较好的解决。随着乌拉圭回合之后“黄箱”政策措施的削减和限制，农产品贸易自由化的推进和竞争的加剧，人们对食品安全和环境保护意识的提高，提高农业国际竞争力、食品安全、环境保护等政策目标的重要程度迅速提升。在许多发达国家提高农民收入和增加农产品供给政策目标的实现甚至要建立在上面这些目标实现的基础之上，这使得农业保护政策目标体系的整合程度提高，虽然有助于促进农业走向和谐可持续发展，但政策目标之间的矛盾和冲突增加。发展中国家在提高农民收入和增加农产品供给这两个重要目标还未得到很好解决的情况下，其他诸如农业国际竞争力、食品质量安全、环境保护等目标也提到重要的议事日程，因而发展中国家所面临的农业保护任务更为艰巨。

(二)农业保护政策措施实现了从“黄箱”向“绿箱”的转变

传统农业保护政策所引发的一系列问题促成了各国在乌拉圭回合中将农产品贸易问题纳入了谈判议程，并最终达成了 WTO《农业协议》。《农业协议》的签订标志着传统的以农产品价格支持、农产品出口补贴和农业生产要素投入补贴为主的农业保护政策的衰落，这些政策由于不仅要由政府承担不断增加的政策成本，而且还要由消费者来承担政策成本。为实现农业和农民的公平目标，但却带来了不公平的结果，并且还带来了资源的扭曲配置以及效率损失等一系列问题。因而这类政策被称为“黄箱”政策并受到削减和限制。WTO 成立后，造成贸易严重扭曲的关税、国内支持和出口补贴有了相当程度的降低，这一做法使市场的可预见性大大提高，使得世界农产品贸易向自由化迈进了一大步，但并没有改变农业保护政策的本质。发达国家主要是大幅度地削减或放弃原有的具有短期效应的价格支持政策，转而大量采用具有长期效应、较少直接引起贸易严重扭曲的农业保护政策措施，即所谓的“绿箱”农业政策措施。“绿箱”农业政策措施的精髓是，农业保护政策体系的构建应该建立在市场机制充分发挥作用的基础之上，这样既减少了资源的扭曲配置，又保护了农业，逼近了社会公平。“绿箱”农业政策措施主要是针对市场机制在农业中的失误，重点解决农业的公共产品供给、农业的外部性和区域社会发展不平衡等问题，这成为不受约束的农业保护政策领域。

(三)农产品贸易自由化在加速，非关税贸易壁垒更为森严

绝大多数国家对农产品都是采取“奖出限入”的政策，进而使得农产品国际贸易成为受到各国政府政策干预力度最大和最为频繁的部门之一。20 世纪初美国实行全面系统的农业保护政策，特别是第二次世界大战以后，几乎所有的发达国家都启动了农业保护政策。为了保证农业保护政策特别是以价格保护政策为核心的有效运转，必须有森严的关税和非关税保护措施。农业保护政策在提高农民收入、增加农产品供给的同时，接踵而来的问题就是如何处理过剩的农产品。发达国家在处理这些剩余农产品时一般采取出口补贴政策，进而扭曲了国际农产品市场。在 20 世纪 90 年代以前，农业保护政策及其对农产品自由化的阻碍达到了登峰造极的程度。WTO 农业协议的达成使得非关税措施关税化、关税大幅度削减、出口补贴受到削减和限制，关税配额等政策的实施使得农产品的市场准入程度提高，这是人类有史以来首次在全球范围内大幅度地推进了农产品贸易的自由化。

但在农产品贸易自由化程度提高的同时，非关税贸易壁垒变得更加森严。按照联合国贸易与发展大会对贸易控制性措施的分类，国际贸易壁垒有两类：第一类是关税壁垒，第二类是非关税壁垒，其中技术性措施即技术性贸易壁垒属于非关税壁垒。在关税壁垒被削减或受限制的情况下，技术性贸易壁垒在国际贸易壁垒中的比例逐步提高，涉及的产品领域也逐渐拓展，运用技术性贸易壁垒的国家也越来越多，技术性贸易壁垒正在成为贸易保护的重要手段。

技术性贸易壁垒的产生有其深刻的社会和技术背景。保障人类健康和动植物福利及生态环境等合法目标的存在是技术性贸易壁垒产生与发展的根本原因，而随着经济发展，各国对安全、卫生和环保要求日趋严格，科技进步也为技术性贸易壁垒的发展创造了技术条件。而且由于保障人类健康和动植物福利及生态环境等涉及经济学中的市场失灵问题——这是因为仅凭市场本身的力量不足以解决进口产品可能带来的信息不对称、公共产品以及外部性等方面的失灵，所以需要政府或相关国际组织通过制定法规标准或其他相关措施来提供仅凭市场无法提供的服务，以弥补市场失灵。

技术性贸易壁垒存在于多数产业，但对于初级产品和农产品加工品进行国际贸易尤为重要。在农产品贸易自由化的背景下，各国尤其是发达国家利用自身在技术等方面的优势，越来越多地转向使用技术手段来控制外国商品的进入，将原来应当是技术性贸易壁垒的附带贸易限制演变为主要目的就是控制进口，保护本国产业，从而助长了滥用技术性贸易壁垒的可能。但是技术性贸易壁垒实施保护的名义是保护农业生产者不受疫病传入导致产量降低、保护消费者不受疫病侵害或保护环境等，而不是传统保护手段的直接保护本国生产者的市场竞争力。农产品出口国有可能被要求证明他们的产品不会对进口国的环境、动植物品种或人类健康造成损害，同时也要遵守制定的从配料到包装材料的一切标准。技术性贸易壁垒本质上有其合理积极的一面，但也有可能被贸易保护主义者利用。对出口国而言，由于存在技术上的差距，短期内技术性贸易壁垒对产品出口会呈现为一种数量控制机制；长期则表现为跨越技术性贸易壁垒必须增加投入成本，从而产生价格控制，并不断表现为数量控制—价格控制—数量控制—价格控制的循环中。但是在没有对技术性贸易壁垒的影响进行经济评价之前，简单地将技术性贸易壁垒认定为进口国进行贸易保护的工具或降低风险的手段都是不科学的。

技术性贸易壁垒在农产品国际贸易中并非单纯的经济问题，它在很大程度上受非经济因素或者被特殊政治利益所驱使，包括国内各种利益集团以及不同国家和区域经济组织间的政治利益。

本章小结

农业保护政策是社会经济发展到一定阶段的产物。在市场经济条件下政府对农业实施保护政策的理论依据主要在于，农业本身所具有的特征导致市场在某些方面失灵，依靠市场机制不能有效地解决这些问题，需要政府在市场配置资源的基础上，采取一定的政策手段加以宏观调控。在农业完成了为国家工业化提供资本原始积累的历史重任以后，特别是在工业化的高速发展过程中农业的比较优势迅速下降的条件下，基本具备了对农业实施保护政策的条件。传统的农业保护政策以价格支持、贸易保护、出口补贴、生产要素补贴等为特征，这些政策措施造成了农业保护政策作用的相互抵消、贸易摩擦加剧、效率损失严重、农产品贸易流向扭曲、国际市场价格的疲软与波动和严重地损害了发展中国家利益等诸多问题。世贸组织所达成的《农业协议》迫使各成员的农业保护政策措施实现了从“黄箱”向“绿箱”的转变，农产品贸易自由化在加速的同时非关税贸易壁垒变得更为森严。

复习思考题

1. 农业保护政策的含义是什么?
2. 实施农业保护政策的主要理论依据有哪些?
3. 是否实施农业保护政策的判别标准有哪些?
4. 传统农业保护政策的发展分为哪几个阶段?不同阶段的基本特点有哪些?
5. 传统农业保护政策造成了哪些问题?
6. 现代农业保护政策改革的方向与基本趋势是什么?

参考文献

[1] A. J. 雷纳,D. 科尔内. 农业经济学前沿问题. 唐忠,孔祥智,译. 北京:中国税务出版社、北京图腾电子出版社,2000.

[2] 基姆·安德森,速水佑次郎. 农业保护的政治经济学. 蔡昉,杜志雄,等译. 天津:天津人民出版社,1995.

[3] 李秉龙,乔娟,王可山. WTO 规则下中外农业政策比较研究. 北京:中国农业出版社,2006.

[4] 潘盛洲. 中国农业保护问题研究. 北京:中国农业出版社,1999.

第十四章　食品质量安全

本章学习要点

- 食品质量安全的内涵、特点与影响因素
- 食品质量安全的经济特性
- 食品质量安全管理中的生产者行为
- 食品质量安全管理中的消费者行为
- 食品质量安全管理的政府监管

第一节　食品质量安全的内涵与其经济特性

一、食品质量安全的内涵

(一)食品质量安全:绝对性与相对性之分

食品是人类生存与发展所需的最基本的物质生活资料。同时,食品的安全性(Food Safety)是人们维持正常生活的必要前提。但是,由于食品安全的标准不一,食品安全至今尚无一个明确、统一的定义。

世界卫生组织(WHO,1984)在《食品安全在卫生和发展中的作用》中,曾把食品安全与食品卫生(Food Sanitation)作为同义语,并定义为:"生产、加工、储存、分配和制作食品过程中确保食品安全可靠,有益于健康并且适合人类消费的种种必要条件和措施。"1996年,世界卫生组织在其发表的《加强国家级食品安全性计划指南》中则把食品安全与食品卫生作为两个概念不同的用语加以区别。其中,食品安全性被解释为:"对食品按其原定用途进行制作和/或食用时不会使消费者受害的一种担保。"食品卫生则指:"为保证食品安全性和适合性在食物链的所有阶段必须采取的一切条件和措施。"

美国学者Jones(1992)将食品安全分为绝对安全性和相对安全性两个不同的概念。绝对安全性是指确保不可能因食用某种食物而危及健康或造成伤害的一种承诺,也就是食物绝对没有风险。相对安全性是指一种食物或成分在合理食用方式和正常食量的情况下不会导致对健康损害的实际确定性。任何食物成分,尽管是对人体有益的或其毒性极低,若食用数量过多或食用条件不当,都可能引起毒害或损害健康。如食盐摄入过量也可引起中毒,过度饮酒可伤害身体。饮食的风险不仅来自生产过程中人为使用的农药、兽药、添加剂等,还大量来自食物本身含有的天然毒素。过度偏食可能使食物中某些化学成分在人体积累达到有害程度。此外，某些食品的安全性又因人而异，如鱼、蟹类水产品经合理加工制作及适量食用，对多数人是安全的，但对少数过敏人群可能带来危险。食物中某些微量有害成分的影响，也往往在对该成分敏感的人群中表现出来。因而，食物的安全性不仅取决于其制作、食用方式是否合理，食用数量是否适当，也取决于食用者本身的一些内在条件、健康状况。

食品绝对安全性与相对安全性的区分，在很大程度上也反映了消费者、管理者、生产者和科技界主流派对什么是安全食品在认识角度上的差异。消费者要求能够获得没有风险的食品，而近年来频繁发生的安全性事件归因于技术和管理的不当。管理者和科技工作者从食品成分构成及食品科技的现实出发，认为安全食品并不是完全没有风险的食品，而是在提供最丰富、营养和最佳品质食品的同时，力求把可能存在的任何风险降至最低限度。

食品安全的绝对性与相对性，是国际食品法典委员会和世界各国制定食品限量标准的前提。也正是由于绝对性与相对性之间的矛盾，使得各国之间标准难以统一，甚至成为技术性贸易壁垒的依据。

中国认证机构国家认可委员会于2002年2月颁布的《基于HACCP的食品安全管理体系规范(试行)》[①]中，将食品安全定义为“对食品在按照预期用途被加工和(或)食用时不会伤害消费者的保证”。《中华人民共和国食品安全法》第十章附则第一百五十条规定：食品安全是指食品无毒、无害，符合应当有的营养要求，对人体健康不造成任何急性、亚急性或者慢性危害。

(二)食品安全与相关概念的联系与区别

保障食品安全(Food Safety)是一个国家食品产业政策的基本目标之一。但是，食品安全与粮食安全(Food Security)、食品营养(Food Nutrition)、食品质量(Food Quality)、食品卫生(Food Hygiene)往往也同时成为不可分割的目标群。在不同发展中国家和发达国家，由于自然资源和经济发展水平的约束，食物政策追求的目标重点往往有很大差异。

1.食品安全与粮食安全。粮食是食品的基础，发展中国家在追求食物保障目标中，往往将粮食安全作为首要目标。从粮食安全[②]内涵的动态发展过程看，从最初的消除饥饿及营养不良，建立粮食储备，解决发展中国家的粮食安全数量问题，从强调人类的基本生存权利，发展到供、求两个方面，提高低收入者的购买力，追求食品的安全营养、结构合理，再发展到注重生态环境和资源保护的可持续安全性。概括起来，粮食安全涵盖了以下三个层面：粮食的宏观供给能力及稳定性，家庭对食物的获取能力与居民营养水平，资源的可持续利用与安全性[③]。实际上，在全世界粮食安全状况逐步好转的情况下，各国逐步将追求粮食安全的目标转向食品安全。显然，粮食安全与食品安全是不同经济发展水平和资源约束条件下的目标选择。

2.食品安全与食品质量。质量是一组固有特性满足要求的程度(ISO9000,2000)，是用户对相关产品与服务满足程度的度量。产品质量是产品使用价值的反映，即适用性(Fitness for

---

① 该规范于2004年3月1日开始实施。

② 1974年联合国在罗马世界粮食大会上提出粮食安全是保证任何人在任何地方都能得到为了生存与健康所需要的足够食物，主要目标是消除饥饿和营养不良。1983年联合国粮食安全委员会将粮食安全的内涵扩展为“确保所有人在任何时候既能买到又能买得起所需要的任何食品”。1992年国际营养大会在粮食安全达到定义中加入“安全和富有营养”的限定语，即“在任何时候人人都可以获得安全营养的食物来维持健康和充满活力的生活”。

③ 有学者将食物安全划分为食物数量安全、食物质量安全与食物的可持续安全。

us)，包括了最终产品的质量，也包括了产品质量形成和实现的全过程。食品质量则是指食品满足消费者明确的或者隐含的需要的特性。食品质量的高低指食品满足使用标准或要求的程度。从此意义上说，食品安全仅仅是食品质量中的安全特性，从属于食品质量的范畴。实际应用中，人们往往将食品质量安全作为区别于食品数量安全的表述语。对政府来说，其关注的食品质量对象主要限于安全特性。对于企业来说，在实施质量管理、努力提高食品质量水平的同时，首先要保证食品的安全性。不同食品的感官品质、营养品质等要求各异，但是食品的安全性是食品质量的前提。然而由于食品质量的范畴要远大于食品安全的范畴，食品生产商在追求食品某一品质时，可能以安全性为代价。如为了提高肉制品的鲜艳度或感官品质以及保质期，加工商可能过量地添加染色剂和防腐剂来达到这一目的。

3.食品安全与食品营养。居民的膳食营养状况是一个国家经济社会发展和社会进步的重要标志。食品营养是食品供给的终极目标。加强食品营养的评价，改进食品的品质和安全性，切实改善国民的营养状况是政府实施营养政策与营养计划的重要内容。食品营养素的缺乏和食品安全之间密切相关，食品供给不足、不安全食品的供给或膳食的不平衡均可能产生食品营养问题。因食品摄取过量或膳食不平衡引起的食品营养问题，与食品安全问题后果一样，常常导致慢性非传染病、集体受损，甚至死亡。基于食品安全问题对人体健康和营养状况的重要影响，有学者将食品安全纳入公共营养的研究范畴。事实上，食品营养与安全也存在着不可分割的关系，如食物成分的摄入量水平就决定了这种营养成分的安全界限，食品中某种营养物质的过量摄入可能引发食品安全问题。

4.食品安全与食品卫生。1996年，世界卫生组织将食品卫生界定为确保食品安全性和适用性在食物链的所有阶段必须采取的一切条件和措施。这一定义仅仅规定了要达到食品安全所需要的程序和要求，并没有将食品安全与食品卫生从内涵上进行区分。中国《食品工业基本术语》将食品卫生定义为防止食品在生产、收获、加工、运输、储藏、销售等各个环节被有害物质污染，使食品有益于人体健康所采取的各种措施。这一定义实际上与食品安全的定义没有太大的差别，只是将领域和范围限定在产品本身以及外源性的风险和危害，并不包括食品本身的有害因子可能对人体产生的危害和可能对环境的危害。从中国《食品卫生法》的实际应用范畴看，食品卫生通常并不包含种植、养殖环节的安全。从产品的质量标签看，食品的卫生指标是指除感官与理化指标之外的微生物指标。从此意义上说，中国的食品卫生无论从界定的环节还是覆盖的质量范围，都远远低于食品安全的范畴。

二、食品质量安全的特点与发展的重要相关因素

食品质量安全是指防范食品中有毒有害物质对人体健康可能产生的危害，食品内在品质和外观满足储运、加工、出口、消费等方面的能力。食品质量安全水平是指食品符合规定的标准或要求的程度。一般来说，食品质量安全水平是一个国家或地区经济社会发展水平的重要标志之一。

（一）食品质量安全的基本特点

1.危害的直接性。受物理性、化学性和生物性污染的食品均可能直接对人体健康和生命安全产生危害。因此，食品质量安全管理工作是一项社会公益性事业，确保食品质量安全是政府的重要职责，具有广泛的社会公益性。

2. 危害的隐蔽性。仅凭感官往往难以辨别食品质量安全的水平或程度，需要通过仪器设备进行检验检测，有些甚至还需要进行人体或动物实验。由于受科技发展水平等条件的制约，部分参数或指标的检测难度大、检测时间长，质量安全状况难以及时准确判断，危害具有较强的隐蔽性。

3. 危害的累积性。不安全食品对人体危害的表现，往往经过较长时间的积累。如部分农药、兽药残留在人体内积累到一定程度后，才导致疾病的发生并恶化。

4. 危害产生的多环节性。食品生产的产地环境、投入品、生产过程、加工、流通、消费等各环节，都有可能对食品产生污染，引发质量安全问题。

5. 管理复杂性。食品生产周期长，产业链条复杂，区域跨度大。食品质量安全管理涉及多学科、多领域、多环节、多部门，控制技术相对复杂，加之我国农业生产规模小，生产经营者素质低，消费者收入水平低等原因，食品质量安全管理的难度很大。

（二）影响食品质量安全的主要途径

1. 物理性污染。指由物理性因素对食品质量安全产生的危害。如通过人工或机械混杂在食品中的杂质，食品因辐照导致放射性污染等。

2. 化学性污染。指在生产加工过程中使用化学合成物质而对食品质量安全产生的危害。如使用农药、兽药、添加剂等造成的残留。

3. 生物性污染。指自然界中各类生物性污染对食品质量安全产生的危害。如致病性细菌、病毒以及某些毒素等。此外，农业转基因技术可能导致质量安全问题。生物性污染具有较大的不确定性，控制难度大。

（三）食品质量安全水平发展的重要相关因素

1. 食品质量安全水平与社会经济发展水平相适应。食品数量安全是保证人类生存的基本条件，随着经济的发展和社会的进步，当食品数量安全得到保障后，追求食品质量安全也就逐渐成为必然。农业是弱质产业，并且承担着为国家工业化提供资本原始积累的重任，只有当国家工业化基本实现以后，国家财力增强，才有可能对农业经济的发展、特别是对食品质量安全水平的提高给予有力的支撑。国际农业发展的历史轨迹表明，食品质量安全水平往往是随着社会经济发展水平的提高而提升。中国食品生产大体经历了追求数量增长、强调数量与质量并重和在保证数量的基础上突出质量和效益三个阶段，这三个阶段与中国国民经济发展阶段也是密切对应的。

2. 食品质量安全水平与科学技术发展水平相适应。解决食品质量安全问题需要多个学科和专业技术的知识。随着现代工业和农业的发展，化肥、农药等农业投入品在农业生产中大量使用，造成农产品污染。食品工业的发展需要使用各种添加剂和包装材料等，进而产生了一系列的食品卫生问题。在解决工业“三废”污染、净化农业生产环境、降低农业投入品和食品添加剂等污染的过程中，科学技术起到了关键的作用。特别是现代科学技术成果的运用，使得食品检测技术得到迅速发展，大幅度提高了检测精度和准确度，对食品中的物理性污染、化学性污染已经基本能够做到及时发现并进行有效监控。近年来，二噁英、疯牛病、禽流感等事件接连发生，食品质量安全问题不断出现，对食品质量安全管理和技术提出了更高的要求。随着科技的创新与发展，也必将逐步解决食品质量安全的一系列难题，为人类造福。

3.食品质量安全水平与人们总体生活水平相适应。经济发展的基本规律表明,有效供给必须满足不断变化的市场需求。随着收入的增加和消费水平的提高,人们健康意识和安全要求不断增强,纵观当今世界各国,越是经济发达、人均收入水平较高的国家,消费者的健康意识越强烈,人们对食品质量安全水平的要求也越高。一般来说,当恩格尔系数在50%以上时,人们主要关注的是食品的数量安全;当恩格尔系数为40%~50%时,人们逐步关注食品质量安全;当恩格尔系数降到40%以下时,人们对食品营养、安全卫生水平要求更高。

三、食品质量安全的经济特性

食品质量安全具有公共品和信息不对称的属性。确保一个国家的公民获得安全食品的权利是一国政府实施公共管理的基本目标之一,并且在基本的农业政策目标中重要性不断前移;在市场上,有关食品质量安全的信息存在着严重的不对称性,要解决这一问题,也必须要求政府对此实施一系列的公共管理政策。

(一)食品质量安全的经济特性与调节机制

尼尔逊(Nelson,1970、1974)将商品分为三类:搜寻品、经验品和信任品。搜寻品(Search Goods)是指消费者在购买之前能够获得充分的信息,判断商品品质,如产品的外观。经验品(Experience Goods)是指只有在购买之后才能判断其质量的商品,如产品的滋味。信任品(Credence Goods)是指消费者即使在消费之后也不能判断其品质,只能借助于其他的信息才能判断其品质,如产品的安全性。

按此分类,食品质量要素(包含安全要素)的品质特性,既具经验品特性(如产品的鲜嫩程度、汁液的多寡、香味、口感、味道等方面的特性),又具有信任品特性(如有关食品中是否含有抗生素、激素、农药残留量等方面的特性),而食品安全要素更多属于信任品。对于经验品,意味着消费者在购买商品之前缺乏良好的质量信息,但消费者在购买之后能认识到产品质量特性或通过长期购买所形成的经验能判断出其质量和安全。尽管消费者每次购买时信息不完全,但通过信誉机制形成一个独特的高质量高价格市场均衡,而不需要通过政府来解决食品的质量安全,同样可以取得与市场信息充分状态下一样的结果(Grossman,1981)。实际上,对于同一种食品,消费者也可能需要在搜寻品品质(外观)、经验品品质(口感)和信任品品质(安全性)之间进行选择。而影响消费者做出选择的因素除了消费者的偏好、价格之外,与消费者对食品安全风险的认识和信息的认知具有很大的关系。

市场机制在调节这三种不同类别的质量特性时存在巨大的能力差异。一般来说,市场机制在搜寻品特性方面不会出现失灵,而在经验品特性和信任品特性上往往出现市场失灵。在经验品市场上,市场可以通过消费者的重复购买、厂家的声誉投资和广告策略等途径改善信息传递,缓解由质量信号传递带来的市场失灵问题。而在信任品市场上,市场机制则完全失灵。在信任品市场上极度的信息不对称使消费者面临严重的安全与健康风险,即食品安全问题。通过第三方(可以是政府,也可以是非政府组织)介入市场,如产品检测或质量认证,提高信号传递机制,可以解决食品质量安全信号的市场失灵问题,实现高质高价。但是,当检测成本相当高,生产者就没有动力去接受检测,产品价格也会因为增加检测成本而变得高昂。从某种程度上来理解,食品质量安全信号的传递,是将食品安全的信任品特性转化为搜寻品特性。而质量安全信号的建立,传递成本则是这种转换的交易成本。

食品安全性是一种收入需求弹性高的物品。消费者对食品安全性的需求增长率高于收入的增长率。而食品安全供给的边际成本却是递增的,消费者在对食品安全风险并不知情的情况下,以更低的价格购买风险性较高的食品可以获得额外的效用。食品的供给商也仅仅愿意在消费者可以觉察的安全性层面提供这一安全水平的食品,否则即使供给的食品安全性很高,却可能带来效益的损失。但是,市场机制并不能保证这种食品的安全供需达到理想的均衡状态。

食品安全具有公共品的属性,政府干预食品安全市场是因为食品安全市场的不完全性。其原因主要包括以下几个方面:食品安全的公共品属性;风险认识和信息的不对称性;食品安全的社会成本;食品安全感知风险与真实风险之间的差异。

(二)食品质量安全的信息不对称性与市场机制失灵

通常情况下,生产商或经销商比普通消费者对食品质量安全与风险有关品质的认识往往更高。除非能够把与食品相关的所有信息都进行标识,否则生产商并不愿意主动将食品中有关的风险信息传递给消费者。解决这一问题的途径如下:一是采取政府管制,禁止含有风险特征的食品进入市场;二是通过改善食品的标签和信息标识。政府实施管制的方法通常会增加政府的管制成本,并使食品成本上升,而且由于食品安全的特定性和相对性也可能导致政府管制的非理性(Caswell and Mojduszka,1996)。信息的完善可以通过对产品和加工方法信息的强制性标识、产品及其添加剂的使用情况、产品的食用等信息来达到。如转基因食品的强制性标识管理,实际上是将食品安全信用品特性转化为搜寻品特性。但是,要实现食品安全信息的完全性和对称性是非常困难的。食品中的食源性微生物水平可能因食物链的改变而发生相当大的变化,而且对所有食品进行准确的信息标识的成本也是相当高的。

在不充分和不对称信息条件下,高质量食品或者说安全食品并不能通过市场自发调整供给。如果消费者获得的信息有限,那么安全、高质量食品供给将低于充分信息的市场。市场机制的有效性在于生产者是否能够有效地将质量信号传递给消费者。诺贝尔经济学奖获得者Akerlof(1970)通过他的"柠檬市场"(Market for Lemons)模型分析认为,如果生产者不能有效地标注产品质量信号,那么市场可能最终消失或者仅仅剩下劣质产品市场。"柠檬"一词来源于美国对次货或二手货的经验称谓。这种"劣车驱好车、劣币驱良币"现象的产生,是由于过度竞争市场中买卖双方对产品质量信息不对称所导致的逆向选择的结果。在"柠檬市场"中,市场机制导致逆向选择,而非优胜劣汰。

食品市场上的"柠檬问题"说明,不对称信息导致了市场失灵。在一个市场完全运转的理想世界里,消费者能够在低质量和高质量食品之间进行选择。由于食品特别是鲜活农产品的特性与一般商品存在显著的差别,其固有的鲜活易腐、不耐储运的特点,当面临"柠檬问题"时,竞争将更为剧烈,劣货驱逐良货将更加猖狂。

传统意义的市场失灵是以垄断的存在、公共品、外部性等因素相联系;新的市场失灵是以不完全信息为基础。这两种市场失灵存在着区别:传统意义的市场失灵在很大程度上是容易确定的,如外部性带来的负效应大小和范围是容易测度的,其范围也容易控制,政府对其进行管制比较容易。由于现实中的所有市场都是不完备的,信息总是不完全的,道德风险和逆向选择问题对于所有市场来说是各有特点。因此,市场失灵是普遍存在的,增大了政府管制的难度。克服信息不对称带来的市场失灵,政府发挥不可替代的作用。信息不对称下的食品安全问题说明:建立完备的信用机制是降低交易费用、提高市场效率之根本。

(三)食品质量安全的公共品属性与政府管制

如果以消费的非排他性和非竞争性作为公共品和私人品之间特征的区分,很显然,供给充分之下的普通食品本身并不具有非排他性和非竞争性,是典型的私人品。从这种意义上说,食品市场也仅仅是纯粹的私人消费市场。然而食品质量安全在很多方面具有公共品的属性。如果我们把安全性作为一种效用,那么购买或消费食品的过程并不仅仅是营养素的获得过程,而是不可避免地成为食品安全性的消费过程。食品安全问题成为食品消费的外部性表现。从供给形式来看,涉及人身健康的食品安全性通常成为公共安全的内容,食品安全的供给具有全社会性,是社会共同享用的物品,并不能排除他人的消费。从供给方式来看,政府是食品安全供给的主体之一;从消费需求看,食品安全既是消费者权益保障的要求,也具有公共供给的特性。

实际上,由于公共品的边界是模糊的,在现实社会经济生活中,有些时候私人品与公共品很难加以严格区分。例如,与食品安全相关的国家标准是由政府制定的,而企业标准却是由企业来规定和实施。物品的私人性和公共性不是天然、与生俱来的,而是随着社会、经济与科技的发展而变化的。但是,食品质量安全的特殊性在于:食品的私人性与食品质量安全的公共性是紧密结合在一起的。

食品质量安全的公共品和市场上信息不对称等特性,提出了政府对提高食品质量安全负有不可推卸的责任,食品质量安全管理成为一个公共管理问题。政府应该将食品质量安全维持在什么样的水平呢?政府提高食品质量安全的标准,并增大执法力度,政府首先必须增大财政支出;生产经营者为了提高食品质量,必然增大生产成本,也必然提高食品销售价格;面对高质量的食品,消费者的健康剩余增加,进而未来的收入可能增加,并且未来的医疗费用支出可能减少。但面对较高的食品价格,消费者的支出必然增加。在收入水平较低的情况下,消费者可能难以承受。如一般消费者难以每天都消费有机食品。因而食品质量安全管理是一个极为复杂的问题,它不仅仅是公共管理问题,还可能带来巨大的经济收益或损失、社会效应甚至生态效应。如欧洲的疯牛病导致出口市场的巨大损失,国内销售量的急剧下降,牛肉消费水平的急剧下跌,以及屠宰肉牛和防疫而产生的大量费用,特别是养牛户因此而遭受了巨大损失。从这个意义上看,食品质量安全管理的目标并不仅仅是上述的公共安全、外部性和技术壁垒,而且可以大大降低食品安全的机会成本。

第二节　食品质量安全管理的市场主体行为与政府监管

一、食品质量安全管理中的生产经营者行为

(一)所获经济利益的大小

生产经营者生产经营食品质量安全的高低主要取决于所获经济利益的大小。食品生产经营者是“逐利的理性经济人”,他们的行为模式主要取决于该项行为所可能产生的经济利益大小。由于食品质量安全具有隐蔽性,在信息不对称情形下,如果生产经营者可以依据信息优势获利,那么生产经营者就可能会借助信息优势来影响有质量差异的食品供给。如果信息优势

可以给劣质、不安全食品的生产经营者带来更多的收益，那么生产经营者就可能提供劣质、不安全食品。只有当生产经营者提供符合质量要求的食品能赚得一系列的预期收入，并且一旦欺骗性地提供低质量的食品就将失去这一收入时，才能停止欺骗而提供高质量的食品。

(二)经营目标的长短与成本收益的比较

食品生产经营者的长短期目标选择和成本收益比较是影响他们是否实施质量安全生产的主要因素。如果生产经营者缺乏长期经营目标，他们就可能产生道德风险和机会主义行为，通过生产经营低质量的食品来获取较多的经济利益。如果生产经营者树立了长期的经营目标，生产经营低质量食品被发现的概率增大，为了获得长期利益的最大化，他们会趋向于生产经营符合质量要求的食品。一般来说，生产经营低质量食品的成本较低，而生产经营高质量食品必须支付较高的成本。只有能够做到优质优价，才能保证生产经营者可持续地提供符合质量要求的食品。

(三)经营规模的大小与专有资产的多少

食品生产经营者经营规模的大小和专有资产的多少是影响他们采取什么样质量安全行为的重要因素。一般来说，小规模的食品生产经营者特别是农户，专有性资产比较少，没有自己的品牌，生产经营不符合质量要求的食品被发现以后的损失较小。而经营规模较大的企业，不仅具有大量有形的专有资产投资，而且还拥有品牌甚至名牌等无形资产，他们一旦违约，损失是巨大或灾难性的，这也是为什么大型食品生产经营企业具有严格质量管理体系的重要原因。

(四)声誉机制的建设

大多数食品生产经营者通过声誉建设来提高质量安全食品的获利能力。声誉具有提供激励、抑制机会主义行为、降低交易费用的重要作用，是掌握信息的一方保证不骗对方的一种承诺。声誉机制发挥作用的前提条件是重复博弈。食品的生产经营者要建立良好的声誉，不但要接受一系列的质量安全认证，而且还要有一套严格的自我约束机制，通过品牌的塑造来增加消费者对产品的信赖，借助品牌效应获得更多的利润。

(五)纵向协作策略

为了提高食品质量安全，生产经营者可能采取纵向协调策略。越来越多的企业认识到，如果不生产符合质量要求的食品，企业就很难长期生存。因此，很多食品生产经营企业可能会采取契约、战略联盟和纵向一体化等方式，来保证食品在原料来源、加工、储藏、运输和销售过程中满足安全食品的质量要求。在产品质量标准明确和容易检验的情况下，契约可以在一定程度上解决在市场交易中质量信号传递不畅的问题。但如果产品的质量标准难以确定或质量检验的成本非常高昂，食品生产经营者就可能通过建立长期关系而形成战略联盟。如果战略联盟还不能解决食品不同生产环节质量信号的有效传递问题，就需要考虑通过纵向一体化来解决质量信息不对称问题。从契约、战略联盟到纵向一体化，虽然组织程度越来越高、越来越严密，越来越有利于食品质量的控制，但企业的灵活性、扩张的能力在下降，成本却在上升。

二、食品质量安全管理中的消费者行为

（一）消费者对食品质量安全的感知风险

感知风险是指在食品购买过程中，消费者因无法预料其购买结果的优劣以及由此导致的后果而产生的一种不确定性感觉。感知风险包括两个因素，即不确定性和不利的后果。不确定性是指对食品本身的性能等属性不明确；不利的后果是指购买食品后，会带来的时间、货币、心理、健康等损失。感知风险受个人特征、购买经验、食品知识、信息搜寻、信息处理能力、介入程度、消费者所持有的风险态度等众多因素的影响。因此，感知风险具有个体差异，即具有不同特征的消费者所感知到的风险是不同的。

消费者在购买过程中，一旦感知到某种风险的存在，就会在消费者的内心形成一种消极的“不安”状态，进而寻求减少该风险的方法。当感知风险降低到消费者可以接受的程度或完全消失时，消费者决定购买。从这个角度而言，消费者购买过程也就是规避风险或减少风险的过程。减少感知风险有以下两种策略：第一，降低感知上的不确定性，即消费者在主观上感知发生损失的可能性降低，如消费者搜寻更多的信息或购买品牌食品等，进而降低不确定性；第二，减少可能损失的金额，即尽量降低消费者发生损失的金额，可通过降低个人的期望水准、减少消费行为的次数、减少购物的数量或减少消费行为的付出，包括身体的、心理的及经济上的付出，以降低不利后果的严重性。对于食品消费者，可以选择购买经相关部门认证的绿色食品和有机食品，或者选择声誉比较好的企业所生产的食品；也可以选择减少某种食品的消费量或者寻找别的替代品。不同特征消费者对降低感知风险的各种策略的偏好是不同的。

在各种降低风险的方法中，以搜寻相关信息最方便，也最有效率。消费者要做出合理的购买决策，并尽量减少购买决策的不确定性或风险，就必须在购买食品之前搜寻相关信息。

（二）消费者对食品质量安全等的信息搜寻

信息搜寻是指消费者有意图地激活记忆里所存储的知识、信息或者在周围环境中获得信息的过程。消费者信息搜寻的目的在于对食品内在的质量、价格、品牌等做出识别和区分，以便做出正确的购买决策。不同消费者信息搜寻的努力程度是不同的，主要受以下几个因素的影响：介入程度、感知风险、产品知识、时间约束和搜寻成本。介入程度是指消费者对购买食品的重视程度和关心程度，介入程度越高，消费者搜集信息的动机越强烈。食品作为人们日常的生活必需品，购买频繁且与消费者的身体健康密切相关，消费者的介入程度比较高。消费者积极搜寻食品质量安全信息的目的就是要降低感知风险，消费者的感知风险越大，其信息搜寻的程度越高。时间是一种宝贵的资源，消费者花在信息搜集上的时间是有限的，因此，可以推测时间约束与消费者信息搜集的程度呈负向关系。同时搜寻时间也构成消费者信息搜集的成本（机会成本）。信息搜集成本的另一部分是消费者搜寻信息时的现实支出的成本，如通信费用、交通费用等。此外，消费者的个人特征，如受教育程度，也会对搜集信息和处理信息的能力产生影响。

（三）消费者的购买意愿及购买行为

消费者对当前食品安全的总体评价与他们对相关食品信息的掌握程度有关；消费者对可

识别的安全食品表现出较强的购买意愿;食品安全信息通过影响消费者态度而影响其对安全食品的购买意愿,且消费者在受到一定的信息强化(或刺激)后其行为会发生明显的改变。购买意愿可以作为测量消费者行为的指标,但消费者的意愿表达并不意味着实际购买行为的必然发生,二者之间还存在一定的差异性。影响消费者购买行为的因素除了消费者的感知风险、对风险的态度和购买动机以外,还会受到消费者的性别、年龄、受教育程度、收入水平、职业、宗教信仰、消费或购买习惯、家庭结构等个人因素和食品价格、市场环境等外部因素的影响。

(四)消费者对质量安全食品的支付意愿

食品质量安全只代表消费者一方面的效用,消费者在追求效用最大化的过程中要做全面的衡量(安全与价格的比较)。在追求效用最大化的过程中,消费者会在质量安全带来的效用增加与价格升高带来的效用降低之间进行衡量,一个重要的衡量指标就是消费者的支付意愿。消费者的支付意愿一方面取决于消费者个人特征,比如收入、性别、年龄和受教育程度等;另一方面取决于消费者对食品安全程度的评价,如果消费者对食品安全程度的评价实际上是一个模糊的概念,就会强化价格在食品购买中的作用。收入约束越明显,价格升高带来的负效用就越大。随着收入水平的提高,消费者对质量安全性高的食品有强烈的偏好,因此愿意支付更高的价钱。支付意愿的评价方法有很多种,在调查过程中常常采用的方法是:直接询问消费者愿意为质量安全的食品多支付多少钱。这种方法操作很简单,但是存在一个问题:消费者心目中愿意支付的价格与消费者实际购买行为发生时愿意多支付的价格之间可能存在一定差距。

三、食品质量安全的政府监管

(一)政府对食品质量安全监管的政策目标

市场机制在食品质量安全方面的某些失灵,提出了政府监管的必要性。政府对食品质量安全监管的大目标是社会公共利益即保护消费者的利益,但在实际监管执行过程中可能表现为目标的多元性。

1. 只注重保护城市消费者的利益。因为城市居民收入水平较高,对食品质量安全要求较高;食品的加工营销企业集中在城市,政府便于管理,但对广大的农村市场却疏于管理。

2. 注重提高本国食品的国际竞争力。由于食品的进口国主要集中在发达国家,而发达国家对食品质量安全要求很高,为了突破其技术性贸易壁垒,政府对出口的食品提出了很高的要求,而对在国内市场销售的食品要求却不严格,即在国际市场和国内市场实行双重标准。

3. 注重保护农业。由于农业是弱质产业,并且当食品质量安全提到政府和整个社会的重要议事日程以后,国民经济的发展也到了对农业实行保护政策的阶段。但食品质量安全目标的提出和实施会增加农业的生产成本,为了不降低农民的收入,政府可能增加相关的财政支出或对此提供补贴,如对品种改良、动物重大疫病防治、农产品地理标志认证和实施可追溯体系的补贴等。

4. 注重生态环境保护。促进食品资源的可持续开发利用、保障食品安全生产加工过程中不对生态环境造成危害,控制其从生产到消费废弃物(包括废水、废气、包装物等)的排放等,也被许多国家纳入食品安全管理的目标。

5. 注重解决最为迫切的食品质量安全问题。食品质量安全管理涉及一系列问题,一些国家政府特别是发展中国家政府难以全面监控，因而注重解决最为重要的问题。如疯牛病、禽流感、瘦肉精、苏丹红等问题。

食品质量安全管理的这些政策目标最好都能够实现，但对像中国这样的发展中国家难以同时实现。不仅如此，政策目标的多元化还可能产生相互之间的矛盾，需要政府根据具体的情况加以协调。

（二）建立协调的食品质量安全监管体制

以供应链为主线，建立协调整合、共同治理的食品质量安全监管体制。食品生产的产业链条不断延长，所涉及的部门众多，因此需要在适度保留原来农业、卫生、质检、工商等部门食品质量安全管理分工的基础上，对分散在不同部门之间的食品质量安全管理职能进行协调，发挥各部门共同治理的整合效应，遵循“从农场到餐桌”的原则，建立从初级农产品生产到食品最终消费的完整的管理链条。

（三）建立食品质量安全的控制体系

食品质量安全的控制体系主要是围绕生产流通过程和产品特征，而针对食品产业链上各环节的生产经营者进行严格的从业资格认证，建立市场准入制度，建立质量标准体系和认证体系，定期或不定期进行检查和产品检验等。

（四）加强对消费者有关食品质量安全知识的教育

消费者对食品质量安全的认知、支付意愿、购买行为等会对食品市场产生重要的影响。某些消费者的消费理念落后或不成熟，因此，政府应该通过广播、电视、报纸、网络等新闻媒体加强对消费者的教育，使消费者树立起安全的食品消费观，让消费者认识到消费质量安全食品不仅有利于身体健康，而且会促使生产经营者提供更加安全可靠的食品。

（五）促进质量安全信息有效传递

将食品从“经验品”和“信用品”转化为“搜寻品”，解决食品问题中的信息不对称性和市场失灵问题，需要建立良好的食品安全信息传递机制。在食品质量安全管理中，政府管理部门应该建立食品质量安全信息体系，并将其纳入农业市场信息体系的框架内。应该建立一套相对完整的食品质量安全数据库和功能全面的信息服务平台，及时向农户、企业和消费者提供各种与食品质量安全相关的信息及服务。在此基础上，逐步建立公开、透明的食品质量安全信息发布制度，包括食品质量安全例行监测结果公告制度、品质公告制度、认证公告制度、禁用限用农业投入品公告制度、食品质量安全标准制修订听证制度等。

数字资源 14-1　中华人民共和国农产品质量安全法　　**数字资源 14-2　中华人民共和国食品安全法**

本章小结

本章首先在介绍食品质量安全不同含义的基础上，分析了食品质量安全的特点与发展的重要相关因素，从理论上讨论了食品质量安全的经济特性与调节机制、食品质量安全的信息不对称性与市场机制失灵、食品质量安全的公共品属性与政府管制。食品生产经营者所获经济利益的大小、经营目标的长短与成本收益的比较、经营规模的大小与专有资产的多少、声誉机制的建设和纵向协作策略是影响其食品安全供给行为的重要方面；而消费者对食品质量安全的感知风险、对食品质量安全等的信息搜寻、购买意愿及购买行为、对质量安全食品的支付意愿等是影响质量安全食品需求的重要因素。政府对食品质量安全监管的大目标是社会公共利益即保护消费者的利益，但在实际监管执行过程中可能表现为目标的多元性。

复习思考题

1. 请比较食品质量安全的不同定义。
2. 分析食品安全与粮食安全、食品营养、食品质量、食品卫生的联系与区别。
3. 食品质量安全的基本特点有哪些？污染的途径主要来自哪几个方面？
4. 食品质量安全与经济发展水平、科学技术发展水平和居民生活水平有什么样的关系？
5. 试从理论上来分析食品质量安全的经济特性。
6. 试分析影响生产经营者供给质量安全食品行为的主要经济因素。
7. 试分析影响消费者需求质量安全食品的主要行为。
8. 为什么政府在食品质量安全管理中会出现政策目标的多元化？

参考文献

[1] G. A Akerlof . The market for lemons: quality and the market mechanism. Quarterly Journal Economics, 1970, 84(3): 488-500.

[2] Anonymous. Traceability for Food Safety and Quality Assurance: Mandatory Systems Often Miss the Mark. Current Agr. Food & Issues, 2003(4): 27-35.

[3] J. A Caswell & E. M Mojduszka. Using Informational Labelling to Influence the Market for Quality in Food Products. American Journal Agricultural Economics, 1996, 78(5): 1-10, 80.

[4] P. Nelson. Information and consumer behavior. Journal of Political Economy, 1970, 78(2): 311-329.

[5] P. Nelson. Advertising as information. Journal of Political Economy, 1974, 82(4): 729-754.

第十五章　农业产业结构

本章学习要点

- 农业产业结构的概念与基本关系
- 农业产业结构基本特征与形成条件
- 农业产业结构演变趋势
- 农业产业结构合理化与评价方法
- 我国农业产业结构演进过程
- 我国农业产业结构调整的原则、目标与方向

第一节　农业产业结构的内涵、基本特征与形成条件

一、农业产业结构的概念与基本关系

（一）农业产业结构的概念

农业产业结构也称为农业生产结构，是指在一定地域（国家或地区或农业企业）范围内农业各生产部门及其各生产项目在整个农业生产中相对于一定时期、一定的自然条件和社会经济条件所构成的特有的、比较稳定的结合方式。简单地说，农业产业结构就是指农业各产业部门和各部门内部的组成及其相互之间的比例关系。

（二）农业产业结构的基本关系

不论农业产业部门如何发展，农林牧始终是农业生产的基本部门。农业各产业部门之间存在着错综复杂的关系，但其主要的、本质的关系是通过农林牧三者之间的关系反映出来的。

农牧结合的客观依据是由它们之间的物质互换性决定的。在农业各生产部门的内在关系中，存在着彼此利用对方产品的物质能量转化的关系，而农牧业两个部门的结合是最典型的。种植业是农业各部门有机物质的合成部门，有了种植业的发展，才有畜牧业和农业其他部门的存在和发展。因此，种植业部门始终处于农业各部门的基础地位。

畜牧业是农业部门中不可缺少的中间环节，它可以将人们能够或不能够直接利用的有机物质转化为具有更高营养价值和经济价值的畜产品，而牲畜的排泄物及其无法利用的部分又

可以转变为优质肥料，返还土壤，为发展种植业创造良好的条件。

林业对于农牧业的作用不仅在于林产品本身，更重要的是林木植物群落在其生命活动的过程中会引起一系列环境因子的变化，诸如调节大气温度、提高空气湿度、改变大气组成、降低风速、保持水土等，从而可以为农牧业生产发展提供良好的生态环境。

二、农业产业结构基本特征

（一）整体性

农业产业结构是各种自然再生产过程和经济再生产过程的交织，尽管农业产业结构也可以适应各种需要而分解为许多侧面和层次，但仍然是一个有机整体。孤立研究某个侧面只会获得局部的片面结果，农业产业结构的整体性，要求从整体观念出发，加强对农业产业结构的系统性研究。

（二）多层次性

农业产业结构是多层次的主体结构，它的多层次性表现在农业生产是社会物质生产的一个重要部门，由于劳动对象、劳动工具和生产过程的不同，又分为互相区别、互相联系的不同部门。因此，农业产业结构是一个多层次的复合体。无论是从全国还是从一个地区或一个企业考察，农业产业结构都具有多层次性。从部门来说，一般可以划分为农、林、牧、渔各业，称之为一级产业结构。在一级结构的每个产业部门内部，因产品性质和生产过程不同，又可划分若干小的生产部门，称之为二级产业结构。如种植业内部可分为粮食作物、经济作物和饲料作物生产部门；畜牧业内部可分为养猪业、养牛业、养羊业、养禽业等。在二级生产结构内部，又可以根据产品种类和经济用途不同而划分为若干种类，称之为三级生产结构。如粮食作物可分为玉米、小麦、水稻、薯类等；养牛业可分为肉牛和奶牛等。总之，农业产业结构随着生产的发展和社会分工的扩大，有划分得越来越细的趋势。农业产业结构的多层次性研究，对于充分利用多种多样的自然资源和经济资源，发挥地区优势，合理利用各产业的中间产品和副产品，提高劳动生产率和土地生产率以及提高经济效益都有重要意义。

（三）动态性

多种多样的农业产业结构受一定的时间、空间条件的影响，随着时间、空间条件的运动变化，农业产业结构也在不断地发生着变化，一成不变的农业产业结构是不存在的，研究农业产业结构的动态规律是农业经济学的基本研究任务之一。

但是，农业产业结构总是具有一定的相对合理性和相对稳定性。它的形成和发展与当时各种经济因素、自然环境因素有着直接关系。因此，调整农业产业结构，要从客观实际出发，因势利导，既要注意农业产业结构的整体性、多层次性、动态性，又要保持农业产业结构的相对稳定性。这样，才能使农业产业结构经常处于良性循环之中。

三、农业产业结构形成和发展的条件

（一）生产力水平是农业产业结构形成和发展的主要条件

不同的农业产业结构是一定时期生产力水平提高到不同程度的产物。人类历史表明，生产力的发展进程决定产业结构的发展进程。农业时代，虽然出现了从原始农业到现代农业的进步，形成了农业与畜牧业、手工业、商业的分离，但粮食生产依然是主要的产业部门，生产规模狭小、产量低、自给自足就是最明显的时代特征。进入工业化时代以后，农业机械、化肥、良种等现代农业生产要素越来越多地投入农业生产当中，劳动生产率和土地生产率的提高为饲料作物、经济作物，特别是畜牧业的发展奠定了基础。农业生产力水平的差异也进一步加大了农业产业结构的地区差异。

（二）需求是农业产业结构形成和发展的前提条件

在市场经济条件下，人们对农产品的需求就是生产的导向，也就是农业产业结构形成和发展的前提条件。根据人们对农产品的需求来安排农业生产，可以使生产出来的农产品较为顺利地进入流通和消费领域，并实现其价值增值。人们需求的多样性也使农业产业结构保持了多样性。人们除了对农产品的基本需求以外，还逐渐增加了对生态环境和农产品质量安全的需求，对这些需求由于存在着全部或部分市场机制失灵，因而需要政府通过一定的政策手段使其农业的外部性内部化，使其农业产业结构满足农业多功能性的要求。

（三）地理环境是农业产业结构形成和发展的基础条件

地理环境包括地形、地貌、气候、河流、土壤、植被等自然要素，它们相互联系、相互制约，形成一个有机整体。地理环境中一系列资源的组成特点、时空分布及其功能在一定程度上制约和决定了各产业的内部结构和外部联系，决定了产业结构模式在地域上的差异性。与工业生产不同，农业生产严重地依赖自然环境。农业生产结构形成和发展必须因地制宜，充分考虑和利用当地的自然资源和环境条件，只有这样，才能提高农业生产效率，以较低的生产成本提供优质的农产品，并取得更好的经济效益。

（四）劳动力是农业产业结构形成和发展的内在条件

农业产业结构发展的过程离不开劳动过程的三要素：劳动力、劳动资料和劳动对象。其中农业劳动力因素起主导地位，没有农业劳动力的参与和素质的提高，就没有农业产业结构层次的提升。随着农业劳动生产率的提高，农业劳动力先是相对地减少，接下来是绝对地减少，但现代农业的发展对农业劳动力的素质提出了越来越高的要求。较高的农业劳动力素质可以更好地依据本地所拥有的土地等自然资源，在一定的技术条件下使用现代的农业生产要素，生产出符合市场需求的农产品，进而形成一个能够充分利用各种资源条件的高效农业产业结构。

（五）资金是农业产业结构形成和发展的基本条件

农业产业结构形成和发展的过程，也就是农业向集约化方向发展和农业资本有机构成不断提高的过程，即资本对农业劳动力和土地等传统生产要素的逐步替代，农业产业结构的提升需要越来越多的资金投入。其资金来源一是农户可支配收入的一部分，二是信贷资金，三是可能的政府财政补助。只有有了较为充足的资金，才能使各种生产要素增加活性，促进分工和专业化，形成新的生产力，改善农业产业结构。因此，农业产业结构的形成和发展速度，在很大程度上取决于农业资金的配置和增长速度。

(六)科学技术是农业产业结构形成和发展的动力条件

科学技术是农业生产力发展的源泉和动力。首先,科学技术为提高农业各产业生产要素的功能和协作程度提供了依据和保证。农业劳动者的劳动生产能力与掌握的科学技术知识成正比。劳动工具的不断更新,也是因为科学技术的不断进步。劳动对象规模和效能的扩大,同样离不开科技进步。其次,科学技术进步加快了旧有农业产业部门的改造和新产业部门的建立。最后,科技进步促使农业产业新格局的实现。农业产业结构要经常保持优化,必须随科学技术的发展而发展。在现代条件下,农业产业结构发展的进程,首先取决于应用科学进步成果的程度。

除上述条件外,农业政策、金融政策、财政政策、价格政策、环境政策等对农业产业结构的形成和发展也会产生重要的影响。

第二节　农业产业结构演进趋势、合理化及其评价方法

一、农业产业结构演进趋势

农业产业结构不是一成不变的,而是处于经常变动之中。一个国家、一个地区、一个企业产业结构的形成和变化,从现象上看似乎是取决于人的主观愿望和选择,实际上它始终受到许多因素的制约,具有客观性。只有人们的主观判断符合客观规律时,其选择才能获得预期的效果。在多种因素的共同作用下,农业产业结构变动具有如下趋势性。

(一)在农业产业结构中畜牧业所占比重逐步增大

从食品的需求弹性来看,较为低级食品(主要是植物类产品)的需求弹性较小,而高级保护性食品(主要是动物类产品)的需求弹性较大。因此,随着人均收入水平的提高,对较高级食品的需求将与日俱增。需求变化必然引起农业产业结构的变化,即从种植业为主,向种植业与畜牧业并举,再到以畜牧业为主的逐步过渡。从发达国家农业现代化过程来看,农业产业结构变革最明显的就是畜牧业生产占有越来越大的比重,其发展速度远远超过了种植业,从而使畜牧业在整个农业产业结构中占有重要地位。在畜牧业中,提供低脂肪、高蛋白畜产品的畜牧比重日益增加。

(二)在种植业中饲料生产所占比重逐步增大

随着人们需求从低级食品向高级食品的转换,畜牧业得以较快的发展,进而导致对饲料需求的不断增长,在种植业生产的粮食越来越多地被用作饲料的同时,饲料作物的栽培迅速增加。种植业由原来以粮食作物和经济作物为代表的二元结构逐步转变为以粮食作物、饲料作物和经济作物为格局的三元结构。目前在世界粮食总产量中,居民口粮只占60%,饲料粮达40%,经济发达国家饲料粮要占70%～89%,但经济不发达国家只占10%左右。

(三)在种植业中经济作物所占比重逐步增大

随着社会经济的发展,工业对棉花、天然橡胶、糖料、药材等原料性经济作物的需求逐步增

大；随着经济生活水平的提高，人们对蔬菜、水果、花卉等的需求也在增加。这使种植经济作物的经济效益可能好于一般粮食作物，引起经济作物在种植业中所占的比重增大。

(四)农业区域专业化与产业集聚

随着社会经济的发展和科学技术的进步，农业生产在区域上出现了专业化。农业区域专业化是指在一定的农业地域范围内，具有比较优势和竞争优势的某类或某个农业产业得到了长足的发展，成为当地的主导产业。作为组织农业生产的一种有效组织形式，农业区域专业化有利于促进自然资源、经济技术条件的合理利用，提高农产品数量与质量，提高劳动生产率和农产品商品率，是一个国家农业现代化的一个重要标志。在农业区域专业化的基础上，还可能会出现农业产业集聚。农业产业集聚是指在某一个特定区域内，相当数量联系密切的农户、专业合作社、公司和科技、金融等服务部门高度集中，围绕区域专业化的优势产业，开展相关农用生产资料供给、资金技术服务、产品储藏加工、品牌塑造营销、农业产业化经营等现代农业产业发展模式。农业区域专业化和产业集聚的发展可以产生诸多效应，如规模经济与范围经济效应、产品增值和就业增加效应、资源及生产要素的凝聚效应、一业为主多种经营协同效应、经济社会生态可持续发展效应等。

(五)粮食生产的基础性地位受到国家政策的保护

专业化与多部门经营的发展速度在很大程度上取决于粮食发展水平。就全国范围而言，农业的全面发展，并不意味着农业各生产部门的地位是相等的。在所有的农业产业部门中，粮食生产部门具有特殊的重要地位。这是因为，首先，粮食是最基本的生活资料，人们只有满足了粮食的需求之后，还有多余的耕地、劳力和生产资料，才有可能用来发展粮食以外的其他生产部门；其次，畜牧业及渔业的发展必须建立在粮食及饲料发展的基础之上；最后，粮食安全关系到整个社会经济的稳定。因此，当粮食生产在农业中的比较效益不断下降、在种植业中的比重不断下降等情况下，很多国家都对粮食生产采取了保护性政策措施，如关税和价格保护、农业投入要素和农业基础设施建设补贴、粮食储备等。

(六)在农业产业结构发展演变中林业受到国家的保护支持力度最大

森林不仅具有重要的经济功能，而且还具有重要的生态和社会文化功能。森林的经济功能主要是为人类提供多种林产品，满足人类的物质需要。在农业和整个生态系统中，森林是地球表面陆地生态系统的主体。森林生态系统在调节气候、涵养水源、防风固沙、保持水土、改良土壤、净化大气、防治水体污染、固碳放氧、改善环境等多方面的多种生态防护效能是不可替代的。同时森林还具有吸尘、吸毒、降低空气污染、减低噪声等功能，是人们休闲和旅游的重要场所和去处，因而衍生出很多社会文化功能。森林经济功能的发挥需要几年或几十年的投资才能见效，其生态功能和社会文化功能发挥具有很强的正外部性，并且人们普遍认为森林覆盖率达到30%以上，有利于农业形成一个稳定的自然生产环境。因此，对林业的支持和保护，稳定和增加森林的覆盖率，使森林所有者和经营者的生产经营行为符合社会和生态发展的需要，成为很多国家的政策取向。

二、农业产业结构合理化

(一)农业产业结构合理化的含义

农业产业结构合理化是指通过对农业产业结构的调整,使一个国家或地区的农业资源得到最合理的配置,从而使农业产业结构的效益、水平不断提高的过程。

农业产业结构是否合理,是一个相对和发展的概念,这要看农业产业结构的状况是否与客观的要求相适应。所谓相对是就空间来说的,即农业产业结构是否合理是相对于一个国家或地区的自然、经济、社会条件而言的。所谓发展是就时间来说的,即农业产业结构是否合理是相对于一定历史时期的生产力水平而言的。当农业生产力处于低水平阶段,就有自给性的农业产业结构与之相适应。当农业生产力进入高水平阶段,农业产业结构也演进为商品性农业产业结构。

(二)农业产业结构合理化的标准

农业产业结构的形成和发展虽然受到诸多错综复杂的因素影响,但一般而言,判断农业产业结构是否合理的主要标准有以下几个方面。

1.能充分合理地利用当地农业资源,不断提高经济效益。农业各部门的发展规模和速度要与农业的自然、经济资源条件相适应。在自然资源的利用上能做到宜农则农、宜林则林、宜牧则牧、宜渔则渔;在经济资源的利用上,做到农业劳动力、资金、设备等充分发挥作用,不断提高经济效益。如果应该或可能利用的资源未能充分合理利用,存在着闲置或浪费,则农业产业结构自然就不合理。

2.能保持和改善生态环境。合理的农业产业结构应该能保持和建立生态平衡,使生态系统呈良性循环。改善优化生态环境,可以直接提高人们的生活质量,提高生物和自然环境之间的物质和能量的转换率,增加农业产出。要坚决反对和防止掠夺式经营,超极限开发。例如因水产品紧俏而过度捕捞,因木材紧缺而过度采伐,因肉类短缺而超载过牧,都会导致自然资源的枯竭和生态平衡的破坏,使农业生产成为“无源之水,无本之木”,以致农业各生产部门不但不能发展,反而会受到抑制。

3.能更好地满足社会需求。对农业来说,就是要使农产品能够满足人们的各种需要。随着国民经济的发展和人民生活水平的提高,社会对各种农产品的需求不断增长,对农产品需求的结构和比例也会发生变化。这就要求农业产业结构不断做出相应的调整,使其能最大限度地满足社会各方面的需求。

4.农业各部门能协调发展。合理的农业产业结构应该是农业各部门获得协调发展的结构。只有遵循农业各部门间相互促进、相互补充的关系,才能实现相互间的协调发展。例如,林业能对其他各生产部门的正常生产提供保护,但这种保护只有当森林覆盖率达到一定比例的条件下才能真正有效。因此,任何破坏农业各部门间有机联系的行为,均将导致农业产业结构趋向不合理。

以上评价和衡量农业产业结构的标准是相互联系、相互制约的。在评价农业产业结构时,应该从以上几个方面进行综合考察。同时,评价一个地区的农业产业结构是否合理,不能只进行微观分析,还要从全局出发,进行宏观考察,只有将两者相结合,才能得出正确的结论。

三、农业产业结构合理化的评价方法

(一)衡量农业产业结构合理化的方法

衡量农业产业结构合理与否,通常有四种方法:比重法、类比法、速度法和协调法。

1.比重法。比重法是根据各次产业产值在产业结构中的百分比确定其合理的程度,但比重法并不能完全反映一个国家或地区产业结构的合理程度,如我国东北地区由于土地肥沃,粮食比重大;西北地区由于干旱少雨渔业比重低;芬兰人均森林面积有3.9公顷,是欧洲人均林地面积最大的国家,因而林业比重大;澳大利亚地形平坦,草原、人工草地面积大,畜牧业比重大。

2.类比法。类比法就是用一个地区的产业结构与另一个地区的相比,从而说明某一个地区产业结构的合理程度。类比法在条件大体相同的国家和地区之间进行比较是可行的,但农业产业结构是由许多因素促成的,既有自然因素,也有经济、社会、历史因素,因此类别法也有一定的局限性。

3.速度法。速度法就是用一个部门的发展速度同另一个部门的发展速度进行比较,或者用一个部门现在的速度与过去的速度比较,由此说明农业产业结构是否合理。但速度法也有一定的局限性,因为速度快慢只反映结构在一定时期的发展状态,并不能确切说明产业结构的合理化程度。因此,单一地用发展速度衡量农业产业结构是不全面的。

4.协调法。协调法就是从系统的观点出发,研究农业产业结构运动的内在规律性,综合考察各部门之间在一定时期的合理比例关系,使产业结构在生产、分配、流通、消费各领域协调进行。协调法的实现要求对产业部门的内部因素和外部环境进行深入细致的研究。

判断农业产业结构合理性时,不能单一地选择某一种方法,而应结合一国或地区实际,结合几种方法综合判断是否合理。

(二)衡量农业产业结构的指标体系

衡量农业产业结构是否合理或在多大程度上合理,仅仅以上述原则性的标准是不够的。为确定合理的农业产业结构,还应建立一套衡量农业产业结构的指标体系。

1.反映农业产业结构的指标

(1)土地利用结构。耕地、林地、牧草地、养殖水面等各种用地占土地总面积的百分比。

(2)播种面积结构。各种农作物的播种面积占总播种面积的百分比,既可以是粮食作物、经济作物、饲料作物等大类作物的播种面积占比,也可以是具体作物如小麦、玉米、棉花等的播种面积占比。

(3)农业总产值结构。一般指农林牧渔业中产值结构,指农林牧渔各业的产值占农业总产值的百分比。

(4)农业商品产值结构。各种农产品的商品产值占商品总产值的百分比。

(5)农业劳动力利用结构。农林牧渔业或其内部各产业所占用的劳动力占农业劳动力总数的百分比。

(6)资金利用结构。农林牧渔各业或其内部各业所占用的资金占资金总量的百分比。

综合运用以上指标衡量农业产业结构,可以说明农业产业结构的状况和特点,如果把不同时期的这些指标进行对比分析，就可以说明农业产业结构发展变化的状况和趋势。

2.衡量农业产业结构效益的指标体系。为了进一步了解农业产业结构的合理性，还必须考虑能够反映经济效益、社会效益、生态效益的指标。

(1)反映经济效益的指标。主要有单位面积产量(产值、净产值)、劳动生产率、土地利用率、单位产品成本、每元投资所得的产值、净产值、商品产值等。

(2)反映社会效益的指标。主要有农产品商品量及其构成、农产品商品率、主要农产品的人均占有量等。

(3)反映生态效益的指标。主要有森林覆盖率、自然灾害发生率、土壤有机质含量、土壤和水资源中有害物质含量、畜禽粪便综合利用率等。

以上指标从不同侧面反映了农业产业结构、各业及其内部项目的经济效益、社会效益和生态效益，把这些结构与反映农业产业结构状况的指标相结合，就可以对农业产业结构是否合理做出进一步判断。

数字资源 15-1　农业产业结构评价主要方法与模型简介

第三节　农业产业结构的调整与优化

一、我国农业产业结构的演变

回顾中华人民共和国成立以来农业的发展历程，可以看出，我国农业一直在进行产业结构调整，在结构调整中不断获得新的发展，在发展中不断优化产业结构。从中华人民共和国成立初期到现在，我国农业发展大体进行了五次大的产业结构调整。

(一)1949—1977年“以粮为纲，全面发展”阶段

中华人民共和国成立时，我国处于典型的传统农业发展阶段，农业以种植业为主，种植业又以粮食生产为主。之后国家对农村经济发展的定位，仍然停留在以种植业和粮食为主的阶段，片面强调粮食生产，忽视经济作物和多种经营发展，致使农业生产走上了“以粮为纲”的轨道。农业结构中种植业长期居于主导地位，林牧渔业的比例一直低于20%(表15-1)；种植业中粮食的比重又始终稳定在80%以上，粮食作物中以稻谷、小麦、玉米等高产作物为主，并且农业结构趋同，多种经营发展严重不足。这种单一的农业结构限制了农业资源的合理利用，限制了区域特色和比较优势的发挥，农业内部难以形成协调发展的局面，不仅降低了生产效率，也使农产品供给长期没有摆脱短缺状态，不能满足发展经济和改善人民生活的需要。

(二)1978—1992年“决不放松粮食生产，积极发展多种经营”阶段

1978年我国首先在农村实施改革开放政策，农村经济发展掀开了新的一页，农业产业结

构调整进入了一个新的快速变动时期。在"决不放松粮食生产，积极发展多种经营"方针的指导下，1978 年家庭承包经营制度的实行和 1985 年农产品计划价格制度的放开，为农业产业结构调整注入了活力。在种植业稳定发展的同时，林牧渔业快速发展，农民选择空间拓宽，至 1990 年，种植业比重已下降至 64.7%，林牧渔业比重有了合理增长，不同程度上满足了人民群众的物质生活需求。

(三)1993—1998 年"发展高产优质高效农业"阶段

进入 20 世纪 90 年代之后，由于我国社会主义市场经济制度的确定，整体经济明显升温，农业增长加快，农业资源要素配置趋于合理化，资源利用率、土地产出率、劳动生产率不断提高，1995 年农业总产值是 1990 年的 2.65 倍，尤其是粮食产量大幅度增长，使得温饱问题基本得到解决，农业产业结构得到较大优化。

(四)1999—2013 年"农业产业结构战略性调整"阶段

从 1999 年开始的农业产业结构战略性调整的背景和所要解决的问题与以往的适应性结构调整有很大的不同。农业结构战略性调整是在农产品相对过剩、市场约束增大的条件下提出的，不是简单地多种点什么、少种点什么的问题，而是要全面提高农产品质量，优化农业区域布局，促进农业产业升级，实现城乡经济的协调发展。作为一项复杂的系统工程，从结构战略性调整的内容上讲，包括产业结构、生产要素结构和组织结构，其中产业结构包括产品结构、种养加结构等；生产要素结构包括科技结构、资本结构、劳动力就业结构等；组织结构包括经营组织、服务体系、经营方式等。从范围上讲，不仅涉及农业产业结构、产品结构、区域布局结构和生产要素结构等生产力层面的调整，而且着眼于长远，重视战略层面的调整。从目标上讲，具有明显的多样性，不仅要解决当前农产品销售困难和农民增收困难的问题，增强农产品市场竞争力，提高农民收入水平，而且要促进城乡之间、农业与国民经济各行业之间全面、协调、可持续发展。因此，这是一次具有全局意义的战略性调整。

在战略调整起步阶段(1999—2001 年)，我国农业生产更加强调适应市场需求。1999 年渔业比重首次超过 10%，2001 年畜牧业比重首次超过 30%，2005 年种植业比重首次低于 50%，此后三者稳定维持在 10%、30%和 50%左右，林业比重不断提高，农业产业结构调整取得了阶段性成效。2001 年 11 月，我国正式加入世界贸易组织，农业产业结构调整受国际市场的影响越来越明显，客观上迫切要求高度重视保障国家粮食安全和提高农业产业竞争力。从 2002 年起，我国农业结构战略性调整进入"深入推进"阶段。国家明确提出推进经济结构战略性调整，推动城乡发展一体化，国家的农业支持与保护政策体系越来越完善，农业产业结构调整扎实推进，农林牧渔各业得到全面发展，粮食生产实现历史性连续增长，果菜茶等园艺作物稳定发展，棉油糖等工业原料作物单产水平进一步提高，肉蛋奶、水产品稳定增长，市场供应充足。

(五)2014 年之后的"新常态下农业供给侧结构性调整"阶段

2014 年我国经济发展进入新常态，其主要特征表现在：一是从高速增长转为中高速增长；二是经济结构不断优化升级，第三产业消费需求逐步成为主体，城乡区域差距逐步缩小，居民收入占比上升，发展成果惠及更广大民众；三是从要素驱动、投资驱动转向创新驱动。在经济新常态下，我国经济发展速度放缓，农产品消费结构转型升级，有效供给不足，农业供给侧结构性改革在此背景下被提出。从农业发展的状况和特点看，突出的矛盾和问题在供给侧，主要表现为农产品供给未能很好地适应消费需求的变化，导致供求出现结构性失衡。经济新常态下，我国消费者更倾向于安全、优质的农产品，而我国农业在优质农产品方面供给不足。因此，要从农产品供给入手，通过自身的调整，重组和优化生产要素，让农民生产出的产品数量、质量和价格更加符合消费者的需求，进而促进农产品供给结构优化，推动粮经饲统筹、农林牧渔结合、种养加一体、一二三产业融合发展，加快实现农业现代化，拉开了新一轮农业产业结构调整的序幕。

表 15-1　1949—2018 年农业总产值的构成　　%

年份/年	种植业	林业	畜牧业	渔业
1949	82.5	0.6	14.4	0.2
1952	85.9	1.6	11.2	1.3
1978	80.0	3.4	15.0	1.6
1990	64.7	4.3	25.7	5.4
1995	58.8	3.5	29.7	8.4
1997	58.8	3.4	28.8	9.6
1998	58.0	3.5	28.6	9.9
1999	57.5	3.6	28.5	10.4
2000	55.7	3.8	29.7	10.8
2001	55.2	3.6	30.4	10.8
2002	54.5	3.8	30.9	10.8
2003	50.1	4.2	32.1	10.6
2004	50.1	3.7	33.6	9.9
2005	49.7	3.6	33.7	10.2
2006	52.7	3.9	29.6	9.7
2007	50.4	3.8	33.0	9.1
2008	48.4	3.7	35.5	9.0
2009	51.0	3.6	32.3	9.3
2010	53.3	3.7	30.0	9.3
2011	51.6	3.8	31.7	9.3
2012	52.5	3.9	30.4	9.7
2013	53.1	4.0	29.3	9.9
2014	53.6	4.2	28.3	10.1
2015	53.8	4.1	27.8	10.2
2016	52.3	4.4	28.6	10.2
2017	53.1	4.6	26.9	10.6
2018	54.1	4.8	25.3	10.7

注：资料来源于《中国统计年鉴 1999》《中国统计年鉴 2019》。因为从 2003 年起国家统计局执行新的国民经济行业分类标准，农林牧渔业中包括了农林牧渔业服务业产值，所以农林牧渔业各产值之和小于农业总产值之和，相应的比例之和也小于 100%。

二、我国农业产业结构调整的原则

农业产业结构是否合理，在很大程度上决定着一个国家或地区的经济发展和效益提高。由于各个国家、地区或企业所面临的条件各异，市场供需状况不同，不存在一个适合于一切地区的农业产业结构模式，在进行产业结构调整时只能从整体上去认识和评价。一般来说，农业产业结构的调整应遵循以下原则。

1.市场导向原则。在市场经济条件下，产业结构始终处在动态变化过程中，满足市场多变的需求才能提高我国农业和农村经济的整体发展水平。对农业产业结构进行优化调整的原则是农业产业结构必须与市场供求相协调，让有限的资源发挥更大的效益。随着社会经济的发展和人民生活水平的不断提高，社会需求结构不断发生变化，产业结构也必须随之做出相应的调整。这就要求农业产业结构的调整要有超前意识，要以市场需求的变动为导向，坚持市场导向的原则，根据市场需求合理安排各产业的生产规模，既要强调发挥资源优势，又要强调将资源优势转化为商品优势和市场优势。

2.因地制宜原则。我国幅员辽阔，不同地区间的自然、经济、技术水平都有很大的差异，在农业产业结构调整时，应结合当地的自然资源和产业发展状况，注重发展当地最具优势的产业，集中发展一个优势产业有助于推进农业技术进步，提高农业的专业化、社会化、商品化水平，以及提高劳动生产率和产品质量等级。因地制宜就是要突出重点和特色，以求发展好一个主导产业来带动当地经济的发展。

3.协调发展原则。人类进行的一切生产活动必须符合生态规律的要求，否则会造成生态环境的恶化，影响人类的生产和生活，所以调整农业产业结构一定要注意保护和改善生态环境。既要充分发挥自身优势，又要顾全总体利益；既要照顾近期利益，又要考虑长远利益。针对目前农业内部各产业之间不协调发展的状况，应当特别强调协调发展的原则，即合理确定农业各产业部门之间、各行业之间的比例关系，相互支持，共同发展，以实现各部门、各行业的协调发展，形成良性的互补关系。

4.效益最佳原则。最佳的效益就是使用最小的投入获得最大的回报。在调整农业产业结构中需要注意能充分合理利用当地的各种资源，让所有资源都能够物尽其用，对自然的利用更应该是建立在永续利用的基础上。

三、我国农业产业结构调整与优化的目标与方向

目前，我国农业发展已进入一个积极发展现代农业的新时期。建设现代农业的过程，是通过转变农业增长方式改造传统农业、不断发展生产力、促进农业健康发展的过程。然而，我国农业产业结构现在还不能完全适应这一新形势的要求，因此必须对我国农业产业结构进行战略性调整。

(一)农业产业结构调整与优化的目标

从需求来看，随着人口的继续增长和人们生活水平的不断提高，社会对各种农产品的数量需求不仅会增长，而且对质量的要求越来越高；从供给来看，农业土地、水等自然资源在减少或恶化，农业生产只能通过技术进步走集约化可持续发展的道路。因此，农业产业结构的调整必须遵循自然规律和经济规律，坚持市场调节和政府宏观调控相结合，农业产业结构的调整必须提高农业综合生产能力，既要增加农产品数量供给又要提高质量安全水平，既要提高经济效益又要保证生态安全，即农业产业结构调整是一个多目标的集合。

(二)农业产业结构调整与优化的方向

农业产业结构调整必须注重开发农业的多种功能,向农业的广度和深度进军,促进农业结构不断优化升级。

1.促进粮食稳定发展。坚持立足国内保障粮食基本自给的方针,逐步构建供给稳定、调控有力、运转高效的粮食安全保障体系。稳定粮食播种面积,正确处理稳定粮食生产与结构调整和农民增收的关系。引导农民优化粮田种植结构,提高单产、优化品种、改善品质,因地制宜发展粮食作物、经济作物、饲料作物等多元种植。要依靠科技进步,提高粮食产量和效益。实施粮食作物种子工程,确定优质、高产品种,运用先进适用技术和病虫害综合防治技术,提高技术推广率。同时要切实提高粮食生产的机械化水平,推进粮田规模经营,提高粮食产业化水平。要加强耕地保护和农田基础设施建设,提高农业综合生产能力。加大农业技术推广力度,普及良种良法,广泛开展技术培训和服务。

2.发展健康养殖业。我国农业已经进入了由数量型向质量效益型转变的关键时期,发展现代健康养殖业成为这个阶段畜牧业发展的重要趋势。健康养殖业是以安全、优质、高效、环境友好为主要内涵,数量、质量、效益和生态并重发展的可持续养殖业,追求"产品被社会接受、经济效益高、生产模式可持续"三个特点,体现经济、生态、社会三大效益的高度统一。发展健康养殖业应当转变养殖观念,调整养殖模式,积极推行健康养殖模式,加强饲料安全管理,从源头上把好养殖产品质量安全关,加大动物疫病防控投入力度,加强基层兽医队伍建设,健全重大动物疫情监测和应急处置机制,建立和完善动物标识及疫病可追溯体系。水产养殖业要推广优良品种,加强水产养殖品种病害防治,提高健康养殖水平。充分发挥标准化养殖场户的示范带动作用,大力推广新技术、新经验。加强科技推广和技术培训工作,努力提高养殖业的生产水平。

3.大力发展特色农业。特色农业就是利用区域内独特的农业资源开发区域内特有的名优产品,转化为特色商品的现代农业。发展特色农业就是要立足当地自然和人文优势,培育主导产品,优化区域布局。适应人们日益多样化的物质文化需求,因地制宜地发展特而专、新而奇、精而美的各种物质、非物质产品和产业,特别要重视发展园艺业、特种养殖业和乡村旅游业。同时也要注重创立一些特色品牌产品,对特色农产品生产实行全程标准化管理,提高产品质量。在发展特色农业时还有一点应特别注意,特色农产品原产地独特的资源条件和地理环境,具有不可替代的自然垄断性,是保证特色农产品质量的前提,所以必须尽快建立健全特色农产品地理标志保护方面的法律、法规,组织开展特色农产品区域划定、农产品地理标志认证、品牌标注等工作,实行依法保护,提高特色农产品的知名度和信誉,保证质量和特色。

4.推进生物质产业发展。生物质产业是指利用可再生或循环的有机质,包括农作物、树木和其他植物及其残体、畜禽粪便、有机废弃物以及边缘性土地种植能源植物为原料,用它们进行生物产品、生物燃料和生物能源生产的产业。以生物能源、生物基产品和生物质原料为主要内容的生物质产业,是拓展农业功能、促进资源高效利用的朝阳产业。在化石能源渐趋枯竭和对保护环境、可持续和发展循环经济的追求中,人们将目光聚焦到了可以再生的清洁能源及能源的多元化上,生物质能源应运而生。推进生物质产业的发展就需要加快开发以农作物秸秆等为主要原料的生物质燃料、肥料、饲料,启动农作物秸秆生物气化和固化成型燃料试点项目,支持秸秆饲料化利用。加强生物质产业技术研发、示范、储备和推广,组织实施农林生物质科技工程。鼓励有条件的地方利用荒山、荒地等资源,发展生物质原料作物种植。加快制定有利于生物质产业发展的扶持政策。

本章小结

农业产业结构是指农业各产业部门和各部门内部的组成及其相互之间的比例关系。农业各产业部门之间存在着错综复杂的关系,但其主要的、本质的关系是通过农、林、牧三者之间的关系反映出来的。农业产业结构具有整体性、多层次性、动态性的特征。其形成和发展的条件包括生产力水平、需求、地理环境、劳动力、资金、科学技术等。农业产业结构演进趋势表现为:在农业产业结构中畜牧业所占比重逐步增大、在种植业中饲料生产所占比重逐步增大、在种植业中经济作物所占比重逐步增大、农业区域专业化与产业集聚、粮食生产的基础性地位受到国家政策的保护和林业受到国家的保护支持力度最大。农业产业结构合理化是指通过对农业产业结构的调整,使一个国家或地区的农业资源得到最合理的配置,从而使农业产业结构的效益、水平不断提高的过程。判断农业产业结构是否合理的主要标准是能否充分合理地利用当地农业资源来提高经济效益,能否保持和改善生态环境,能否更好地满足社会需求和农业各部门能否协调发展。比重法、类比法、速度法和协调法的恰当和综合运用可判断农业产业结构的合理性。我国农业产业结构调整要遵循市场导向、因地制宜、协调发展和效益最佳的原则,农业产业结构的调整必须提高农业综合生产能力,既要增加农产品数量供给又要提高质量安全水平,既要提高经济效益又要保证生态安全,即农业产业结构调整是一个多目标的集合。

复习思考题

1. 什么是农业产业结构?
2. 农业产业结构的基本关系包含哪些?
3. 农业产业结构的基本特征有哪些?
4. 试分析农业产业结构的形成条件。
5. 试分析农业产业结构的演进趋势。
6. 何谓农业产业结构合理化?农业产业结构合理化的标准有哪些?
7. 中国农业产业结构调整应坚持哪些基本原则、确定什么样的目标?

参考文献

[1] 郭翔宇. 农业经济管理学. 北京:中国农业出版社,2017.

[2] 苏毅清,王志刚. 农业结构调整中的市场演进与政府支持——来自韩国的经验启示[J]. 华东经济管理,2018,32(10):45-53.

[3] 陶怀颖. 我国农业产业区域集群形成机制与发展战略研究. 北京:中国经济出版社,2010.

[4] 王雅鹏. 现代农业经济学. 北京:中国农业出版社,2008.

[5] 张宏升. 中国农业产业集聚研究. 北京:中国农业出版社,2007.

[6] 张忠根. 农业经济学. 杭州:浙江大学出版社,2010.

[7] 左停. 农村区域经济发展问题研究. 北京:中国农业大学出版社,2012.

第十六章　农业现代化

本章学习要点

- 现代农业
- 农业现代化的内涵与特征
- 农业现代化的主要内容
- 农业标准化

第一节　现代农业

一、农业的发展阶段

人类农业生产的历史经历了三个不同的发展阶段，即原始农业、传统农业和现代农业。它们之间由于生产力水平不同而具有质的区别。这种区别是由生产工具、劳动者的生产技能以及生产力各要素的配置方式不同而表现出来的。

1. 原始农业。原始农业是指从新石器时代到铁器工具出现以前的农业，其基本特征是以石器、棍棒为生产工具，以传统的直接经验为生产技术，只能够利用自然而不能改造自然，只是从土地上掠夺物质和能量，没有物质和能量的人为循环。刀耕火种，广种薄收，生态平衡遭到严重破坏，自给自足，缺少社会分工。原始农业的突出贡献是对野生动植物的驯化，实现了采集向种植业、狩猎向畜牧业的转变。

2. 传统农业。传统农业是指开始于石器时代末期和铁器时代初期，并且在发达国家一直延续到18世纪60年代的一种农业生产经营方式。它是在原始采集农业和游猎农业的基础上发展而来的，是人类进入定居时代后所发展起来的第一个产业部门。传统农业是发展中国家二元经济结构中的一个组成部分。

3. 现代农业。现代农业是指从资本主义产业革命到20世纪初，特别是第二次世界大战以来的农业。现代农业是以保障农产品供给、增加农民收入、促进可持续发展为目标，用现代工业装备的、用现代科学技术武装的、用现代组织管理方法来经营的社会化、商品化农业。现代农业的基本标志如下①。

(1)现代农业机器体系的形成和农业机器的广泛应用，使得机械化、电气化、智能化的农业

① 详见：雷海章. 现代农业经济学. 北京：中国农业出版社，2003.

生产工具和设备,代替了人畜力工具和设备。

(2)有一整套建立在现代自然科学基础上的农业科学技术体系,农业生产技术由经验转向科学,形成日新月异的农业生产技术。

(3)把经济数学方法、信息技术、大数据等现代科学技术广泛应用于农业生产的经营管理活动中,对农业的各项经济活动进行科学的组织和管理。

(4)农业生产的社会化、专业化、商品化程度大大提高,形成了社会化大农业,是生产力向更高层次发展的必然结果。

二、现代农业的特征

现代农业生产力水平经历着由低级向高级、由量变到质变的发展过程。因此,现代农业不仅赋有历史性的发展内涵,而且是一个世界性的综合概念。概括地讲,现代农业具有以下特征:

1.高效化。现代农业具备较高的综合生产率,包括较高的土地生产率和劳动生产率。农业成为一个有较高经济效益和市场竞争力的产业,这是衡量现代农业发展水平的最重要标志。

2.商品化。现代农业成为高度商业化的产业。现代农业主要为市场而生产,具有很高的商品率,通过市场机制来配置资源。商业化是以市场体系为基础的,现代农业要求建立非常完善的市场体系,包括农产品现代流通体系。离开了发达的市场体系,就不可能有真正的现代农业。

3.科技化。现代农业实现农业科学技术的现代化,表现在广泛采用先进适用的农业科学技术、生物技术和生产模式,改善农产品的品质,降低生产成本,以适应市场对农产品需求优质化、多样化、标准化的发展趋势。现代农业的发展过程,实质上是先进科学技术在农业领域广泛应用的过程,是用现代科技改造传统农业的过程。

4.经营管理科学化。运用现代经营的思想、组织、方法和手段,对农业生产经营进行有效的管理,使之达到或接近世界先进水平,创造最佳经济效益。

5.知识化。实现传统农业向现代农业转变,实质上是农业生产力系统的全面革新和进步,这其中必然包括农业劳动者素质的全面提高。提高农民素质,实现农民素质的知识化、现代化,是建设现代农业的前提条件,也是现代农业的突出特征。

6.可持续。现代农业的发展同农村经济与社会的发展结合起来,选用适应农业生态规律的农业技术,使农业的产出与增长建立在资源与环境改善的基础上,使得生产者以可持续的方式利用农业资源,形成良性循环,最终实现人与自然、经济发展与环境保护、当代人与后代人之间的可持续发展。

第二节 农业现代化的主要内容与发展战略

一、农业现代化的内涵与特征

(一)农业现代化的内涵

农业现代化是传统农业向现代农业转化的过程,是现代科学技术、现代工业装备、现代管理方法广泛应用于农业的过程，是追赶、达到和保持世界农业先进水平的过程。农业现代化既是一个过程，即达到世界农业先进水平的过程，又是一种状态，即保持现代农业的世界先进水平①。农业现代化是实现和发展现代农业的过程及手段，现代农业是农业现代化的目标，二者是目标与过程及手段的关系。

（二）农业现代化的特征

1.动态性。农业现代化是一个相对概念，其内涵随着技术、经济和社会的进步而变化，即不同时期有不同的内涵，在不同发展阶段上，由于现代化的动力和源泉的变化，农业现代化的内容和标准也必然有所差别。在20世纪50～60年代，农业现代化主要强调的是农业的机械化、电气化、水利化和化学化；在20世纪70～80年代，农业现代化主要强调的是农业生产技术的现代化、农业生产手段的现代化和农业经营管理的现代化；在20世纪90年代以后，在原有农业现代化内容的基础上，农业的可持续发展已经成为农业现代化不可缺少的内容；进入21世纪以后，农业现代化又增添了农业标准化和信息化等内容。

2.世界性。现代化是一个国际概念，具有开放性、历史过程性及与其他相关产业同步推进等特点。衡量一个国家是否实现了农业现代化，不能把本国已经达到的技术、经济水平，同本国过去的情况相比，而应同当时已经实现了现代化的大多数国家相比较。只有在经济上、技术上赶上或接近世界先进水平时，才算实现或基本实现了农业现代化。面对国际市场千变万化、科学技术瞬息万变的知识经济时代，理应从经济全球化的角度来研究农业现代化，才能确保现代化的水平和质量。

3.广泛性。农业现代化建设不仅仅是农业生产过程的现代化，而且包括产前、产后各部门的整体现代化；农业现代化不仅要求农业内部各主要环节实现现代化，也要体现与农村、农民现代化协调发展、同步发展；既要实现农业生产现代化，又要实现管理现代化；既要注重提高当代农业生产水平，又要保护资源、生态、环境，提高农业可持续发展能力，以利于实现农业的长远发展、可持续发展。

4.地域性。所谓农业现代化的地域性，是指农业现代化的具体内容和标准在不同的国家和地区存在差异。这主要是自然条件和社会经济基础的差异造成的。美国的农业现代化之所以首先从提高劳动生产率的农业机械化开始，是因为美国土地资源十分丰富，而劳动力资源相对不足。日本的农业现代化首先是从提高土地生产率的良种化、化学化开始的，原因在于日本土地相对稀缺，而劳动力相对充足。当然美国和日本的农业现代化随着社会经济的发展，其提高土地生产率和劳动生产率的技术手段也分别得到了相应的发展。中国地域辽阔，各地的经济发展水平和自然条件差别巨大，这就决定了各地农业现代化必须充分考虑本地的自然经济特点和资源禀赋等因素，走一条符合地域特点的现代化之路。

5.历史继承性。农业现代化是由传统农业向现代农业转化的过程，所以现代农业作为对传统农业扬弃的产物，具有深刻的历史继承性。农业现代化的内容随着社会经济的发展和科学技术的进步，不断增加新的理念和内容，但不是对传统农业的全面否定。在农林牧结合、处理人与自然的关系等方面，传统农业有很多值得总结的经验和提升的精华。

---

① 详见：何传启．现代化科学：国家发达的科学原理．北京：科学出版社，2010.

(三)中国式农业现代化的基本特征

中国式农业现代化的基本特征表现为:中国共产党的领导,走社会主义道路;以农村土地集体所有、权利分置为基础;农业超小规模经营,农产品超大规模需求;农业现代化要与新型工业化、城镇化、信息化协调发展;农业物质文明、精神文明与生态文明协调发展;让农民走向共同富裕。

二、农业现代化的主要内容

(一)农业生产手段的现代化

用现代化的物质技术装备来武装农业,为农业生产创造一个良好的环境条件和提供现代化生产手段,是农业现代化的一项主要内容。从田间选择到太空育种,从传统种养到试管组培、基因工程、克隆技术,从生物品种改良、模式栽培技术、科学肥水管理、植保综合防治、贮藏保鲜技术、精深加工增值技术等,到采用核技术、微电子、遥感、信息技术、大数据、物联网等在农业中的广泛应用,大幅度减轻了农业劳动强度,并极大地提高了农业生产效率,为农业现代化实现奠定坚实基础。

(二)农业生产技术的现代化

科学技术是第一生产力。用现代科学技术武装农业,在农业生产上广泛采用农业生物(工程)技术、现代农业信息技术、现代农业资源与环境工程技术和现代农业管理技术,不断提高土地生产率、资源转化率以及农业生产的经济效益。农业现代化的核心内容就是不断地用现代生产要素替代传统生产要素,事实上农业现代化是现代科学技术在农业生产领域的扩散过程,现代科学技术在农业生产领域应用得越广泛,现代化的程度就越高。

(三)农业劳动者的现代化

劳动者是生产力中最活跃的因素,没有劳动者的现代化,也就没有农业的现代化。农业劳动者要想在激烈的市场竞争中生存和发展,不仅要有现代的农业科学知识,还必须具备现代农业所要求的管理水平,掌握科学的管理方法与经营技巧,在多变的市场中科学合理配置资源,高效组织生产。农业现代化需要加大对农业劳动者的人力资本投资,培养熟练掌握农业科技知识,具有开拓精神及市场意识、竞争意识、科技意识和法律意识的新型现代化农民。

(四)农业组织管理的现代化

生产手段和生产技术的现代化必然要求经营管理的现代化,如果农业组织管理方式滞后,必然阻碍生产的发展,影响整个农业现代化进程。农业组织管理的现代化,不仅是运用现代管理方法和技术手段对农业生产过程的有效组织和控制,还包括对农业产前的科学预测和决策,农业生产资料的有效供给,产后的加工、运输和销售等流通过程的科学管理,以及把农业产前、产中、产后的各个环节联成一体的产业化组织形式等。经营管理的现代化可以在不增加投入或少增加投入的情况下,使各种生产要素得到更科学合理的配置,提高农业的投入产出效率。

(五)集约化、可持续化

为了解决土地面积有限性和人类对农产品需求不断增长的矛盾,现代农业必须走集约化和可持续化的道路。在科学技术没有进步的条件下,集约经营会产生两个方面的问题:一是随着投入物的不断增加,可能会带来收益的递减;二是投入物的不断增加肯定会加重生态环境的负担,甚至会造成恶化。因此,农业集约化必须建立在农业科学技术不断进步的条件下,通过科学技术创新提高农业投入要素的性能和配比,建立不断优化的农业投入产出系统,在实现农业高效率的同时,协调人与自然、经济发展与环境保护、当代人与后代人之间的关系,维持农业系统的长久性生产能力,使生态环境免遭破坏,以满足人类世代生存与发展的需要。

(六)农业标准化、信息化

农业标准化是现代农业的重要基石。农业标准化包括农业标准的制定与修订、发布与实施以及对实施过程的监督活动的全过程。因此,农业标准化是在统一、简化、协调、优选的原则指导下,对农业的产前、产中和产后的全部活动,组织制定与修订标准、发布与实施标准以及对农业标准的实施进行监督的一系列活动过程。通过这一活动过程,促进先进的农业科技成果和经验的迅速推广,确保农产品的质量和安全,促进农产品的流通,规范农产品市场秩序,指导生产,引导消费,从而取得良好的经济、社会和生态效益,以达到提高农业竞争力的目的。农业信息化是指利用现代信息技术和信息系统为农业产供销及相关的管理和服务提供有效的信息支持,并提高农业综合生产力和经营管理效率的农业现代化过程。农业信息化即在农业领域全面地发展和应用现代信息技术,使之渗透到农业生产、市场、消费以及农村社会、经济、技术等各个具体环节,加速传统农业改造,大幅度地提高农业生产效率和农业生产力水平,促进农业持续、稳定、高效发展的过程。进入 21 世纪以后,农业标准化和农业信息化的程度如何,成为农业现代化的标志和关键。

三、农业现代化的发展战略

(一)工业化战略

尽管农业的发展水平首先要受到本国资源禀赋的影响,但农业现代化的发展水平关键取决于一国工业化的发展程度。因为工业化以复杂的方式影响农业现代化的发展,工业化不仅可以增加对农业的化学、生物、机械、能源、通信信息以及科学技术等现代生产要素的供给,而且还可以吸纳农业剩余劳动力,增加对农产品的需求。如果一个国家的工业化采取的是以资本品工业(特别是重工业)为主的发展战略,将不利于对农业剩余劳动力的吸纳,也就不利于农业劳动生产率的提高;如果一个国家的工业化是从消费品工业化开始的,不仅有助于吸纳农业剩余劳动力,而且有助于推进农产品加工业的发展,扩大农产品的市场,增加农业自身的积累。

(二)城镇化战略

经验表明,城镇化发展有利于加速农业现代化进程。推进城镇化对农业现代化和农村发展的促进作用主要表现在以下几个方面:首先,城镇化快速发展,为农业发展和结构升级创造了条件。没有城镇化的快速推进,一个国家或地区的产业结构与就业结构就难以由第一产业主导的格局演变为第二产业主导的格局，再演进到第三产业主导发展的格局。其次，城镇化发展将推动产业的聚集和消费市场的拓展，对农业产业提升、增加就业和促进农民增收等具有积极意义。再次，城镇化为农业劳动力转移提供了强劲动力。随着经济系统的日趋完善和社会分工的不断细化，就业岗位将更多地由服务业来创造，城镇化在吸纳人口和增加就业方面将发挥主渠道作用。最后，城镇化的快速发展为城乡融合发展奠定坚实基础，促进城乡要素自由流动、平等交换和公共资源合理配置，加快推进农业农村现代化。

（三）市场化战略

现代农业是在市场经济高度发达的基础上产生和发展起来的，因而是一种市场化农业。市场化是推动农业发展的原动力，农业只有沿着市场化的方向深化改革，才能为产品和要素合理流动创造良好的条件，才能保持农民收入随着经济发展而不断提高。农业市场化水平越高，农产品交易成本越低，农业要素市场交易成本亦越低，农业产业结构与布局越优化。随着社会经济的发展，现代农业已经发展成为深深卷入世界农业生产体系和交换体系的农业，是实现资源配置全球化的现代化大农业。这种农业以农产品的高度商品化为前提，以合理的国际分工和国际专业化为依据，是一种国内市场与国外市场高度一体化的开放型农业。它表现为国内外农产品大规模交叉流动，农业生产卷入了具有相对稳定的国际分工格局之中，农产品和农业市场的国际化达到了很高的程度（宣杏云等，1998）。我国的农业生产必须面向世界市场，在市场化的基础上来配置各种农业资源，使得农业现代化建立在经济可行和可持续的基础之上。

（四）农业保护战略

农业本身所固有的一系列特征和弱点，要求政府在经济发展达到较高水平以后，要实施农业保护政策。农业保护政策的大目标是要解决农业的公平性发展与外部性问题，因而必然会带来效率的损失。乌拉圭回合之前发达国家的农业保护政策以农产品价格保护政策为核心，这种政策不仅带来了资源配置的扭曲、政策成本增加和效率降低，而且还带来了新的不公平问题。因而正如乌拉圭回合农业协议所规定的那样，这类“黄箱”政策要削减和限制使用。对农业实行保护政策是经济发展到一定阶段以后的必然要求和选择，然而农业政策手段的选择在解决农业公平发展和外部性的同时，必须考虑尽量减少农业保护政策为实现公平目标所引起的效率损失。这样的农业政策就是以“绿箱”政策为主的农业政策组合。这类政策在促进农业现代化实现的同时，不仅降低了农业保护政策的成本，而且也有利于提高农业的市场竞争力。

（五）质量兴农战略

随着城乡居民消费结构不断升级，优质农产品和服务需求快速增长，“有没有”已经不成问题，“好不好”“优不优”逐步成为主要矛盾。加快实施质量兴农战略，既是满足城乡居民多层次、个性化消费需求，又是提高农业发展质量效益、提高农产品附加值和市场竞争力，推进乡村全面振兴、加快农业农村现代化的必然要求。质量兴农战略主要从以下几方面推进：一是加快推进农业绿色发展，推进农业全程标准化，加快建立与农业高质量发展相适应的农业标准及技术规范，健全完善农业全产业链标准体系；二是积极培育提升农业品牌，实施农业品牌提升行动，培育有影响力的农产品区域公用品牌、企业品牌、农产品品牌，加强市场潜力大、具有出口竞争优势的农业品牌建设，打造国际知名农业品牌；三是提高农产品质量安全水平，保障农产品质量安全，守好质量兴农的底线；四是建设高素质农业人才队伍，实施新型农业经营主体培育工程，支持家庭农场、农民合作社、产业化龙头企业提升质量控制能力。

（六）可持续发展战略

在市场经济条件下，随着农业现代化的推进，不仅农民之间和农民与非农产业人员之间的收入差距会扩大，而且由于农业集约度的提高，农业发展所面临的生态环境问题会变得更为尖锐。可持续发展战略必须把农业生产、农民生活、农村生态环境作为一个有机整体，在强调农业发展的同时，更加重视自然资源的合理利用和环境的生态保护。坚持政府宏观调控和市场资源配置相结合，切实调动起农民、企业、社会组织各方的工作积极性，真正实现农业可持续发展。

（七）农业强国战略

农业强国战略就是依靠自身力量解决我国人民吃饭问题，对内改变农业在国民经济中的短板地位，对外彰显我国在国际农产品市场竞争中的优势，通过农业现代化，实现农业高质量发展，农民走向共同富裕。农业强国的主要特征表现为：农产品供给能力强，农业科技与产业创新能力强，农业可持续发展能力强，农产品国际竞争力强，农业现代化水平高。

数字资源 16-1　全国农业现代化规划（2016—2020 年）

第三节　农业标准化

一、农业标准化的概念、特点与重要意义

（一）农业标准化的概念

农业标准化（Agricultural Standardization）是标准化学科的一个分支，具体指以农业科学技术和实践经验为基础，运用统一、简化、协调、选优原理，把科研成果和先进技术转化成标准，并加以实施，以取得最佳经济、社会和生态效益的可持续过程。农业标准化是以农业为对象的标准化活动，即运用“统一、简化、协调、选优”原则，通过制定和实施标准，把农业产前、产中、产后各个环节纳入标准生产和标准管理的轨道。农业标准化的目的就是将农业科技成果与生产实践经验相结合，制定成文字简明、通俗易懂、逻辑严谨、便于操作的技术标准和管理标准，向农民推广，以生产出优质、标准、高产的农产品，实现农民增收；同时能保护生态环境，实现可持续发展[①]。

① 详见：沈雪峰，舒迎花．农业标准化体系．广州：华南理工大学出版社，2016.

(二)农业标准化的特点

农业标准化的特点是和农业本身的特点紧密相关的。农业本身所具有的特点在农业标准化的特点中得到了进一步的反映,并融合在农业标准化的特点之中。

1. 生物性特点。农业技术是在不易控制的自然环境中,通过动植物的生命过程来实现的。在一定时间和空间内将哪些产品、哪种农业技术列为标准化对象,都要受到具体的社会经济条件和自然条件的制约。相对而言,农业新技术、新方法的开发、转让与推广比工业的难度大。例如,同一项农业新技术,在不同条件下产生不同结果。农业生产条件千差万别,气候、土壤、水分以及农业结构等,都会对农业技术产生不同的影响。同时,农业标准化对象受外界影响的相关因素较多,受自然条件影响较大,致使经济效果有所差异。因此,在制定、实施农业标准过程中,要充分注意农业标准化对象的这一特点。

2. 区域性特点。农业标准化是以农业为对象的标准化活动,受农业本身的影响较大。而农产品因地区不同,其品质会有很大差异,同一农业技术因地区不同其效果也不一样,所以农业标准化具有明显区域性,必须因地制宜。例如,世界上许多国家按照自然条件、地理环境和农作物特点,划分了各种"生长带",如玉米带、棉花带、草原放牧带等,这就是考虑到了农业区域性的特点。在我国的标准中设有农业地方标准,也是考虑了农业标准化地域性较强的特点。

3. 复杂性特点。农业标准化的主要对象是活的有机体,它们种类繁多,各有其生长和发育的规律且生产周期较长,这就使得农业标准化工作要比其他行业的标准化工作复杂。制定(修订)农业标准所进行的生产试验,一般一年只能进行一次,稍有失误或试验失败,一等就是一年,这与制定工业标准显然不同。一般来说,制定一项农产品标准至少要有 3 年的统计数据,制定一个农作物品种标准至少要 3 年以上,制定种畜、种禽品种标准的时间更长。

4. 全程性特点。农业标准化涵盖农业生产的产前、产中、产后全过程,包括农业生产资料、农业自身生产过程、农产品市场流通领域。农业标准化的实施,实现了农业产前、产中、产后过程标准化,特别是对产前的投入品、基础设施实施标准,产中的过程操作进行规范,从而提升农产品的品质和效益。通过农业标准化的实施,可以提升生产效率、规范过程控制、提高农产品质量、保障食品安全、促进农产品国际贸易、促进农业技术推广,最终产生良好的经济、社会和生态效益。

5. 文字标准和实物标准同步特点。文字标准来源于实践,是客观实物的文字表达。但是,文字标准较抽象,由于人们的理解能力或认识程度不同,会产生不同的结果。而且有些感官指标如色泽、口味很难用文字确切表达。如 GB 2635—1992《烤烟》是根据烟叶的成熟度、叶片结构、厚度、油分、色度、长度、残伤 7 个外观品级因素区分级别。以颜色为例,柠檬黄色、橘黄色、红棕色、微带青色、青黄色、杂色等 10 余种,人们很难掌握,应用比色板标准和烤烟实物标准加以对照,才能使这个标准得到全面贯彻。因此,农业标准特别需要制作实物标准,使得文字标准与实物标准共存,才能顺利地贯彻实施农业标准化。

(三)农业标准化的重要意义

农业标准化是促进农业结构调整和产业化发展的重要技术基础,是规范农业生产、保障消费安全、促进农业经济发展的有效措施,是现代农业的重要标志。农业标准化是实现农业现代化的一项综合性技术基础工作,对农业现代化有着十分重要的意义。

1. 农业标准化是发展现代农业的重要保障。随着农业科学技术的快速发展，农业生产的专业化、社会化程度越来越高，农业生产规模越来越大，技术要求越来越复杂，生产之间的协作越来越广泛而深入，这就必须通过制定和实施农业标准，简化工作程序，选择最优方案，建立最佳秩序，来促进各种农业生产的产前、产中、产后全过程有机地联系起来，通过农业标准化来加快推进农业现代化。

2. 农业标准化是实现农业科技成果转化的重要举措。农业标准化既源于农业科技创新，又是农业科技创新转化为现实生产力的载体。通过标准化活动，将科技成果制定成供人们共同使用的农业技术和管理标准，实现了科技成果渗透到农业生产的全过程，加速科技成果转化为现实生产力，确保我国农业生产力的持续发展。农业标准化对于加快推广应用农业科技成果，实现农业科技成果转化为现实生产力，从而提高农产品的产量、质量和效益，推进农业现代化进程具有重要的意义。

3. 农业标准化是推进农业产业化的重要手段。农业产业化就是引导农业走规模化、标准化、市场化的道路，而农业标准化则是农业产业化的基础。农业产业化的实施过程不仅是农产品生产、加工、流通和销售等行为的标准化过程，也是规范千家万户农民的生产行为和应对千变万化的农产品市场的过程。因此，加强农业标准化工作，建立健全农业质量标准体系、农产品检验检测体系、农产品认证体系等，将有力地推动和促进农业产业化健康、快速发展。

4. 农业标准化是增强市场竞争力的重要保证。农业标准化是提升农产品质量安全水平、增强农产品市场竞争能力的重要保证。实现这个目标，一项很重要的工作就是大力推行农业标准化。通过标准化的技术和管理手段，实现对农业生产的全过程控制，积极开展农产品质量认证，促进建立健全农产品质量安全体系，提高农产品质量安全水平。农业标准化有利于缩小中国与发达国家农业的差距，突破国际贸易技术壁垒，使农业逐步实现与国际接轨，以提高农产品的市场竞争力。

5. 农业标准化是实现农业可持续发展的必然选择。农业标准化的推广与实施，规范生产与消费行为，有利于合理利用与高效配置资源，保护生态环境与生物多样性，维持生态平衡。依靠科技逐步减少有害农业投入品的使用与农业废弃物的污染，使污染物产生量最小化，并使废弃物得到无害化处理；加快绿色食品、有机食品和农产品地理标志认证发展和良好操作规范以及危害分析关键控制点等质量体系认证，促进农业可持续发展。

二、农业标准化的基本原理

农业标准化原理是指人们在农业标准化实践活动中总结出的农业标准化活动的内在规律。它是农业标准化理论的核心组成部分，是农业标准化活动基本规律和本质的理论概括，是对大量农业标准化活动的实践过程和结果，经过不断归纳、反复推理、验证提升而得出的最具有普遍意义的指导思想和方法规则，既能够正确指导农业标准化活动，又能够不断接受农业标准化活动的检验，在农业标准化活动中不断完善和提高。

（一）顺应生长原理

农业过程的本质是生物生长发育的持续过程，农业标准化所能反映出来的是人的操作行为在符合生物持续过程基础上的目标性的客观推动，所以制定标准的依据只能是人在研究和认识生物过程本质的基础上的客观规律反映。生物一旦进入某个农业生产过程，就会在自身规律的约束下前进,任何以外的措施,只能让这种运动的进程放慢或者加速。否则运动方向就会逆转,或者成为别的生物的生活基础。因此,农业标准化既然是对这一过程的客观反映和规则制定,那么就必须顺应这种运动的本质,并且以既定标准促进对生物过程本质的更明晰、更精确的发现和反映,其结果便成为制定(修订)标准的依据。

(二)环境依赖原理

农业生产过程具有明显的产地生态性和较强的环境依赖性,生物生产及其产品内在品质取决于该生物对产地生态环境的最佳适应性。农业生产在确定了生物(或品种)之后,必须要在适合其生长发育的特定生态环境中开展生产,才能取得理想的结果。否则,即便利用任何先进技术所生产出来的产品,其品质和风味也远不如原产地自然生态环境下的结果。农业标准化如果不遵从这一原理,就无法实现产品质的飞跃。

(三)不确定性原理

由于生物生命过程与环境之间的多因素应变平衡成为复杂的变化系统,使得农业标准化中的任何步骤的重复结果不会同值。以水稻产量为例,同一品种不同年份产量不一样,同一品种不同地块产量也不一样。在农业标准化中,措施的效果(最值)始终表现在一个范围之内,每一次重复的结果不会与前次相同。

(四)时滞效应原理

农业标准化的任意措施与效果表达之间总存在着明显时差。农业标准化实施应用一个措施之后,可能需要几天甚至十几天的时间,才能表现出效应来,我们视其为一种缓慢表达性。这种现象在面对生物生产的农业标准化操作过程中是永远存在的,它是由于农业过程的复杂性所导致的。

(五)系统补偿原理

农业过程中的生物生长发育会对不良环境的作用表现出较强的应激能力,以补偿环境对自身的损伤。这种补偿往往会在一定范围内超过原有损失量,从而促进了生物体的自卫性增产反应。在农业标准化中,充分审视与随时把握过程振荡脉搏,并采取动态调制措施以取得系统新的正向发生,从而把握最佳秩序过程的平稳推进。

(六)过程多路原理

农业过程的每一个阶段,由于影响因子的复杂性,导致产生同一结果的过程表现非唯一性。农业过程的每一个位点或者阶段,由于采取措施达到同一目标的多通道现象,导致生产同一结果的过程表现非唯一性。这一原理体现了农业标准化过程具有较强的灵活性。这是由于系统内影响因子的复杂性和生物本身的多样性所致。即每一个目标的实现,至少有两种途径可以达到。

(七)质量多层原理

农业标准化过程中的某个环节的质量与其下一环节的质量及其最终产品的质量之间存在

着一定的非依赖关系;同一农业标准化过程后的最终产品质量亦非同质。即便是应用一样的标准管理方法和技术过程,农业过程的最终产品仍然会出现质量多层现象,绝不会出现像工业产品那样的相同规格。

(八)相互作用原理

因农业过程的复杂性使过程内诸因子之间产生相互作用与平衡,伴随反馈机制的调节,为之制定并应用标准的过程仍然会产生相互作用。应充分发挥和应用客观上反映出农业标准的正向互作性,实现农业标准在复杂过程中应用的高效性和增强性,达到系统论中的简单表示:"1+1>2"的互作效果。

三、农业标准化的经济效应

(一)公共物品服务效应

按照所有权属性进行分类,农业标准可以分为公共标准和企业标准。在某种程度上,农业标准可谓是一种公共物品,具有非竞争性和非排他性属性。主要因为大多数农业公共标准的制定更多考虑的是所有生产者和消费者的利益。农业生产是自然再生产与经济再生产相互融合的过程,与农业产业标准化相关的知识与技能体现更多的是一种社会财富。正因为如此,标准作为一种公共物品,更多的标准是由政府制定,私人部门没有足够的意愿来制定标准,并且农业标准化的实施也大多是在政府主导和支持下进行的。农业标准不仅具有公共物品的属性,而且也可以看作是一种技术基础设施,并且农业标准普及得越快越广泛,共享资源信息获得范围就越广,其对农业经济增长的影响就越强。从理论上来讲,具有技术基础设施作用的农业标准建设能够提高人力、资本等生产要素的生产率。农业标准化有利于先进农业技术的普及与推广,从而提高整体经济效率。

(二)规模经济效应

农业标准的直接经济作用就是在一定程度上实现农产品生产与消费的兼容,这既有利于使农业生产者获得规模经济,也有利于提高市场交易效率和农产品质量。农业标准化有利于实现适度规模经营,具体表现为:一是有利于单个农业生产者实现生产要素的有效配置;二是有利于形成产业集聚,通过更加广泛的分工与协作,实现外部经营规模的扩大。由农业技术进步带来单位产品平均成本的下降和农业生产效率的提高,是农业领域产生规模经济的重要途径。农业标准化过程更倾向于技术水平的提高而形成的生产要素资源的重新配置,具体来说,农业标准是先进适用技术的载体,是农业技术进步的基础。农业标准化要求生产经营者按着统一标准进行生产,在生产过程中不断优化各种生产要素的组合,提高农业生产效率,增加农产品产量,降低农产品的平均生产成本。

(三)交易成本节约效应

首先,农业标准化有助于增加市场透明度,降低搜寻成本。当消费者很难准确知道某种农产品特征的信息时,通常要花费很大的搜寻成本来了解其质量属性,这时交易成本问题就产生了。如果购买者对农产品质量信息不明确,市场上往往会出现逆向选择现象。采用最低质量标准和产品质量分级标准就有助于解决这个问题，比如过程标准和产品认证标准等作为共享的公共资源，可以作为缓解农产品市场信息不对称的有效手段之一。其次，农业标准化有助于降低合约签订费用。农业产业链某一环节的单一标准化难以产生较高效益，更深入地推行标准化，需要上下游更紧密地整合才能实现。上下游生产者之间的合作一般通过订单或契约的方式来完成，而相关标准在合作中起到规范生产和责任约束的作用。一方面农业标准化使得农业生产的管理更加规范化和常态化；另一方面农业标准化能够提高农业生产者在与上下游生产经营者交易谈判中的地位，降低合约签订费用。再次，农业标准化有助于降低交易风险损失。农业标准化的推行从产前生产资料的供给、产中标准化生产再到产后标准化加工环节，实现了全程控制，有利于建立食品可追溯体系，有助于防范产前投入品原料供应商的欺诈行为和上游生产者隐瞒生产的投机行为，降低农用生产资料和农产品的交易风险。

（四）网络外部效应

在网络经济时代，互联网已经渗透到我们生产和生活的方方面面。在互联网上，用户人数越多，每个用户得到的效用就越高，网络中每个人的价值与网络中其他人的数量成正比，这被称为网络外部效应。对于一项新的农业技术而言，采用的农业生产经营者越多，产生的外部经济效应也就越大。如果农业标准是农业新技术的载体，那么农业标准化的推进对农业生产经营者来说，只有足够多的人采用了这些标准，即使用者超过了一定的容量或生产规模以后，净收益才能够是正的。将更多的农业生产经营者组织起来，加入农业标准化当中来，会产生报酬递增的效应。从经济角度来说，单个或小范围的农业生产经营者开展农业标准化，其递增的效应较小。只有广大的农业生产经营者通过订单、合作社、公司等有效地组织起来，在较大的规模和较长的产业链中推进农业标准化，才能形成网络外部效应。

数字资源 16-2
农业标准化的基本构成

本章小结

人类农业生产的历史经历了原始农业、传统农业和现代农业的发展阶段，它们之间由于生产力水平不同而具有质的区别。现代农业是农业现代化的目标，农业现代化是实现和发展现代农业的过程及手段，二者是目标与过程及手段的关系。农业现代化是由传统农业向现代农业转变的过程，是现代集约化农业和高度商品化农业相统一的发展过程。农业现代化主要特征是实现过程的动态性、世界性、内容的广泛性、地域性和阶段性以及历史继承性，农业现代化的主要内容是农业生产手段的现代化、农业生产技术的现代化、农业劳动者的现代化、农业组织管理的现代化、集约化、可持续化和农业标准化与信息化。农业标准化是推进农业现代化、产业化的重要支撑，是农民增收的有效途径，是农业科技成果转化为生产力的纽带和桥梁，是促进农业可持续发展的重要手段。

复习思考题

1. 农业发展分为哪三个阶段？它们的基本含义是什么？
2. 现代农业的内涵与特征是什么？
3. 农业现代化的基本内涵是什么？农业现代化有哪些基本特征？

4. 农业现代化的主要内容有哪些？
5. 何谓农业标准化？农业标准化的特点与重要意义是什么？
6. 农业标准化的基本原理有哪些？
7. 试分析农业标准化的经济效应。

参考文献

[1] 戴炳业，刘慧，李敬锁．中国农业农村现代化探索与实践研究．北京：科学技术文献出版社，2019.

[2] 丁泽霁．世界农业：发展格局与趋势．北京：农业出版社，1991.

[3] 何传启．现代化科学：国家发达的科学原理．北京：科学出版社，2010.

[4] 黄国勤．农业现代化概论．北京：中国农业出版社，2012.

[5] 雷海章．现代农业经济学．北京：中国农业出版社，2003.

[6] 李鑫，刘光哲．农业标准化导论．北京：科学出版社，2018.

[7] 农业部软科学委员会办公室．农业现代化与可持续发展．北京：中国农业出版社，2001.

[8] 农业部软科学委员会办公室．农业发展战略与产业政策．北京：中国农业出版社，2001.

[9] 沈雪峰，舒迎花．农业标准化体系．广州：华南理工大学出版社，2016.

[10] 王冀川．现代农业概论．北京：中国农业科学技术出版社，2012.

[11] 西奥多·W．舒尔茨．改造传统农业．北京：商务印书馆，1987.

[12] 宣杏云，王春法．西方国家农业现代化透视．上海：上海远东出版社，1998.

[13] 杨万江，徐星明．农业现代化测评．．北京：社会科学文献出版社，2001.

[14] 尤吉诺·海亚密，弗农·拉坦．农业发展：国际前景．北京：商务印书馆，1993.

[15] 约翰·梅尔．农业经济发展学．北京：农村读物出版社，1988.

第十七章　农业可持续发展

本章学习要点

- 常规现代农业所面临的困境与挑战
- 农业可持续发展的内涵与基本特征
- 影响农业可持续发展的主要因素
- 中国生态农业的内涵与基本特征
- 持续农业的发展趋势

第一节　常规现代农业所面临的困境与挑战

19 世纪 40 年代以后,发达国家结束了几千年的传统农业而进入了现代农业阶段,也称工业式农业或石油农业阶段。现代农业使人类在农业生产方面取得了长足的进步,农业生产率大大提高,粮食产量大幅度增加,在很大程度上满足了人口增长和食物营养要求提高的需要,在一定程度上缓解了因人口爆炸而造成的粮荒及其他威胁。但是常规现代农业发展也给世界带来了亟待解决的问题,如生产效益下降、农业环境污染、生态环境恶化、农业资源枯竭等,这些问题使得现代农业的发展面临着重重困难,受到了极大的挑战。

一、农业的投入产出比在下降

20 世纪中叶以来,世界农业取得了飞速的发展。人类通过常规农业现代化取得巨大成就的同时,其投入产出比却不断下降。1950—1985 年,世界谷物总产量从 7 亿吨增至 18 亿吨;肉类贸易量从 200 万吨增至 1 100 万吨。与此同时,全球拖拉机总台数增加了 3.6 倍,化肥施用量加了 9 倍,农药用量增加了 32 倍,灌溉面积增加了 2.5 倍。在不可更新的资源方面,农业的化石能源(石油、煤及天然气)用量,1985 年比 1950 年增加 6 倍,平均年增幅达 6%。化石能源的集约使用对农业的增产最有效,而其持久性最成问题。把制造和使用农机、化肥和农药的能量,灌溉电耗及农业燃料折成工业能(标煤)耗,可以发现它与农业现代化的水平的提高有密切的正相关关系。从 1950—1985 年的 35 年间,全世界谷物的平均单产水平增长了 0.77 倍,达到每公顷 2.3 吨,年平均增长率为 2.5%。而相应的农用工业年耗能竟达 6 倍,年平均增长率为 5.7%。然而这些工业能源都是一次性资源。第一次石油危机以来,世界性一次性能源生产的增产率已显著下降,为 2.8%(程序等,1997)。据联合国环境与发展委员会的预测,把发展中国家人口增长和生活水平提高的需要计算在内,预计全世界的食物生产年增率应在

3%～4%。如果仍按常规农业对工业能源的利用率，就意味着一次性能源的生产及用于农业的份额的年增长率应在6%～8%及以上。显然，一次性能源生产的增长是绝对满足不了需要的。另一种计算表明：要是发展中国家到2025年都达到发达国家目前的生产水平，全球商品能源生产至少需增加5倍。

二、农业对环境的污染与生态的破坏

现代农业的发展使粮食生产与消费的矛盾虽有所缓和，但生产与自然的矛盾却激化了。从理论上说，现代农业生产方式在环境、生态上的不合理性主要表现在两个方面：一是从系统整体上看，结构单一，特别是单一经营的高度专业化系统，缺乏时间和空间上的连续性。种植农作物的农户与饲养畜禽的农户相互分离，不像传统农业那样植物、动物相互利用能量和废弃物质，因而物能不能得到充分利用。一方面是农田有机质下降，另一方面却是牧场粪污成灾，污染环境。从时间连续性上看，系统稳态的维持，排斥了生物群落的演替和系统在一定限度内自我调节的可能性，从而完全靠人工管理，耗费了大量经济能量，并导致土壤结构恶化，水土流失严重。二是从系统的结构上看，现代农业通过大量化肥、农药、机械动力等无机能量的投入，缩短草牧食物链，并以大量的物质离开农业系统而输出，因而造成了系统有机质和养分的亏损。靠大量投入机械、化肥、农药和饲料添加剂来维持农业系统的高产量，破坏了传统农业在某种程度上保存的一种农业系统内部的调控机制(宣杏云等，1998)。由于过度施用氮化肥，以及集约化饲养场的巨量厩肥处理不当，致使发达国家氮素施用量的1/4进入地下水。美国、英国、德国等发达国家已出现了饮用地下水硝酸盐含量超标而不得不采取封闭水井、限制氮化肥施用量及设立饮水保护区等对策。现已有20多种农药残留物在一些国家的地下水中检出。发展中国家每年因农药中毒死亡1万人以上，受严重伤害的达40万人以上。此外，由于工业能源的大量使用，其中包括农用物资化肥、农药、塑料及农机工业、农用建筑这样的耗能大户，使空气中的二氧化硫成分大量增加，造成环境的酸化(程序等，1997)。

三、农业自然资源日益减少和恶化

农业是严重依赖自然资源的产业，然而现代农业的发展却使各种重要的自然资源日益减少和退化。

(一)土壤退化沙漠化现象严重，耕地资源减少，人地矛盾日益突出

20世纪50年代后日趋严重的乱垦滥伐、超载过牧等所造成的水土流失和土壤退化、沙化的速度惊人：水土流失面积(指导致毁田的)每年达1 100万公顷，沙化面积每年600公顷，世界35%的耕地侵蚀速度超过了土壤形成的速度，据估计，每10年丧失7%的表土(程序等，1997)。据美国的莱斯特·布朗计算，地球上的人口每15秒钟增加44人，在同一个15秒钟内，全世界的可耕地减少1公顷。

(二)水资源减少

虽然水是地球上最丰富的资源，但人类可以利用的淡水资源只是世界水资源的0.003%(大约14亿千米^3)，而且分布很不均匀，一些地方水量丰沛有余，另一些地方则水量稀少，甚至蒸发量大于降水量。随着世界人口增长和经济发展，世界的淡水用量一直在稳步增长。在

1900—1975 年,世界的农业用水量增加了 7 倍,工业用水量增加了 20 倍。最近几十年,世界用水量以每年 4%～8%的速度持续增加。虽然农业是用水大户,但在社会用水都在增加的过程中,农业却处于竞争的劣势地位。

(三)森林资源破坏速度加快

森林是陆地上最重要的生态系统,除提供木材和各种林木产品外,还有涵养水源、保持水土、调节气候、保护生物多样性、维护生态平衡等重要作用。据估计,世界森林和林地面积一度可能达到 60 亿公顷,但由于人口增长和农牧业生产的发展,越来越多的森林被砍伐成了农田和牧场,近代工业的发展更加速了森林的消耗速度。到 1954 年,森林和林地面积减少了 1/3 左右。1985 年以来,全世界平均每年有 1 700 万公顷的热带森林被毁。目前,毁林面积最大的是美洲,每年达 561 万公顷;其次是非洲,每年达 368 万公顷;亚洲每年毁林面积为 202 万公顷。而全世界植树造林每年只能补偿损失面积的 10%左右(宣杏云等,1998)。

(四)生物资源锐减

生物资源包括植物、动物和微生物三大类。生物资源的价值不仅在于其直接的经济价值,也体现在其间接的价值方面,如环境功能价值、选择价值和存在价值。但由于人类活动的破坏,地球上的生物资源正以惊人的速度减少。据估计,全球物种有 1 000 万～2 000 万种,这种巨大的遗传资源有利于农业生产的稳定发展。但日益发展的商品化生产方式,使人们只注意其中的 150 种植物和 15 种牲畜,其他大多数物种遭到淘汰。目前,每年生物物种灭绝数量达 4 万种。从 20 世纪初以来,全世界已有 75%的农作物和近半数的牲畜品种已经绝迹。联合国环境规划署发表的报告称:12%的哺乳动物和 11%的鸟类濒临灭绝;每 24 小时有 150～200 种生物物种从地球上消失,40 多种鱼类因过度捕捞而濒临灭绝(冯保初,1996)。

农业生产是对土地、生物、水、气候等自然资源和自然条件的改造与利用的过程。从上面的分析可知,现代农业主要问题在于它忽视了人与自然之间的协调,造成了人与自然的过分分离,使农业生产的代价越来越大,也越来越难以持续。传统现代农业的困境给人类带来了一系列的启示和思考。

1. 在处理同自然的关系时,不能用征服者统治被征服民族那样的态度来残酷地对待大自然,而应变征服自然为协调自然,使农业生产更符合客观规律。

2. 农业生产必须尽量利用自然机制和可更新资源,尽量保留自然生态结构和功能,充分利用生态系统的自我控制和自我维持的功能。农业生态系统偏离自然状态的结构和机能越远,要维持这种人工状态的代价就越大。

3. 农业生产必须遵循生态规律和经济规律,而且必须始终以遵循生态规律为基础,经济结构必须与生态结构协调一致,而以保持生态系统结构和生态平衡为前提条件。

4. 保护环境和合理利用资源是农业持续发展的重要前提,在解决生产与消费之间矛盾的同时,必须处理好生产与环境之间的关系。

常规现代农业所产生的一系列问题,促使人类不得不努力寻求新的出路,寻求新的农业发展模式。在保护资源环境的同时,持续地增加农产品产量,提高农业经济效益,满足日益增加的人口和不断提高生活质量的需要,实现自然资源的永续利用和农业的持续发展。这有力地推动了新的农业发展战略和全新的农业生产模式——持续农业的诞生和发展。

第二节　农业可持续发展的内涵、特征与影响因素

一、农业可持续发展的内涵与基本特征

(一)农业可持续发展的内涵

对于什么是农业可持续发展，自 20 世纪 80 年代以来就有多种不同的解释，但随着 80 年代后期可持续发展概念被明确界定，可持续发展理论体系逐步完善，农业可持续发展内涵趋于定型。1991 年 4 月，联合国粮农组织在荷兰召开有 124 个国家的高级专家出席的国际农业与环境会议，通过了著名的《登博斯宣言》，进一步阐明了可持续农业概念的确切内涵。《宣言》对可持续农业界定为“管理和保护自然资源基础，并调整技术和机构改革方向，以便确保获得和持续满足目前几代人和今后世世代代人的需要。这种(农业、林业和渔业部门)持续发展能保护土地、水资源、植物和动物遗传资源，而且不会造成环境退化，同时技术上适当、经济上可行，能够被社会接受。”

据此，农业可持续发展的内涵是:在满足当代人需要，又不损害后代满足其需要的发展条件下，采用不会耗尽资源或危害环境的生产方式，实行技术变革和机制性改革，减少农业生产对环境的破坏，维护土地、水、生物、环境不退化、技术运用适当、经济上可行以及社会可接受的农业发展战略。不造成环境退化是指希望人类与自然之间、社会与自然环境之间达到和谐相处，建立一种非对抗性、破坏性关系;技术上运用适当是指生态经济系统的合理化并不主要依靠高新技术，而以最为适用、合理的技术为导向;经济上可行是指要控制投入成本，提高经济效益，避免国家财政难以维持和农民难以承受的局面;能够被社会接受则是指生态环境变化、技术革新所引起的社会震荡，应当控制在可以承受的范围内。

(二)农业可持续发展的基本特征

1. 经济持续性。经济持续性主要关注农业生产者的长期利益。其中一个重要问题就是产量的持续性。土地退化和其他环境问题将改变作物的生长条件，从而影响产量。可见这种持续性的经济关注与生态关注是联系在一起的，但这里着眼于未来生产率和产量，而不是自然资源本身。经济持续性的另一个重要方面是农业经营的经济表现和可获利性。在市场经济中，由于农产品价格相对低下、产量减少、生产成本上升等原因而不能创造足够利润的农场是不能自我持续的。因此，农业要持续，就必须使生产者有利可图。实际上农业的经济持续性是与其生态持续性紧密联系的，如土地退化是生态问题，但其后果显然会在经济上反映出来。

2. 社会持续性。持续性的社会方面强调满足人类基本的需要(食、住、衣等)和较高层次的社会文化需求(如教育、就业、娱乐、平等、安全等)。持续不断地提供充足而可靠的农产品(特别是粮食)以满足社会需求，这是持续农业的一个主要目标。在发展中国家，较为迫切的要求常常是解决温饱、避免饥荒，这就是所谓食物充足性问题和承载能力问题。在发达国家，满足需要一般意味着提供既充分又多样的农产品以满足消费需求和偏好，并确保安全可靠的供给。粮食自给问题已引起各国普遍重视，它意味着不仅要生产出足够的粮食来满足要求，而且意味着粮食供应要立足于国内已有的或潜在的生产能力，以降低国际市场上供给不确定性或价格

冲击带来的风险。而更多的注意力则集中在长期食物充足性上，持续的食物生产系统必须跟上不断增长的需求。由于人口继续增长和欠发达国家人均收入的不断改善，对未来农产品的需求不可避免地要大大增长。

社会持续性概念一般都有公平的含义，包括代际公平和代内公平。代际公平指为后代保护资源基础，保护他们从资源利用中获得收益的权利和机会。代内公平指资源利用和农业活动的收益在国家之间、区域之间和社会集团之间公正而平等的分配。导致环境退化从而使将来生产成本或环境治理成本增加的农业生产系统，损害其他国家、地区和社会集团利益的农业系统，都不能认为是可持续的。有时这两种平等问题互相交织。例如，有些地区尚未解决温饱问题，这是代内不公平；这又迫使当地农民为求生存而采取一些可获暂时效益但破坏环境和资源基础的活动，从而损害了后代的权利和机会，留下代际间不公平的后患。

3. 生态持续性。生态持续性主要关注生物的自然过程以及生态系统的永续生产力和功能。长期的生态持续性要求维护资源基础的质量，维护其生产能力，尤其是维持土地的产量。生态持续性还要求保护自然条件，特别是保护农业自然条件、基因资源和生物多样性。当代农业的显著特点就是频繁耕耘、集约单一种植、高能源、高密集投入，这已造成土壤侵蚀、养分流失、土壤板结、土壤污染等严重问题，损害着土地资源的生产能力。这种农业是不能长期持续的。

二、影响农业可持续发展的主要因素

农业可持续发展是一种多要素、全方位、综合的发展，它不仅取决于经济因素，而且取决于与经济因素有密切联系的非经济因素，涉及人口、教育、自然资源、环境、技术进步和制度等多种因素。

（一）人口与农业可持续发展

1. 人口增长对资源、环境及社会系统的压力。人口是经济与社会系统的核心，是发展的原动力和终极受益者。因此，人口与资源、环境、经济、社会的相互协调，便成为农业可持续发展的基本问题。一般认为，世界性人口爆炸是从 18 世纪中叶开始的。由于三次技术革命引起了社会生产力的极大发展，至 20 世纪后半叶，世界人口增长已达到前所未有的水平。1950—1990 年，发达国家总人口增长了 45%，发展中国家则增长了 143%。现在，发展中国家人口占世界人口的近 80%。据联合国人口处的预测，在 1990—2025 年，世界人口将增加 32 亿人，其中 30 亿人将出生在非洲、亚洲和拉丁美洲的发展中国家。发展中国家人口增长过快，可能导致资源环境的破坏和经济上的贫困与落后，并引发一系列的社会问题。联合国的一项报告表明，全球支持植物生存的土地在过去的 45 年内已有 17%失去价值。从资源方面来看，人口过多，必然造成对资源的过度需求，导致资源过度消耗，从而加重资源危机。人均资源量的进一步降低，将使农业资源负担过重，工业资源供给不足，必然削弱人均产出的提高和可持续发展的能力。从环境方面来看，人口过多将增加对资源的利用强度，对生态系统造成破坏，为满足人口群体生产和消费的增加，土地沙漠化、森林和草场的破坏、温室效应等随之而来。人口的过快增长，使得发展中国家的农业剩余劳动力问题更为严重，进而会加速人口的聚集和迁移，从而引起城市化质量下降、失业增加、治安混乱等一系列社会问题。

2. 人力资本积累与农业可持续发展。过快的人口增长将不利于农业的可持续发展。那么合意的、有利于农业可持续发展的人口规模是什么呢？法国人口学家索维(Alfred Saury)提出了适度人口理论，他认为适度人口是使社会发挥最大效率的人口。其含义主要是，人口再生产实现最低限度的扩大，生育受到控制，人口结构得到协调，人口寿命得到延长，人口素质不断提高。人口是一定数量和一定质量的统一体。对于农业的可持续发展来说，在控制人口数量的同时，关键在于提高人口的质量。因为随着社会的发展和农业现代化的推进，农业劳动力会不断减少，但现代农业对农业劳动力素质的要求却不断提高，因而增加人力资本积累，对于农业的持续发展至关重要。

人力资本是体现于人自身上的各种知识、技能及体力的存量。人力资本积累通过人力资本投资形成。这种投资包括正规学校教育、职业培训、医疗保健、迁移等多种形式，其中教育是人力资本投资中最重要的部分。理论和大量的实证分析都表明，人力资本是实现农业可持续发展的主要动力和决定因素。

人力资本积累能提高自然资源的利用效率。人力资本的提高，将通过劳动者技能水平的提高来增进物质资本和自然资源的使用效率，节约自然资源和物质资本，使农业的可持续发展成为可能。人力资本与其他农业生产要素相结合，能使农业经济产生递增收益，这是人力资本所包含的生产能力。人力资本的配置能力为农业可持续发展提供了理论上的保证和实践上的可能性。面对环境污染、不可再生资源耗竭等难题，促进人力资本的积累，将提高人们进行农业可持续发展的意识和能力。

人力资本积累有利于改善人们的收入分配状况。造成农民贫穷的主要原因不是所占有土地的多少，而是人力资本积累太少。提高人力资本积累水平，是提高农民收入，改变人们收入分配状况的最根本性措施。这是由于：第一，人力资本的收益率大大高于物质资本的收益率，使国民收入中资产所贡献的份额减少，劳动贡献的份额增加。第二，人力资本积累的途径较多，在人群间的分配要比物质资本或现有资产的分配更为平等。第三，人力资本的提高有利于农业劳动力脱离农业，减轻农业人口对自然资源的压力。

(二)自然资源与农业可持续发展

自然资源是指一切能为人类提供生存、发展、享受的自然物质与自然条件，如土地资源、水资源、矿产资源等，它们是生产的原料来源和布局场所。对于农业生产来说，自然资源更为重要。但农业中的自然资源如土地、水等，呈现出越来越明显的有限性或稀少性，并且质量在不断地恶化。自然资源是农业发展的基本因素，随着人口的增加和人们生活水平的提高，社会需要更多的农产品，迫使人们要提高对自然资源的利用强度，这就构成了自然资源与农业可持续发展的矛盾冲突。

1.自然资源的永续利用是农业可持续发展的物质基础和基本条件。农业可持续发展的本质是人类社会自身的永续生存和发展，农业自然资源的利用不能只顾及当代人的利益，还必须关注后代人发展的需要。自然资源支持着自身及人类的持续发展，其承载力预示着世界及各国人口的规模，也制约着人类经济社会结构的规模。如果没有自然资源系统的持续发展，也就没有农业的可持续发展，那么人类的可持续发展也就成为一句空话。

2.实现农业可持续发展的自然资源利用原则。如何实现自然资源的可持续利用，是农业可持续发展的关键之所在。在农业现代化的发展过程中，人们在不断努力获得外部资源的同时，在人类社会有意义的时间和空间尺度上，就自然资源的数量和质量的总体水平而言，农业利用自然资源的选择空间不断缩小，这就要求我们在农业现代化发展过程中，要遵循以下两项原则。

(1)最低安全标准原则。最低安全标准是鉴于生态供给具有阈值以及生态系统的不可逆性，为实现资源的可持续利用而提出的一个概念。在生态供给阈值以内，生态系统或可再生资源具有自净和恢复能力，使人类可以持续利用。然而，一旦持续超过这个阈值，则生态系统或可再生资源的净化或吸收能力将萎缩或丧失，造成永久的损失，以至于人类必须支付一定的额外费用，才能补偿其不良后果。生态供给阈值是维持生态功能持续性的最低存量水平。许多重要资源，如森林、河流、湖泊、土壤等都存在生态阈值，因而，农业生产的发展不能超过生态供给阈值，这样才能保证农业的可持续发展。

(2)公平性原则。农业可持续发展的公平性原则，不仅要求自然资源利用的代际公平，而且还要求实现代内公平。代际公平就是在农业开发利用自然资源时，不仅要考虑当代人的利益，而且必须兼顾后代人的需求，使后代人不至于丧失与当代人平等的发展机会。在涉及代际问题时，应将代际公平视为对可供选择的可行方案的约束条件，必须对传给下一代的资源基础的质量加以保护。代内公平一般指国家范围内的同代人的公平，即公平分配有限资源，特别是土地资源。当今世界的现实是，一部分人富足而大部分人则处于相对贫困甚至绝对贫困的状态，特别是农村人口与城市人口收入差距较大，贫困人口主要在农村。这种贫富悬殊、两极分化的世界，是不可能实现可持续发展的。因此，要给世界以公平的分配和发展权，把贫困作为农业可持续发展进程优先解决的问题来考虑。

(三)环境与农业可持续发展

环境是指与人类密切相关、影响人类生活和生产、在自然或人类作用下形成的物质和能量及相互作用的总和。它主要包括生态系统以及人们对之作用而产生的各种依存关系。环境一方面是人类生存和发展的物质基础和空间条件；另一方面又承受着人类活动产生的废弃物质和其他种种结果。工业化、城市化和农业现代化的发展，使农业所面临的环境越来越恶化，农业的可持续发展受到了严峻的挑战。

1. 环境问题的特性

(1)环境问题与农业可持续发展紧密相关。环境对农业可持续发展具有推动和制约的双重性，二者既对立又统一。

(2)环境问题具有传递性。它可以从城市向农村、从工业到农业、从发达地区到不发达地区，从流域上游向下游转移和相互影响。因而除了农业以外，还需要各行业、各地区、整个国家、甚至整个世界采取共同的行动。

(3)环境污染往往具有累积性，呈指数式发展。一开始人们可能并不在意，但随着污染的不断积累，环境危机将以突发形式出现，从而导致严重的环境压力。因此，应运用环境教育、科学知识普及等手段来提高人们的环境意识，使人们自觉地保护环境。

(4)环境问题的外部性。人们在给环境造成损害后，将给社会和他人造成损害，肇事者并没有承担全部成本；人们改善环境后，社会和其他的人也会从中受益，行善者也没有获得全部收益。这说明在市场经济条件下环境问题会失灵，政府适度调控成为必要。

2.实现农业可持续发展的环境保护思路

(1)产权管理思路。其主要特征是将产权同外部性联系起来,强调市场机制的作用,认为可能在不需要政府干预的情况下,通过产权明晰和协调各方的利益或讨价还价过程而使外部成本内部化。科斯在1960年指出,当存在外部性问题时,只要交易成本为零,而且产权是明确的,那么不论谁拥有产权,通过市场都可以使资源得到同样有效的配置。这样一种思路有利于环境保护。但产权管理的思路在实践中存在着许多问题,使其优化机制难以全面发挥。这是因为:第一,农业许多环境和自然资源的产权难以确定。产权明确是进行交易和形成市场的必要前提,但农业中的许多河流、湖泊、海洋等的产权难以明确。即使名义上明确了产权,实际上仍然无法消除外部性。第二,交易成本过高。如在上面的例子中,如果受害数目众多,且受害程度不一,即使明确了产权关系,也可能使得污染者与受害者之间的交易成本如此之高,以至于对全社会福利没有好处而无法实施产权的优化管理。第三,环境信息的不对称和讨价还价过程中的非合作博弈,也可能导致通过产权管理的途径达不到帕累托最优水平。

(2)国家干预思路。一些人认为,许多公共资源根本不可能做到明确产权,市场对环境问题是失灵的,因而主张政府以非市场途径对环境资源利用进行直接干预。对环境问题即使可能做到明确产权,但除了当代人,其他受害者也无法维护自身的利益。这是因为:环境污染和生态破坏往往具有长期影响,会损害后代人的利益。从可持续的原则出发,后代人对今天的环境与生态资源无疑有一定的权利,而在发生涉及后代人权益的环境问题时,科斯等关于通过市场交易来解决外部性问题的思路根本不可行。唯一可行的办法就是,由政府充当后代人的代表,并通过国家干预来保护后代人的权益(谭崇台,1999)。然而并非在任何条件下国家干预都优于市场机制,而且国家干预也需要成本。政府干预虽然可以严格地确定环境标准,但不可避免地也存在着一些缺点:第一,它可能妨碍了市场的运作而引起效率的损失。第二,由于存在信息不足或不对称、政策实施的时滞、公共决策的局限性和寻租活动等问题,有时就不可避免地导致政府环境政策失灵。

(四)技术进步与农业可持续发展

技术进步对提高农业可持续发展的能力起着至关重要的作用。这是因为技术进步提高了人们利用资源的效率和能力,技术进步提高了人力资源的质量,现代的生物技术、信息技术和环境保护技术极大地提高了农业资源的利用率。技术进步与农业可持续发展的关系是:

1.农业不可持续的根本原因之一是科学技术落后。低下的技术水平导致了落后的农业生产方式,使自然资源过度消耗或利用效率低下,生态环境遭到破坏,环境问题增多。

2.农业可持续发展必须依靠科技进步。技术进步有利于人们更好地认识和解决农业可持续发展过程中所遇到的环境等问题。

3.某些技术进步可能产生负效应,不利于农业的可持续发展。如农药、化肥、塑料薄膜等现代投入要素的使用,在提高农业产量的同时,也带来了环境污染等问题。当然,这些问题的解决也有赖于科学技术的进步。

4.技术进步是农业可持续发展的源泉,但它只是必要条件而非充分条件。要使技术得到广泛有效的利用,并使技术本身的进步得到充分的激励,还必须进行产权、政策等制度方面的创新。

第三节　中国特色的生态农业

一、生态农业的提出与中国特色生态农业的内涵

(一)生态农业的提出

生态农业(Ecological Agriculture)是由美国土壤学家 W. A. Alborecht 于 20 世纪 60 年代首先提出来的,其代表性的定义是由 Jacsont 和 Benolen 在 1984 年做出的解释:“在尽量减少人工管理的条件下进行农业生产,保护土壤肥力和生物种群的多样性,控制土壤侵蚀,少用或不用化肥农药,减轻环境压力,实现持久性发展。”可见,西方生态农业的基本内容与有机农业基本一致,都是模仿自然生态系统进行生产,更多地强调降低化学能的投入原则,把农业生态系统的平衡以及维持和保证资源环境的持续性放在首位。

西方生态农业是针对现代农业投资大、能耗高、污染严重、破坏生态环境等弊端,从保护资源和环境的角度提出的。西方生态农业运用生态学原理,注重维持和恢复农业再生产的基本条件,注重追求生态效益,着眼于环境保护与农产品质量的提高,维持和保护资源环境的持续性,而不强调经济活动的目的是满足人类对农产品的需求。在技术措施方面,西方生态农业完全排斥或基本不用化肥、农药、植物生长调节剂和牲畜饲料添加剂,强调动植物的健康决定于土壤肥料等,主张尽量依靠作物秸秆还田,施用有机肥和绿肥,种植豆科作物等维持地力,主张用生物防治的办法防治病虫害。西方生态农业具有降低能量消耗、改善生态环境、保护自然资源、提高食物质量等特色和优点。但同时也存在一些不利的方面,如产量下降、病虫害加重、经济效益降低、收入减少等,这些缺点使其推广遇到了许多障碍。

(二)中国特色生态农业的内涵

严格地讲,中国的生态农业并不是从发达国家引入的,而是在中国古老传统农业的基础上发展起来的农业生产模式。中国生态农业模式多样,内容丰富,其内涵、外延远远超出国外的生态农业,如南方的水旱结合、农渔结合的“桑基鱼塘”生态农业,北方的农、林、牧、渔结合多维多元生态农业,以提高各种自然资源为重点的立体种植生态农业,物能多极转化利用的生态农业等形式,都是依据当地农业资源优势发展起来的具有地域特点的生态农业模式。

叶谦吉在《生态农业——农业的未来》一书中为中国的生态农业做了如下的定义:“生态农业就是从系统的思想出发,按照生态学原理、经济学原理和生态经济学原理,运用现代科学技术成果和现代管理手段以及传统农业的有效经验建立起来,以期获得较高的经济效益、生态效益和社会效益的现代化的农业发展模式。简单地说,就是遵循生态经济学规律进行经营和管理的集约化农业体系。”

二、东西方生态农业的比较与中国生态农业的特征

(一)东西方生态农业的比较

1. 生态农业的内涵与外延不同。西方的生态农业是在现代农业造成环境污染、资源短缺、

效益下降的背景下，作为一种替代农业模式而产生的，故他们将生态农业定义为“生态上能自我维持，低输入，经济上有生命力，在环境、伦理和审美方面可接受的小型农业”，他们反对化学物的投入。而中国的生态农业是集传统农业与现代农业之优点，利用生物和自然协调发展起来的农业新模式，在技术上并不反对化肥、农药的使用，而是强调因地制宜，科学、合理、高效率地投入，并重视环境生态工程建设，重视农田生态工程与技术以及信息方面的投入，具有中国传统农业中使有机肥投入和技术密集相结合的特征。这种中西合璧的生态农业观点，是对西方生态农业在概念和内涵上的一种补充和完善。在范围上，中国的生态农业不像西方生态农业仅仅限于种植业和农场规模，而是立足于全部国土，进行全方位的资源开发与保护，通过从大农业系统结构调整入手，是对整个农业系统的改造。中国生态农业从效益出发，已从村级规模向乡、县级规模发展。

2.生态农业的模式与追求目标不同。中国生态农业模式的多样性，从根本上改变了西方国家单一的环境保护型的生态农业模式。西方生态农业模式单一，组成简单，是仅以作物生产系统结合小规模饲养动物组成的农业生态系统。而中国的生态农业提倡农、林、牧、渔、加工、菌、沼气多维开发，使物质循环利用，能量多极转化，大大提高了生态农业的生态效益和经济效益，与生产者的利益直接挂钩。西方生态农业追求的目标是生产无污染的生态食品。中国生态农业追求的目标不仅限于产品质量与生态环境保护，还重视产品的产量，并要求与农民脱贫致富目标相结合，在资源保护的同时，要求把潜在资源优势转化为经济优势和商品优势，实现经济发展与环境保护并重。

3.生态农业的理论基础和技术体系不同。西方生态农业缺乏系统的理论基础，生产技术尚无大的突破；而中国的生态农业，在生产原理和技术体系方面有新的发展。在生产原理方面，综合运用了生态农业的整体效应原理、边际效应原理、充实生态位原理、生物互利共生原理、种群相居而安原理、动态演替导向原理、强化生物学过程原理、强化内部循环原理、优化结构、提高投入效益原理和区域化生态建设原理等，建立了完整的理论基础。在技术体系方面，也研究总结出一套具有可操作性的配套技术，如通过系统的加环或减环技术，有效地提高生态农业的生产效益；通过农业环境系统结构、农业生物、系统输入等方面的控制，增强生态农业的稳定性；通过调整人类的食物结构，刺激农业生产，增强生态农业的目标性等，丰富了生态农业的内涵。中国生态农业重视挖掘传统农业技术，但并不意味着简单的回归，它与常规农业一样，追求高产、优质、高效的目标，强调产品数量与规模，重视现代管理与新技术的应用，但避免后者忽视生态环境保护的弱点。

（二）中国生态农业的特征

从上面的分析可以看出，中国特色的生态农业与西方的生态农业有很大的差别，其特征表现在以下几个方面：

1.中国特色的生态农业建立在可更新资源基础之上，与当地农业环境资源组合相适应。既充分合理利用资源，发展生产，又能保护增值自然资源，使资源得以永续利用。

2.中国特色的生态农业以一业为主，多业结合，全面发展。农、林、牧、渔、加工各业之间相互协调，相互促进，以实现系统整体的多功能、高效率。

3.中国特色的生态农业利用共生相养，合理配置农业植物、动物、微生物，实行立体种植、混合喂养、结构合理的立体农业。使有限的空间、水、土、光、热资源得到充分利用，达到较高的光能利用率和生物能转换率。

4. 中国特色的生态农业循环利用“废物”，使农业有机废弃物资源化，增加产品产出。开展以生物防治为主的综合防治，控制杂草和病虫害。以农家肥、绿肥等有机肥为主，合理施用化肥，既要增产，又要提高经济效益。

5. 中国特色的生态农业充分利用现代的科学技术，特别是生物技术，并且与传统农业实用技术相结合。

6. 中国特色的生态农业以内部调控为主，外部调控为辅。重视自我调节作用，采用人工调节与自然调节相结合的措施，维持系统的稳定性。

7. 中国特色的生态农业全面规划，兼顾社会、经济和生态三大效益。

中国特色的生态农业的特征表明，它符合自然界的发展规律，并能较好地协调经济发展与环境保护之间的矛盾，是中国农业实现可持续发展的一种战略选择。

第四节　持续农业发展趋势

进入 21 世纪，世界现代农业的发展面临着两大变化：一是构建可持续发展的新模式，代替石油农业模式；二是高新科技应用于农业，孕育着新的农业技术革命，又为构建模式创造了条件。为此，给出了现代农业的新概念——现代持续农业。现代持续农业是走人口、社会、经济、资源、环境相互促进、相互协调持续发展的道路。在促进农业生产率高效增长的同时，保护资源、环境，使其能永续地支撑农业发展；既弘扬传统有机农业技术中维护有机物质循环利用的精华，又大量吸取可持续性的现代高新技术，以及应用现代经济中的产业化组合和企业管理方法，通过技术系统、经济系统、环境系统的相互协调，构建经济生态良性循环的农业经营体系，在此基础上实现提高资源利用率、劳动生产率、土地生产率和经济效益。持续农业未来的发展趋势具体表现如下。

一、追求农业与环境的协调发展

持续农业是技术、经济、社会、资源、环境相协调的统一体，创造一种使人类与自然界相协调的和谐格局，形成人与其他生物共存的生态系统。以确保可持续发展为主导，既造福当代人又造福后代人，使人类在地球上能够世代更好地繁衍生息。人类对掠夺自然、破坏自然生态环境、单纯追求经济增长为目标的片面行为进行了反思，认识到超越动物之人类作为自然界的一个组成部分，对周围自然环境的反作用已越来越大，人类向自然索取的手段已被利用到极限，正在破坏自然界的生态平衡，必须彻底纠正，从破坏变为保护，保护环境，保护自然资源，维持生态平衡。首先是对植物生长环境的保护，使作为衣食之本的作物生长及生产能持续发展，就必须使植物生态系统得以维护和健全。

二、节约资源提高资源利用率

农业要可持续发展，就必须改变石油农业过度消耗自然资源的弊端，变资源经济为技术、知识集约型经济。现代农业是科学技术高度综合型、高度密集型的产业，建立在生物学、农艺学、土壤学、生态学、环保学、机械、化工、能源、材料、电子计算机、信息等多门学科以及经济学的综合应用上，是靠集结多学科技术经济成就推动的产业。现代农业科技在学科分化、分工的同时正走向新的综合与联合，发展多专业的综合应用，发展可持续性的高新技术，节约或替代不可再生的自然资源消耗，提高资源利用率。

三、建立经济与生态良性循环体系

可持续农业必须既能使农业生态系统的物质、能量资源得到充分开发利用，以适应经济增长和社会进步的需要，又不超越农业生态系统自我调节机制所能承载阈限，维护系统的动态平衡和持续生产力，在经济增长的同时生态系统能够自我调节，自我修复，相互促进，良性循环。保护自然资源和环境，维护生态平衡要以经济带动为主体，寓环境保护于发展经济活动之中。但人类的经济活动不能超出生态系统的承受能力，否则，就会破坏良性循环。要正确处理农业生态效益与经济效益的关系，实现自然再生产与经济再生产的统一，在以自然再生产为前提的基础上进行经济再生产。因为自然再生产是生物因素与环境因素的统一，是形成生物产量的决定性条件，而生物产量又是形成经济产量的基础。经济良性循环与生态系统的良性循环是紧密相关的，超出生态循环的生态经济系统，必须是既有高效率的经济增长，又能保护生态环境，使资源可供持续利用；现代持续农业不仅是有高劳动生产率，而且是生态环境优化的。

四、强化农业系统内的自养、自控功能

农业生产不同于工业生产，它要有一个自然再生产过程，是通过动物、植物及微生物等生命体与周围光、热、水、土、肥、气等自然环境之间进行物质与能量交换，并依靠其自身生长、发育机能来完成的，农业的有机性是不可替代的，在维护生物自然再生产过程中实现有机物质循环，促进生物之间、生物与环境之间的物质能量转化及互促、互制功能，再以农业系统外部增加生物工业物质技术的投放，与石油农业削弱农业系统内的有机物质循环相反，发挥农业系统内自然再生产过程的自养和自控功能，是提高资源利用率，维护生态平衡的基础。

五、发展农业循环经济

循环经济（Circular Economy）是对物质闭环流动性经济（Closing-loop Materials Economy）的简称。20 世纪 90 年代以来，人们越来越认识到当代生态环境问题日益严重的原因在于工业化运动以来高开采、低利用、高排放为特征的经济模式。为此提出 21 世纪需要建立一种以物质闭环流动为特征的经济，形成“自然资源—产品和用品—再生资源”的反馈流程，即循环经济。循环经济要求实现从开环的末端治理到闭环的全过程控制的变革，实行 3R 原则——减量化（Reduce）、再利用（Reuse）、资源化或再生利用（Recycle）。其中，减量化的原则属于输入端方法，旨在减少生产和消费流程的物质量；再利用属于过程性方法，目的是延长物品在消费和生产中的时间强度；资源化或再生利用是输出端方法，通过把废弃物再次变成资源以减少最终处理量（诸大建，2007）。

农业循环经济就是在科学发展观指导下，按照生态系统内部物种共生、物质循环、能量多层次利用的生物链原理，通过工程与技术措施，强化农业生产中各环节的联系，实现物质的优化配置和循环利用，从而减少物质投入，提高资源利用率，减少污染，实现农业经济、社会和生

态的协调发展。

六、广泛应用现代高新技术

现代高新技术的广泛应用，将是持续农业发展的主要原动力。由于持续农业所追求的目标是高效益、无污染、可持续，要实现这个目标就必须充分利用现代高新技术的成果。除常规农业技术外，基因工程、发酵工程等微观工程技术将大规模地应用于持续农业，农业宏观生态工程技术如污水处理、生物活性肥料等也将广泛应用于持续农业。持续农业要尽可能地采用高效、无毒的生物制品，采用新的种植、灌溉、施肥、喷药技术，采用高产、低耗、高净收益及抗病虫害、耐病虫害的作物品种，尽量采用高效、低毒、低残留的化学防治技术等。

七、积极稳妥推进农业碳达峰与碳中和

碳达峰是指某个地区或行业年度二氧化碳排放量达到历史最高值，然后经历平台期进入持续下降的过程，是二氧化碳排放量由增转降的历史拐点，标志着碳排放与经济发展实现脱钩，达峰目标包括达峰年份和峰值。碳中和是指某个地区在一定时间内（一般指一年）人为活动直接和间接排放的二氧化碳，与其通过植树造林等吸收的二氧化碳相互抵消，实现二氧化碳“净零排放”。碳达峰与碳中和紧密相连，前者是后者的基础和前提，达峰时间的早晚和峰值的高低直接影响碳中和实现的时长和实现的难度；而后者是对前者的紧约束，要求达峰行动方案必须要在实现碳中和的引领下制定。

我国政府提出要力争在2030年前实现碳达峰、2060年前实现碳中和。为此要根据我国农业生产规模和技术水平，在保障粮食安全、重要农产品有效供给的前提下，预测农业温室气体排放趋势和达峰时间，评估减排、固碳与可再生能源替代的潜力和成本，提出农业碳达峰与碳中和的技术路径，加快制订颁布农业碳达峰与碳中和的法律法规与技术标准，使我国农业走上低碳发展的道路。

数字资源 17-1　全国农业可持续发展规划（2015—2030年）

本章小结

常规现代农业面临着投入、产出比下降、对环境的污染和生态的破坏、自然资源日益减少和恶化等一系列困境和挑战。农业可持续发展是一个崭新的概念，它以经济、社会和生态的可持续性为基本特征。农业可持续发展是一种多要素、全方位、综合的发展，它不仅取决于经济因素，而且取决于与经济因素有密切联系的非经济因素，涉及人口、教育、自然资源、环境、技术进步和制度等多种因素。中国的生态农业是农业可持续发展的一种典型模式，符合农业可持续发展的要求。持续农业的发展趋势是要追求农业与环境的协调发展，节约资源提高资源利用率，建立经济与生态良性循环体系，强化农业系统内的自养、自控功能，发展农业循环经济，

广泛应用现代高新技术。

复习思考题

1. 常规现代农业面临哪些困境和挑战？
2. 农业可持续发展的内涵是什么？有哪些基本特征？
3. 试分析人口、人力资本积累、自然资源、环境和技术进步与农业可持续发展的关系。
4. 中国生态农业的内涵是什么？试比较东方、西方生态农业的异同。
5. 简要分析持续农业的发展趋势。

参考文献

[1] 阿尔弗雷·索维. 人口通论. 北京：商务印书馆，1983.

[2] 程序，曾晓光，王尔大，等. 可持续农业导论. 北京：中国农业出版社，1997.

[3] 冯保初. 中国农业可持续发展战略选择. 中国人口资源与环境，1996，6(4)：63-65.

[4] 农业部软科学委员会办公室. 农业现代化与可持续发展. 北京：中国农业出版社，2001.

[5] 潘家华. 持续发展途径的经济学分析. 北京：中国人民大学出版社，1997.

[6] 谭崇台. 发展经济学的新发展. 武汉：武汉大学出版社，1999.

[7] 宣杏云，王春法. 西方国家农业现代化透视. 上海：上海远东出版社，1998.

[8] 诸大建. 中国循环经济与可持续发展. 北京：科学出版社，2007.